学本课堂

教学方式变革的实践探索

苏　纾　主编 ｜ 柳　琦　李冬梅　副主编

科学技术文献出版社
SCIENTIFIC AND TECHNICAL DOCUMENTATION PRESS

·北京·

图书在版编目（CIP）数据

学本课堂：教学方式变革的实践探索 / 苏纾主编；柳琦，李冬梅副主编. —北京：科学技术文献出版社，2023.5

ISBN 978-7-5235-0262-4

Ⅰ.①学… Ⅱ.①苏… ②柳… ③李… Ⅲ.①课堂教学—教学研究—中学—文集 Ⅳ.① G632.421-53

中国国家版本馆 CIP 数据核字（2023）第 087784 号

学本课堂：教学方式变革的实践探索

策划编辑：杨 杨　　责任编辑：韩 晶　　责任校对：张永霞　　责任出版：张志平

出　版　者	科学技术文献出版社	
地　　　址	北京市复兴路15号　邮编 100038	
编　务　部	(010) 58882938，58882087（传真）	
发　行　部	(010) 58882868，58882870（传真）	
邮　购　部	(010) 58882873	
官 方 网 址	www.stdp.com.cn	
发　行　者	科学技术文献出版社发行　全国各地新华书店经销	
印　刷　者	北京虎彩文化传播有限公司	
版　　　次	2023 年 5 月第 1 版　2023 年 5 月第 1 次印刷	
开　　　本	787×1092　1/16	
字　　　数	443千	
印　　　张	25.75	
书　　　号	ISBN 978-7-5235-0262-4	
定　　　价	98.00元	

编 委 会

序　言

北京市中关村中学自1982年建校以来，一直践行"勇立潮头前，敢为天下先"的"中关村精神"。在课改不断深化的今天，学校也一直秉持这种精神，争做教育改革的探索者、先进理念的践行者。

近年来，我校以"大雁"为核心形象，建立了结构化、形象性、便于整体表达的一体两翼"雁翔"课程模型。学校以"全人"教育的理念，以整合、融合、契合的思路不断丰富"五育并举"的课程体系。但是我们也深刻认识到，素养的培育不是一蹴而就的，不仅需要丰富课程体系，还要改变课堂样态。将课程资源转化为学生素养，还需要教师扎实、严谨、高效的课堂教学，课堂教学是连接课程与素养提升的重要一环。

当前，中学教学仍然存在"重教轻学"的现象，教师的讲替代学生的学，一定程度上影响了学生学习的主观能动性，导致课业负担较重。教师如何将"教学"转为"教会学生学习"，还缺少有效的实施策略。身处北京教育高地，课堂已经不是十几年前的模样，但是这与我们的教育追求还有一定的差距，还需要"临门一脚"，彻底转变教学方式。

在传统的课堂教学中，教师掌握了课程及实施的全部权利。教师决定了教学进程的安排、学习方式的选择、作业的设置、课堂评价等，教师往往按照自己设计的路径带领学生抵达终点，尽管这条路未必符合学生自己的设想。从科学学习的视角看，学生更加关注自己的"旅程"，如何给学生自主选择的权利，帮助学生抵达旅程的目的地，教师需要适当放权，平衡课程与教学的关系。有时需要退居幕后，为学生搭建丰富的资源平台，做学生学习的"后勤部队"，还学生以"教材研读权、学习时间分配权、学习活动空间权"，将正面"战场"还给学生。

基于此，自2018年以来，学校全面倡导教师进行以"学"为中心的课堂教学研究，打造"学本课堂"。我们所称的"学本课堂"，是指在教师的引领下，学生依据知识、方法、经验等认知基础，主动进行知识的"再创造"，在经历、体验、感悟等积极情感的滋润下获取知识，形成正确的价值观、必备品格和关键能力，是一种积极投入的有意义的课堂。这里的"学"与"教"是相对概念，我们把"学"凸显出来，主要想突出学生的主体地位，强调学生的主动学习。

在推动项目落地生根的过程中，有两个关键之处：一是单元教学设计；二是"学本化"实施。前者指向设计层面，后者指向课堂活动实施与评价。单元教学设计是构建以"学"为中心的课堂的前提与核心，"学本化"实施是单元教学设计有效落地的关键保障，二者不可偏废，唯有将二者做到至臻至善，深度学习才能真正实现。

围绕以上两点，学校形成了大量的案例与理念成果，形成了很多共识。

老师们深刻认识到，知识是重要的，但是如何获取知识更应受到关注，尤其身处知识"爆炸"的时代，知识的获取变得唾手可得，如何发现知识、创造知识更为关键。"授之以鱼，不如授之以渔。"如何"授之以渔"？如何看待知识教学的价值尤为重要。"知识本位"的教师，选择传授的方式进行教学即可；"素养本位"的教师，就要重视发现知识的过程，让学生充分经历发现问题、提出问题、分析问题、解决问题的全过程。将知识作为素养达成的载体，引领学生进行知识的"再创造"，在经历、体验、感悟等积极心理体验活动中，提升发现、提出、分析、解决问题的能力，培育主动学习、学会学习的素养。

在"学本课堂"中，对话策略非常重要。以往我们非常重视师生和生生之间的对话，它能够很好地培养学生的沟通交流和表达能力，相互激发促进。但是现在我们还要关注与文本素材的对话，与客观事物的对话，与自我的对话，以增强学生的阅读理解能力、实验探究能力及指向元认知的反思调整能力。因为真实的学习过程远比想象的复杂而漫长，我们期望通过多元对话，将"高速、压缩"的课堂"泡发"，充分唤起学生内隐的真实认知，感受到学生的"愤和悱"的状态，听到学生的"迷思概念"，看到激烈的认知冲突。

构建"学本课堂"，我们始终秉承"教是为了不教"的理念，主旨是学生的"多学"乃至"不教"，重点在于教师对素养导向的课程理解，关键在于教师角色的转变，教师要扮演好组织者、引导者与合作者的角色，让学生在与知识的"搏斗"中建构知识。

在共识的基础之上，不同学科教师在践行"学本课堂"的过程中，也有学科特色化的表达方式。将这些直观案例进行抽象概括是必要的，但是为了更加直观呈现教师们原汁原味的教学场景，将项目研究过程中教师们的论文直接集结成册，也不失为一种记载教育现场的良策。本书精选了我校教师54篇文章，这些文章从各自不同视角出发，瞄准同一个靶心——创建"学本课堂"，希望借助这些个案，真实还原"学本课堂"

的全貌，是编写本书的初心。

在"学本课堂"创建项目的研究过程中，苏纾校长、祁建欣书记、周卫平副校长、柳琦副校长、李冬梅副校长、王欢副校长、杨亮副校长等组成的领导团队，对整个项目的研究进行了详细规划与指导，感谢为本书作出各种努力的领导和老师们，感谢项目研究团队的辛勤付出。

2023 年 5 月

目　录

第一章

"学本课堂"的实践探索
——语文篇

"以学生为中心"的教学设计
课堂实施策略研究

北京市中关村中学　邓荟予

【摘要】本文旨在以新课标为纲，以"新教材"为本，探讨以"学生"为主体的课堂实施的有效策略。文中以鲜活的一线教学实践案例作为论据支撑，分别就"单元视角下的教学设计""变革课堂组织形式"两个问题进行梳理，并透过案例建构了其逻辑关系，即：唯有站在单元视角下进行教学设计，才能看到学科全貌，使学科素养综合落地。唯有俯下身去与学生交流，才能深入发现学生的学习需求，使学科素养高效落地。将学科素养根植到学生身上的途径是教师努力打造以"学"为主的课堂，而任务驱动就是非常有效的学习组织形式，于是，设计能撬动学生主动探究、深入思考的关键问题或核心任务是教师必备的专业技能。

【关键词】单元设计；关键问题；学习方式

关于"学"的课堂，华东师大吴刚平教授在一场题为"学习方式变革"的报告中提出一个观点：学生的学习过程是构建知识观基础的过程。简单来说，学习者在学习时会获取三类知识：一类是诸如理解、记忆、再现的学科知识，这类知识即便没有老师传授，学生也可以通过独立阅读教材自主获取，称之为"记中学"的知识；一类是方法性知识，涉及阅读、观察、思考、问对、争辩、推理、运用等学科或学习方法层面的知识，这类知识需要学生在具体情境中通过解决问题而获得，称之为"做中学"的知识；另一类是价值性知识，这类知识需要学习者依靠体验、反思、取舍、比较等手段体会学科意义、学习意义，形成价值判断，称之为"悟中学"的知识。在课堂中，如果多设计"做中学""悟中学"的学习任务，学生则更趋向于自主学习、自觉建构知识体系，所获得的知识会更持久，所形成的能力会更全面，所生成的思想会更深刻。带着这样的教学新观念，我开始了新的实践探索，希望给学生打造更多自主学习的"做中学"的课堂。

本文结合一线教学实践，分别就构建"学"的课堂的三个有效策略——"单元视角下的教学设计""如何设计关键问题?""变革课堂组织形式"展开探讨。

1 单元视角下的教学设计

部编版教材要求教师能以国家课程标准为纲进行课程定位，以学科核心素养为本进行"课程设计"，以"大单元""任务群"为组织形式进行"单元设计"，从而帮助学生主动学习，系统建构知识，最终促成学科素养提升。具体来论，一线教师需能以"单元"为视角整体建构教学目标，且所有的教学目标要指向语文学科核心素养的达成。而核心素养要依托每一个课时来落地，每节课就成为完成单元教学目标的一个重要构件。如此，教师在设计单元时就要处理好"单元架构""学科素养""具体课时"之间的统一关系。

举个例子，语文部编版新教材创新性设计了"家乡文化生活"单元，旨在以参与性、体验性、探究性的语文学习活动，增强课程内容与学生成长的联系。通过开放式学习，引导学生积极参与当代文化生活，在学习中注意调查访问与书面学习相结合、现状调查与比较研究相结合、分析研究与参与传播建设相结合，提高学生语文综合运用能力。

那么，完成这个单元的学习活动设计时，教师首先要考虑学习目标，参照新课标梳理教材后，可以对学习目标关键词建立系统性认知。首先，单元人文主题词为"家乡文化"，细读新课标和单元导言可发现，本单元的学习目标是通过实践活动（访谈、调查），了解家乡的人和物，深入认识家乡，增进对家乡的文化认同，主动参与家乡的文化建设（建言、宣传）。其次，站在单元视角下从学科本位出发，可进一步明确本单元虽为语文综合实践活动，但其学科本质不变，因此，要立足语文学科思考其育人价值。那么，所有的实践活动都应该落实到语言文字上来，由此，本单元的学科价值可定位于记叙文、应用文等文体写作。比如，结合活动类型，设计诸如人物专访、人物速写、人物谱、一日游指南等写作活动，学生通过完成各项任务提升写作素养。综合以上分析，所有的学习目标都要分解到单元整体框架下的每节课中去，每节课须独立完成单元目标的部分或全部内容，所有课时合力完成单元整体学习目标。为更好地达成单元学习目标，我们选择了"博物馆"这一最为直观体现家乡文化的学习资源作为研究对象，对那里的人与物展开研究。三节课分别设定为致敬"守门人"——故宫博物院古建修复师专访、走访"守门人"——博物馆工作者"人物谱"、博物馆一日游——撰写家乡博物馆游学指南，以期通过第一课时"教做访谈，学写人物专访"、第二课时"实践如何访谈，学写人物速写、人物谱"、第三课时"宣传家乡文化，学写游览指南"，系统性、序列化地达成单元整体学习目标——深刻认识家乡，增进文化认同，参与文化建设，学习文体写作。

以第二课时为例，谈一下如何用任务驱动学生自主学习。首先，师生研讨，共同确定了该课时的学习总任务：走进家乡的博物馆，采访那里的工作人员，为这些坚守家乡文化的人塑像。表1为走访"守门人"——学写博物馆工作者"人物谱"任务导读。其中，价值描述清晰呈现了该课时在"养思维""做研究""练写作""传文化"，甚至在未来"学以致用"方面所承担的任务，直观呈现了与单元学习目标的关系。

表1 走访"守门人"——学写博物馆工作者"人物谱"任务导读

任务	描述	价值
采访工作人员收集写作素材	自结小组，任选一家博物馆，对那里的工作人员进行采访，收集鲜活的素材	开放式合作学习实践如何做访谈
借助支架工具备好写作素材	精选能突出该工作人员对博物馆的贡献和家乡文化传播产生影响的二三事，选取采访中最打动人心的细节，填入下列表格，备好写作素材	学习精选素材培养细节敏感
确定写作对象完成人物速写	校刊《文化与时人》栏目组向高一年级同学征集主题为"甘做如米苔花，锦绣家乡文化"的稿件，记述家乡的平凡人物，表现其不平凡的职业价值。请以你采访过的博物馆工作人员为写作对象，完成一篇人物速写，呈现这个人在守护、传播家乡文化方面的精神风貌。要求：记述客观、选材精当、人物鲜活、语言简明。400字左右	学习依据主题塑造人物参与家乡文化人物宣传
精选人物速写撰写成人物谱	请大家从全班提交的作品中精选几篇人物速写组合在一起，并根据这些人物速写的内容加头续尾，以《甘做如米苔花 锦绣家乡文化》为题，撰写一篇人物谱	学习鉴别—关联—整合信息，为未来职业生活撰写人物、企业宣传推送奠定基础

2 变革课堂组织形式

除了上述设计好学习活动以外，构建"学"的课堂，还需要转变学习方式。那么，什么样的方式是高效的学习方式？

"学习金字塔"模型告诉我们，采用听讲、阅读、读图听声、示范演示等学习方法（听读为主，单感官调动），两周后学习保有率偏低（图1）；而通过小组讨论、实际演练/做中学、马上应用/教别人等方法学习（综合实践，多感官调动），两周后学习保有率较高。因此，需要转变学习方式。

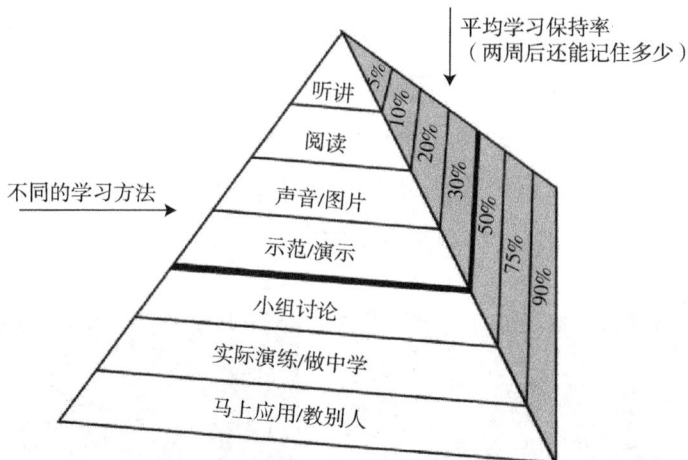

图1 "学习金字塔"模型（美国缅因州的国家训练实验室研究成果）

遵从这一学习规律，我们的课堂需要变革学习方式，而学习方式无法自发变革，它取决于组织形式，因此，如何组织学生学习便成为摆在教师面前的关键问题。回顾一下我们会发现：传统课堂多采用"一问一答"式的"记中学"模式，以教授和听取为途径获取知识，显然，这样的学习两周后保有率会偏低。而"新型课堂"提倡以"任务驱动"这种"做中学"的模式为组织形式，这种学习形式让学生在参与、体验、探究、合作、交流、分享中获得知识，迁移知识，运用知识，相应地，两周后学习保有率会较高。

那么，如何改变课堂组织形式呢？笔者在开设高一年级"记叙文必备素养"——"主题为王　思想作冕"选修课时大胆尝试变革学习方式，收到了显著的学习效果。

首先，笔者选择了"绘本文学"这种有趣的资源，设计了一个"绘本推荐"学习任务，任务具体要求如下。

同学们自愿结组，5人为一组共同阅读绘本，以组为单位阅读完毕后，交换读本，直至所有组读完5本作品为止。阅读时完成下列任务：

①探讨、归纳这部作品的主题；

②留意能呈现主题的细节和高妙的艺术手段，并加以记录；

③自选形式，任选一部绘本分享①②的学习成果。

任务关键词中，"自愿结组"体现"学生意愿"，"共同阅读"强调"合作"，"交换绘本"实现"共享"，"探讨·归纳"指向"探究"，"留意·记录"意在"体验"，"自选形式"鼓励"创新"，"任选分享"旨在"分享"。所有设计都旨在让学生经历自主学习的过程，体验自主发现的乐趣。那么，学生在实际学习中情况又是如何的呢？

图2和图3为笔者采集的阅读现场照片，不难看出，课堂中学生们呈现出自由自主、专注痴迷的阅读状态，同时表现出主动记录、合作探究的学习素养，打破了传统课堂"你问我答"的单一形式、枯燥氛围，学生学习时兴趣浓厚，全程投入。

图2　课堂阅读现场1　　　图3　课堂阅读现场2

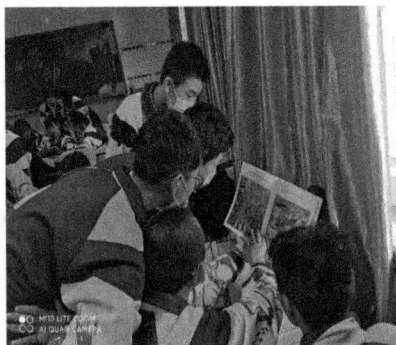

在课堂交流环节，每个小组都带着自己的创意走上舞台，向大家推荐最心仪的作品。有的组课下主动搜索公众号，截图制作PPT进行交流；有的组分工合作，有人讲解、有人板书进行汇报；有的组还会在代表同学发言后进行补充说明，所有小组的发言都呈现出一种自觉状态，其表达也十分具有个性风采。

在此要补充说明的是，教师除了完成任务设计外，还应该学会制作评价量表和思维支架来帮助学生高效、持续学习（表2）。只有这样，教师才有可能解放自己的双手，解放学生的头脑，引导他们借助工具，立足任务自主学习、自行探究、自发生成。其体验的丰富性与深刻性也一定会永久地贮藏在他们的学习记忆里。

表2　"主题为王　思想作冕"绘本推荐任务评价量表

维度	优秀	良好	一般
主题深刻（30分）	作品主题深刻，引人深思	作品主题较深，值得咀嚼	作品主题一般，显而易见
含金细节（25分）	发现5处以上的高价值细节	发现3～5处较高价值细节	发现3处以下有效细节
艺术手法（25分）	发现并能理解、讲述（教）艺术手法的妙处	发现并理解艺术手法的妙处	发现艺术手法
学习效果（20分）	参与广度高，发言质量好，表达形式优	参与较广泛，发言较出色，表达较有效	参与广度低，发言欠明晰，表达较一般

3　结语

综上，构建"学"的课堂，需要教师增强学养，"站起来"俯视学科，这样才能看到"学科整体"，在设计中全面落实学科素养。同时，还要降低身段，"蹲下去"了解学生，这样才能深入发现"学生需求"，构建有营养的课堂。"站起来"使课堂设计有高度，"蹲下去"使课堂设计有效度，而使课堂有深度的诀窍是使用任务驱动这类课堂组织形式。任务驱动可以改变课堂的场景、结构、流程，使学习者在任务完成过程中深入理解知识，自主建构知识体系，发展思维能力和终身学习品质。在学生学习遇到障碍时，教师如能适时提供"评价量表""思维支架"等学习工具，可以让学生的学习如虎添翼，帮助学生获得持续而深刻的学习体验。

构建"学"的课堂，我们永远在路上。

"学本课堂"理念下的《欧也妮·葛朗台》整本书教学思考

北京市中关村中学　　沈纳新

【摘要】 本案例探索了在"学本课堂"理念下《欧也妮·葛朗台》整本书阅读的有效策略，主要包含三个方面：其一，整本书阅读"突破口"的选择以学生为主体，选取典型的现实物件"蜡烛"作为撬动全书的突破口，以小见大，符合学生的认知规律；其二，教学环节的设计以学生为主体，使学生在"做任务"中学，通过自主探究、小组合作等有挑战性的任务深入学习，激发学生的阅读兴趣等；其三，设计真实的言语运用情境，使学生切实参与言语实践活动，巩固学习效果。在整个"学"而非"教"的过程中，提升学生的语文核心素养。

【关键词】 学本课堂；整本书；蜡烛；核心素养

1　案例背景

《普通高中语文课程标准（2017年版）》（简称"新课标"）把学习内容分为18个任务群，而"整本书的阅读与研讨"位于首位。其中 "教学提示"中写道："阅读整本书，应以学生利用课内外时间自主阅读、撰写笔记、交流讨论为主，不以教师的讲解代替或限制学生的阅读与思考。教师的主要任务是提出专题学习目标，组织学习活动，引导学生深入思考、讨论与交流。"这处教学提示已经明确了学生在整本书阅读中的主体地位，教师的角色是设计者、启发者、引领者，要把教师的"教"转变为学生的"学"。

2 教学过程

2.1 缘起

　　《欧也妮·葛朗台》是现代小说之父巴尔扎克于 1833 年创作的一部享誉世界的小说，虽然不算是"大部头"，但是对于高中生来说，13 万字的名著依然不好读，如何巧妙地确定整本书阅读的"突破口"就是关键。笔者最终确定以小物件"蜡烛"作为突破口，主要基于两点考虑：一方面，名著本身的特征。笔者在深入阅读这本书的过程中，发现巴尔扎在书中详尽描写了许多反映 19 世纪社会特征的现实风物，如蜡烛、钟、壁炉、信等，描写现实风物实际上是巴尔扎克现实主义笔法的重要表现。就像有的评者所言："法国巴尔扎克《人间喜剧》喜欢写街道、房舍、家具什物、广告招贴、乡村风光等'物'，文学史著作往往将着重写'物'评价为巴尔扎克创作的主要特点之一，有时就评为一种独创。"而 "蜡烛"这一物件在全书中出现了不少于 20 次，几乎贯穿整本书，它在编织情节、洞悉人物内心、表现主题上起到了潜隐却重要的作用。另一方面，学生的认知水平。《欧也妮·葛朗台》的学习对象是高一学生，所以要符合高一学生的认知特点。学生从初中进入高中，认知迅速发展，认知结构不断完善，但是高一处于初高中的过渡阶段，学生在一定程度上还是更易于接受形象的、直观的事物，因此选择生活中不陌生的物件"蜡烛"作为切入口是符合学生的认知特点的。因此，笔者决定以"蜡烛"为突破口，引导学生解读小说，以期赏析现实主义小说的艺术魅力，激趣整本书阅读。

2.2 课堂概况

　　与传统教师讲解分析不同，本案例的教学过程结合学生的身心发展特征，设计了彼此关联、有一定梯度的学习任务，比如语言梳理整合的任务、对比分析、写作表达的任务等，以"任务"为主，使学生在"做中学"，使学习真正发生。另外，在完成学习任务的过程中，注重自主探究和小组合作相结合，新课标在"教学评价与建议"中提到，要"创设综合学习情境，开展自主、合作、探究学习"，既要保护学生的好奇心、求知欲，鼓励自主阅读、自由表达，又要注意组织学生开展合作探究、研讨交流等活动，并且要鼓励学生以各种形式展示研究的成果。为此，笔者在学生自主梳理的基础上，设计了小组合作探究的环节，即"以物观文"，分析"蜡烛"的作用，并且要向全班作汇报，在整个过程中，学生互相带动，参与度显著提高，主体性地位得以凸显。具体过程如下。

2.2.1　识图激趣

PPT 呈现：请仔细比对几幅《欧也妮·葛朗台》的封面，找出相同点。呈现给学生 3 幅图，分别是光明日报出版社的、上海人民美术出版社的、万卷出版公司的，学生通过对比，很容易就能发现 3 家出版社共同的"匠心"，即关注到了小说中的重要细节"蜡烛"，为什么有这样的"巧合"？这引起了学生们极大的好奇心。

2.2.2　化零为整

任务：梳理整合书中关于"蜡烛"（烛台或烛光）的相关描写内容，完成表格（表 1）。

表 1　情节梳理

书中位置	"蜡烛"相关内容	意图
1/14	壁炉两边放着两座多枝的镀金黄铜烛台……供平常日子使用	介绍葛朗台家的生活习惯
1/15	如果欧也妮想给母亲绣条花领，还得从父亲那里骗根蜡烛……也都定量分发一样	表现葛朗台的吝啬……
……	……	……

这个环节需要学生逐章自主梳理书中关于"蜡烛"（烛台或烛光）的相关描写内容，为下面的分析做铺垫。

2.2.3　以物观文

任务：小组合作，参考表格的提示，任选不少于 3 处对于"蜡烛"（烛台或烛光）的描写，并分析其在小说叙事中的作用，向全班汇报（表 2）。

表 2　情节分析

书中位置	"蜡烛"相关内容	特点	作用
1/14	壁炉两边放着两座多枝的镀金黄铜烛台……供平常日子使用	安放蜡烛，装饰居室	金钱的象征，为结尾葛朗台弥留之际紧盯烛台作铺垫；为下文诸多人物挪动蜡烛作铺垫……
1/15	如果欧也妮想给母亲绣条花领，还得从父亲那里骗根蜡烛……也都定量分发一样	居室照明	表现葛朗台的极端吝啬，金钱僭越亲情；暗示欧也妮与母亲关系亲近……
……	……	……	……

这个环节是核心环节，学生需要通过小组合作，探究物件"蜡烛"在小说叙事中的重要价值，以联系的眼光看待作者的描写，体会作者独到的匠心。

2.2.4 对比深读

任务：根据教师提示，进行自主对比阅读。

对比阅读1：文中两次写到葛朗台拿走了别人正在使用的蜡烛，全然不顾母女或客人。这两处"蜡烛"描写对于刻画葛朗台形象起到了怎样的作用？

对比阅读2：对比葛朗台未发现白烛和发现白烛时的表现，说说"白烛"在表现人物、组织情节方面的作用。

对比阅读3：同样的烛台，葛朗台和欧也妮使用起来却表现出不同的态度。对比小说中两人使用烛台时的动作、心理等，分析烛台在表现人物心理及主题意蕴方面的作用。

这一环节，教师设计了更复杂的学习任务，强调"整体思维"和"对比思维"，以此激发学生深入思考：作者巧妙而高明的匠心不仅仅在于多次写到了"蜡烛"，更独到的在于作者在描写"蜡烛"的过程中，又巧妙地安排了人物或情节的一些"相似"和"相异"。比如，葛朗台为了修楼梯拿走了母女做针线的蜡烛，不管她们的需要；葛朗台后来又拿走了客人们打牌的蜡烛去看信，更加不管客人们的兴致。这样相似的情节，有何深刻的意味？又比如，文中葛朗台和欧也妮都使用过家里的烛台，作者对他们使用的细节有比较详尽的记叙，但是两个人对于烛台的态度却是迥然相异的，引导学生从中读出自己的理解和思考。

2.2.5 要而言之

任务：请使用形象生动的比喻句，概括"蜡烛"在小说叙事中的功能。

例如，蜡烛像一支画笔，在小说中它可以进行环境描绘和气氛烘托。

这个环节是收束环节，主要是引导学生总结两节课所学，理解"物"在小说叙事中的作用。要求学生用比喻句的目的是为了化抽象为形象，使学生更直观地理解作者在小说中详尽描写"物"的价值。部分学生可以完成这样的概括和形象认知，比如，有的学生说"蜡烛像一根绣花针，编织起了很多人物和情节"，有的学生说"蜡烛像一颗定时炸弹，使小说的气氛陡然紧张"。

2.2.6 作业设计

任务：如果在最后两章中增加一处"蜡烛"描写内容，你会加在哪里？并说明理由。

部分学生优秀作业：

原文：

德·蓬风先生走了，欧也妮颓然跌坐在扶手椅上，泪如雨下。

补写：

德·蓬风先生走了，欧也妮颓然跌坐在扶手椅上，她凝神注视着座钟前面燃着的蜡烛，泪如雨下。

理由：

烛台勾连前文情节，欧也妮曾拿着蜡烛翻开自己的抽屉，拿出全部家私相助夏尔；她也曾拿起烛台掩饰内心对于爱情的羞怯。此处的蜡烛暗示了欧也妮爱情失败后内心的极度痛苦。

这个作业设计的原因有三点。其一，小说的最后两章，没有涉及"蜡烛"，其实不写也是作者的匠心。其二，作者不写不见得完全不可写，以补写来检验学生课堂所学，增强语文课堂的实践性。其三，设计真实的语言运用情境任务，使学生可以真实地进行言语实践活动，这大大激发了学生的学习和表达兴趣。

3　教学反思

3.1　学科的角度

新课标中明确提出了"语文四大核心素养"，教学的设计和活动的实施应该紧紧围绕语文核心素养的达成。本专题的教学设计紧紧围绕语文核心素养设计教学目标，具体表现如下：① 能够分析并理解"蜡烛"在文本中的价值，发展关联思维；② 通过"蜡烛"，能够理解主题"金钱对人的异化"，获得审美体验和精神提升；③ 通过梳理、表达、写作等，完成语言的发展与提升。从课堂效果以及学生习作来看，学生比较好地达成了教学目标，语文核心素养在一定程度上有所提升。

但是，本课也有一些值得商榷的地方。首先，本节课实际上是一节专题课，以"物"为切口探索一条解读名著的路径。专题课的"专题"来源于学生的实际问题，专题的确定也应该是由师生共同确定，这样更能体现学生的"主体地位"。其次，对于《欧也妮·葛朗台》整本书的阅读，本节课主要设计的是第二轮阅读，也就是"深度阅读"部分。学生只有在第一轮阅读中已经基本把握了全书的人物、情节和主旨等内容，才可以进入第二轮深度阅读。也就是说，这样的教学设计不适合整本书的第一轮初读，这是它的适用条件。

3.2 教师的角度

"以学生为本"是笔者在教学设计过程中始终秉承的理念，因此，设计了"学生自主梳理情节、自主对比探究、自主补写实践"等任务，及小组合作探究的任务，教师只起点拨指导的作用。另外，在学生读解、补写的过程中，尽量尊重学生的个性表达。比如，有的学生在讲到蜡烛店的老板说葛朗台买白烛简直就是不可思议，可以看到葛朗台的"臭名昭著"，但是大家依然敬重他，可见整个社会对于金钱的顶礼膜拜，葛朗台是时代的产物。学生通过一个人物可以窥见整个时代，而且对于葛朗台"吝啬"的归因也比较独特，笔者予以了积极的肯定。

3.3 学生的角度

学生能真正获得是一节课成功的关键。笔者在设计这节课前的初衷是学生可以在阅读《欧也妮·葛朗台》的过程中，提升语文核心素养，并且获得阅读整本书，尤其是现实主义作品的一般经验。从课堂的效果及学生的作业来看，学生通过自主赏析、对比深读，逐渐深入地明晰了"物"在小说中的叙事功能是和小说三要素紧密相关，既是小说三要素的一部分，也服务于小说三要素。因此，以"物"的视角解读小说便是建立起"物"与小说三要素之间的关系，如此，便基本上形成了"关联思维"。在整个鉴赏过程中，学生实际上也完成了对欧也妮和葛朗台两个主要人物的品鉴，葛朗台的吝啬、专制、精明，欧也妮的天真、专情、善良，学生实际上是完成了审美和审丑的艺术品味过程。而就语言表达来说，本课有两个重要的环节帮助学生语言能力的提升，一个是用形象的语言概括"物"的叙事功能，一个是为小说最后两章补写"蜡烛"的内容。这两个环节既能锻炼学生的语言表达能力，也能落实课堂所学。但是，就语文核心素养的"文化理解与传承"方面，本课几乎没有涉及，这是比较遗憾的地方。

4 结语

"学本课堂"理念下的"整本书阅读"是充分尊重学生的主体地位，但这不是说让学生自己去读、随意去读，这个过程中，教师要起到积极的引领、组织作用，设计科学合理的学习任务，才能使学生在自主阅读和探究的过程中，真正有所学、有所得，切实提升语文核心素养，做一个有兴味又有深度的阅读者。

参考文献

[1] 叶圣陶 . 论中学国文课程标准的改订 [M]. 江苏：江苏教育出版社，2004.

[2] 杨周翰，等 . 欧洲文学史 [M]. 北京：人民文学出版社，1979.

以任务驱动方式推进整本书阅读与研讨

——以《红楼梦》阅读为例

北京市中关村中学　于玉贵

【摘要】"整本书阅读与研讨"是新课标设定的第一个任务群，在高中语文教学中占有十分重要的地位。笔者结合多年教学经验，以《红楼梦》阅读为例，对"以任务驱动方式推动整本书阅读与研讨"，从"任务的自主确定""任务的自主推进""任务的自主落实""师生收获与启发"四方面进行了阐释。

【关键词】整本书阅读与研讨；任务驱动；《红楼梦》；学生自主

随着《普通高中语言课程标准（2017年版）》（简称"新课标"）的颁布，"整本书阅读与研讨"正式被提上中学语文教学日程。作为新课标所设18个任务群之首，"整本书阅读与研讨"占有十分重要的地位。在2019年下学期开始实施的部编版高中语文新教材中，增加了"整本书阅读"单元，《乡土中国》和《红楼梦》分别属于必修上册第五单元与必修下册第六单元。学生整本书阅读与探究能力的养成，是其语言、思维、文化、审美多层次的提升过程。为了有效落实此任务群，笔者采用了任务驱动的教学方式。下面以《红楼梦》阅读为例，对"以任务驱动方式推动整本书阅读"从四方面阐释。

1　任务的自主确定

"以任务驱动方式推动整本书阅读"首先要明确任务。教师要在"整本书阅读与研讨"学习目标的框架下，将要学习的知识隐含于任务中，引导学生通过已有知识经验和多维互动来进行阅读与探究活动。可从整体上确定中心任务，然后把中心任务分解成一个个子任务有序推进。

高一下学期，笔者与学生在充分讨论的基础上，确定了"我们一起读红楼"的中心任务，分解成"红楼人物谱"、"情节梳理"（包含"质疑答疑""基础检测"）、"专题探究"、"一字定评"4个子任务，以"运用精读、略读和浏览的方法阅读《红楼梦》，整体把握小说的思想内容和艺术特点，深入探究红楼人物的精神世界，体会《红楼梦》的主旨，研究小说的艺术价值"为具体学习内容。何以将"我们一起读红楼"作为中心任务呢？其一，高考要求。《红楼梦》是高中生必读名著。其二，课标要求。新课标对"整本书阅读与研讨"有如下阐述："在指定范围内选择阅读一部长篇小说。"其三，经典名著。新课标提示："指定阅读的作品，应语言典范，内涵丰富，具有较高的思想水平和文化价值。"[1]《红楼梦》无论从思想水平还是文化价值上讲，都是当之无愧、登峰造极的经典小说，有利于引导学生提高思想认识，弘扬优秀传统文化，增强文化自信。

2　任务的自主推进

新课标对"整本书阅读与研讨"任务群提示如下："阅读整本书，应以学生利用课内外时间自主阅读、撰写笔记、交流讨论为主。""以任务驱动方式推动整本书阅读"最根本的特点就是"以任务为主线、教师为主导、学生为主体"，教师依据自己的阅读经验、认知水平、文学素养、文化格局等，对学生的阅读进行适当指导，学生自主进行落实。那么，应该怎样推进阅读任务呢？

第一，重视阅读激趣，做好阅读准备。比如围绕"我们一起读红楼"，笔者在放假前进行阅读激趣（带领学生参观黄叶村与大观园），然后是假期里的阅读准备（布置观看1987年版《红楼梦》电视剧，并购买红研所校注本《红楼梦》），再到开学初的整体规划（如进度安排、任务确定、老师导读），最后才是持续整学期的阅读。

第二，制定阅读日历，按照规划阅读。语文课时有限，师生需根据任务制订阅读计划，计划要切合实际，充分考虑时间保证。笔者与学生在学习实践的基础上，共同制订了课时规划总方针：双线并进，整体推进，即阅读课与课堂学习双线并进。比如每周5节课，将4节课安排日常学习，将1节课专门安排阅读。再加上每周固定两天布置阅读作业，便可保证时间的连续性与节奏的规律性。按18周阅读时间计算，除去节假日，每周读5回，每周完成一个任务，期末就能顺利读完《红楼梦》前80回。

第三，渗透方法指导，适时进行导读。学生一般在阅读方法上有所欠缺，易浅读或误读，而"《红楼梦》对阅读的要求太高了"（毕飞宇），这就要求教师对学生进行指导。一方面，推荐指导丛书或文章如《如何阅读一本书》《怎样欣赏名著》等，相时与学生交流阅读规律，进而掌握名著阅读方法。给学生介绍阅读方法如精读／略读、通读／跳读、圈点批注……另一方面，进行名著导读，普及创作背景、主要人物、重点情节、作品价值等内容。导读可由老师撰写，也可借鉴学者专家书籍文章如《启功讲红楼》《蒋勋细说红楼梦》等。

第四，任务由浅入深，步骤循序渐进。整本书阅读本质不是技能训练，而是以培养语文核心素养为目标的文学阅读训练，应围绕阅读任务，通过有序的动态阅读活动展开。笔者与学生把"我们一起读红楼"的四个子任务按从易到难、从局部到整体、从单个回目到小说专题，再聚焦红楼主要人物的顺序展开。"红楼人物谱"要求绘制《红楼梦》荣、宁二府主要人物的关系图表，并参与年级学科活动评比。"情节梳理"要求阅读时完成章回内容概括及应知必会基本内容填空（其中 "基础检测"要求完成填空简答等练习；"质疑答疑"要求阅读质疑，并按学号对典型问题答疑）。"专题探究"要求聚焦小说关键内容，按章节顺序推进，分多个专题进行，如"贾府是怎样的大家庭""我看宝黛爱情""品红楼情节设计之妙""《红楼梦》里的诗词曲赋""《红楼梦》里的节日""红楼梦里的日常生活描写"（如园林建造、饮食起居、酒令笑话等）等。"一字定评"则参考《红楼梦》回目，根据人物典型事件，采用一字定评的评价方式，概括大观园女孩们的主要特质，从而形成对人物集中鲜明的高度认识。

实践证明，任务驱动对学生提高整本书的阅读质量有很大效果。即便是能力层级相对较低的"情节梳理"任务，也能有效帮到学生阅读，而质疑答疑、专题探究、一字定评等任务的作用就不言而喻了。

3 任务的自主落实

在任务实施过程中，如果不注重落实，学生阅读就易流于表面，不能以真正阅读者的姿态对文本准确理解、审美鉴赏和深入探究，任务就会流于肤浅化、速食化、功利化，从而难以达到培养学生语文核心素养的目的。因此，师生需要在"任务时间连贯性""任务形式多样性""任务难度层次性""任务评价多样性"等方面下功夫，从而落实学习目标。

首先，任务要具有时间连续性。围绕"我们一起读红楼"中心任务，或按章节或按主题分解成若干小任务，按照每周 5 个章回的阅读量推进，不受考试或其他教学活动干扰，阅读从不间断，任务从不停止，内容不多不少，节奏不疾不徐，从而养成学生的阅读惯性，培养长期阅读意识。

其次，任务要具有形式多样性。学生自主开展"红楼人物谱"学科活动，从而对主要人物的出身背景、主要事迹、性格特点、作家情感态度等内容心知肚明，也对人物与人物间的关系了如指掌；开展"课前五分钟"活动，就某个或某些章节的感想及时分享；开展微信群答疑活动，就阅读中的典型疑问按学号给予回复（需教师把关）；开展"亲子阅读"活动，提倡父母与孩子共读《红楼梦》，营造共有的话语体系。

再次，任务要具有能力区分度。"红楼人物谱"意在厘清主要人物之间的关系，把握前五回的纲领性作用；"情节梳理"意在提升梳理、概括能力，突出基础抓梳理；"专题探究"意在培养审美、鉴赏、探究能力，突出专题抓探究；"一字定评"突出概括、筛选和评价能力，突出人物抓特质。展开有能力区分的阅读任务，就能有梯度有层次地将阅读引向更深层级，从而提高学生理解力、思考力、审美力与创造力。

从次，任务要具有成果可视性。如每位学生用红楼梦专用本，按阅读顺序概括章节内容，学期末就有了自己的"红楼简略本"；教师评阅"基础检测"并分次计分，期末给予优秀学生奖励；将每份"红楼人物谱"以 A3 纸粘贴在展板上，全校展出，方便学生分享、交流、评比、学习；将老师审核过的学生答疑汇编成"《红楼梦》500 问"统一印发；将专题探究子任务下的"优秀读书笔记"汇编成册统一印发。鼓励学生投稿，在《红楼梦学刊》微信公众号上发表。

最后，任务要具有评价多样性。将"整本书阅读与研讨"纳入语文学习评价体系，师生结合阅读实际，制定"《红楼梦》阅读与研讨"量化评比表。比如将每篇专题探究读书笔记星标为 10 分，合格 6 分，欠佳 4 分，拖欠 2 分，不交 0 分。而"考试评价"则分为"基础小测""名著统练"，在考题中渗透阅读内容与阅读方法，引导学生细致、深度阅读整本书。

4 师生收获与启发

笔者通过多年的教学实践发现，以任务驱动推动整本书阅读与研讨，能真实有效地激发学生的阅读兴趣，使学生的语文核心素养得到很大提升，也能使学生对阅读方法逐渐熟知并开始在实践中有效应用，还能使学生建构共同话语体系，使他们以文学作品观照整个社会人生，对其精神成长起到很大的促进作用。比如一个学期阅读《红楼梦》，每位学生完成 16 000 字内容梳理与近 10 000 字专题读书笔记；班级汇总印发学生优秀读书笔记共 15 179 字,可出版成书籍;班级 3/5 的学生爱上了《红楼梦》;两位学生尝试投稿《红楼梦学刊》并发表。

学生读完《红楼梦》前 80 回后,收获多多,感想多多。兹录部分文字如下:

张 × 嘉:《红楼梦》让我明白性格决定命运。

沈 × 妍:《红楼梦》让我见识了人间的美与丑,善与恶。

肖 × 蕙:最大收获是知道如何分析小说中的人物。

杨 × 淇:了解封建社会,理解复杂人性,感受诗词文化。

周 × 云:《红楼梦》告诉我:什么是真正中国文化,什么是真正中国经典!

最后,《红楼梦》阅读对"以任务驱动推进整本书阅读与研讨"有何启发?在笔者看来,启发有以下几点。

首先,任务需基于真实的学情推进,以生为本,无论是阅读起步,还是困惑时的暂停、还是遗忘时的回温,还是最后的收束,一举一动都依动态学情而定,教师只是学生阅读《红楼梦》的引导者,学生才是整个阅读活动的主体。其次,具体任务的确定要着眼于培养语文核心素养,要将任务放在新时期语文教学的视野,契合新时期教学理念,比如社会主义核心价值观培养、深度学习、专题阅读等。最后,整本书阅读与研讨对教师提出了新的挑战。"要引导学生读好整本书,要开设好整本书阅读这项课程,教师自己首先要真正会读整本书,要能真正读好几本书,要先把书读好。而教师立足整本书阅读这门课程,并非一般意义上的读书。它不仅是一门课程的开发,还应该是一种阅读方式的示范,同时又是一种教学形式的发现。"(黄厚江《整本书阅读教师要先读》),因此,要顺利推进"整本书阅读与研讨",教师需不断学习,不断成长。

英国科幻作家阿瑟·克拉克墓志铭有言:我从未长大,但从未停止成长。作为语文老师,笔者深知成长的重要性。希望在北京新课改的背景下,在新课标"整本书阅读与研讨"任务群的推进中,我们每位语文教师都能做到:以生为本,与学生一起成长,彰显教育的意义,在悠远的光阴中,在宁静的校园里,成为最好的自己,成就最好的学生。

参考文献

[1] 中华人民共和国教育部 . 普通高中语文课程标准(2017 年版)[S]. 北京:人民教育出版社,2017.

统编高中语文教材写作任务的教学思考

——以必修教材上册第一、二、六、七单元为例

北京市中关村中学　李　强

【摘要】 以"学"为中心的课堂，倡导以学生为中心，让学习在课堂中生成，实现学习的自主建构，形成学科核心素养。学的内容极其重要，是一个首先需要解决的问题。这就要求教师做好"新课标"指导下的教学内容研究。本文梳理统编高中语文教材的写作任务，分析写作任务设计的课标依据，探究教材、课标与高考写作试题间的关联，并就统编高中语文教材写作任务的教学提出建议：实现情境写作与去情境写作的结合；对标课程标准，以教材为抓手，把握高考作文命题动向；统整文体教学的既往经验。

【关键词】 统编高中语文教材；情境；写作；"学"的课堂

1　前言

　　统编高中语文教材以人文主题组元，以学习任务统领单元教学内容，将写作任务融入"单元学习任务"中，从单元人文主题或课文的阅读中生发出写作内容，形成读写融通的结构特色。作为语文教学重要内容的写作，从独立于阅读之外到与单元主题相融合，并基于语文实践活动情境而设计，也涉及更为丰富的写作内容。那么，写作任务设计的课标依据是什么？与高考作文考查间有怎样的联系？我们的教学有哪些相应的调整？本文就统编高中语文教材写作任务进行分析，并提出教学建议。

2 统编高中语文教材写作任务分析

2.1 写作任务的教材梳理

统编必修教材上、下两册共安排了 10 余个大作文写作任务、20 余个微写作任务。受篇幅限制，选择统编高中语文教材必修上册第一、二、六、七单元的写作任务进行说明。这些写作任务指向"文学阅读与写作""实用性阅读与交流""思辨性阅读与表达"等任务群；就文体写作而言，有记叙文写作、议论文写作，还包括诗歌及散文创作。梳理 4 个单元的写作任务如下。

第一单元（青春激扬）

微写作任务

（1）反复诵读本单元诗歌作品，围绕"意象"和"诗歌语言"探讨欣赏诗歌的方法，揣摩作品的意蕴和情感，感受不同的风格。

① 5 首诗歌风格各异，但诗人都善于运用意象来表达自己的情思。任选一首，想一想：诗中运用了哪些意象？这些意象有怎样的特点？激发了你怎样的情思？如何通过意象来欣赏诗歌？记录下自己的思考，写一则札记。

② 查找毛泽东《沁园春·长沙》的写作背景资料，建议阅读埃德加·斯诺的《毛泽东自传》，了解毛泽东青年时期的革命经历，加深对这首词主旨的理解。还要注意感受词作的意境，抓住"红遍""尽染""碧透"等富有表现力的词语去欣赏这首词。选取自己印象最深的一点进行分析并与同学交流。

（2）《百合花》写的是战争年代一名革命军人的牺牲，《哦，香雪》写的是改革开放初期山村少女对现代生活的向往。两篇小说的时代背景不同，表现的青春情怀却那样感人。阅读时要联系特定的历史背景来理解作品内涵，结合自己的阅读感受欣赏小说的描写艺术。从两篇小说中各选择一两个感人的片段，描摹人物的心理活动，分析典型的细节描写，并作简要点评。

大写作任务

青春之美，在人的一生中是弥足珍贵的。结合本单元诗作和能够引发你思考的其他作品，发挥想象写一首诗，抒写你的青春岁月，给未来留下宝贵的记忆。注意借鉴本单元诗歌在意象选择、语言锤炼等方面的手法，使诗作多一些"诗味"。汇总所有同学的诗作，全班合作编辑一本诗集作为青春的纪念。

第二单元（劳动光荣）

微写作任务

我们每天都会接触各种新闻，新闻在生活中无处不在。选择一份报纸或一个新闻网站，浏览一周的内容，从中挑选出三四篇你认为比较优秀的新闻作品。小组合作，从新闻价值、报道角度、结构层次、语言表达等方面草拟一份优秀新闻评选标准。每个小组按照标准评选出消息和通讯各一篇，合作撰写一份推荐书，阐述推荐理由，与新闻作品一起在全班展示、交流。

大写作任务

教过两代人的山村小学教师，救死扶伤护佑生命的医生，精心擦拭每一块玻璃的保洁阿姨，春耕秋收辛勤劳作的农民，等等。生活中，有很多平凡的劳动者值得我们关注，发生在他们身上的不少事也可能触动我们的心灵。写一个你熟悉的劳动者，不少于800字，题目自拟。

第六单元（学习之道）

微写作任务

本单元的文章，从不同角度探讨学习问题，阐发了一些深刻的道理。如《劝学》强调"学不可以已"，看似平淡实含至理；《师说》提出"无贵无贱，无长无少，道之所存，师之所存"的观点，透辟而振聋发聩；《反对党八股》主张"我们应当禁绝一切空话"，坚决而不留余地。从几篇课文中摘录一些名言警句，谈谈自己的心得体会。

大写作任务

《劝学》是两千多年前荀子对学习问题的朴素认识，《师说》是一千多年前韩愈对"耻学于师"的批评。随着社会的发展变化，我们今天在学习中又遇到了新的难题。针对当下学习中的某些问题，以《"劝学"新说》为题，写一篇不少于800字的文章。

第七单元（自然情怀）

微写作任务

这几篇文章都有融情于景、情景交融的特点，字里行间蕴含着作者的思想感情。结合《赤壁赋》，分析文中的景与情是怎样完美融合在一起的。如有兴趣，可以选取文中的一个片段，拟写视频拍摄脚本，挑选合适的音乐和场景，制作一个小视频。

大写作任务

同是写景抒情，本单元的几篇文章运用的艺术手法各具特色。借鉴这些文章的写法，写一篇不少于800字的散文。写完之后与同学交换阅读，互相品评，提出修改建议。修改后，把全班的习作编辑成册，拟定书名，撰写序言，作为高中生活的一份纪念。以下题目供参考，也可以自拟题目。

（1）对我们的校园（村庄或小区等），你也许已经非常熟悉了，但很可能其中还有你未曾留意的一小块天地；同一处景物，你也未必观察到它在不同时间的变化。以《我仿佛第一次走过》为题，写一篇散文。

（2）四季更替是大自然的节律，每个季节都有它独有的特点。"立春""立秋""夏至""冬至"，这些字眼都能引发很多遐想和回忆。选择一个节气，观察此时的景物和人们的活动，写一篇散文。

统编高中语文教材必修上册第一、二、六、七单元写作任务梳理如表1所示。

表1 统编高中语文教材必修上册第一、二、六、七单元写作任务梳理

顺序	人文主题	微写作任务	写作类型	大写作任务	写作类型
第一单元	青春激扬	学写札记（意象、情思）；赏析点评（知人论世、富有表现力的词语）	诗歌鉴赏札记 诗歌赏析点评	写"青春岁月"新诗（想象、诗歌手法）	诗歌
		学写小说点评（心理活动，细节描写）	小说细节点评		
第二单元	劳动光荣	推荐书（新闻价值、报道角度、结构层次、语言表达等方面优秀新闻的评选标准）	推荐书	写一个熟悉的劳动者（关注事例和细节）	记叙文
第六单元	学习之道	心得体会（名言警句）	读书心得体会	论述文《"劝学"新说》（论述有针对性）	议论文
第七单元	自然情怀	拍摄脚本（融情于景、情景交融，场景、音乐）	视频拍摄脚本	散文《我仿佛第一次走过》（情景交融）	散文
				散文（节气，情景交融）	

经过梳理，我们发现表1统编必修教材的写作任务涉及的写作类型更为丰富，读与写间的关系更为紧密，这里不再赘述。

写作任务往往都具有"情境"，带有任务驱动的性质。"围绕学习任务群，任务、

活动、情境等关键词成为课标中的高频词，也成为统编高中语文教材建设的重要支点。"写作任务设计紧扣情境，以此激发写作的动机，提高写作的兴趣，并反作用于阅读，实现读写间的深度融合。

2.2　写作任务的课标依据

统编高中语文必修教材遵循《语文课程标准》理念，写作任务"读写结合"的特点符合"学习任务群"的"学习目标与内容"，整合了相关任务群"教学提示"的内容（表2），"引导学生在真实的语言运用情境中，通过自主的语言实践活动，积累言语经验，把握祖国语言文字的特点和运用规律"。

表2　统编高中语文教材必修上册第一、二、六、七单元写作任务课标依据

顺序	人文主题	学习任务群	课标依据	微写作任务	大写作任务
第一单元	青春激扬	文学阅读与写作	① 结合所阅读的作品，了解诗歌、散文、小说、剧本写作的一般规律。捕捉创作灵感，用自己喜欢的文体样式和表达方式写作，与同学交流写作体会。尝试续写或改写文学作品 ② 养成写读书提要和笔记的习惯。根据需要，可选用杂感、随笔、评论、研究论文等方式，写出自己的阅读感受和见解，与他人分享，积累、丰富、提升文学鉴赏经验	①学写札记（意象、情思） ②赏析点评（知人论世、富有表现力的词语） ③学写小说点评(心理活动，细节描写)	写"青春岁月"新诗
第二单元	劳动光荣	实用性阅读与交流	①学习多角度观察社会生活，掌握当代社会常用的实用文本，善于学习并运用新的表达方式 ②学习运用简明生动的语言，介绍比较复杂的事物，说明比较复杂的事理 ③具体学习内容，可选择社会交往类的，如会谈、谈判、讨论及其纪要，活动策划书、计划、制度等常见文书，应聘面试的应对，面向大众的演讲、陈述和致辞；也可选择新闻传媒类的，如新闻、通讯、调查、访谈、述评，主持、电视演讲与讨论，网络新文体（包括比较复杂的非连续性文本）；还可选择知识性读物类的，如复杂的说明文、科普读物、社会科学类通俗读物等	推荐书（新闻价值、报道角度、结构层次、语言表达等方面优秀新闻的评选标准）	写一个熟悉的劳动者

续表

顺序	人文主题	学习任务群	课标依据	微写作任务	大写作任务
第六单元	学习之道	思辨性阅读与表达	①学习表达和阐发自己的观点，力求立论正确，语言准确，论据恰当，讲究逻辑。学习多角度思考问题。学习反驳，能够做到有理有据，以理服人 ②围绕感兴趣的话题开展讨论和辩论，能理性、有条理地表达自己的观点，平等商讨，有针对性、有风度、有礼貌地进行辩驳	心得体会（名言警句）	论述文《"劝学"新说》
第七单元	自然情怀	文学阅读与写作	同第一单元	拍摄脚本（融情于景、情景交融的特点，思想感情、场景、音乐）	散文《我仿佛第一次走过》

2.3 写作任务的高考呈现

统编教材从 2019 年秋季开始，在北京、天津、上海、辽宁、山东、海南等 6 省市试用，2022 年将迎来统编教材使用后的新高考。试题如何呈现语文课程标准中的"学业质量水平"，如何体现与教材间的关联，我们将拭目以待。这几年的高考写作命题虽不是统编教材下的命题范畴，但已显露端倪。我们试着就 2019 年全国 Ⅱ 卷作文题来探究高考作文、教材与课标间的关联。

阅读下面材料，根据要求写作。

1919 年，民族危亡之际，中国青年学生掀起了一场彻底反帝反封建的伟大爱国革命运动。1949 年，中国人从此站立起来了！新中国青年投身于祖国建设的新征程。1979 年，"科学的春天"生机勃勃，莘莘学子胸怀报国之志，汇入改革开放的时代洪流。2019 年，青春中国凯歌前行，新时代青年奋勇接棒，宣誓"强国有我"。2049 年，中华民族实现伟大复兴，中国青年接续奋斗……

请从下列任务中任选一个，以青年学生当事人的身份完成写作。

1919 年 5 月 4 日，在学生集会上的演讲稿。

1949 年 10 月 1 日，参加开国大典庆祝游行后写给家人的信。

1979 年 9 月 15 日，参加新生开学典礼后写给同学的信。

2019 年 4 月 30 日，收看"纪念五四运动 100 周年大会"后的观后感。

2049 年 9 月 30 日，写给某位"百年中国功勋人物"的国庆节慰问信。

要求：结合材料，自选角度，确定立意；切合身份，贴合背景；符合文体特征；不要套作，不得抄袭；不得泄露个人信息；不少于 800 字。

2019 年全国Ⅱ卷的作文题选择了当下真实的重要时事热点（五四运动 100 周年，新中国成立 70 周年等），赋予了写作者具体的角色（青年学生当事人的身份），提供了多样的写作任务（写演讲稿、写信、写观后感、写慰问信等），拥有具体的写作情境（"五四"学生集会、开国大典庆祝游行、新生开学典礼等），在"青春接力、强国有我"这个统一的话题下，考查学生的联想、想象和创意写作能力等。这道作文题落实课标对写作能力的考查要求，突出语文学科关键能力，优化情境设置，坚持应用导向。当然，近些年的其他试题也都有相似的特点。

我们不难发现，高考语文试题与统编教材都非常注重情境的设置，将写作置于具体情境之中，围绕情境设置了一组有内在联系、指向写作能力的任务，体现出课程标准的"命题和阅卷的原则"，落实语文的核心素养。这"很可能是今后的交际语境型高考题，很可能会成为未来高考题的一个'新常态'"。"高考语文试题以真实、典型、具体的语文实践活动情境为载体，要求学生在特定情境中完成现代文阅读、古诗文阅读、语言文字运用和写作任务"。教育部考试中心曾经评价："2019 年作文试题量化情境设计，注重对语文写作能力和素养考查，持续深化新时代高考考试内容改革，精准落实高考评价体系，紧密衔接高中课程标准，贴近学生现实生活及认知实际，有利于考查考生的思维能力、表达水平和综合素养，充分发挥对中学写作教学的导向作用。"

3 统编高中语文教材写作任务的教学建议

3.1 实现情境写作与去情境写作的结合

高考评价体系"强调试题命制的情境化设计，紧密联系学生日常生活实际，在现实的问题情境中考查学生核心素养的发展水平"。统编教材写作任务也基于情境，因而，以情境为载体的写作应是我们日常教学及高考复习导向。以情境为载体的写作与我们一般采用的记叙文、议论文、应用文等文体写作有怎样的联系呢？我们综合统编教材写作任务可以判断，写作任务的情境要素至少应该包括话题、读者、目的、写作者角色、写作类型等。写作类型以及与某种写作类型对应的写作能力是我们相对熟悉的，而其他要素需要我们在教学中格外重视。

重视以情境为载体的写作并不意味着放弃去情境写作。去情境写作由于缺乏特定情境，要完成写作任务的难度就自然增大，在写作过程中需要调用更多的背景知识，自我构建情境，完成写作的针对性，让写作有现实意义。同时，就写作的思维过程而言，概念的界定、观点的确立、原因的分析、办法的提出等更考验学生思维。因此，去情境写作更有利于选拔出那些有着丰厚积淀、广博见识、良好思维水平的学生，有效增加写作测试的区分度。换言之，"具备写作关键能力的学生在去情境化作文测试中，更容易脱颖而出"。一般而言，平时的训练难度应大于高考难度。去情境写作不失为情境写作的有益补充。

3.2 对标课程标准，以教材为抓手，把握高考作文命题动向

《普通高中语文课程标准（2017年版）》有关"命题思路与框架"明确测评与考试要"以具体情境为载体"，而统编教材又给予了我们大量的以情境为载体的写作任务，《中国高考评价体系说明》指出："高考评价体系中的'四层'考查内容和'四翼'考查要求是通过情境与情境活动两类载体来实现的，即通过选取适宜的素材，再现学科理论产生的场景或是呈现现实中的问题情境，让学生在真实的背景下发挥核心价值的引领作用，运用必备知识和关键能力去解决实际问题，全面综合展现学科素养水平"[6]。这样我们平时的教学既要对标《普通高中语文课程标准》和《中国高考评价体系说明》，又要依托教材来开展，系统梳理教材中的情境写作任务，把握情境写作的要素，关注新高考作文命题的走向，从而改进我们的教学。

比如，必修上册第六单元"学习之道"的大写作任务，题目将"劝学"这一话题放在历史与现实两个时期进行考量，从《劝学》《师说》的历史意义出发，鉴古论今，引导学生重新认识和思考"学习之道"在新时代的意义与价值，发展了学生"思维的发展与提升"这一语文学科核心素养。当然，在学生写作的过程中重新审视《劝学》与《师说》，"对于荀子和韩愈当年关于学习的论述一定会理解更深，把'劝学'放在每一个历史时期来观察，或者说每一个时代都有其'劝学'的不同内涵"，博古而通今。

叶圣陶先生说："语文教材无非是个例子，凭这个例子要使学生能够举一反三，练成阅读和写作的熟练技能。"统编教材也是如此，它留给我们一线教师的空间还很大。上文谈到的"实现情境写作与去情境写作的结合"就是一个方向。除此之外，以情境为载体的写作本身还可以开发。采访院士、科学家，拟写采访提纲，编写院士的故事，组织"我所了解的院士"专场报告会等系列活动，从而设计出典型任务，在具体

情境中提升学生的语文核心素养。

4　结语

统编教材的使用，是对过往教材编写的经验总结与现实提升。统编教材"读写融通"的特点就是一个生动的诠释，它与我们对阅读与写作关系的认识是一致的。过去，一线教师们总结出很多行之有效的教学方法、教学经验，肯定存有依然能够指导、作用于统编教材教学工作的有益之处。只是我们的教学方法与经验需要接受"新情境"的"考查"，总结提炼适用于统编教材的经验，在保留与摒弃中实现升华。比如，如何让文体教学的经验在以人文为主题的单元下再放光芒，某种类型的写作如何与以情境为载体的写作实现对接，等等，都是需要在实践中加以思考、摸索的。

参考文献

[1] 王本华 . 任务·活动·情境：统编高中语文教材设计的三个支点 [J]. 语文建设，2019（11）：4.

[2] 中华人民共和国教育部 . 普通高中语文课程标准（2017 年版）[S]. 北京：人民教育出版社，2018：1.

[3] 荣维东 . 交际语境写作与高考作文命题技术的进步 [J]. 语文学习，2019（7）：57.

[4] 张开 . 基于高考评价体系的语文科考试内容改革实施路径 [J]. 中国考试，2019（12）：25.

[5] 张开 . 2019 年高考作文题综评 [J]. 语文学习，2019（8）：12.

[6] 教育部考试中心 . 中国高考评价体系说明 [M]. 北京：人民教育出版社，2019.

[7] 邓彤 . 情境与去情境：高考作文命题的两大路径 [J]. 语文教学通讯，2020（9）：82.

[8] 王玮 . 高中语文统编教材"读写结合"设计策略 [J]. 上海课程教学研究，2020（8）：115.

关注教材变化，以深度学习理念改变教学"碎片化"现象

北京市中关村中学　苏艳萍

【摘要】目前通用的人教部编版语文教材从编写设计意图及呈现的内容来看，相对于以前的教材发生了很大变化。教师要关注这种变化，运用深度学习理念改变语文教学中存在的知识零散、碎片化问题，帮助学生形成结构性、系统性的知识网络，掌握学科核心知识，促进学生对语文学科的整体理解和持续探究。

【关键词】深度学习；教材变化；碎片化

目前，全国各地初中语文教材都统一启用了人教部编版，这一版本的教材突出之处是更加注重整体性与系统性，采用"人文主题"与"语文要素"双线组织单元的结构，既强调语文与生活的联系，又保证了语文综合素养的基本训练，每课一得，使教学有一条大致可以把握的线索，也有层级序列较为清晰的梯度结构。可是，一些老师由于多年的教学习惯，或者是自己上学时候的语文学习经验，没有适应新教材的变化，在处理教材中的课文时，因循守旧，仍然停留在对单篇文本的孤立分析，学生通过课文所学到的知识是零散的、碎片化的，彼此之间缺乏关联，学生不能在头脑中形成系统的知识结构，因而很难做到迁移运用。

而深度学习对于改变目前语文教学"碎片化"现象并提升学生的语文能力和素养非常有效。

1　深度学习的定义及特征

深度学习指的是在教师引领下，学生围绕具有挑战性的学习主题，全身心积极参与、体验成功、获得发展的有意义的学习过程。在这个过程中，学生掌握学科的核心

知识，理解学习的过程，把握学科的本质及思想方法，形成积极的内在学习动机，以及积极的情感、态度、正确的价值观，成为既具独立性、批判性、创造性又有合作精神、基础扎实的优秀学习者。

它有几个基本特征：抓住学科本质和教学内容的关键特征，新知识和原有知识相互关联，主动组织和建构知识体系，强调来自学习者自身需求的内部驱动。

它有4个核心要素：深度学习主题、深度学习目标、深度学习活动、持续性评价。

2 深度学习对改变语文教学"碎片化"现象的巨大作用

围绕深度学习的四个要素，在语文教学中，要进行深度学习，教师首先要挖掘教材，分析教材所承载的课标中的知识能力点，确定深度学习单元主题和单元学习目标。再设计深度学习单元活动，这就需要结合学生的实际，预设一个真实合理、有一定挑战性的问题情境。学生在教师的主导下，通过小组合作、探究，解决预设情境中的问题。在完成任务的过程中，学生要解决新颖的有挑战的问题，必须根据当前的学习活动去调动、激活以往的知识经验，了解自己原有知识、经验和完成任务所需的知识、经验之间的差距，从而进行新知识的学习和多方思考、尝试，推进学生的理解、思维能力得以提升。另外，在进行深度学习单元活动的过程中，要及时对学生完成活动、解决问题的情况进行评价，评价标准的制定是围绕单元目标的，这种评价又是贯穿单元学习活动始终的一种持续性评价。

按照深度学习的思想来进行教学，可以使教学内容更有关联性，便于学生形成系统的知识结构，提升思维品质。这对于培养学生的核心语文素养、逐步形成适应个人终身发展和社会发展需要的必备品格和关键能力是非常重要的。

下面笔者以学习写景抒情文这一教学内容为例，通过对传统语文教学方式和深度学习教学方式的比较，来具体阐明深度学习对改变语文教学"碎片化"现象的巨大作用。这一教学内容在人教部编版教材中安排在七年级上册第一单元，在之前苏教版教材中安排在七年级上册第四单元"多彩四季"。

苏教版教材七年级上册第四单元课文既包括现代散文名家朱自清的《春》、老舍的《济南的冬天》，还包含当代作家梁衡的《夏》和北魏郦道元的《三峡》。单元写作任务是"观察和描写景物的特点"。如果按照传统的阅读教学方式，老师一般会按照教材呈现的顺序来带领学生依次学习4篇文章，即《春》《三峡》《济南的冬天》《夏》，并且参考教参的设计，对4篇文章的教学目标进行设定（表1）。

表1　传统教学方式下的单篇课文教学目标

教学内容	教学目标
《春》	① 体会作者对大自然的热爱之情 ② 欣赏优美精彩的语言 ③ 学习运用写景的多种手法
《三峡》	① 了解文中所描写的三峡的自然景观，感受三峡的自然美 ② 把握本文景物描写的特点 ③ 品味简练、生动的语言
《济南的冬天》	① 学习作者抓住景物特征展开描写，情景交融的写法 ② 体会拟人、比喻等修辞手法在写景中的作用，品味优美的语言 ③ 培养学生热爱祖国河山的感情，培养学生的审美能力
《夏》	① 体味作者的情感 ② 理清文章的思路 ③ 感受富有表现力的语言

这样来处理教材、进行教学，有以下弊端：①学生对于写景抒情散文的基本特点、写景抒情散文的常见表现手法、阅读写景抒情散文的一般方法等规律性东西缺乏明确、系统的认识，知识是零散的、碎片化的；②各篇课文的教学目标有交叉重复的地方，是对有限课堂教学时间的一种浪费；③学习4篇文章的顺序不符合人们由浅入深的认知规律；④对教材的处理只停留在"听说读"层面，弱化甚至忽略了写作，没有把读写有机结合起来。

如果按照深度学习的思想来处理"多彩四季"单元，首先通过对单元内容和学习者的学情分析，确定本单元深度学习主题为"品味四季之美，书写热爱之情"，制定整个单元的深度学习目标（表2），并把教学4篇文章的顺序调整为《春》《济南的冬天》《夏》《三峡》。每篇文章的学习紧紧围绕单元总目标，又各有侧重（表3）。

表2　深度学习理念下的单元整体教学目标

教学内容	单元教学目标
《春》 《济南的冬天》 《夏》 《三峡》	① 体味和推敲文章中名词、动词、形容词等词语直接表现四季之美的作用 ② 分析文章写作顺序安排、对比衬托表现手法对突出表现四季之美的作用 ③ 初步鉴赏情景交融的艺术特征，体会作者对四季之美的深厚情感 ④ 善于从美的事物中发现美，抓住景物特征，用美的语言表现美，表达自己对自然的感受、体验和思考

表3　深度学习理念下围绕单元目标设计的分课时教学目标

教学内容	教学目标
《春》	①学习用生动准确的动词、形容词突出景物特征的写法 ②学习从多种感官角度写景的手法 ③学习抓住能突出季节特点的具体可感的典型景物（名词）来写景的方法
《济南的冬天》	①学习对比的写法 ②体味比喻、拟人的修辞在写景中的作用 ③体会亲切的叙述语气的表达作用
《夏》	①体味动词的表达效果 ②学习运用对比、衬托写法
《三峡》	①学习动静结合的写法 ②学习围绕特征，合理安排写作顺序
写作写景抒情散文	①观察景物抓特点，捕捉心灵感受 ②学会合理安排写景层次 ③选用修辞和有表现力的词语，运用恰当的写作方法来表达情感

这样处理教材，从整体上深度设计4篇文章的学习主题和目标，依据课文特点和人们的认知规律来确定教学顺序，就避免了传统语文教学中知识零散、碎片化的问题，每篇文章的学习都紧紧围绕单元总目标，又各有侧重。最终，使得学生能够在整个单元学习之后形成一个系统的写景抒情散文评价标准，这个标准就是学生在本学段应该掌握的关于写景抒情散文的基本知识和核心能力。

再来对比一下人教部编版新教材这一教学内容的变化，通过关注这些变化，我们可以体会到新教材的编写设计也是符合深度学习理念的。这一教学内容安排在七年级上册第一单元，教材选取了3篇优美散文和4首写景抒情古诗词，除了《春》《济南的冬天》以外，还包括当代作家刘湛秋的抒情美文《雨的四季》。4首写景抒情古诗词分别是：《观沧海》《闻王昌龄左迁龙标遥有此寄》《次北固山下》《天净沙·秋思》。单元写作任务是"热爱生活，热爱写作"。单元学习提示中特别提到："学习本单元，要重视朗读课文，想象文中描绘的情景，领略景物之美；把握好重音和停连，感受汉语声韵之美。还要注意揣摩和品味语言，体会比喻和拟人等修辞手法的表达效果。"从编者的话中不难看出，本单元阅读教学的关键是引导学生领略景物之美、感受汉语声韵之美和语言之美。结合单元写作任务来看，写作教学的关键是引导学生发现并展示生活之美，尤其是景物之美。

本单元深度学习主题和苏教版一样，仍然可确定为"品味四季之美，书写热爱之情"。阅读教材配套的《教师教学用书》，我们会发现，教材编者已经设置好单元目标和每课教学目标（表4）。

表4　部编版教材教师教学用书设计的本单元教学目标和每课教学目标

教学内容	教学目标
单元整体	① 感受文中丰富多彩的景物之美，激发对大自然、人生的热爱 ② 掌握朗读要领，重点学习重音和停连，深入体会诗文思想感情 ③ 揣摩语言，提高鉴赏能力，初步体会文学语言的表达手法
《春》	① 朗读课文，把握重音和停连 ② 激发联想和想象，体会课文优美的情境 ③ 品味优美语句，揣摩关键语句，积累语言 ④ 深入学习比喻修辞手法
《济南的冬天》	① 继续训练朗读，掌握重音和停连要领 ② 学习抓住景物特点进行描写的方法，体会作者情感 ③ 品味课文精美的语言 ④ 学习比喻和比拟的修辞手法
《雨的四季》	① 感知各种"雨"的形象，获得美的享受 ② 巩固朗读成果，体会作者热爱大自然的美好情感 ③ 学习作者在细致观察基础上展开联想和想象的风格，借鉴、运用于自己的写作
《古代诗歌四首》	① 准确、流利、有感情地朗读，展开想象，感受诗歌 ② 感悟诗歌中寄寓的情感，初步体会诗歌情景交融的特点 ③ 初步了解古代诗歌中的一些常识，学习欣赏古诗
"热爱生活，热爱写作"	① 激发学生对生活、对写作的热情，明了写作与生活的关系，增强用语言文字表达思想感情的信心 ② 引导学生热爱自然，关注自然，用心感受景物变化，从描写大自然的优美诗文中汲取精神营养，并借鉴写作方法 ③ 引导学生用心感受家庭生活和校园生活，捕捉美好、有趣、有意义的瞬间，记录自己的感受体验

揣摩这些教学目标，我们会发现，人教部编版新教材相比苏教版教材来说，具有几个突出变化：一是更强调整体教学的观念。二是更强调一课一得，将单元能力点分散到各课，分步骤、有计划地进行训练。三是强调在单元目标的引领下循序渐进，各课的训练重点前后勾连，反复强化、巩固，稳步推进。四是课文的选择和顺序安排更

符合学生的认知规律，便于教师引导学生由浅入深地掌握知识，提高能力。

关注到这些变化之后，围绕深度学习单元主题和单元学习目标，教师可以结合学生实际，预设一个真实的、合理的、有一定挑战性的问题情境，设计深度学习单元活动。就这一单元而言，可以设计"我把多彩四季读给你听"朗诵会，让学生选择课内文章或课外文段，或者是自己原创的写景抒情文，写诵读脚本，读准重音和停连，读出作品的情感。也可以打通读写，设计出"观察日记表"，让学生选取一个自然景物，细心观察，将它的美丽记录下来，并且借鉴、运用课文中学到的写作方法，写作写景抒情文。根据不同的深度学习单元活动，教师还要设计相应的活动评价标准，诵读有诵读的评价标准，写作有写作的评价标准，对学生完成活动、解决问题的情况进行评价，引导学生对照标准进行反思，获得提升。

3 结语

语文教学中的"碎片化"现象往往使得教学成为低效的、重复性的劳动，学生课堂学习的知识零零散散不成系统，不符合人的认知规律，不利于学生思维习惯养成和实际应用能力的提升，学生也缺乏学习兴趣，教学成为"吃力不讨好"的苦差事。而部编版语文教材从编写设计的角度而言，已经在最大限度上注重整体设计，避免教学"碎片化"现象。教师要以生为本，充分认识教材变化，运用深度学习理念来改进教学，帮助学生形成结构性、系统性的知识网络，掌握学科核心知识，促进学生对语文学科的整体理解和持续探究。

发挥学生主体作用，深入领略古诗之美

——以《秋词（其一）》为例

北京市中关村中学　邱　巍

【摘要】在古诗教学中，教师要充分发挥学生的主体作用，引导学生反复朗读古诗，掌握基调、停顿、重音、节奏等朗读要领，进行富有感染力的朗读，更深入地领略古诗的情感美、音韵美、文字美和境界美。

【关键词】朗读；初中古诗教学；《秋词（其一）》

1　前言

古诗是我国传统文化的瑰宝，其澎湃的激情、和谐的旋律、凝练的语言、深邃的意境等特点对于提高学生的语文核心素养具有重要作用。在古诗教学中，教师要充分发挥学生的主体作用，引导学生反复朗读古诗，掌握基调、停顿、重音、节奏等朗读要领，在朗读中理解作品大意，领略诗歌之美。

2　自由朗读，把握基调，读出情感美

基调，指作品的基本情调，即作品的总的态度感情、总的色彩和分量。把握基调，就是把握朗读某篇作品的整体感，这是朗读依据中的精髓，探究朗读技巧的钥匙。古诗中蕴含丰富的情感，朗读时，要把握古诗的情感基调，在理解感受和语言表达的统一中，用声音去表现古诗的情感美[1]。

比如，马致远的《天净沙·秋思》和刘禹锡的《秋词》，虽然都是与秋天有关的作品，但是两首诗朗读时的感情基调是完全不同的。《天净沙·秋思》描绘的是一幅秋郊

夕照图，抒发的是流浪天涯的游子在秋天对故土的怀念之情。这首诗的感情基调是惆怅、悲哀的。《秋词》前两句以议论开头，断然否认了古人悲秋的传统，表露出一种积极昂扬的诗情。这首诗的感情基调是喜爱、赞美的。

在古诗教学中，首先要让学生初读作品，把握诗歌的感情基调。如在诗人刘禹锡的眼中，秋天"胜春朝"，是胜过春天的，秋日里有"晴空""碧霄"，是明朗的，秋日里的鹤"排云上"，是有气势的。因此我们可以用喜爱的、赞美的、昂扬的、向上的、热烈的、豪迈的、开朗振奋的、充满希望的感情基调来朗读这首诗。

3 圈画批注，明确停顿，读出音韵美

停顿，指的是朗读语流中声音的中断。古来诵书很重视句读、断句，认为这是学习文章作品的要著。古诗的停顿划分在形式上主要表现为音节的划分，在律诗中，五绝一般分为两个音节，以二、三的格式较为普遍。七绝，一般分为三个音节，以二、二、三的格式最为普遍。这样的划分有助于增强诗歌的韵味，既不急促，又不拖沓，也能够更好地感受诗歌的情感[1]。

比如《秋词》这首诗，如果不用"/"进行节奏标注，在朗读时就可能只在诗句之间停顿，而忽略了诗句内部的停顿，诗味全无。再如："自古逢秋/悲寂寥，我言秋日/胜春朝。晴空一鹤/排云上，便引诗情/到碧霄。"这种四、三格式的划分，将七言一分为二，给听者以一种机械、呆板之感。二、二、三格式的划分是这样的："自古/逢秋/悲寂寥，我言/秋日/胜春朝。晴空/一鹤/排云上，便引/诗情/到碧霄。""自古"对"我言"，"悲"对"胜"，"秋日"对"春朝"，自古以来，文人雅士都悲叹秋天的萧条、凄凉、空旷。可见，悲秋的传统由来已久。"我言"直抒胸臆，诗人明确地表达自己认为秋天要胜过春天，突出对秋天的喜爱、赞美之情。"晴空"和"一鹤"中间停顿，可以让听者有丰富想象的空间，在广阔的背景下，一只鹤直冲云天，体现了秋天明朗的色彩、开阔的意境。"便引""诗情"两个音节之间是呼应关系，"便引"是呼，"诗情"是应，中间要有停顿。但是朗读的时候时间不可停留太长，长了就造成呼应的中断；如果取消这个停顿，呼应关系就模糊了。"诗情"后面应该有一个较长时间的回味性停顿，给人想象诗人在看到秋日里"晴空一鹤排云上"的壮丽秋景后，引发的豪迈诗情。

在古诗教学中，要重视诗歌停顿的划分，让学生通过自己对作品的理解和感受、态度感情来划分音节。在朗读时，根据停顿造成声音的流动，产生千回百转、回味无

穷的效果，进一步领略古诗的音韵之美。

4　品读赏析，抓住重音，读出文字美

重音，是一句话中需要强调的词语，可以用加强或减弱音量、加快或放慢速度等方式，使需要强调的词语在声音感受上引人注意[1]。

在朗诵古诗时，主要在重读韵脚。比如《秋词》的韵脚是 ao，第一句的"寥"字，有"冷清"之意，可以让人感受到秋天的萧条冷清。第二句的"朝"字，有早晨的意思，"春朝"即春天的早晨，亦泛指春天，可以让人联想到万物萌生、欣欣向荣的春天。第四句的"霄"字，是"天空"的意思，让人仿佛看到诗人的"诗情"驰骋于碧空之上，形象鲜明。

此外，在朗诵时，还要重读一些重要的字词。比如"自古逢秋悲寂寥，我言秋日胜春朝"，可以重读"悲"和"胜"字。"悲"字写出了自古以来文人墨客对秋天的情感。秋风瑟瑟、秋雨凄冷、草木凋零……冷清萧条的秋天，就是普通人看起来也难免会引发悲凉的情绪，更不用说那些多愁善感的文人了。而刘禹锡却反其道而行之，认为秋天胜过春天。"胜"字仄声，简短有力，又短又急促，读出一种非常肯定、坚决的语气和情绪。"晴空一鹤排云上，便引诗情到碧霄"重读"排"和"到"字。"排"的意思是"推开"，这里指鹤推开云朵飞上云霄，特别有气势。形容鹤上云霄，还可以用"飞"和"破"字，但是飞字缺少"排"字的气势，"破"字四声，短促有力，但缺少"排"字二声的昂扬的感觉。"到"是"到达"，那排云直上的鹤，连同诗人的诗情，一同冲上了云霄，让我们感受到诗人那激荡澎湃的诗情。

古人有"七言诗第五字要响……所谓响者，致力处也"的评述，刘禹锡的《秋词》正是范例。但是，重音并不是简单加重声音的意思，在朗读时要灵活处理。如"自古逢秋悲寂寥"的"悲"字，可以适当运用实中转虚的方法来突出重音，以传达自古以来文人墨客面对秋天产生的悲伤沉重的心情。

5　借助图示，分析节奏，读出境界美

节奏，是朗读全篇时，抑扬顿挫、轻重缓急等声音形式的回环往复所构成的整体感，但并不否定感情在不同段落、不同诗句间的起伏变化。

《秋词》的朗读节奏变化比较明显。我们在教学中，可以让学生运用折线图的形

式来呈现诗歌节奏变化。第一句"自古逢秋悲寂寥","悲寂寥"是自古以来文人墨客眼中秋的色调和情绪，因此要读得低沉些。后三句诗人以极大的热情讴歌了秋日之美好，描绘了鹤飞之气势，表达了诗情之旷远，要读得高亢些。这种先抑后扬的节奏变化形式比较好理解，但是，后三句高亢程度的细微变化可能需要更加具体的分析。

第二句"我言秋日胜春朝"，断然否定了前人悲秋的传统，表现出诗人对于秋天的喜爱和赞美。紧接着，诗歌的三、四句给出了诗人认可秋天的理由。"晴空一鹤排云上，便引诗情到碧霄"，诗人展现的是在秋天的万里晴空中，一只鹤直飞云天的开阔景象。这只鹤，虽然只有一只，但它所呈现出来的气势，却是非凡的。一鹤凌云的画面引发了刘禹锡冲天的诗情，而这首诗却是刘禹锡被贬朗州司马时所作。一个人被贬，意味着政治理想破灭、生活条件恶劣、亲朋生离死别……而诗人刘禹锡在被贬之时却写下了这样豪迈的《秋词》，他那愈挫愈奋的豪壮情怀不得不让我们佩服。所以，后三句可以读得一句比一句高亢，读出诗歌、诗人的境界之美。

6　结语

《毛诗序》中谈道："情动于中而行于言，言之不足，故嗟叹之，嗟叹之不足，故咏歌之。"在教学中，我们要充分发挥学生的主体作用，用自由朗读、圈画批注、品读赏析、借助图示等方法指导学生掌握诗歌的基调、停顿、重音和节奏，进而更深入地领略古诗的情感美、音韵美、文字美和境界美。

参考文献

[1] 张颂. 朗读学 [M]. 北京：中国传媒大学出版社，2009.

整本书阅读的策略建构

——以《钢铁是怎样炼成的》为例

北京市中关村中学　李　楠

【摘要】《钢铁是怎样炼成的》整本书阅读主要运用"内容重构策略"和"对照阅读策略"。学生活动设计相互关联，逐层深入，强调评价的作用。通过学生活动，引导学生建构整本书的阅读策略，形成适合自己的读书方法。

【关键词】内容重构；对照阅读；学生活动；评价标准

1　问题提出

整本书阅读是学生的探索和发现之旅，在这个过程中，老师要给学生设计丰富多彩的阅读活动，在活动中引导学生建构阅读策略，找到适合自己的读书方法。

吴欣歆教授在《培养真正的阅读者》一书中，提出了整本书阅读的 5 种基本策略：内容重构、捕捉闪回、对照阅读、跨界阅读、经典重读。《钢铁是怎样炼成的》整本书阅读活动主要从内容重构、对照阅读两方面进行设计。通过设计一系列学生活动，引导学生把握保尔的人物特点，烛照自我，关联社会，理解小说内涵，探究《钢铁是怎样炼成的》时代意义，建构整本书的阅读策略，形成适合自己的读书方法。

2　实施策略

2.1　内容重构策略

2.1.1　全面勾勒人物形象

"经典名著一般篇幅较长，同一人物和事件常常间隔出现，阅读过程中不容易形成完整的印象，解决这个问题，可以在通读后回顾梳理，摘取某个人物或事件的关键信息，将相关信息组织在一起，相对完整地呈现人物形象，勾勒实践的发展脉络，进行内容的重构。"

基于这个方法设计学生活动为：请以自己喜欢的方式（表格、坐标图、思维导图等），梳理保尔·柯察金的成长史。这要求学生在通读的基础上，对有关保尔的人物情节进行跳读，标出与之相关的内容，全面筛选、统整与这个人物相关的信息，使之成为一个新的整体，以自己喜欢的方式撰写保尔成长史。在这个内容重构中，人物形象发展变化的脉络、发展过程中的重要节点、人物形象的突出特点都可以得到充分呈现。

通过梳理保尔成长史这一学习活动设计，经过内容重构，对比分析，我们看到保尔经历成长的四个阶段，由一个具有反抗精神、勇敢正直、勤劳孝顺、革命意识刚刚萌芽的少年，逐渐成长为一个英勇善战、成熟冷静、无私奉献、刚毅顽强、善于反思的无产阶级革命战士，在这个过程中他对党的认识越来越深刻，有着坚定的革命信仰，他对生活的态度更加乐观积极，对于学习有强烈的求知欲。

2.1.2　读写结合加深理解

整本书阅读承载学生综合能力的发展，学生在梳理保尔成长史的基础上，提取体现人物特点的典型事件，以及有典型意义的语言动作等，为人物写传记。

具体活动为：班级公众号下一期的主题是为《钢铁是怎样炼成的》写英雄赞歌，现邀请你为主人公保尔写一则小传发表在公众号上。要求：根据保尔的成长经历，人物性格的发展变化，为保尔撰写人物小传，字数 600 字左右。

学生活动设计之间存在一定的关联性，人物小传的撰写是在梳理保尔成长过程的基础上，学生深入理解保尔人物形象之后的总结和输出。

这样的活动设计可以让学生通过梳理、整合将积累的语言经验和学习的语文知识结构化，将言语实践活动经验转化为具体的学习方法和策略，在撰写人物小传的语言实践中自觉运用，提升自己的思维品质，增强文化意识。

2.2　对照阅读策略

2.2.1　局部精读，加深理解

"在整本书阅读中，整体梳理是阅读的主体内容，局部精读的目的在于增加整体梳理的深度，即重点关注那些能够带动整体理解的局部。"基于此，在结构化信息整理的基础上，设计语文学习活动为：结合书中的一件事或几件事，展开合理想象，自拟题目，写一篇有关保尔的小故事，不少于 600 字，并撰写故事题目和选材缘由。

同学们的故事选材有：保尔和朱赫来的故事、修筑铁路、身残志坚写小说……通过这些选材我们可以发现，同学们选择的都是具有代表性的、能够揭示人物典型特点的材料，能够表现情节重要节点。

小说中的人物形象往往是由若干个关联点串联成完整的形象，阅读中要关注这样的节点，加深对人物形象的理解。此外，撰写保尔小故事的言语实践活动，遵循了从整体阅读到局部精读，从写故事到讲故事的过程。

学生通过自主学习，根据评价标准，局部精读，撰写故事。基于标准，小组评价，选出最佳，最后班级展示。老师在这个过程中，发挥引导作用，特别是局部的精读，基于学生的故事选材，能够引导学生走向文本深处，实现从低阶知识到高阶知识转化。

2.2.2 选择对照角度，理解小说内涵

整本书人物形象众多，其中有些人物可以对照比较。学生通过辨识人物关系，把握小说人物的性格特征，进而理解典型人物的典型意义及小说的主旨。

基于此，设计学生活动为：跳读课文，以保尔为中心，画出主要人物关系图。筛选、提取、概括相关情节，分析他们对保尔成长变化的影响。

通过绘制保尔的人物关系图，梳理概括相关情节，分析他们对保尔的影响，让学生更加理解保尔这一人物形象。同时通过对照同类形象，我们发现保尔是那个时期无产阶级革命战士的代表，他们为理想而奋斗，有着坚定的革命信仰。

在阅读过程中选择对比参照的人物，沿着这些人物拓展深入。借助不同人物的对照，借助不断丰富的阅读发现，提升阅读鉴赏能力，把握文本丰富的内涵和精髓。

2.3 关联自我，启迪人生

巴金说，我们有一个丰富的文学宝库，那就是多少代作家留下的杰作，它们教育我们，鼓励我们，要我们变得纯洁，更善良，对别人更有用。文学的目的就是让人变得更好。学生阅读经典文学作品，丰富自己对现实生活和文学形象的感受与理解，增强自己的形象思维。同时，能够有理有据表达自己的观点和阐述自己的发现，形成自己对语言和文学的认识。基于此，设计了撰写演讲稿的学习活动。

学生活动为：2019 年 7 月，华为总裁任正非以"钢铁是怎样炼成的"为主题发表演讲。

2020 年 2 月，新浪网发表文章《战疫中的女"保尔"——90 后如何解读〈钢铁是怎样炼成的〉》，虽然保尔所处的那个烽火年代已经过去了一个世纪，但保尔精神仍然启迪着人们的思想，激励人们前行。作为青少年，保尔的成长，他身上的优秀品质，

让你受到哪些启迪呢？请以"榜样"为话题，撰写一篇演讲稿，题目自拟，字数600字以上。

演讲稿的撰写是整本书阅读最后的成果输出。老师搭建平台，给学生表达个人体验的时间和空间，让学生走进小说呈现的"他人世界"，在他人的世界中思考自己的问题，在阅读中融入情感，生成个性化的体验，完成自身的成长。

2.4 评价标准，发挥作用

整本书阅读的策略建构过程中，评价与反思发挥着重要作用。评价可以更好地促进学生的阅读，督促学生不断反思改进，达成自己的学习目标。

"整本书的评价包括过程性评价和终结性评价。过程评价发生在阅读的不同阶段，而不同阶段的评价目的又是不一样的。"如《钢铁是怎样炼成的》整本书阅读的策略建构过程中，老师采取多种方法关注学生的阅读状况，激励学生阅读。同时针对学生的阅读任务，老师可以和同学共同制定评价标准，将学习目标、学习过程、学习评价整合为一体。

表1为撰写保尔人物传记评价标准，内容选材、写作顺序、表达方式三个评价类别指向人物传记写作的三方面要求，评价内容中的细则，则是针对学生的学习方法指导和学生活动要达到的目标，实现学习目标、学习过程、学习评价一体化。

表2为撰写保尔小故事评价标准，通过阅读评价标准，我们可以清晰地看到故事写作从情节上要关注故事的完整性，设置悬念，有一定的波澜。写法上要发挥联想与想象，处理好虚实关系，运用多种描写刻画人物。主题上要挖掘深刻人性，给人以思想的启迪，引发思考。

表3为撰写演讲稿评价标准，通过阅读评价标准，学生可以清楚地明白自己的学习目标。演讲内容：观点鲜明，内容充实，针对性强；演讲结构：突出重点，主次分明，逻辑清晰；演讲语言：语言明快，精练集中，有现场感。基于目标，及时评价反思调整，呈现更好的学习成果。

表1　撰写保尔人物传记评价标准

类别	评价内容
内容选材	根据人物特点，选择典型材料。大致介绍人物生平，展现人物的主要思想性格
写作顺序	一般按照时间顺序，用顺叙手法写
表达方式	以记叙为主，采用客观的叙述方式，适当插入议论，对人物进行评价

表 2　撰写保尔小故事评价标准

类别	评价内容
情节	关注故事的完整性，设置悬念，有一定的波澜
写法	发挥联想与想象，处理好虚实关系。运用多种描写刻画人物
主题	挖掘深刻人性，给人以思想的启迪，引发思考

表 3　撰写演讲稿评价标准

类别	评价内容
内容	观点鲜明，内容充实，针对性强
结构	突出重点，主次分明，逻辑清晰
语言	语言明快，精练集中，有现场感 态度诚恳，用语恰切，情感真实

这样具体的有针对性的评价标准，可以更好地促进学生的阅读，督促学生不断反思改进，达成自己的学习目标，促进学生高效学习。老师以生为本，设计学生活动，引导学生建构阅读整本书的经验，形成适合自己的读书方法。这有利于学生对自己的学习负起更多责任，真正成为学习的主人。

3　结语

综上所述，学生在整本书的阅读策略建构过程中，老师要以生为本，设计学生活动，策略隐藏在学生活动中，老师是学生阅读策略建构的引导者，让学生自主探索、发现、建构属于自己的阅读策略，提升阅读鉴赏能力，养成良好的阅读习惯，形成正确的世界观、人生观和价值观。

《钢铁是怎样炼成的》整本书阅读主要运用"内容重构策略"和"对照阅读策略"，强调整本书阅读发挥关联自我、烛照人生的作用。学生活动的设计相互关联，逐层深入，强调评价的作用。从阅读感知、梳理重构、分类探究到最后的演讲写作，这是学生学习的过程，认知进阶的过程，也是学生思维发展、阅读策略建构的过程。

参考文献

[1] 吴欣歆. 培养真正的阅读者：整本书阅读之理论基础 [M]. 上海：上海教育出版社，2019.

[2] 李煜辉. 探索与发现的旅程：整本书阅读之专题教学 [M]. 上海：上海教育出版社，2019.

同中求异　异中求同

——新课标视野下古诗词比较阅读"知人论世"运用探究

北京市中关村中学　李　黎

【摘要】比较阅读和"知人论世"是古诗词阅读教学中常用的方法，在新课标视野下，可以尝试将二者有机结合，带领学生进行同一作者不同阶段古诗词比较阅读、同一作者相同阶段古诗词比较阅读、不同作者相同阶段古诗词比较阅读，以期拓宽学生的阅读视野，培养学生的探究精神，提升学生的思维空间，构建以学生为主体的学本课堂，从而提高学生的语文综合素养。

【关键词】新课标；学本课堂；比较阅读；知人论世

1　新课标视野下古诗词教学的要求

古典诗词，承载着中华优秀传统文化，蕴含着丰富的人文知识、审美意识。古诗词阅读教学旨在让学生在传承中华优秀传统文化的同时，提高道德修养和审美情趣。《义务教育语文课程标准（2011 年版）》（简称"新课标"）中要求，"诵读古代诗词，阅读浅易文言文，能借助注释和工具书理解基本内容。注重积累、感悟和运用，提高自己的欣赏品位"。同样，《北京市中小学语文学科教学 21 条改进意见》的第五条、第十条、第二十一条明确提出："初中积极引导学生认识我国统一多民族国家的历史文化传统。通过与课内古诗文相关联的作家、作品，增加学生国学经典的阅读数量。""提倡比较阅读"，在"中考语文试卷中增大古诗阅读量，增加优秀传统文化内容考查"。在新课标改革的大背景下，部编版初中语文教材大量增加了古诗词学习篇目，选所古诗词体裁更加多样，从《诗经》到清代的诗文，从古风、民歌、律诗、绝句再到词曲，均有收录。同时，古诗阅读已成为2018年北京市中考语文的新版块，它重点考查学生对古诗内容的理解、主旨的把握和拓展迁移运用能力。鉴于以上种种，古诗词教学的改革迫在眉睫，应将更多样的古诗词教学的方法引入构建以学生为主体的"学本课堂"。

2　"知人论世"在古诗词教学中的作用

"知人论世"这一传统批评的方法出自《孟子·万章下》："颂其诗，读其书，不知其人可乎？是以论其世也。"孟子认为，了解历史人物的时代背景才能更好地了解历史人物。《普通高中语文课程标准（2022年版）》在实施建议中明确提出："应引导学生在阅读文学作品时努力做到知人论世，通过查阅有关资料，了解与作品有关的作家经历、时代背景、创作动机以及作品的社会影响等，加深对作家作品的理解。"在古诗词的教学中，要秉承新课标改革的理念，灵活运用"知人论世"这一方法，让学生主动去探究作品与作者、作品与时代、作者与时代之间的内在联系，从而让学生在鉴赏诗歌的过程中，加深对作品、作者、历史、人生的理解，拓宽学生的阅读视野，培养学生的探究精神，提升学生的思维空间，从而提高学生的语文综合素养。

3　"知人论世"在古诗词比较阅读中的运用探究

比较阅读是语文教学中常用的一种方法，通过在中国知网上搜集资料以及查阅相关书籍，笔者了解到，以往古诗词的比较阅读大多从景物的描绘、意象的对比、情感的表达、风格的异同等方面入手。把"知人论世"作为一个突破口，运用到古诗词比较阅读中去的探索及相关表述还是比较模糊的。笔者从新课改、学情、教学的需要出发，尝试在比较阅读古诗词的过程中，用"知人论世"的方法来助推学生对古诗词的理解与鉴赏，从而构建以学生为主体的学本课堂。

3.1　同一作者不同阶段古诗词比较阅读

部编版初中语文教材选用了李清照的两首词作，且都出现在八上，一首是《如梦令·常记溪亭日暮》，一首是《渔家傲·天接云涛连晓雾》，《如梦令·常记溪亭日暮》描绘的是李清照少年时期安逸闲适的生活，而《渔家傲·天接云涛连晓雾》则写于金兵入据中原，词人流寓南方之后。两首词作内容、风格不同，一首虽属回忆之作但写实，一首虽写当下的生活但包含梦境描绘。

在进行这两首词作的比较阅读时，首先在课前让学生通过各种渠道搜集有关李清照生平的资料，再由教师带领学生探讨李清照前后期的人生际遇有哪些具体不同之处，从而导致其词作的内容、感情抒发以及词作风格出现了怎样的变化。为了让学生在探究问题时有抓手，可以帮助学生梳理出几个维度去分析李清照前后期人生际遇的不同，比如国家的兴衰、生活的阅历、家庭的环境变化等。

一组学生从国家的兴衰维度来进行比较阅读。《如梦令·常记溪亭日暮》大致写于她16岁（宋哲宗元符二年，1099年）之时，此时大宋在宋哲宗的治理下，连续击败西夏，随着新法的恢复，经济状态也越发好转，可谓"丰亨豫大"，相对来说，正处于宋朝相对安宁富庶的一段时期。而《渔家傲·天接云涛连晓雾》则写于公元1130年（建炎四年），此时大宋江山已大片沦丧于金兵手中，宋高宗南渡，宋朝士族皆无心抵抗，纷纷南逃，李清照有感于国事危亡，心情悲愤，不禁情辞慷慨，表达了对现实生活的不满之意。

一组学生从李清照的生活阅历维度来进行比较阅读。李清照前期的生活几乎不出闺门，对社会生活的感知很多都来自读书或者与亲友的交流，所以题材相对单一。而南渡之后，李清照境遇孤苦，一路颠沛流离，但也见识了诸多以前不曾体会过的世态炎凉。建炎四年春，她曾在海上航行，体味到了大海的波涛汹涌，所以在《渔家傲》中有乘船的描写。词人前期的作品艺术造诣虽高但经历了几番命运跌宕之后的作品则更加有深度和厚度。

一组学生从李清照家庭环境的变化维度来进行比较阅读。李清照出生于一个爱好文学艺术的士大夫家庭。她的父亲李格非进士出身，官至提点刑狱、礼部员外郎。母亲是状元王拱辰的孙女，很有文学修养。李清照自幼饱读诗书，才华过人，青少年时期生活无忧无虑，闲时吟风弄月，自是儿女情怀，所以才有《如梦令·常记溪亭日暮》流连于湖光水色，怡然忘归。而写作《渔家傲·天接云涛连晓雾》时，与李清照志同道合的丈夫赵明诚猝然远逝，给了她精神上巨大的打击，她大病一场，自然在《渔家傲·天接云涛连晓雾》中流露出渴望远离现实生活苦痛的愿景。

采用"知人论世"的方法对同一作者不同阶段的古诗词进行比较阅读，这几个维度在授课伊始最好由学生自己提取固化下来，每一次遇到适合的作家作品再让学生按照这几个维度去对比分析，久而久之，学生对古诗词的鉴赏分析能力以及逻辑思维能力都会有所提升，"学本课堂"的雏形也会逐步建立。

3.2 同一作者相同阶段古诗词比较阅读

部编版七上的《峨眉山月歌》和八上的《渡荆门送别》同是写于公元 726 年李白自蜀地"仗剑去国，辞新远游"（《上安州裴长史书》），当时的李白雄心万丈，渴望有一番作为，两首诗中也同样出现了"月""江水"等意象，同样传递了作者对故乡的眷念之情，在古诗教学中，可将李白同一时期的这两首作品放在一起进行比较阅读，体会诗人在感情的表达方式、意象的情感指向等方面的异同，并通过"知人论世"的方法探究其异同的原因。

在感情的表达方式上，两首诗的共同点都是借由意象表达思乡之情，但《峨眉山月歌》是借由"月"传递对家乡的挂念，而《渡荆门送别》则借由"故乡水"来生发这一情怀。不过《渡荆门送别》中同样也写到了"月"这一意象，为了发挥意象的情感指向作用，同样写月，月的特点以及背后所传递的情感都是一样的吗？可以引领学生抓住修饰意象的词语来判断。《峨眉山月歌》中，作者运用了一个"秋"字，从半轮山月中觉察到秋天的来临，"自古逢秋悲寂寥"，秋，往往是萧瑟情怀的象征；秋月，更易引发人的思乡之情，而《渡荆门送别》中则用了一个"飞"字来描绘月，可以看出"月"的灵动轻巧，姿容秀美，月投影在江面，宛如明镜。同样写月这一意象，为何特点各不相同？究其所以，一是因为作者在旅途中所处位置的不同，《峨眉山月歌》中，作者仍处在三峡的水道之中，描绘的是山中秋月，"也许因为空气的温度、湿度不同，秋月特别皎洁、明亮。仿佛也带着几分凉意……"。而《渡荆门送别》则写于诗人穿过了荆门山，景色一变而为开阔宏大，以广阔的视野为背景，月自然显得灵动了几分。

"月"这一意象特点之不同，还因为诗人所欲传递的情感不同。《渡荆门送别》中，峨眉山的月影一路追随着作者，顺江而下，淡淡的思乡之绪一直萦绕着诗人。诗歌的最后，李白望不见了峨眉月，一路的追思，一路的回味美好，一路的怀乡遥望。而《渡荆门送别》所描绘的"月下飞天镜，云生结海楼"一句正是作者经历了漫长的三峡水上旅程后，进入广瀚的江汉平原，诗人看到如此阔大的景象，心中的喜悦和豪情油然而生。

在带领学生分析同一诗人同一阶段的诗作时，要将比较的难度向深处挖掘，让学生的比较思维延展到更细微的不同之处，拓宽以学生为主体的"学本课堂"宽度。要让学生深切意识到，即使同一个意象的描绘，即使同一种情感的生发，其背后也可能蕴含着诗人情感的不同之处。

3.3 不同作者相同阶段古诗词比较阅读

因为同样属于被贬谪期间创作的诗词作品，部编版八上王维的《使至塞上》和部编版九上韩愈的《左迁至蓝关示侄孙湘》可以在一起进行比较阅读。在这一过程中让学生用"知人论世"的方法，探究出相同境况之下，具有不同性格、人生志趣的作者所传递出的人生感喟有何相同和不同之处，从而进一步加强对作品的理解和感悟。

自幼才高过人的王维也曾状元及第，也曾因张九龄的赏识而拔擢为右拾遗，但之后却被唐玄宗命以监察御史的身份出使凉州宣慰军情并常驻河西，实际上是将王维排斥出了朝廷。《使至塞上》一诗中，王维也有落寞孤寂的心声流露，但这一切在相逢了塞外雄浑的景色之后，转而化为豁达的情怀以及因战事得胜的喜悦。韩愈大半生仕途蹉跎，50多岁时擢升为刑部侍郎，但两年后却因上书《谏迎佛骨表》，劝阻唐宪宗礼佛的行为，并直言进谏信佛于国事的无益及弊端，触怒了唐宪宗，被贬为潮州刺史。韩愈行至蓝田关口时，满心的委屈、愤慨、悲伤在《左迁至蓝关示侄孙湘》一诗中倾泻而出。

同处人生的低谷，同样被贬至国家的边陲地区，也曾拥有相同的悲伤失意，但为何诗作中所呈现的情感走向最终迥然不同？在解决这一问题时，学生前期的古诗词阅读积累是明显不足的，此时教师不妨提供两位诗人其他的诗作来推进群诗对比阅读，可向学生介绍王维的《渭川田家》《春中田园作》《新晴野望》《山居秋暝》《青溪》等山水田园作品。"新晴原野旷，极目无氛垢""我心素已闲，清川淡如此""独坐幽篁里，弹琴复长啸"等诗句中无一不呈现出王维在早年积极的政治抱负落空之后，一番雄心因政局的变化无常而逐渐消沉下来。吃斋念佛、半官半隐的生活成了诗人的常态。韩愈的作品则着重介绍《龙移》《宿龙宫滩》《八月十五夜赠张功曹》《郴口又赠二首》《岳阳楼别窦司直》等诗，学生可从这些诗作中鲜明地感受韩愈迥异于王维的人生志趣和性格特点。韩愈一生执意有所作为，但不屑于曲意逢迎，刚直中有几分木讷，这就使得他在仕途发展中屡屡受挫。其性格和人生际遇同样给他的诗作以直接的影响，在他的诗作中，少见淡泊平和之作，更多的是"怒涛""蛟龙""妖怪""鬼物"等惊心动魄意象的呈现，荒僻险怪之景的描绘，愤懑不平之意的宣泄。

以群诗阅读的方法引导学生感知作者的人生走向，体会作者的为人、为诗风格，从而进行不同作者相同阶段古诗词比较阅读，挖掘出作者为诗风格的时代与个人缘由，这一"知人论世"的方法对于初中的孩子确实很有难度，但在新课标改革的当下，偶一尝试未尝不可，学生不仅可以借由横向的诗作比较对诗歌的内涵理解更深入，也可以从纵向上切实把握住作者诗作的风格，从而不断挖掘以学生为主体的"学本课堂"的深度。

当学生掌握了以上 3 种从"知人论世"角度进行古诗词比较阅读的方法之后，给学生提供部编版初中语文教材中所有古诗文的目录，学生从目录中筛选出李白的诗作共 6 首，杜甫的诗作共 5 首，苏轼、辛弃疾的词作共 4 首，另外，白居易、陆游、张养浩等作者的作品也收录了不止 1 首。学生可从以上 3 种"知人论世"的方法中选择自己感兴趣的角度，对部编版初中语文 6 本教材中所有的古诗文进行梳理整合，与同样感兴趣的同学组成小组，挑选出不同的专题进行探究，完成选题申报后，由师生共同判断选题是否成立并由教师给予相关指导，学生按序推进，将自己的探究结果生成在语文课堂上，再将"学本课堂"的成果固化为小论文的形式参与各级学生小课题的申报评比，对于学生学习方法的丰富，探究意识的提升都会有不小的帮助。

新课标在课程基本理念中指出："语文课程应通过优秀传统文化的熏陶感染，促进学生和谐发展，致力于提高他们的思想道德修养和审美情趣，逐步形成良好的个性和健全的人格。"在诗歌的比较教学中，在学生大致已掌握诗歌形象、体会诗歌情感的前提下，可适当以"知人论世"的角度再来比较导致形象描绘、情感抒发不同的原因，从而促进学生学习诗歌能力的进阶，构建以学生为本的"学本课堂"，也契合了新课标所要求的"尤其要注重激发学生的好奇心、求知欲，发展学生的思维，培养想象力，开发创造潜能，提高学生发现、分析和解决问题的能力，提高语文综合应用能力"。

参考文献

[1] 袁行霈 . 好诗不厌百回读 [M]. 北京：北京出版社，2017.

第二章

"学本课堂"的实践探索
——数学篇

用问题设计撬动教学方式转变

——从"问题串导航法"到"核心问题驱动法"

北京市中关村中学　张振环

【摘要】问题是教学的心脏，一个好问题能够激发学生的好奇心和求知欲，学生一旦有了探究问题的内驱力，学习也就自然地发生。因此，课堂教学中的问题设计就显得尤为重要。如何设计教学问题，驱动学生更加主动地进行探究式学习呢？本文主要结合当下数学课堂教学中所暴露的问题，着重分析如何优化问题设计，以此撬动教学方式的转变。

【关键词】问题设计；教学方式；核心问题

1　前言

学习始于思考，思考源于疑惑，疑惑源于问题，可见问题设计对课堂教学的重要性。如何针对问题或情境进行教学，如何借助问题设计撬动教学方式转变是教学的核心问题。本文基于数学教学实践中遇到的问题，着重阐述如何用问题设计撬动教学方式转变。让我们一起回望教学中关于问题设计的某些问题。

2　教学常用问题设计——"问题串导航法"

2.1　什么是"问题串导航法"

设计"问题串"是教学中常用的问题设计方式，"问题串"就像导航仪，将学生导向教师预设的目的地（答案），我们称这种问题设计方式为"问题串导航法"。看一个例子，古希腊哲学家柏拉图所写的对话集中，其中《美诺篇》有一个著名的场景。苏格拉底通过一系列问题，引导一个未受过教育的奴隶完成了一个复杂的数学推理，解答了"什么样的正方形面积是给定正方形面积的 2 倍"的问题。整个过程中，苏格拉底并没有告诉男孩什么或者向他解释什么，只是不断地给出一个个小问题，并让男孩逐一确认这些问题的正确性，直至男孩确认最后一个问题，男孩最终明白了"正方形面积扩倍"的问题。

上面的案例让我们看到了苏格拉底的智慧，但是这也是苏格拉底基于"学情"的一种妥协，被引导者是否真正理解了问题的实质呢？这种引导方式之下，教师先把自己解决问题的方法拆解成一个个有逻辑性的小问题，这些拆解过程中蕴含的思维没有外显给学生，然后以其中某一个小问题为切入点去追问学生，使学生确认每一个问题的正确性，最后使案例中的男孩明白了如何将正方形面积扩大为原来2倍的具体方法。以上引导方式，很多老师都在用，其实质就是以"问题串"为导引，引导学生一步步朝着老师设定的目标迈进，最终在老师的牵引下实现问题的解决。

2.2 "问题串导航法"的弊端

"问题串导航法"广泛应用于教学中的各种场景，对老师们如何引导学生解决问题有重要作用。然而，随着教育教学改革走向深水区，这种方式的弊端也越发明显。

2.2.1 "问题串导航法"驱动教学时，学生缺乏系统思维

"问题串导航法"往往从某一细节问题入手，等学生确认了第一个问题之后，紧接着追问第二个问题，再引导学生确认第二个子问题。依次类推，直至学生确认了所有子问题的正确性，学生此时会有"拨云见日"之感，原来问题在不知不觉之间获得了解答。其核心需要教师先把整个大问题拆分成一个个有逻辑关系的子问题，形成一个问题链条，学生只要顺着这个链条逐一打通各个子问题即可。

在这样引导方式之下，学生仿佛跟着教师这台"导航仪"走路，不需要主动规划到达目的地的路径，虽然到达了终点，但是否形成了可迁移的思维品质了呢？试想一下：如果学生独立面对一个新问题时，在这种方式培养之下，学生还能够完成问题的解答吗？

教学中我们经常发现这样的怪圈，上课老师问："听懂了吗？"学生自信地回答"听懂了"，老师也为自己的讲解兴奋，然而考试时却发现——"理想很丰满，现实很骨感"，很多学生并没有真正掌握相关问题的解决方法。原因有很多，其中重要的一条或许与教师"导航式"的问题设计有关。学生独自面对新的情境时，需要自己系统思考问题，再独立将宏观问题拆解成一个个小问题，在执行每一个关键环节时，又都会面

临方向的选择。也就是学生需要系统思考，自己建立思维链条，并将其打通。可想而知，没有平时的训练很难实现这一点。

图1能够直观地反映"问题串导航"式的教学场景和学生独立面对新问题时的场景差异。在"问题串导航"情境下，教师牵引着学生由起点 A 奔向终点 B（目标），学生感觉很顺畅，但是思维并没有得到有效提升。独立解决问题时，情境就复杂了很多，学生需要围绕目标系统思考问题，独立建立思维链条，在每一个分叉路口都可能"迷路"。可见，如果我们仅仅满足于"问题串导航"式的问题设计，学生就会很难应对真实的复杂问题。

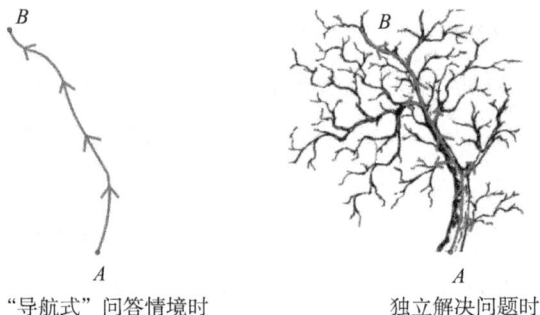

"导航式"问答情境时   独立解决问题时

图1　不同教学场景对比

2.2.2 "问题串导航法"存在"过度引导"的陷阱

学生的学习需要引导，这是教师主导作用的体现，但是过犹不及。正如苏格拉底引导奴隶男孩解决"正方形面积扩倍"的问题时，老师实质上没有给男孩探究该问题的机会，或者说老师已经给定了方法，只是在按程序确认或者验证老师头脑中已经具有的解决问题的思路。如果仅仅凭借学生对每一步认同的表现，就得出他们已经掌握了解决类似问题的思想方法，并能够迁移运用到新的问题解决中，这显然是不切实际的。

教学离不开老师的点拨和引导，但要给学生留有思考的空间，要掌握引导的时机。"不愤不启，不悱不发"，只有当学生经历充分的思考之后，处于"愤和悱"的状态之下，老师的引导才是最恰当的时机。

2.2.3 "问题串导航法"忽视了学生的主体地位

新课程标准明确指出：学生是学习的主体，教师是教学的组织者、引导者与合作者。在"问题串"驱动的教学过程中，教师始终掌握着话语的主动权，通过小问题的确认，逐渐将学生往教师规划好的路径上引导。学生处于被动思考状态，很难实现话语体系的转换。理想的互动教学应该是师生和生生之间的相互激发，经历规划解决问题的路径，经历实施路径中的"挫折"，再不断调整思路，直至问题的解决，这样学生的主体地位才得以充分体现。

3 从"问题串导航法"到"核心问题驱动法"

经过以上探讨可以发现，老师既要发挥主导作用，还要避免"过度引导"，同时也要激发学生的主体能动性。基于"问题串导航法"的教学，学生是在对于子问题与整个大问题的逻辑关系并不清楚的情况下，被老师"拽"着奔向目标，学习缺乏掌控感，自我效能感较低。正如奥苏贝尔指出：学生学习的内部动机主要来源于力求理解事物并系统解释和解决问题的需要。我们需要给学生创造"系统解释和解决问题"的契机。因此笔者以为，要想激活学生的主体地位，化被动接受为主动学习，我们需要从"问题串导航法"到"核心问题驱动法"的转变。

3.1 什么是教学核心问题

核心问题首先是问题，但它与一般的问题又有所不同。总的来说，核心问题需要指向知识的本质，能够驱动学生积极主动思维，能使学生在积极主动思维中不断提升认识、加深理解，获得各种有价值的体验和感悟。与一般的问题相比，核心问题具有统摄性、关键性以及生长性等特征。

所谓统摄性，要求核心问题要指向一节课或一个单元的整体目标，对相关的铺垫性问题、派生性问题具有统领作用。教学中，如果能够抓住这样的问题，也就能够从整体上把握内容结构中诸要素的内在关联，并使相关知识发生、发展的基本脉络更加清晰地呈现出来，从而使学生形成更富结构性的理解。

所谓关键性，则要求核心问题要指向知识理解的关键环节或解决问题的重要节点。通过对核心问题的深度思考和深入交流，有助于学生更好地把握知识的本质内涵，找到解决问题的突破口并形成合理解决问题的思路。

所谓生长性，特指核心问题需要指向相关知识和方法的拓展、延伸、应用过程，能在后续的知识学习和问题解决过程中发挥重要作用。这样的问题，不仅具有较强的迁移力，而且具有较强的解释力，能为其他相关知识的生发提供必要的逻辑支点，也能为学生形成合理的认知结构以及更多有价值的感悟提供有力支持。

3.2 如何基于核心问题驱动学生探究性学习

核心问题的特性决定了它在教学中的地位，是诸多教学问题的灵魂，这也就决定了核心问题一定不是"问题串"中的一个个子问题，而是整个"问题串"形成之前的复合体。教学应紧扣核心问题展开，将核心问题内隐的思维外显出来，使学生充分经历将核心问题拆解成子问题的探究过程。

以义务教育阶段《整式乘法》的教学为例。从单元的视角看，如何进行整式的乘法是整个单元的核心问题。但是面对这样一个非常宏大的核心问题，学生该如何研究呢？教材是从子问题——如何进行同底数幂的乘法开始研究的，至于为什么要从这个子问题开始研究，学生是不清楚的。如果严格遵从教材的呈现方式和顺序，这实际上又陷入了"问题串导航"式教学的怪圈。只要学生把一个个子问题先解决了，整个核心问题也就逐渐浮出水面，这实质上还是教师主导下的被动式学习，初始学习的时候，学生始终弄不明白——研究该子问题对于整个单元核心问题的解决起到什么作用，也就是子问题的价值性并不清晰。

为了避免上述问题，我们不妨引导学生从核心问题出发，让学生先尝试将核心问题拆解成某些子问题，并探究这些子问题之间、子问题与核心问题之间的关系（图2）。也就是基于核心问题的思考，先构建"子问题链条"，然后再进入子问题的学习，此时学生就不至于陷入细节的森林之中，能够站在全局的视角思考局部。

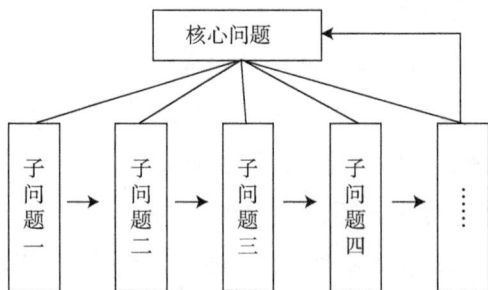

图2　从核心问题到子问题

回到核心问题，基于以往研究运算的经验，学生能够将整式乘法拆分成3个子问题——单项式乘以单项式、单项式乘以多项式、多项式乘以多项式（图3）。应用几个简单的特例，进一步探究这3个子问题之间的关系，发现后两者可以转化为单项式乘以单项式。那么单项式乘以单项式就是目前解决核心问题的一个关键问题。如何研究单项式乘以单项式呢？这又是一个新的核心问题。经历一番探究和分类，并引导学生回归到幂的基本概念思考问题，学生又发现单项式乘以单项式可以拆分成3个子问题——同底数幂运算、幂的乘方、积的乘法。再次回到原始概念分析三者之间的关系，发现幂的乘方、积的乘方都可以转化为同底数幂相乘，那么同底数幂的运算就成为解决核心问题的最关键问题。学生至此已经完成了整个核心问题的拆解和分析，剩下的就是细枝末节的问题了，然后再进行末端知识的学习和探究，思路如图3所示。

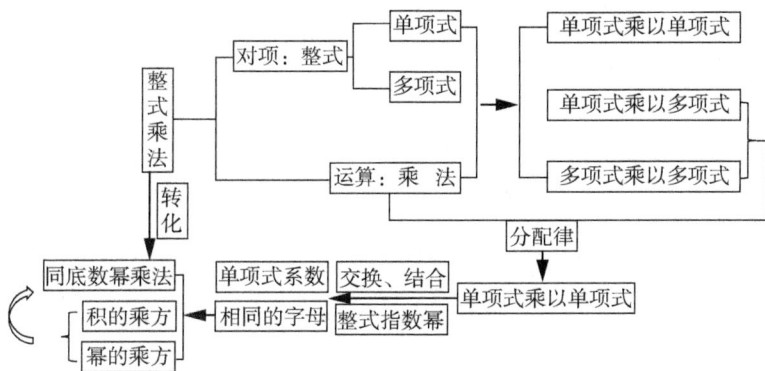

图3　基于核心问题理解的单元教学设计

以上问题设计不同于"问题串导航"式教学，而是经历了基于核心问题的自主探究与合作探究，并且找到了解决核心问题的关键问题，增强了探究性和系统性。每一个子问题就牢牢地附着在核心问题上，学生对于整个核心问题解决的主干脉络是清晰的。即使某一子问题随着时间遗忘了，顺着核心问题的主干还能生发出来。

4 结语

问题是教学的心脏，核心问题的设计和处理又是心脏上的主动脉，其重要性可见一斑。我们要削枝强干，强化核心问题驱动教学，基于核心问题进行整体设计，让主干知识内化为核心素养，形成具有终身受益的解决问题的能力，提高学生综合思维水平，让学生真正成为学习的主人。

参考文献

[1]DAVID N P. 为未知而教，为未来而学 [M]. 杨彦捷，译. 浙江：浙江人民出版社，2015.

[2] 奥苏贝尔. 教育心理学：一种认知观 [M]. 北京：人民教育出版社，1994.

[3] 王文英. 核心问题的内涵、提炼与设计 [J]. 小学数学教育，2020，10：5-6.

"学本课堂"观念指导下的高中数学单元化教学设计研究

北京市中关村中学　徐　彬

【摘要】本文基于意义学习、思维可视化等认知心理学理论，以运算为线索，将基本初等函数中的实数指数幂、对数、相关运算等主干知识的教学用单元化设计的形式加以整合，创设"学本课堂"情境，引导学生主动进行知识的"再创造"，开展深度学习，提升数学学科核心素养。

【关键词】高中数学；单元化设计；指数；对数；教育心理学；"学本课堂"

1　问题的提出与概念的界定

单元整体教学设计给人的直观感觉就是用一种连续、统一的教学观念将整个单元的每一节课形成具有内在关系的教学活动序列。然而即便不做单元整体教学设计，教师按照课时完成的顺序依次设计的每一节后续课程也可以是和前一节课有关联的。那么为什么还要强调单元整体设计？这种整体设计是一种什么样的设计？必须是一次备课备好整个单元吗？之所以会产生这样的质疑，是因为单元整体教学设计这个名词重点强调了"整体"，如果把这个整体看作设计过程和设计方法，那么势必会有疑惑。如果把这个整体理解成设计的结果具有整体性，达成的教学目标位于整个单元水平，则不难发现教学设计的过程恰恰是要对教学内容与教学活动进行细致分解，并且在科学的教育教学观念指引下将解析后的教学内容与活动重新构建成为单元教学目标服务的单元教学过程。

本文以人教版《普通高中课程标准实验教科书数学1必修B》中的《第三章　基本初等函数（I）》中的部分内容为例，在数学教育心理学中的意义学习等观点的指导下，对教师教学实践中的教学策略与方法进行了分析，并依据理论分析对单元整体教学设计的方法给予改进。

2　理论背景

2.1　高中数学学习是意义学习

根据奥苏贝尔的意义学习理论，意义学习有三个要素：①学习者有相关的先验知识；②学习材料是有意义的；③学习者必须选择意义学习。

高中生已经经历了至少9年在校正规的数学学习，通过义务教育阶段的数学学习，学生能：①获得适应社会生活和进一步发展所必需的数学基础知识、基本技能、基本思想、基本活动经验；②运用数学思维方式进行思考；③增强学好数学的信心，养成良好的学习习惯，具有初步的创新意识和科学态度（《全日制义务教育数学课程标准（2011年版）》）。这些都是进入高中后继续学习数学的基础，是已经存在于高中生思维、情感和行动中的已有知识和结构。高中数学与初中数学是紧密联系的，隶属于同一个学习系统，因此高中的数学学习发生在初中数学学习之后是有意义的，而且这种意义无法回避。一旦学习者选择了在新知识与旧知识之间建立关联，其学习便是意义学习了。

学习包括三种形式，分别是认知学习、情感学习和行动技能学习，它们使学习者获得知识、改变情绪和情感、增强身体或心理的程序性。意义学习是建设性地整合思维、情感和行动的理论基础。

基于以上观点，高中数学学习是意义学习。

2.2　意义学习理论下的学习观

2.2.1　意义学习理论观念

学习是认知、情感、身心动作的意义获得。

2.2.2　知识的获得通过归并、渐进分化和整合性认同获得

归并概念在意义学习中是一个互动的角色，它使得最相关的信息更容易通过知觉障碍，为建立新信息到已有信息之间的连接提供基础。更进一步说，在建立连接的过程中，归并概念也会发生一些改变，存储在其上的信息也可能会有所调整。这样一个新学到的知识和已有概念（归并概念）之间的交互过程，才是奥苏贝尔同化理论的核心。

2.2.3 先行组织者是促进学习的策略

为了帮助学习者建立先前知识和将要学习知识之间的桥梁，奥苏贝尔建议应将一小部分知识——那些比其他知识更一般、更抽象的知识——先教给学生，然后再学习其他更多的知识。为了保证效率，先行组织者必须满足以下两条：①学习者的知识与所要学习的知识相关的已经存在的概念性和命题性知识一定要识别出来。②新知识正确的组织和顺序一定要安排好，以使学习者的能力得到最大发挥，可以把新知识与已有的概念与命题联系起来。

在数学教学中，教学情境、概念图、事先出示结果的航标问题都可以充当先行组织者。

2.2.4 思维可视化策略

数学学习多数情况下是内隐的，而在教学过程中为了让学生理解知识，教师需要将一些内隐的思维过程外显出来，这不仅仅是指用语言和图形将知识外显，还包括了将知识的结构外显出来，因而需要设计体现知识结构的可视化模型。

2.2.5 单元化设计、学本化实施与深度学习

"学本课堂"是指在教师的引领下，学生依据知识、方法、经验等认知基础，主动进行知识的"再创造"，在经历、体验、感悟等积极情感的滋润下获取知识，形成必备品格和关键能力，是一种积极投入进行有意义学习的课堂。这里的"学"与"教"是相对的，突出了学生的主体地位，强调学生的主动学习。

教学的单元化设计与学本化实施分别指向教学的设计层面和课堂活动的实施与评价层面。前者是后者的前提与核心，后者是前者的关键保障，二者结合才能促使深度学习真正发生。

3 实践与反思

本章的教学内容包括了实数指数幂及其运算、对数及其运算、指数函数、对数函数、幂函数和函数的应用等知识。按照课本的呈现方式，本章内容以函数为线索，分作 4 个单元，而其中实数指数幂、对数和相关运算则是以运算为线索展开的。因篇幅所限，这里将重点分析由这条线索串联起来的知识。

3.1 实数指数幂与对数的概念

3.1.1 实数指数幂

学生在初中阶段学习了正整数指数（人教社版，七年级上，有理数的乘方）的概念，依据定义，学生比较容易理解和掌握正整数指数幂的运算法则。而实数指数幂的运算法则与之基本相同，且这一课的内容多属于程序性知识，因而有时在教学中为了提高效率，教师会让学生直接记忆法则和定理，然后进行训练的机械方式学习。然而，这一课本身的概念性非常强，其学习应该是非常典型的意义学习。

（1）实数指数幂的概念是从乘方运算开始，循着指数取值范围的扩大逐渐衍生而来的。从小学到初中，学生经历了从正整数到实数的认识过程，而指数的发展和这一过程是一致的。这个发展过程从数学内部需求来讲是为了使已有的运算在数的范围扩大后尽可能保持与原有法则一致，最终使运算法则的适用条件变得更宽泛。因此，将实数指数幂这一新知识与数的发展这一旧知识相联系，对实数指数幂的学习就成了意义学习。学生学到的除了有运算法则这种动作程序，还将包括数及其运算发展的一般原则这种概念性知识。由此可见，数的发展过程是本课的先行组织者。实际上我们在这里已经把数系扩充的部分知识涉及了，而这也并非是高中阶段首次涉及数系扩充的知识——在前面讲解用某些大写英语字母表示一些常用数集的约定时，其实就已经渗透过了。

（2）数和运算的发展本身蕴含着一种关系结构。对实数指数幂的学习是学生第一次使用这种关系结构研究数学概念，因此在实际教学过程中需要把它外显出来，以便让学生感知它的存在，进而促进学生知识结构的改变。为此，可以将本课的板书结构设计成图 1 所示，引导学生自己去建立新形式的幂与旧有知识之间的联系。

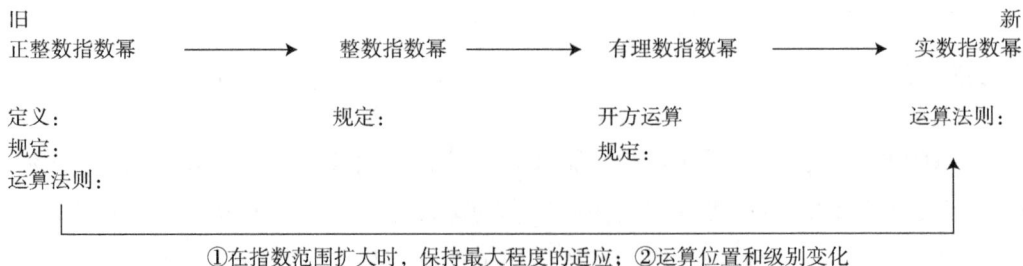

图 1 本课板书设计的基本结构

（3）以上分析并不能否定这一课的知识是程序性知识，更不能说明这些运算法则不需要记忆。但是，在理解了实数指数幂发展系统结构的基础上记忆起来也会容易得多，在解决问题过程中减少工作记忆的负荷。譬如，对于掌握"规定：$a^0=1(a \neq 0)$"，这与课本上的其他几个彼此间形式近似的规定很不一样，是一个非常容易遗忘的知识。但如果学生理解了这与"分母不能为零"是同一概念意义后，这个新知识就可以归并到学生熟悉的旧知识当中去，而原有的知识结构也将进一步得到强化。即便是一时没有掌握，也属于湮灭性归并——学生不仅不记得知识本身，而且原有的知识结构已经发生了变化。

3.1.2 对数

对数的教学是本章的重点加难点。其重要之处在于理解和掌握对数及其运算是学习对数函数的基础，而其困难之首就在于学习对数既需要表征学习，又需要概念学习。举例来说，学生难于接受符号 $\log_2 3$ 本身，自然也就更难于领会这个符号的含义。产生这一难题的原因在于当表征与概念这两个难点重合时，学习发生的顺序不合理。为了破解这一难题，可以采取以下策略：

（1）先讲清概念的意义，后出现概念的符号，让这个概念很柔和地接近学生。要达到这一状态就必须引导学生通过意义学习对新、旧知识产生结构性的联系。此处有两条连接纽带：

a. 指对互化。所谓指对互化，实际上有两层含义：其一，从表征形式上来讲，它指的是幂的指数形式与对数形式之间的相互转化，这里应该强调的是"形式不同"；其二，从数量大小上来讲，指数和对数是同一个量的两个名字，这里应该强调的是"数量关系相同"。认识到了这一点，学生就可以放心大胆地将新概念归并到旧结构中去了，这对于增强学生理解概念的信心是有很大好处的。

b. 从运算的视角解读对数的含义。不要急于将对数看成是数，而是先明确对数是已知底数和幂，求指数的运算结果，并且明确符号 log 是一个运算符号。从这个意义上来说，为了帮助学生向已有知识结构归并，这里还可以借助另一个先行组织者材料：如何看待 $\sqrt{2}$？它既是一个无理数，也是对 2 取算数平方根运算的结果，根号既是一个数的标志，也是一个运算符号。同理，负号、分数线，乃至于将来的虚数都是一样的道理。把这个道理想明白了，学生就可以获得一种豁然开朗的上位学习的感觉了。

（2）学习了对数的概念之后，还需要恰当的配套练习，例如，课本提供的将指数式化成对数式、将对数式化成指数式、求解简单的对数方程等。然而这些基础练习的作用不仅仅是通过形式转化理解对数的概念。如果我们将其看作是一系列可以引发归纳与类比的素材，那么这里就出现了一个可以渗透合情推理、培养学生想象力和数学抽象能力的教学契机。建议这个地方根据学生的实际水平，设计一个把图 2 中的概念图挖空呈现的练习形式。

0和1的对数形式　　　对数恒等式　　　　对数的运算法则

$$\log_{8.8} 1 = 0$$ 归纳 $\rightarrow$ $\log_a 1 = 0$

$$\log_a(MN) = \log_a M + \log_a N$$

$$\log_a \frac{M}{N} = \log_a M - \log_a N$$

类比

$$a^{\log_a N} = N$$

$$\log_{8.8} 8.8 = 1$$ 归纳 $\rightarrow$ $\log_a a = 1$

$$\log_7 49 = \log_7 7^2 = 2$$ 归纳 $\log_a a^\alpha = \alpha$ 归纳 $\log_a N^\alpha = \alpha \log_a N$

类比

$$\log_{7^2} 7 = \frac{1}{2}$$ 归纳 $\log_{a^\beta} a = \frac{1}{\beta}$

类比

类比

$$\log_{8^2} 16 = \frac{4}{3}$$ 归纳 $\log_{a^\beta} a^\alpha = \frac{\alpha}{\beta}$ 归纳 $\log_{a^\beta} N^\alpha = \frac{\alpha}{\beta} \log_a N$

特　殊 ┈┈┈┈┈┈ 一　般 $\longrightarrow$

具　体 ┈┈┈┈┈┈ 抽　象 $\longrightarrow$

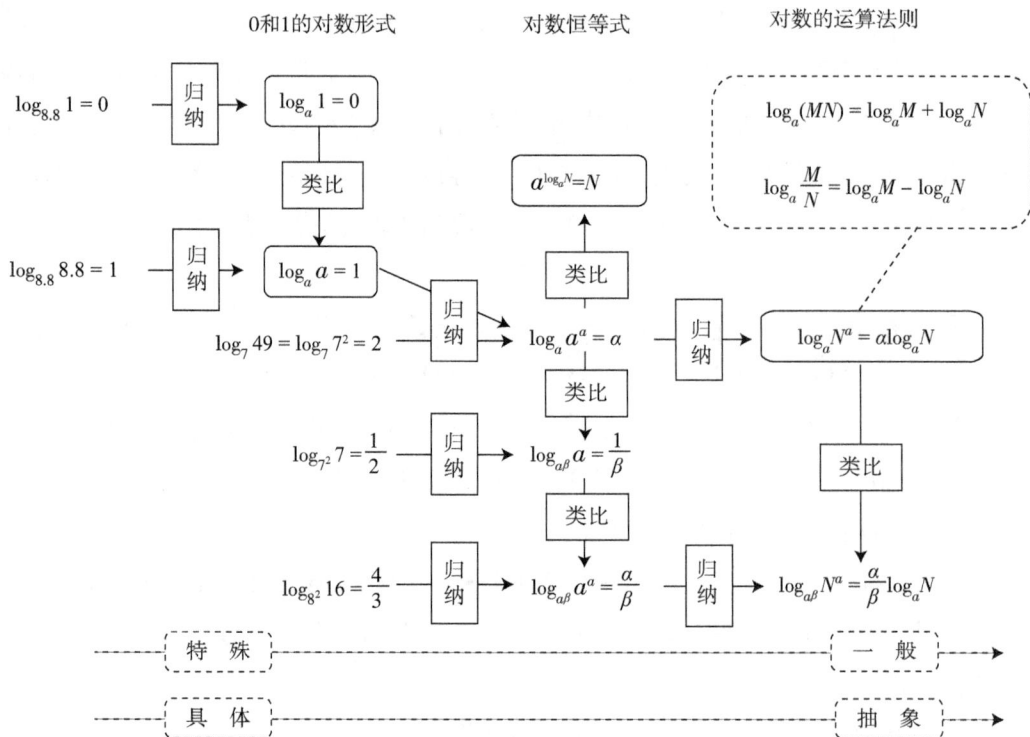

图2　用来概括对数运算性质的概念

　　用概念图填空的方式呈现练习，既是为了让学生对推理过程有一个整体的认识，也是为了降低合情推理的难度，并且适当控制合情推理的合理性。当学生理解了这些知识是如何生长出来的之后，自然也就给这些知识赋予了意义。当然，在这个地方不必强调归纳、类比、合情推理等概念，仅仅让学生有所领略即可。另外，值得说明的是，对数运算法则中的同底数的两个对数的加法和减法法则很容易由实数指数幂运算法则转化而来，易于学生理解，而法则 $\log_a N^\alpha = \alpha \log_a N$ 不易与指数运算法则对应，故而用这种呈现方式会使学生更易于接受。

3.2　运算

3.2.1　实数指数幂的运算

　　在高中阶段，实数指数幂的运算法则并不要求推导，而以应用为主，故而这部分学习是通过解题练习来完成的。

　　数学运算是数学核心素养之一。数学运算是指在明晰运算对象的基础上，依据运算法则解决数学问题的过程。主要包括：理解运算对象，掌握运算法则，探究运算方向，选择运算方法，设计运算程序，求得运算结果等（《数学核心素养内涵及水平划分》，2016）。由此可见，对运算能力的提升并不仅仅是记住法则、反复练习而已。以课本上的一道题为例：

第89页，例3，（1）化简：$\dfrac{5x^{-\frac{2}{3}}y^{\frac{1}{2}}}{\left(-\frac{1}{4}x^{-1}y^{\frac{1}{2}}\right)\left(-\frac{5}{6}x^{\frac{1}{3}}y^{-\frac{1}{6}}\right)}$.

解：原式 $=\dfrac{24}{5}\times 5\times x^{-\frac{2}{3}+1-\frac{1}{3}}\times y^{\frac{1}{2}-\frac{1}{2}+\frac{1}{6}}=24x^0y^{\frac{1}{6}}=24y^{\frac{1}{6}}$.

第90页，练习B，2，（3）计算：$\sqrt[3]{\dfrac{3y}{x}}\cdot\sqrt{\dfrac{3x^2}{y}}\,(x>0)$.

解：原式 $=3^{\frac{1}{3}}\times x^{-\frac{1}{3}}\times y^{\frac{1}{3}}\times 3^{\frac{1}{2}}(x^2)^{\frac{1}{2}}y^{\frac{1}{2}}=3^{\frac{1}{3}+\frac{1}{2}}\times x^{-\frac{1}{3}+2\times\frac{1}{2}}\times y^{\frac{1}{3}+\frac{1}{2}}=3^{\frac{5}{6}}x^{\frac{4}{6}}y^{\frac{5}{6}}=\sqrt[6]{3^5x^4y^5}$.

实践证明，这种类型的题目在不经提示的情况下学生很难想到将分式和根式形式都转化成指数形式，然后利用幂的运算法则，将运算在指数间一次性完成。那么像这样的例题除了示范操作流程，使学生掌握运算法则、求得运算结果外，如何提升学生探究运算方向、选择运算方法、设计运算程序方面的能力呢？除了示范作用，它的启发作用是什么呢？如何引导学生有意识地反思这种解法的价值呢？针对这样的疑问，可以将题目设计成一个"解释—概括"型样例学习材料，如图3所示。

观察下列代数式的化简过程：

（1）$\dfrac{5x^{-\frac{2}{3}}y^{\frac{1}{2}}}{\left(-\frac{1}{4}x^{-1}y^{\frac{1}{2}}\right)\left(-\frac{5}{6}x^{\frac{1}{3}}y^{-\frac{1}{6}}\right)}=\dfrac{24}{5}\times 5\times x^{-\frac{2}{3}+1-\frac{1}{3}}\times y^{\frac{1}{2}-\frac{1}{2}+\frac{1}{6}}=24x^0y^{\frac{1}{6}}=24y^{\frac{1}{6}}$.

（2）当 $x>0$ 时，$\sqrt[3]{\dfrac{3y}{x}}\cdot\sqrt{\dfrac{3x^2}{y}}$

$=\left(3yx^{-1}\right)^{\frac{1}{3}}\times\left(3x^2y^{-1}\right)^{\frac{1}{2}}=3^{\frac{1}{3}}\times 3^{\frac{1}{2}}x^{\frac{1}{3}}y^{\frac{1}{3}}x^{2\times\frac{1}{2}}y^{\frac{1}{2}}=3^{\frac{1}{3}+\frac{1}{2}}x^{-\frac{1}{3}+1}y^{\frac{1}{3}+\frac{1}{2}}=3^{\frac{5}{6}}x^{\frac{4}{6}}y^{\frac{5}{6}}=\sqrt[6]{3^5x^4y^5}$.

回答以下问题：

（1）上述化简过程所用的新知识有＿＿＿＿＿＿＿＿＿＿＿＿；

（2）这两个代数式的化简过程中所用方法的共同特点是＿＿＿＿＿＿＿＿＿＿；

（3）使用这种方法的理由包括＿＿＿＿＿＿＿＿＿＿＿＿＿；

（4）这种方法适用的问题是＿＿＿＿＿＿＿＿＿＿＿＿＿；

（5）这种方法的好处在于＿＿＿＿＿＿＿＿＿＿＿＿＿；

（6）请将上述观点整理成一段文字，并给它取个题目吧！

＿＿＿＿＿＿＿＿＿＿＿＿＿＿＿＿＿＿＿＿＿＿

＿＿＿＿＿＿＿＿＿＿＿＿＿＿＿＿＿＿＿＿＿＿。

图3 "解释—概括"型样例学习材料

教学方式变革的实践探索

对于这个开放性问题的解答，可能会引导学生通过归纳解题方法而发现：解决幂的复杂计算问题时，可以利用实数指数幂的概念和运算法则将分式、根式、幂等多种形式的运算统一转化成指数的运算。这样做使得运算形式和运算位置都得到了统一，而且由于将乘、除、乘方、开方分别降级成了加、减、乘、除，使得运算量和结果都有所减小，利于提高运算的速度和正确率。我们可以称这种方式为实数指数幂运算的指数简化方法。在这之后，再配上适当数量的练习和变式练习就是一个完整的研究序列了。

3.2.2 对数的运算

讲解对数的运算法则时，要抓住指对互化这一根本工具。将幂的运算作为先行组织者，将下面的填表问题作为教学情境，引导学生自己推导出对数运算法则（图 4）。而在这个过程中学生通过归纳与类比等思维活动，使知识之间产生关联，建立了知识结构，这样的学习将是意义学习，并且知识的同化过程是外显出来的。

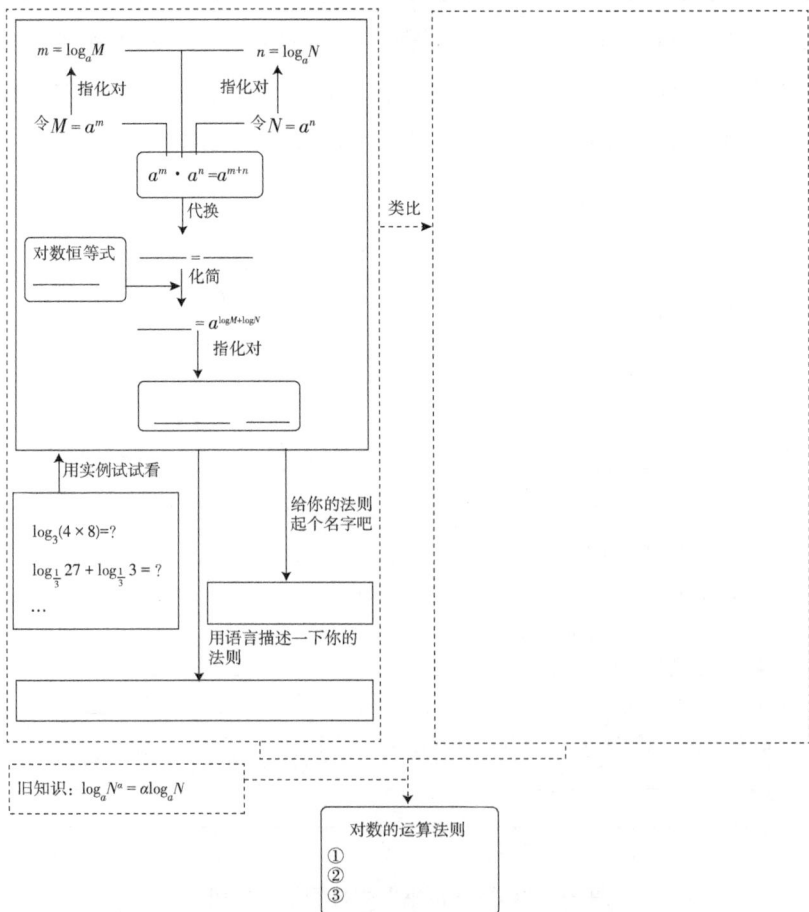

图 4　用来类比对数运算法则的概念

经验表明，学生在学习了对数的运算法则之后，经常分不清同底数的两个对数之间到底是可以加还是可以乘，利用这样的推导过程，学生可以进一步强化同底幂乘法法则，并且利用同底幂之间是做乘法的事实占据"乘法"这个运算的位置，减少同底对数相乘的负迁移。

4 结语

到这里，我们以实数指数幂及其运算、对数的概念、对数的运算为例，以奥苏贝尔的意义学习理论为指导，提出了一些单元整体教学的设计方法和实践案例。通过上述分析可见，高中的数学学习是意义学习。在"学本课堂"理念的指导下，教学应该是以帮助学生将新旧知识之间建立联系，建立良好的知识结构为目的，而实践中可以通过先行组织者、思维可视化等策略实现这一目标，进而引导学生"再创造"知识，体验积极而有深度的学习过程，提升数学学科核心素养。

参考文献

[1] 约瑟夫·D.诺瓦克.学习、创造与使用知识：概念图促进企业和学校的学习变革 [M].赵国庆等，译.北京：人民邮电出版社，2016.

在数学教学中创设思辨课堂活动的实践研究

北京市中关村中学　陈爱民

【摘要】教育中我们要树立以学生发展为中心，让他们乐于投入学习活动中，就需要对课堂进行大胆的改进和创新。为了满足学生不断增长的创新学习需求，我们提出课堂上教师要引导学生经历充满思辨的学习历程。思辨能力是思考力与批判力这两种能力的高度融合，是一种高级的认识能力，是一种理性思考的能力，是人们认识事物的关键能力，同时也是创新能力的基石与源泉。本文从思辨课堂教学过程设计的初步探索、思辨课堂样态构成的基本要素、思辨问题设计的维度等方面阐述了创设思辨课堂活动的实践经验。通过创设思辨课堂活动，帮助学生树立敢于质疑、善于思考、严谨求实的科学精神，养成良好的数学学习习惯，发展自主学习的能力，不断提高实践能力、提升创新意识。

【关键词】思辨课堂；思维能力；学生活动

《普通高中数学课程标准》中的课程目标指出："高中数学课程要使学生获得进一步学习及未来发展所必需的数学基础知识、基本技能、基本思想、基本活动经验；提高从数学角度发现和提出问题的能力、分析和解决问题的能力。"波利亚提到："学习任何知识的最佳途径是自己去发现，因为这种发现理解最深，也最容易掌握其中的内在规律、性质和联系。"树立以学生发展为中心的课程思想，创设充满活力和开放性教学活动，整合多元多维课程资源，教师将课堂变为师生互动的舞台，让学生敢于提问、共同学习，从而激发学生的自主性，提升合作探究能力，形成以"学"为中心的"学本课堂"，加强学生的数学思维能力。

在学习数学的过程中，注重理解基本的数学概念，数学结论的本质，了解概念、结论产生的背景、应用，体会其中所蕴含的数学思想和方法，提升数学思维品质、实践能力和创新意识。数学思维品质的提升需要教师设计教学活动，因势利导，也需要高中生自主探究，在情境学习中，通过思考辨析和讨论等活动，潜移默化地发展提升。传统中学数学课堂教学常常出现重结果、轻过程，重显性知识、轻思想方法，重解题训练、轻能力发展等现象。高中阶段的师生由于面临升学压力，往往搞题海战术，学生只管盲目做题。从长远来看，由做题得来的经验值使得学生思维僵化，学生仅凭经验做题是不适应新高考改革方向的，不利于学生思维能力的创新与提升。新课程标准基本理念强调，要以学生发展为本，提升素养，而传统课堂的局限性难以发展学生的数学素养、提升数学能力。思辨课堂以"学"为中心，"先学后教"的教学模式则有效改变传统课堂以"教"为主与"先教后学"的常态，从学生参与课堂的效度来看，这种充满思辨和讨论的课堂有利于培养学生数学思维的创新性。

1　思辨能力

　　高中生的思维特点是从形象思维逐渐向抽象思维过渡，辩证逻辑思维日趋完善。这一时期是他们思维发展的"黄金时期"，而这一时期如果思维没有得到有效启发，思辨能力的发展会受到制约，进而影响其创造性思维能力的发展，因此在教学中培养学生的思辨能力尤为重要。

　　思辨能力就是思考辨析能力。所谓思考指的是分析、推理、判断等思维活动；所谓辨析指的是对事物的情况、类别、事理等的辨别分析。这种思辨能力不是凭借经验的分析，而是在通过数学的逻辑推理、讨论，不断发现数学本质、解决数学问题的学习过程中，不断获取的一种能力。所谓思辨性课堂，是指师生围绕一个任务主题，借助主题情境，设定主问题，进行分析、判断、推理，形成认知共识的探究性教学活动。思辨性课堂指向学生高阶思维、学科关键能力和核心素养培育，意在引导学生围绕陌生情境调动所学知识分析、解决问题。

2　思辨课堂教学过程设计的初步探索

　　"让学生思，让学生辨"是思辨课堂的核心理念，学生通过思与辨，发散学生的思维，发挥其主体作用。思辨课堂强调凸显发现、思考、探究、辨析等学习活动，提高学生发现和提出问题、分析和解决问题的能力。通过教学实践和文献学习，初步探索出思辨课堂教学过程的设计思路。

2.1　对思辨目标的准确分析：导向学习、情境分析

分析，就是"把一件事物、现象或概念分成比较简单的几个组成部分，找出这些部分的本质属性和彼此之间的关系"。分析与综合是相对的，对数学问题的准确分析是数学思辨的前提。思辨目标是学生通过学习后应达成的目标，主要解决"学什么""学到什么程度"等问题，具有导向性、整体性与时效性。因此，对思辨目标的准确分析层面包括 4 个要素：背景情境、前设条件、应用方式、认识分歧。

2.2　对思辨链接的探究：链接认知经验

思辨链接是通过设置一些复习性、铺垫性问题或与学习内容有关联的阅读材料、问题情境，解决"从何学""为何学"等问题，激活学生已有知识经验，具有承上（学生已有知识经验）启下（待学习内容）的作用。思辨链接主要先由学生课前或课中探究完成，课中由小组代表讲解。

2.3　对思辨问题的推理探究：明晰推理、建构本质

推理，是思维的一种基本形式，是"由一个或几个已知的判断（或前提）推出新的判断（结论）的过程"。明晰的推理，是数学思辨追求的重要目标。思辨探究是课堂活动中最重要的环节，通过对具有有序性、层次性问题的探索，解决"如何学""有何果"等问题，一般以问题串、提问链、活动单等方式引导学生进行思考、探索、辨析知识的发生发展。推理层面包括 4 个要素：严谨周密、归纳演绎、类比拓展、抽象具象。

2.4　对探究问题的思辨表达：有效解决问题

思辨表达包括 4 个要素：目标意识、化归意识、结构意识、模型意识。其中，既包括对问题目标自身的表达，又包括对解决问题的方法、思想的归纳总结，建立数学模型，解决数学问题。

2.5　对思辨过程的反思：系统化知识

思辨反思是对学习的进一步反思，包括知识本身、思想方法、存在不足等几方面，通过对本次学习的小结反思，解决"有何获""有何疑""有何不足"等问题，可引导学生利用思维导图、知识网络图等方式多元展示自己的反思成果。

3　思辨课堂样态构成的基本要素研究

课堂上教师积极设计思维活动，引导学生经历充满思辨的学习历程，围绕有价值

的话题，展开真实的对话，抓住交流中的闪光点，进行思维的碰撞，引导学生会思会辨，提升学生思维的深度，为学生全面发展积蓄丰富的思维动能。教师设计有效的思辨活动，对激发学生的思辨热情是非常重要的。

3.1 情境性体验

体验是涵养学生学科素养的手段和中介，体验离不开情境创设，可以是真实的情境，也可以是虚构的情境，情境创设需要关注学生兴趣点。例如，在研究椭圆的定义时设计了如图 1 所示的思辨探究。

活动 1：发现生活中的椭圆。

图 1　生活中有关椭圆的形象

2020 年 7 月 23 日，长征五号运载火箭托举着中国首次火星探测任务"天问一号"探测器，在文昌航天发射场点火升空，开启了中国首次火星探测之旅。"天问一号"并不是对着火星直接发射的，而是发射在一个椭圆运行轨道上，让它与火星的椭圆轨道相遇。

活动 2：介绍圆锥曲线的发展史（图 2）。圆锥曲线的发现和研究始于古希腊。

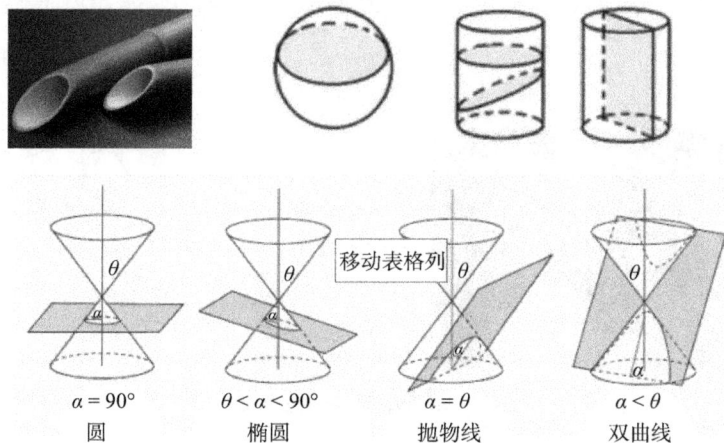

| $\alpha = 90°$ | $\theta < \alpha < 90°$ | $\alpha = \theta$ | $\alpha < \theta$ |
| 圆 | 椭圆 | 抛物线 | 双曲线 |

图 2　椭圆的发现

活动 3：手画椭圆，探究椭圆的定义，并用数学语言刻画绘制过程、分析其内在的数学关系，并用数学符号表达（图 3）。

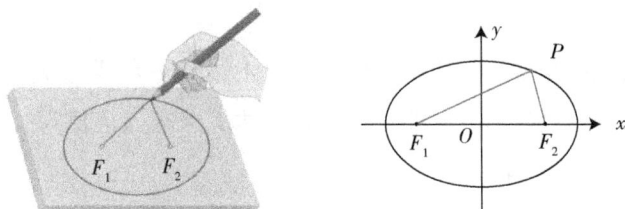

图 3　手画椭圆

通过学生动手绘制椭圆，并思考讨论椭圆的定义。

学生 1 说：$|PF_1| + |PF_2|$ 为常数 a，就是椭圆。

生 2 提出反对意见：若 $a = |F_1F_2|$，动点的轨迹是线段，不是椭圆，所以需要加强条件。

生 3：同意，加条件 $a > |F_1F_2|$，才是椭圆。

通过学生小组讨论后，认同生 2 和生 3 的意见，最后得出椭圆定义。

这一简短的过程充分体现了数学思辨课堂的核心思想，同时突出了数学本质，体现了数学直观想象、数学抽象、逻辑推理、数学运算等核心素养，提升了学生的数学思维能力。

活动 4：课后提出了拓展性作业。比如，在化学课上，你一定注意到过，当装有液体的试管稍微倾斜一点时，液面的轮廓是椭圆形的（图 4），你知道怎样用有关数学知识证明吗？

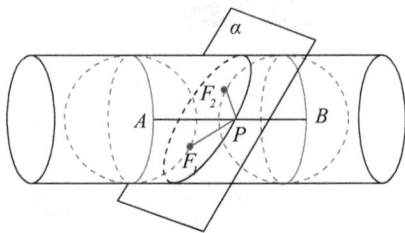

图 4　试管中倾斜的液面轮廓

足球的影子轮廓线是椭圆吗（图5）?

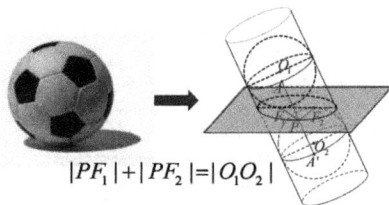

$$|PF_1|+|PF_2|=|O_1O_2|$$

图5 足球的影子轮廓

取半径与圆柱底面半径相同的两球，从平面α两侧放入圆柱面内，两球都与平面α相切，切点分别为F_1、F_2。设P是交线C上任意一点，过P作圆柱的母线，分别与两球相切于A、B两点，点P变化时AB值不变。

PA、PF_1是同一个球的两切线，所以$|PA|=|PF_1|$.

同理，$|PB|=|PF_2|$，所以$|PF_1|+|PF_2|=|AB|$.

课堂教学通过创设问题情境，促使学生围绕教学议题，真实的学习历程复杂而漫长，我们不仅要关注教学设计，更要关注学习活动实施层面，关注学生的认知基础和认知状态，让学习经历更富有意义。

3.2 思辨性议题

课堂教学通过创设问题情境，促使学生围绕教学议题发现和提出问题，以问题为驱动，分析、探究、解决、总结，进而生成教学目标。教师要引导学生运用高阶思维进行深度学习，在分析、质疑、评价和创造过程中，帮助学生克服过去教学侧重识记、理解、应用等低阶思维的弊端。设置思辨性议题，找准学生认知冲突，激发学生思维活力，使学生产生探究冲动，找到问题的突破点，不断寻求解决方案。

例如：研究出椭圆定义后，如何得到椭圆的标准方程呢？类比已学过的曲线——圆的标准方程的研究方法，你有哪些方法的思考？学生的讨论如下：

生1：如何建系？

生2：如何建立出使方程更简洁的坐标系？哪些性质有利于研究呢？

生3：看对称性。

生4：关于横（直线F_1F_2）、竖（直线MN）、原点对称，所以得到了基本的建系方案。

类似地，可知线段F_1F_2的垂直平分线MN也是椭圆的对称轴，线段F_1F_2的中点O

是椭圆的对称中心（图6）。

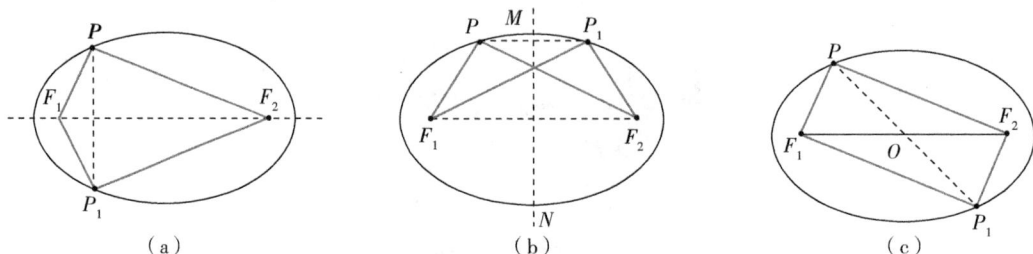

图6　椭圆的对称性

生5：这样建系后，椭圆图形关于 x 轴、y 轴和原点对称，所以从椭圆方程看，一定含有 x^2、y^2 项，且没有 x、y 的一次项，方程更简洁。

以此强化学生辩证思维，同时展示学科的实证化倾向。通过思辨性话题探究，引导学生运用辩证否定观分析并解决问题，从而培养学生辩证思维能力和革命批判精神，培养学生独立人格和理性思维，涵养学生科学精神。

3.3　合作性探究

从认知理论看，教育必须着眼于学生潜能的唤醒、挖掘与提升。合作性探究以建构主义为理论依据，以教学主体间合作交往活动为依托，强化自主创新和自主思维建构。过程性参与让学生学会沟通、合作的技能，学会处理分歧，分享学习成果，从被动接受知识、储存知识转变为乐于想象、敢于批判、大胆提问、标新立异、大胆质疑。

《幂函数》教学中，设计了如下的合作性探究活动：

全班分成6个小组，每个小组研究一类幂指数。

学生活动1：自定 α 值，小组合作探究幂函数 $y = x^{\alpha}$（ $\alpha \in \mathbf{R}$ ）的性质。

思维价值：提出批判性意见，α 值的分类不确定，造成计算上的困难，为研究增加了难度，探究的有效性不高。

学生活动2：根据 $a^b=N$ 的运算性质，将幂指数 α 进行有效分类。

思维价值：研究发现幂指数 α 可能分为 $\alpha>1$，$0<\alpha<1$，$\alpha<0$。

学生活动3：当 $\alpha>0$ 时，幂函数 $y=x^{\alpha}$ 的图像有哪些共同特征？

思维价值：研究发现幂指数 α 可能分类。

学生活动4：当 $\alpha<0$ 时，幂函数 $y=x^{\alpha}$ 的图像有哪些共同特征？

思维价值：研究发现幂指数决定幂函数的定义域和奇偶性，只需研究幂函数在第一象限内性质，即可通过定义域和奇偶性得到整个函数图像和性质。

学生活动5：在各组汇报的基础上共同提炼概括。

思维价值：学生探究发现，幂指数 α 的变化影响幂函数的分布和走势变化；研究幂函数的性质可按幂指数进行分类。

（1）先整体再局部：观察分布情况，抽象出幂函数的性质（图7）。

（2）在第一象限内：观察图像走势，得到一般规律。

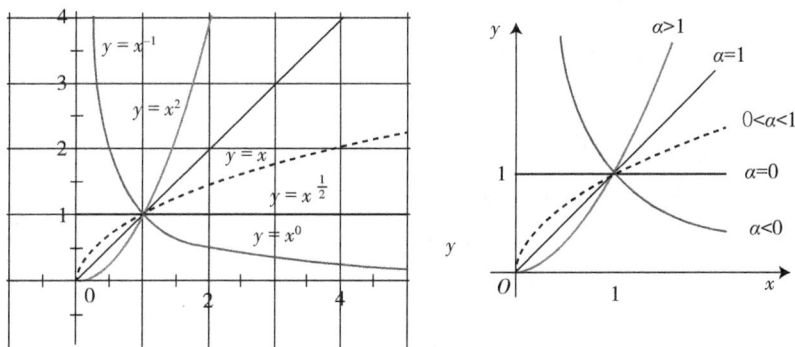

图7 幂函数的性质

4 思辨问题讨论的四个维度

通过思辨课堂样态的研究和教学过程的设计探究发现：思辨问题的设计和提问的角度不同对学生研究、讨论的热情和效度都有直接影响，因此思辨问题的讨论需要更深入，维度设计需要符合学生的认知经验，让学生易于讨论推理。从课堂的思辨讨论层次角度展开研究，包括4个思维层面，结合椭圆标准方程的推导过程说明这4个层面的设计过程。

4.1 客观性层面：处理信息和感官的觉察角度的讨论

这一环节通过直观感知提出问题、困难、描述看到的数学问题等。让学习者与外部世界相遇，提出关于事实、外部现实或印象的最直观的数学思考和反应。

问题：合作探究化简 $\sqrt{(x+c)^2+y^2} + \sqrt{(x-c)^2+y^2} = 2a$

生1：如何去掉这两个根号呢？

4.2 反应性层面：有关个人的反应和联想的讨论

这一环节是用已有的数学知识、数学经验回忆、联想说出自己的感受、想法。让外部世界待解决问题与自己的内部数学经验相联系，唤起个人对信息反应的数学处理方向。

生 2：可以平方（法 1）。

生 3：可以把两个根号分别看成两个整体，利用分子有理化（法 2）。

4.3　诠释性层面：关于数学思维、数学意义、数学解决方法的讨论

这一环节是用数学语言、数学思维去思考主题、讨论问题的数学解决方案，发现其中的数学意义、数学价值、数学的重要性、数学含义等问题，最终寻求不同的、高效的数学问题解决方案，提升数学思维能力。

生 4：法 1 怎么平方更简洁？直接平方好不好？

生 5：移项再平方。

生 6：法 2 有理化后是什么样子呢？写一写试试看。

4.4　决策性方面：关注的解决方案的讨论

这一环节是思考"怎么办"的问题，就是基于以上过程得出数学结论或做出数学解决方案。

生 7：化简方法 1，即平方、再平方的方法。

将 $\sqrt{(x+c)^2+y^2}=2a-\sqrt{(x-c)^2+y^2}$ 平方后化简，再平方可得椭圆的标准方程。

生 8：化简方法 2，即分子有理化的方法。

分子分母同乘 $\sqrt{(x+c)^2+y^2}-\sqrt{(x-c)^2+y^2}$，得

$$\frac{(x^2+2cx+c^2+y^2)-(x^2-2cx+c^2+y^2)}{\sqrt{(x+c)^2+y^2}-\sqrt{(x-c)^2+y^2}}=2a.$$

整理得：$\sqrt{(x+c)^2+y^2}-\sqrt{(x-c)^2+y^2}=\dfrac{2c}{a}x$

与原式相加，化简可得椭圆的标准方程。

生 9：化简方法 3，即借助椭圆定义化简。

设 $r_1=\sqrt{(x+c)^2+y^2}$，$r_2=\sqrt{(x-c)^2+y^2}$，有 $r_1+r_2=2a$；

$r_1{}^2=(x+c)^2+y^2$，$r_2{}^2=(x-c)^2+y^2$，$r_1{}^2-r_2{}^2=4xc$.

联立可得：$r_1=a+\dfrac{cx}{a}$，$r_2=a-\dfrac{cx}{a}$，代入 r_1，所以 $\sqrt{(x+c)^2+y^2}=a+\dfrac{c}{a}x$，平方化简可得椭圆的标准方程。

在展开讨论过程中，从进行数学思辨活动的 4 个维度可以看到课堂上让学生积极参与讨论、辨析数学逻辑思维问题的方法。这 4 个步骤为我们在备课时提供了一种很

好的结构，通过这种结构，我们所讲授的教学内容更利于学生吸收和应用，这也会很好地激发学生继续学习的积极性，让学习变得更有意义。

5　结语

思辨能力的培养不是一朝一夕的事情，它需要我们在学习的实践中不断概括总结，努力把握在数学学习中的规律和方法，这就需要师生双方紧密配合，教师在教学过程中注意引导学生，学生在学习过程中也要按照教师的思路积极思考、应用创新，提高自我的自主研究水平，使思辨能力在不知不觉中得到提高。

以"学"为中心要求教师要不断更新观念，转变角色，改变教学模式，引导学生学会学习，学会合作，主动参与，抓好教师和学生两条线。以学为本的数学思辨课堂是学生经历自学、生疑、思辨释疑，再学、再疑、再思辨的过程，在合作讨论探究中获得充分的感知、理解和提升。通过基于情境创新和数学逻辑思维养成的思辨课堂建构，引导学生自主探究，经历思辨学习的过程。通过思维和讨论活动，真正实现有效的思维价值提升，实现在情境问题活动中发现问题，进行数学抽象与数学建模、在探究活动中分析问题，进行逻辑推理和数学运算、在讨论辨析中找到解决问题的有效方法。思辨让数学的界定更加清晰，让数学思维更加多样，让数学课堂更显灵性，让数学文化更加博大。思辨是数学教学的一种价值追求，让数学核心素养在思辨的土壤里开出更美的花朵。

参考文献

[1] 中华人民共和国教育部.普通高中数学课程标准[S].北京：人民教育出版社，2017.

[2] 涂荣豹，王光明，宁连华.新编数学教学论[M].上海：华东师范大学出版社，2006.

[3] 黄晅.蒙山中学"思辨课堂"探索与实践[M].桂林：广西师范大学出版社，2012.

[4] 郑毓信.数学教育：从理论到实践[M].上海：上海教育出版社，2001.

[5] 章祥俊."思辨课堂模式"下的指数函数的教学及其反思[J].中学数学（高中版），2015（5）：64–66.

关注"不规范"背后的问题
让课堂教学走向"再创造"

北京市中关村中学　杨瑞雪

【摘要】目前，中学生在数学解题过程中，主要存在说理不清、逻辑混乱、表达不够严谨等问题，本文阐述了解题不规范产生的原因以及加强解题规范性的意义，结合日常教学，提出了改善学生不规范解题的几种方法。

【关键词】规范；解题；逻辑；数学思维

1　前言

在教学中，常常发现很多学生做解答题时，存在书写不规范或是过程不完善等问题。尽管在课堂上示范过并再三强调书写的要点，但收效甚微，这触发了笔者的思考和探索。

布鲁纳认知结构学习理论强调，在教学过程中，学生是一个积极的探究者。教师的讲解并不能直接将知识传输给学生，只能凭借组织者、合作者和引导者的身份，使学生主动参与到学习和建立该学科的知识体系的过程中。如何在突出学生的主体作用时规范数学解题过程呢？张鹤老师曾说过：真正有意义的教学是观念性教学。如果学生能够学会用数学的思维思考问题，建立清晰的逻辑关系，过程书写也就水到渠成。

关注"不规范"背后的问题，有助于教师精准把握学情，以生为本，以学定教，将过程中出现的错误或不规范转化为教学资源或课堂探究的起点，有针对性地进行观念性教学，可以让课堂教学走向再创造，学生的思维品质得到提升。因此，规范书写不是强制性要求，是在理解规范背后的问题之后进行的创造性活动。在教学实践中，培养学生数学思维能力的同时，渗透过程书写的规范，有助于提高学生的学科素养。

现将思考和案例整理如下。

2 加强数学解题规范性的意义

新课标指出，数学教育既要使学生掌握现代生活和学习中所需要的数学知识与技能，更要发挥数学在培养人的思维能力和创新能力方面不可替代的作用。学生对解题过程的文字表述是思维外显的表达方式之一，也是学生体验和感悟科学探究过程的有效途径。数学解题过程不仅要求正确，还要求简洁和规范。因此，规范数学解题过程有助于培养学生严谨的分析推理能力，完善逻辑思维。从解题的严谨性和完备性角度来说，一个思路清晰的解题过程是学生逻辑思维的完美体现。

3 数学解题过程存在的问题及原因

目前，初中数学解题过程主要存在说理不清、逻辑混乱、表达不够严谨等问题，笔者认为导致以上问题的原因有以下几点：部分学生对数学学习存在一定误区，没有认识到规范的书写过程对于梳理数学思维所发挥的作用，他们简单地认为数学就是解题，只要会做就行，不重视解题过程规范书写的训练，因此在解题时往往随心所欲，毫无章法；还有部分学生对概念、定理理解不清，没有掌握定理使用的条件和注意点，书写时思路不清，条件不完整。另外，教师在批改作业时，对知识上的错误纠正往往比解题规范性的强调反馈多，使学生没有及时发现解题过程中存在的问题。

4 规范数学解题书写过程的几点思考

4.1 数学知识系统化，让学生明白为什么

在规范学生解题过程时，经常能听到学生的抱怨，为什么要这样写。如果是以前我可能会说教材就是这么要求的，但是现在我想与其强硬施加给学生，不如让学生明白为什么。

案例 1 先化简，再求值：$(2x - 1)^2 - (x - 3)(x - 1)$，其中 $x = \dfrac{1}{2}$.

标准书写格式如下：

解：

$$(2x-1)^2 - (x-3)(x-1)$$
$$= 4x^2 - 4x + 1 - (x^2 - 4x + 3)$$
$$= 4x^2 - 4x + 1 - x^2 + 4x - 3$$
$$= 3x^2 - 2.$$

当 $x = \dfrac{1}{2}$ 时，原式 $= 3 \times (\dfrac{1}{2})^2 - 2 = \dfrac{3}{4} - 2 = -\dfrac{5}{4}$.

不规范的解题过程举例如下：

解：$(2x-1)^2 - (x-3)(x-1)$
$$= (2 \times \dfrac{1}{2})^2 - (\dfrac{1}{2} - 3)(\dfrac{1}{2} - 1).$$

…

解：

$$(2x-1)^2 - (x-3)(x-1)$$
$$= 4x^2 - 4x + 1 - (x^2 - 4x + 3)$$
$$= 4x^2 - 4x + 1 - x^2 + 4x - 3$$
$$= 3x^2 - 2$$
$$= \dfrac{3}{4} - 2$$
$$= -\dfrac{5}{4}.$$

化简求值问题是在学习整式、分式计算时经常遇到的问题，在每年北京中考数学试卷中几乎都会出现。解决此类问题的方法大多是先对已知代数式化简，进行恒等变形，找到和已知条件的联系，最后代入数值求解。我们知道代数式的运算过程往往也是化繁为简的过程，化简之后再代入数值，不仅可以简化数的计算，而且易于发现已知代数式与已知条件的联系，把握住这一点，此类问题的变式均可迎刃而解。至于为什么强调当 $x = \dfrac{1}{2}$ 时，原式 $= 3 \times (\dfrac{1}{2})^2 - 2 = \dfrac{3}{4} - 2 = -\dfrac{5}{4}$，因为对于每一个 x 的取值，代数式都有一个确定的值与之对应，这种对应关系我们可以理解为自变量与因变量的关系，这为后续求函数值埋下了伏笔。如果站在这样的角度去考虑，这个问题就是数学知识系统化的一个缩影，学生对答案产生的异议自然可以消除。不规范的解题过程又是如何产生的呢？对于第一种，我们可以理解为学生没有认真审题，但笔者认为最重要的是学生没有掌握解决此类问题的通法，如果对此题稍加改变，直接代入可能会导致计算烦琐或是根本无法解决等问题。题目的要求就体现了解决此类问题的通法。第二种做法，可以理解为没有很好地体现 x 的值与代数式之间的对应关系。在教学时，笔者尝试把自己的想法传递给学生，学生是可以明白的，并且在这个问题的书写上规范了很多，所以告诉他们为什么比告诉他们这样做更有效。

4.2 完善解题细节，让学生抓住解决问题的本质

有的学生在写解题过程时，会忽略一些解题细节，而这些细节往往蕴含了解决问题的本质。

案例 2 已知：$|a-2|+|b+1|=0$，求 $a+b$ 的值．

标准书写格式如下：

解：$\because |a-2|+|b+1|=0, |a-2| \geqslant 0, |b+1| \geqslant 0$，

$\qquad \therefore a-2=0, b+1=0$，

$\qquad$ 解得 $a=2, b=-1$．

$\qquad \therefore a+b=1$．

不严谨的解题过程举例如下：

解：$\because |a-2|+|b+1|=0$，

$\qquad \therefore a-2=0, b+1=0$，

$\qquad$ 解得 $a=2, b=-1$．

$\qquad \therefore a+b=1$．

这个问题是学生刚进入初一，学习绝对值后经常遇到的问题。由于数学符号的抽象性，学生在解决时遇到了一定困难，经过老师的讲解和一段时间的练习，学生基本上都能够掌握。但是在书写时，学生往往会漏掉 $|a-2| \geqslant 0, |b+1| \geqslant 0$ 这个隐含的条件，如果不及时更正，有些学生就会狭隘地理解为两个数的绝对值相加等于 0，这两个数分别得 0，如果后续学习了算术平方根把已知条件换成 $\sqrt{a-2}+(b+1)^2=0$，可能有的学生就不会做了。因为这个问题的本质是若干个非负数相加得 0，每个非负数都只能是 0，而这个非负数可以是以绝对值的形式出现，也可以是二次根式或平方式。上述不严谨的做法可能不影响解题，或者学生也想到了非负性，但是解决这个问题的实质并没有在解题过程中得以强化，从而影响学生对此类问题的把握，不利于培养学生严谨的学习习惯。

4.3 梳理解题思路，让学生感受过程的自然生成

以前笔者在教学中喜欢把数学知识或数学方法加以提炼，比如把列方程解实际问

题的过程归纳为审、设、列、解、答，便于学生记忆，但是学生表示在书写时根本不会想到这 5 个字，他们往往更关注的是这个问题如何解决。弗赖登塔尔认为，通过"再创造"获得的知识和能力要比以被动方式获得者理解得更好，也更容易保持，并且提倡教会学生像数学家那样去"活动"，那样去思维。用"再创造"方法学习数学，并不意味着要求学生重复数学家所经历的艰难曲折的道路，而是给学生创造一个"观察、试探、猜测"的情景，模拟数学家的活动，去体验数学家是怎样由实验而归纳，由类比而猜想，由发现到证明的艰难思维、认识活动的经历。比如列方程解实际问题，学生通过阅读实际问题，获取数量关系，适当选取未知数，用字母表示相关联的量，挖掘题目中的等量关系，用数学语言进行转换，列出方程，通过解方程来获取问题的答案，最后再转换为文字语言进行回答。对一个实际问题进行数学化处理的过程，刚好就是一个再创造、再发现的历程，如果将解决问题的思路稍加梳理，解题过程也就自然生成了。所以解题过程不是简单几个字概括出来的程序化的结果，而是思维活动的自然产物，让学生经历问题的探索过程，感受过程的自然生成，在他们呈现时就会趋于完善。

4.4 内化知识，让学生体会规范书写的益处

每个人都喜欢做有益于自己的事，学生也不例外，如果他们能够发现规范书写的益处，变被动为主动，便胜过教师的千言万语。

案例 3 如图 1 所示，$\angle 1 = \angle 2$，$\angle C = \angle D$，求证：$AC = BD$.

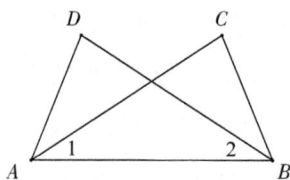

图 1 三角形全等

标准书写格式如下：

证明：在 $\triangle ABC$ 和 $\triangle BAD$ 中，

$$\left\{ \begin{array}{l} \angle C = \angle D, \\ \angle 1 = \angle 2, \\ AB = BA, \end{array} \right.$$

$\therefore \triangle ABC \cong \triangle BAD$（AAS）.

$\therefore AC = BD.$

不规范的解题过程举例如下：

证明：在△ABC 和△ABD 中，

$$\begin{cases} \angle 1 = \angle 2, \\ \angle C = \angle D, \\ AB = BA, \end{cases}$$

∴△ABC ≅△ABD（AAS）.

∴ AC=BD.

全等三角形是学生第一次认识两个图形之间的关系，在书写△ABC ≅△ABD 时要求对应点的字母写在对应位置上，括号内所列条件应按照判定方法的顺序书写，因此，对这一章节的书写过程的要求是非常严格的。在刚学习全等三角形时，有的学生发现如果在一开始（在△ABC 和△BAD 中）就按照对应点的字母写在对应的位置上，下面条件的对应关系只需对照这个顺序书写就可以。这样对应边、对应角的字母也可以写在对应的位置上，不然每次在找对应角或对应边时，都要结合图形去写。其实这种严格的书写，有利于学生发现图形之间的对应关系，以及它们是如何对应的，能够加深学生对全等三角形的认识，也为图形变换的学习打下了基础。另外，全等三角形的判定方法对于条件的顺序也有着严格的要求，比如在使用"角角边"判定全等时，应先写这条边的对角，再写邻角，最后写边，在这个过程中学生势必要对于边角位置关系加以识别，既锻炼了学生的观察能力，又能让学生体会不同的判定方法边角所具有的位置特征。每一次的规范书写，都能让知识内化于心，得以巩固，所以教师既要发挥潜移默化的示范作用，也要让学生尽可能感受到规范书写的益处。

5 结语

解题过程可以较为全面地呈现学生对问题的理解和思考，对于教学有着重要的指导意义。在教学活动中，教师要以生为本，通过创设情境、合作探究等方式，使学生在分析问题、解决问题的过程中，养成良好的思维习惯，在交流分享的过程中，学会严谨的表达。

数学作为一门科学，有其鲜明的特征：深刻的抽象性、严密的逻辑性和广泛的应用性。数学赋予我们的"严谨、简洁、灵活"的优秀品质都应建立在规范的基础之上，重视规范化的表达，学生就会取得长足的进步。

让学生体验深度学习

——以椭圆概念教学为例

北京市中关村中学 李 静

【摘要】 在深化新课程改革的时代要求下，"以生为本""以学为中心"的课堂理念应运而生。深度学习则是学生将知识技能的学习与已有经验、心智相融合，并且主动建构的学习过程。本文在"以学为中心"和"深度学习"理念下，在椭圆概念中针对不同类型学生特点进行教学活动设计，以此构建高效课堂，提高学生的数学核心素养，实现学生自主、自动、自能的发展。

【关键词】 以学为中心；深度学习；椭圆概念教学

1 引言

在深化新课程改革的时代要求下，"以生为本""以学为中心"的课堂理念应运而生。相对于传统的数学课堂教学，"以学为中心"更强调以学生的学习为中心。教师基于学生设计教学环节和教学方法，引导学生进行有效的自主学习，从而实现学生知识的有意义建构与能力的有效发展。在"以学为中心"的理念指导下进行教学，对于挖掘学生潜能、张扬学生个性有着重要作用，体现了"以生为本""尊重和发展学生"的育人理念。

源于认知心理学的深度学习，是相对浅层学习而言的。深度学习不是一个"教"的概念，不需要教师教得如何深，它是一个"学"的概念，需要学生通过融合已有经验、心智与知识技能的学习，主动建构的学习过程。深度学习是一种源于个体学习内驱力，以促进学习者深层理解和知识迁移为目的，以高阶思维、复杂问题解决以及学会学习等能力培养为内容的学习方式。深度学习理念同样强调人的发展需求和内在潜力，让学生在学习新知识时策略地融入自身原有的认知结构，以整体的眼光发现问题、解决问题。

怎样将"以学为中心""深度学习"理念融入课堂乃至学生的课后学习？怎样培养学生深层构建知识的能力并迈向自主学习？怎样发展学生的高阶思维和培养关键能力呢？笔者在椭圆概念教学中对"以学为中心""深度学习"理念的具体实施进行了思考、理解与探索。

2 根据学生特点分组，布置不同课后实验作业及思考题

在学生学习了椭圆的定义、标准方程、几何性质之后，为了进一步深化学生对椭圆概念的理解，教师根据不同学生的个性特点，把学生分成 4 个小组进一步研究椭圆的概念。第一组是"漫画家联盟"，由数学基础薄弱，喜欢画画的学生组成；第二组是"实验家"，由动手能力较强的同学组成；第三组是"电脑黑客组"，由电脑操作能力较强、能熟练使用几何画板或 GeoGebra 软件的同学组成；第四组是"巧手组"，由数学基础不错，爱好手工的女生组成。每组布置不同的课后作业，教师给予帮助和指导，学生也可求助于其他同学、老师，三天后在课堂上展示课后作业完成情况并进行评价。

2.1 第一组"漫画家联盟"学习任务

第一组同学的作业如下：

任务 1：如图 1 所示，已知 $|AB|$ =10（长度单位），图中的一系列圆分别为 A、B 的两组同心圆，每组同心圆的半径分别是 1，2，3，…，按照"加 1"依次递增。试按照下列步骤，利用这两组同心圆画出一个椭圆。

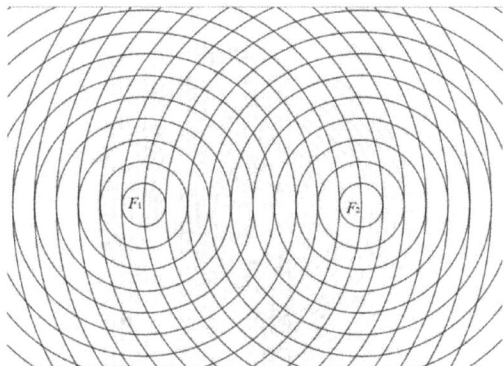

图 1　学习任务 1、2 用图

（1）在两组同心圆的交点中，描出"与 A、B 两点的距离的和等于14"的交点；

（2）用光滑的曲线顺次连接所描出的交点。

任务2：再画出"与 F_1、F_2 两点的距离的和等于8"以及"与 F_1、F_2 两点的距离的和等于10"的椭圆，思考椭圆离心率与椭圆形状的关系。

任务3：画出如图2所示的同心圆组，画出"与 F_1、F_2 两点的距离的差等于8""与 F_1、F_2 两点的距离的差的绝对值等于8"的点，用光滑的曲线顺次连接这些点，比较你得到的两个图形。

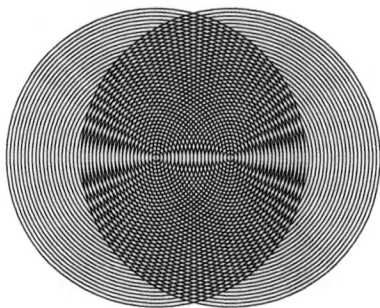

图2 学习任务3、4用图

任务4：多画几个如图2所示的同心圆组，画出"与 F_1、F_2 两点的距离的差的绝对值等于10"以及"与 F_1、F_2 两点的距离的差的绝对值等于12"的点，用光滑的曲线顺次连接这些点，比较与 F_1、F_2 两点的距离的差的绝对值的大小对你所得图形形状的影响。

任务5：将一组同心圆换成一组平行线（图3），画出"到圆心的距离与到最左侧直线距离相等的点"，用光滑的曲线顺次连接这些点，观察你得到的图形。

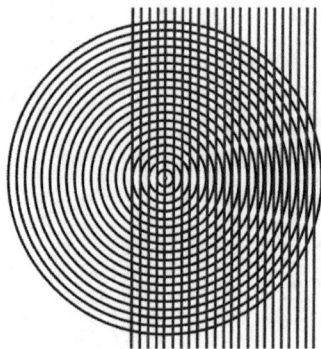

图3 学习任务5、6用图

任务 6：将图 3 中圆心与最左侧直线的距离分别变成 6 个单位和 8 个单位，观察圆心与最左侧直线的距离对你所得图形形状的影响。

任务 7：仿造上面的例子，改变某些条件，你还能得到什么有趣的结论？

2.2 第二组"实验小专家"学习任务

这一组同学的作业是用橡皮泥做一个圆柱体，两头各放一个乒乓球与圆柱体相切，用刀作一个圆柱体的切面，与两个乒乓球相切（图 4），观察切面的形状，并解释原因。

2.3 第三组"电脑黑客组"学习任务

本组同学的学习任务是用几何画板软件绘制椭圆，你能找到多少种不同的方法？

2.4 第四组"心灵巧手组"学习任务

第四组同学的学习任务是：

任务 1：首先在一张圆形纸片内部设置一个不同于圆心 O 的点 F，折叠纸片使圆的周界上有一点落于 F 点，然后将纸片展开，就得到一条折痕（图 5）。继续如此折叠数次，形成一系列折痕，观察这些折痕能围成什么图形。

任务 2：然后把得到的椭圆贴在硬纸板上，剪下来。把三角板的直角顶点放在椭圆中心，连接两直角边和椭圆的交点，用剪刀剪一点口子，便于绕线。继续操作，绕中心一圈。用细彩线沿着连线依次绕扎，结果会怎样呢？

任务 3：用你学到的解析几何知识解释这两个小手工的原理。

任务 4：你还想尝试怎样的手工，为什么？

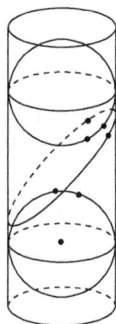

图 4　研究圆柱体内的切面

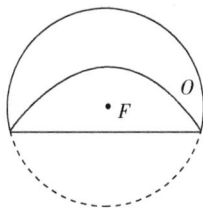

图 5　研究圆的折痕

3 学生课下探究，教师分层指导

对于第一组基础较薄弱的学生，重点是讲清作业要求，观察参数变化对图形形状的影响。至于最后一项作业，要提醒学生注意运算的改变（和变为差）和图形的改变（同心圆变为一组平行线）。

第二组学生很快能感知截面椭圆的两个焦点就是与乒乓球的切点，但是不会用椭圆定义加以证明，教师提醒学生注意立体几何问题应转化为平面几何问题研究。同时注意类比思维，比如"过圆外一点作圆的两条切线，切线长相等"，那么过球外一点作球的无数条切线呢？教师还可推荐学生查找介绍旦德林双球模型的书籍寻求答案。

第三组学生能很快依据椭圆定义用几何画板绘制出椭圆来，困难是一题多解。教师可鼓励学生从课本或教辅书中寻找轨迹是椭圆的习题，理解其原理并用几何画板实现。

第四组学生能分别"折"出椭圆和"绕"出圆来，但是不会用数学语言描述原因。教师指导学生把这两个问题抽象成数学模型，把之后的工作交给学生。

4 课堂反馈展示，体验探究成果的美

4.1 第一组"漫画家联盟"课堂展示

探究反馈课上，第一组同学较为圆满地完成了探究任务，有的还自学了后面的教材内容，知道画出来的分别是双曲线（或其一支），以及抛物线。令人惊喜的是，有一位同学还作出了与 F_1、F_2 两点的距离的积等于定值的点的轨迹（图6）。当然，他是请自己的"外援"——父亲帮忙作出来的。

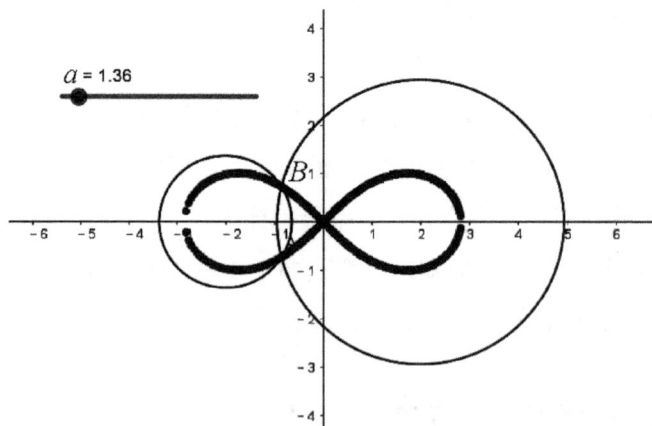

图6 到平面内两定点距离的积等于定值的点的轨迹

4.2 第二组"实验小专家"课堂展示

第二组同学给全班详细解释了他们的试验结果，并把试验抽象为立体几何模型，如图7所示。设两个截面与球的切点为 E、F，则 $|PE|+|PF|=|PR|+|PQ|=|RQ|$，而 $|RQ|$ 正好是以两个球大圆为底面的圆柱的母线长，是一个定值。

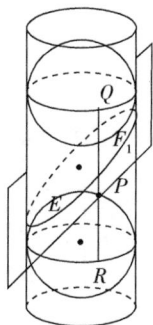

图 7　研究圆柱的截面

这一组同学也提出了他们的质疑，一定是两个大小相同的乒乓球和圆柱相切吗？大小不同的球能作出椭圆吗？答案是肯定的，如图 8 所示。作一个圆锥与两个大小不同的球相切，相应的截面也是椭圆。这也是比利时数学家旦德林的方法。

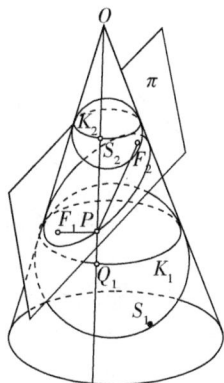

图 8　旦德林双球模型

4.3　第三组"电脑黑客组"课堂展示

第三组的同学一共给出了 5 种用几何画板绘制椭圆的办法。在展示几何画板作业前，他们先展示了他们参考的数学习题及其做法，有的题思维之巧妙让第一次学习椭圆的同学纷纷表示"给跪了"。

方法一：利用椭圆定义画，分别以 F_1、F_2 为圆心作圆，保持两圆半径和为定值，追踪两圆交点的轨迹。

方法二：如图 9 所示，取圆上任意一点 A 作 x 轴的垂线段 AD，追踪 AD 中点 C 的轨迹即得椭圆。

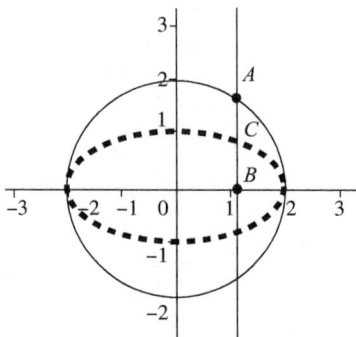

图 9　方法二示意图

方法三：如图 10 所示，取圆内一定点 A 和圆上任意一点 P，作 PA 的垂直平分线与 PO 交于点 Q，追踪点 Q 的轨迹即得椭圆。

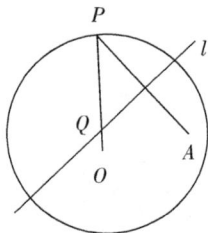

图 10　方法三示意图

方法四：如图 11 所示，过直径 AB 的端点和圆上任意一点 C 分别作三条切线，追踪 AF 和 BE 的交点 P 即得椭圆。

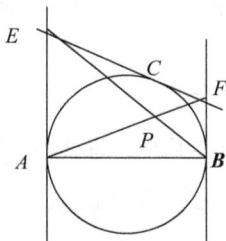

图 11　方法四示意图

方法五：利用椭圆的参数方程作出部分椭圆（该同学想用函数作图功能，所以查找了有关参数方程的书籍）。

4.4 第四组"心灵巧手组"课堂展示

第四组同学给全班展示了折纸（图12）和绕线的效果（图13）。大家惊叹于圆变椭圆、椭圆再变圆的美妙的同时，也好奇原理是什么。

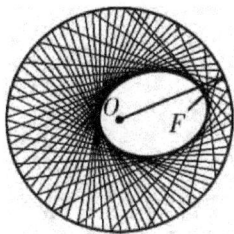

图12 折纸效果　　图13 绕线效果

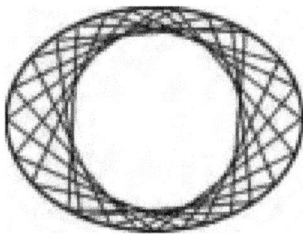

于是第四组同学解释了圆变椭圆的原理：设 Q 为圆 O 上任意一点（图14），FQ 的中垂线交半径 OQ 于点 P，因为 $|PQ| = |PF|$，所以 $|PO|+|PF| = |PO|+|PQ| = |OQ|=2a$。根据椭圆的定义，可知点 P 的轨迹为以 O、F 为焦点，$2a$ 为长轴长的椭圆。

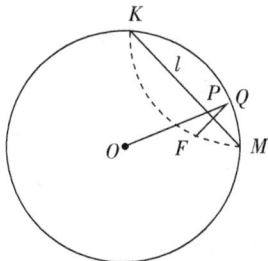

图14 原理图示

椭圆变圆则需要用解析几何的思想方法来解释：如图15所示，设椭圆的标准方程为 $\dfrac{x^2}{a^2}+\dfrac{y^2}{b^2}=1(a>b>0)$，可以证明若 $OP \perp OQ$，则 PQ 一定与一个以 O 为圆心，半径为 $\dfrac{ab}{\sqrt{a^2+b^2}}$ 的圆切于点 M。该组同学用PPT打出了证明过程，赢得了全班同学的掌声。

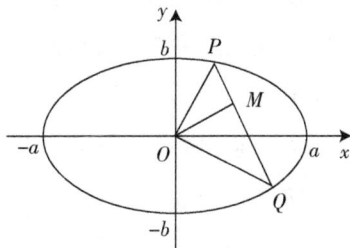

图15 证明图示

最后，该组同学还提出，还可以研究当 $\angle POQ$ 为定值如 60° 时绕线的情况，但由于时间不够了，所以没有进一步研究。他们把这个问题留给了全班同学。

教师还趁机布置了课后作业：在图 15 中，若 $OP \perp OQ$，求证 $\dfrac{1}{|OP|^2} + \dfrac{1}{|OQ|^2}$ 为常数，并求出这个常数。

5　反思

解析几何对学生思维能力要求高，探究问题时计算量大耗时多，因此在短短一节课内要完成提出问题、动手操作、建模分析、得出结论、反思拓展等环节是不现实的。因此选择了课下探究、课上展示与拓展的上课模式。教师按照不同学生的思维特点分组，精心设计不同的课后探究作业，给学生充分的时间动手操作、思考、探究，课上总结并指出下一步研究方向的教学，学生的自主学习能力和反思能力得到了很大提高。

本案例的教学策略除了基于"以学为中心"理念外，还参考和借鉴了霍华德·加德纳的"多元智能理论"。这一理论强调应该根据每个学生的智能优势和智能弱势选择最适合学生个体的方法。因此教师在教学设计中，从学生出发，关注不同学生差异，运用多样化的教学模式，促进学生潜能的开发，最终促进每个学生核心素养的养成。为促进学生全面发展，教师没有布置统一的思考题，而是采用多种方式和手段呈现用"多元智能"来教学的策略，围绕深入理解椭圆概念这一主题，根据学生智能特点分组，不同组的学生进行不同的数学试验，并综合运用已有的数学知识解释试验结果。课后探究环节重视小组合作学习与讨论，以利于人际智能的培养。课堂教学环节上重视反思与提高，培养内省智能，突出学生的主体地位。

案例的设计与实施环节非常重视"深度学习"理念的应用。在试验问题的设计中，教师引导质疑，给学生提供思维的方法，告诉学生该从什么角度去提出问题、思考问题；在课下解决疑问的过程中，教师给出学生思维的途径，告诉学生从哪里入手去找到解决问题的方法；在研究成果汇报的过程中，教师指导学生进行思维的整理，让学生更好地理顺自己的思路，形成更好的思维习惯。三个环节整合在一起，形成了一个以学生思维发展为出发点，学生能力逐步提高的学习过程。让"深度学习"理念落地，就是让学生掌握提出质疑、自我解惑、反思总结这一自主学习的方法。它必将成为数学教学中实现学生自主、自动、自能发展的可行策略之一。

参考文献

[1] 许锋华，余乐 . 深度学习的教育学研究：缘起、内涵与展望 [J]. 广西师范大学学报（哲学社会科学版），2022，58（5）：10.

[2] 李菊，叶蓓蓓 . 多元智能理论下数学问题解决能力的情境化评估 [J]. 教学与管理，2012（36）：71-73.

[3] 辛志立 . 自我质疑解惑 培养学习能力：深度学习理念下数学教学策略探索 [J]. 高中数学教与学，2014（10）：39-41.

探索数学实践求创新之源
立足学的课堂溯教学之本

北京市中关村中学　谢　琳

【摘要】本文立足课程标准与学科核心素养，立足中考数据进行分析，从知识领域、学科能力角度、认知过程、学习能力角度可以发现，学生的问题聚焦在综合与实践能力培养上。在此基础上提出数学实践课程的实施策略以及教学改进建议，打造学的课堂。

【关键词】综合实践；概念教学；教学方法；课堂改进

1　研究背景

《义务教育数学课程标准（2011年版）》对于义务教育阶段数学课程提出了总目标，指明了教学要求和方向，以培养学生的创新意识和实践能力为重点，其中明确规定了各学段所安排的4部分课程内容："数与代数""图形与几何""统计与概率""综合与实践"。

依据课标突出两点：一是加强对基础的考查，用数学概念、原理与方法解释简单的问题；二是要考查结果掌握的熟练程度，对反映学习过程中的思想、方法、能力等方面进行评价。教学中要关注是否有利于课改深化与素质教育的全面开展，有利于减负、有利于创新人才的培养、有利于可持续发展；在教学中要体现数学学科能力，包括对数学知识、数学知识形成与发展过程、数学知识灵活应用的考查，反映学生的思维水平。

从教学理论背景下，可以不难看出教学中要关注综合实践能力的培养，立足学生数学核心素养培养。

2 数据分析

通过对全体学生的数学中考数据进行整理,分析学生课程内容掌握的情况,从知识领域、学科能力、认知过程、学习能力等4个方面分别对学生给予了评价。

2.1 从知识领域的角度看

中考的知识领域包括:数与式、方程与不等式、函数、抽样与数据分析、事件的概率、图形的性质、图形与变化和图形与坐标8个部分,如表1所示。

表 1 从知识领域看学生评价

知识点	考题分值	分值占比	平均成绩	评价得分率	等级	评价
数与式	20.50	0.17	19.45	95.57%	优秀	在提出问题的环节上能力还略显不足
方程与不等式	16.00	0.13	14.39	90.29%	优秀	在多角度分析和解决与几何有关的综合性方面还有待进一步提高
函数	21.90	0.18	12.56	54.75%	未达标	学生不能准确画出相应的图像,能够机械地记忆和使用配方法、待定系数法等数学方法解决非常简单的综合问题。缺乏对知识系统的进一步梳理,还不能有效解决函数与其他知识相结合的有关问题
抽样与数据分析	11.00	0.09	9.93	90.37%	优秀	在综合问题的解决上,有待进一步提高读图、释图的能力
图形的性质	39.10	0.33	27.90	72.29%	达标	学生对于分类讨论等数学思想方法的运用,以及阅读、识图和计算能力有待进一步提升
…	…	…	…	…	…	…

2.2 从学科能力的角度看

学科能力分为:运算能力、空间观念、数据分析观念、应用意识、创新意识和模型思维,如表2所示。

表 2　从学科能力上看学生评价

学科能力	考题分值	分值占比	平均成绩	评价得分率	等级	评价
创新意识	9.00	7.50%	4.24	47.11%	未达标	在解题的过程中，学生只能看懂部分题意，不能应用所学数学知识、思想和方法去解决问题，不能用数学语言加以表述，尤其是在审题能力，分析、发现隐含条件的能力上存在严重不足
模型思维	11.00	9.17%	5.91	53.73%	未达标	还不能在简单数学情境中，从数学的视角提出问题，用数学的思想分析问题，用数学的语言表达问题，用数学的知识得到模型，用数学的方法得到结论，验证数学结论与实际问题的相符程度。更不具备不断反思和改进模型，最终得到符合实际规律的结果的能力
…	…	…	…	…	…	…

2.3　从认知过程统计中看

学生的认知过程包括识记、理解、简单应用、综合应用和创新，其中综合应用和创新能力有待加强，如表 3 所示。

表 3　从认识角度看学生数据

认知过程	考题分值	分值占比	平均成绩	得分率
综合应用	17.00	14.17%	11.45	67.35%
创新能力	11.00	9.17%	7.21	65.55%

2.4　从学习能力统计中看

学生的学习能力包括概念记忆、知识积累、基础能力和应用能力，其中应用能力有待提高，如表 4 所示。

表 4　从学习能力角度看学生数据

学习能力	考题分值	分值占比	平均成绩	得分率
应用能力	29.00	24.17%	19.34	66.69%

从以上 4 个方面的分析可以发现，学生的问题聚焦在综合实践能力培养上。

3 理论依据

3.1 设置"综合与实践"课程的目的

设置"综合与实践"课程的目的在于培养学生综合运用相关的知识与方法解决实际问题，培养学生的问题意识、应用意识和创新意识，积累学生的活动经验，提高学生解决现实问题的能力。

3.2 数学综合实践活动课的定义

数学综合实践活动课是指学生在教师指导下，在已有知识体验的基础上，在所熟悉的现实生活中发现、选择和确定问题，主动应用知识解决问题的学习活动。因此，综合实践活动具有自己独特价值和功能，是相对独立的课程，它与普通的数学课堂教学具有互补性。开展数学综合实践活动，可以激发学生的学习兴趣、增长见识、发展智力、培养能力，促进素质的全面发展与提高。

3.3 数学综合实践活动课的特征

3.3.1 综合性

综合性主要表现在两方面：一是数学各部分知识之间的综合性。因为综合实践活动是在"数与代数""空间与图形""统计与概率"等知识的基础上进行的，学生在熟悉了数、式、图形、表格、图像等表达方式后，形成对数学知识的整体认识。二是数学学科与其他学科的综合性。运用数学知识，解决其他学科的问题，更有利于培养学生的应用意识。

3.3.2 实践性

在实践活动中，要紧密结合学生的生活实际，让学生运用已掌握的基础知识和基本技能，去进行细致的观察、严密的思考、反复的实践，体会数学知识来源于实践，并服务于实践，在数学课程中要强调数学知识与学生生活之间的联系。

3.3.3 开放性

开放性主要体现在两方面：一是在空间与时间上的开放，另一个是在方法与活动内容的选择上要体现开放性。内容可以由教师定，也可以由学生自主选择；方法上可以采用观察实验法、调查法、研究性学习法，或以班级为单位，或以小组为单位，当然也可以是个人独立进行。

3.3.4 自主性

教师应为学生自主性的充分发挥开辟广阔空间。学生自主选择学习的目标、学习的内容、学习的方式及活动形式，自主决定活动结果呈现的形式，教师只是对他们进行必要的指导，而不能包揽学生的学习，更不能限制学生的思维。

3.4 数学实践活动课的课型

综合实践活动课可以包括4个阶段：进入问题—实践体验—解决问题—表达交流。

重要课型包括：游戏型、操作型、实践型、竞赛型等。

4 数学实践课实施

本课题主要从培养学生综合与实践能力上进行研究。

4.1 数学实践课实施及结果

本课题共开展了两次实验课研究。一节课内容为《垂线段的性质》，在讲解垂线段最短的应用时遇到一道测量跳远距离的试题。如图1所示，A 为运动员的起跳位置，B 为运动员的落点。全班共41人，只有10位同学做对。错误绘图如图2所示，正确绘图如图3所示。从错题的绘图可知，学生并不是不理解垂线段最短的数学知识，而是对跳远的测量规则不清楚。笔者从体育组借来了卷尺，现场演示跳远的测量过程。

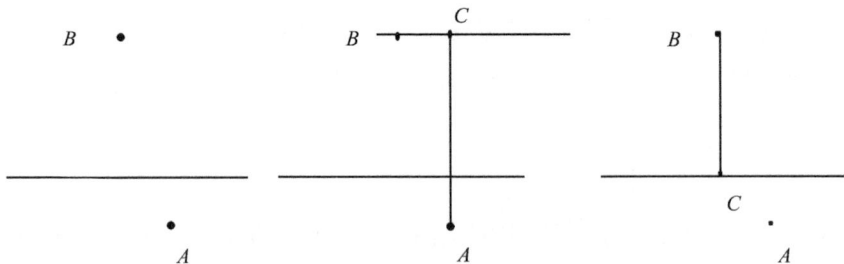

图1　原题图片　　　图2　错误绘图　　　图3　正确绘图

通过这次活动，同学们都明白了如何进行跳远的测量，学生在过程中参与的热情非常高，而且笔者发现他们对测量工具卷尺非常好奇，都想摸一摸，看看到底怎么使用，这使笔者不禁想到我们老师总是担心孩子把教具给弄坏了而不让他们碰，所以没有多少孩子能真正拥有接触或使用工具的机会，这给笔者的启发太大了，作为教师是该反思一下了，我们的孩子应用意识差的根源在哪里？

另一节课活动的设想是来源于学校的课间操跑步。每次课间操跑步结束后学生总会迟到，问及其中的原因学生回答："没办法，前面的班级跑得太慢会影响我们行进的速度。"通过思考大家提出了一个有价值的数学假设："每天我们跑步的路线都是固定的，时间也是固定的，那么每天我们如果可以控制跑步的速度，就不会迟到了。"然后我们将学生进行了分组，利用课下时间对跑步路线长度进行了测算，利用课上的时间大家交流在测算过程中产生的问题，以及后续进一步的研究方向等。最后大家把测算的结果进行了汇总、展示，编写了调研报告。在学习过程中，建立了数学建模的思想，利用并制作了测算工具，学会了估算，利用到物理的时间、速度和路程之间的关系，渗透了学科融合，经历了收集数据、整理数据、描述数据和分析数据的过程。这种学习的经历是学生终身受用的，为学生的课堂做了有效的延伸拓展。

4.2　相关问卷的调查及结果

课题共进行两次问卷调查。一次是在实验课前进行关于学生综合与实践的问卷调查，共5道题目。调查结果表明，学生缺乏利用所学数学知识解决问题的能力和方法。其中，41.26%的学生因觉得在解决数学问题时有为难情绪，56.41%的学生认为缺乏将数学问题和数学知识建立联系的能力，32.4%的学生读不懂题目的要求。另一次问卷调查是实验课后进行相同内容的不同题目的调查，共6道题目。结果表明，有87.59%的同学在实验课后增强了学习数学的自信心，当遇到学习困难时，能积极思考解决问题的方法，会和他人协作探讨。90.47%的同学表示实验课对自己应用数学解决问题有一定的影响。

4.3　结果分析

通过两节实验课的亲自体验，学生体会到应用数学知识解决问题的重要作用，不仅能激发内心的学习热情，更能激发学习潜能。初中生的活动空间有了较大发展，学生感兴趣的问题已拓展到客观世界的许多方面，他们逐渐关注来源于自然、社会与其他学科中更为广泛的现象和问题，对具有一定挑战性的内容表现出更大的兴趣。因此，在数学教学中培养学生的学习动机，让学生在愉快的气氛中学习是调动学生学习积极性、提高教学质量的重要条件，也是减轻学生课业负担的根本保证。同时也要鼓励孩子积极思考，探索和感受数学知识解决实际问题的乐趣，最为关键的是找到数学的要素，并使数学要素之间确立联系，提高综合与实践能力。

5 对教学的建议

5.1 渗透概念教学，在知识生成过程中奠定学生综合与实践的基础

培养学生综合与实践的能力是建构在学生良好知识基础之上的，在概念教学中呈现知识的生成过程，既蕴含着知识点的梳理又渗透方法运用的理解，这些都是学生面对数学综合问题时必须具备的能力。比如，在介绍等腰三角形的性质时，我们将一张纸片对折，然后用剪刀剪下的三角形就是等腰三角形，在这个数学实践活动的背后与轴对称之间无形中就确立了联系，对于后续站位在轴对称的背景下研究等腰三角形的性质具有非常重要的意义，如果学生能够理解等腰三角形性质发现的过程，对于折叠问题的出现就会有知识和方法的依托。

5.2 采用适当的教学方法，拓展学生实践应用的方式方法

通过研究，15种常用教学方法对探究实践有不同的贡献（表5）。

表 5　15 种常用教学方法

教学方法	学习知识	培养能力	培养品质	参与社会活动	满足需求和兴趣
头脑风暴	○	★	○	○	★
讲授	★	○	○	○	○
讨论	★	√	√	√	○
视听	★	★	○	√	√
探索	√	★	√	○	√
发现	√	★	√	○	○
教学系统设计	√	★	○	○	○
程序教学	√	★	○	○	○
操练	√	★	○	○	○
角色扮演	○	★	★	★	★
模拟	○	★	★	★	○
小组调查	○	√	★	★	√
社区活动	○	√	√	★	√
独立研究	√	√	√	√	★
微型课堂	√	√	○	○	★

注：★表示最有效；√表示较有效；○表示少有效。

在进行数学知识的综合与实践中,有效的教学方法是激发学生进行数学思维活动的重要保障。由于数学知识的抽象性,让每个孩子都积极参与,才能更好地理解数学知识的意义,培养应用数学知识的意识和能力,增强学好数学的愿望和信心,激发学习动机。

5.3 合理评价,寻找学生综合与实践过程中的闪光点

数学课堂评价体系的建构应该从多维角度进行展开,从知识建构的角度我们发现整个课堂教学是按照学生、老师、数学活动三维展开的,教师在教学环节中可关注、评价的要素非常多(图4)。

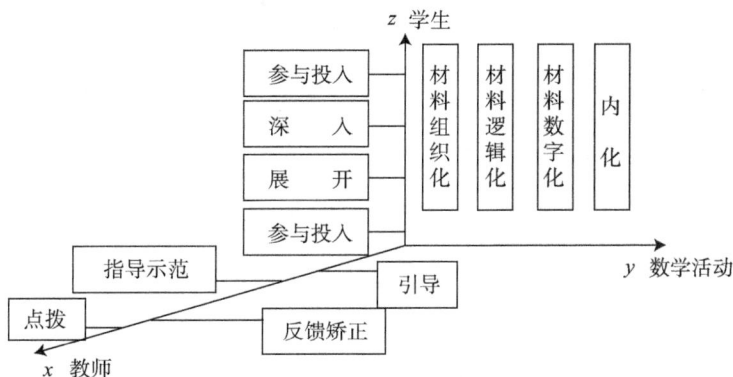

图 4　课堂评价维度

教师应注重对学生数学学习过程的评价,比如是否积极主动地参加数学学习活动,是否能够独立思考获得解决问题的思路,是否能理解别人的思路,并在与同伴交流中获益等。在考虑过程性评价的同时,要对学生的基础知识和基本技能进行恰当的评价,给学生学习的快乐与学习的期望。

由此可见,学生具备综合与实践的能力是一个长期的过程,教师应更新自己的教育观念,持续进行教学方式改进,提升活动设计能力,融通课内课外寻找学科素材,采用多元评价激励学生的学习兴趣,以学生的"学"为中心,促进学生思维的发展,最终促进学生核心素养的培养,为终身发展助益。

参考文献

[1] 中华人民共和国教育部. 义务教育数学课程标准（2011 年版）[S]. 北京：人民教育出版社，2011.

[2]THOMAS L G, JERE E B. 透视课堂 [M]. 陶志琼，译. 北京：中国轻工业出版社，2009.

[3] 傅道春. 新课程中教师行为的变化 [M]. 北京：首都师范大学出版社，2001.

浅谈数学课堂中的"模型思想"渗透

北京市中关村中学　田海阔

【摘要】《义务教育数学课程标准（2011 年版）》强调，"模型思想的建立是学生体会和理解数学与外部世界联系的基本途径"，是学生学习数学和应用数学必备的能力。在初中数学教学中根据"问题情境—建立模型—求解验证"来建立数学模型，并在教学中注意渗透数学建模思想，能引导学生探究数学知识与规律，培养数学能力，加深数学知识与原理的理解，让问题解决化难为易，为学生搭建数学学习与应用的桥梁，从而让数学课堂成为学生主动思考、锻炼逻辑思维的沃土，使学生在数学课堂中能够成为知识整合应用的设计师和知识推理的演绎者。

【关键词】模型思想；数学模型；数学学习与应用；桥梁

1　问题的提出

数学模型是沟通数学与外部世界的桥梁，"模型思想"是数学的基本思想之一。《义务教育数学课程标准（2011 年版）》强调，"模型思想的建立是学生体会和理解数学与外部世界联系的基本途径，"数学教育要重视学生应用数学知识解决实际问题能力的培养，而这种能力的核心就是掌握数学建模思想方法。数学建模思想方法作为数学的一种基本方法，渗透在初中数学教材的各种知识板块当中，在方程、不等式、函数和三角函数等内容篇章中呈现更为突出，学生学习掌握这种思想方法是完成学习任务和继续深造学习必备的基本能力。然而，在日常数学学习中，学生普遍对应用数学知识解决实际问题感到困难，对如何将实际问题抽象成数学问题更是难上加难。培养学生数学建模能力，是提高学生分析解决实际问题能力的根本途径。同时，数学建模思想方法蕴涵着多种数学思维，是思维训练的过程，也是观察、抽象、归纳、作图、数学符号表达等多种能力训练和加强的过程。因此，学习数学建模思想方法不仅是学生数学应用的需要，而且是数学学习与数学思维的需要。在建立模型、求解模型的过程中，体现"问题情境—建立模型—求解验证"的过程，便于学生理解和掌握相关的知识技能，感悟数学思想、积累活动经验，提高提出问题、分析和解决问题的能力，增强应用意识和创新意识。总之，在初中数学教学中渗透数学建模思想，就是帮助学生搭建数学学习与应用的桥梁。

2 建立数学模型，搭建数学学习与应用的桥梁

在初中数学教学中建立数学模型，并注意渗透数学建模思想，能引导学生探究数学知识与规律，培养数学能力，加深数学知识与原理的理解，让问题解决化难为易，为学生搭建数学学习与应用的桥梁。

2.1 利用数学模型，搭建学生理解知识来龙去脉的桥梁，让问题解决化难为易

以实际问题的解决作为载体，并结合初中数学中常见的数学模型，通过建立数学模型来引入数学的概念、法则，通过解决实际问题，帮助学生理解知识的来龙去脉，加深学生对数学知识的理解与掌握，让问题解决化难为易。

例1 王芳同学跳起来把一个排球打在离她 2 米远的地上，排球反弹碰到墙上，如果她跳起击球的高度是 1.8 米，排球落地点离墙的距离是 6 米，假设球一直沿直线运动，球能碰到墙面离地多高的地方？

在解答本题时，有的学生尝试画图，有的学生尝试运算，还有的学生尝试解读。生生互动，可谓热闹。然而，当思维快的学生做得有滋有味时，还有一部分学生无从入手。他们读了题目，却不知题目的意思。这时，教师可采用"问题情境—建立数学模型—解决问题"的教学模式，使学生在有梯度的理解中，不断联系思维，让模型浮出水面。教师可以让学生先解决纯数学问题（已知：如图 1 所示，C、B、E 在同一直线上，$\angle ACB = \angle DEB = 90°$，$\angle ABC = \angle DBE$，$AC = 1.8$，$CB = 2$，$BE = 6$，求 DE。），然后，将该模型放在实际背景里，让学生理解，再认识模型，获取已有的知识印象，再通过反复思考，回应模型的本质，从而达到化难为易，最

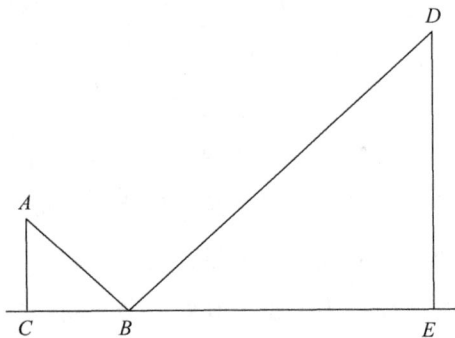

图 1 排球运动轨迹模型

终解决问题的目的。要让学生感受到模型的存在，无形中感悟同类问题的通式，从而达到无心插柳柳成荫的境界。

数学模型的建立，需要教师有心栽花，也需要课堂反反复复训练，还需要学生的瞬间顿悟方可成就。

2.2 搭建数形转化的桥梁，生成数学模型，加深对数学知识与原理的理解

数学知识的学习对形成学生的模型思想是非常重要的。以前我在对基础知识的教学中，存在着"轻过程，重结果"的现象，如对公式定理的教学，许多时候采取的是"公式＋例题"的方式，实质上是"满堂灌"，最后导致学生"知其然，不知其所以然"的后果。事实上，一个公式的推导伴随着数学模型的建立过程，所以一定要引导学生经历这个公式的推导过程。

例 2 对平方差公式 $(a+b) \cdot (a-b)=a^2-b^2$ 的教学。

平方差公式是一个常用的公式，我们可以运用多项式乘以多项式的推理，得出这个公式，并进行相应的操练。除了这个方法外，我们还要根据学生已有的生活经验，让学生探究，充分展示"探究过程"：平方差公式几何意义是什么？是否可以通过图形的拼凑来得到这个公式？并引导学生观察公式的特点：左边是两数和乘以这两数差的形式，右边是两数的平方差。如图 2 所示，外框是边长为 a 的正方形，右下角是边长为 b 的正方形，把它剪去，再把①拼凑到图 3 的位置，左边图形的面积是 a^2-b^2，右边图形的面积是 $(a+b) \cdot (a-b)$，从而可得 $(a+b) \cdot (a-b)=a^2-b^2$。利用数形结合的思想，我们还可以探究得到完全平方公式：$(a+b)^2=a^2+2ab+b^2$；勾股定理：$a^2+b^2=c^2$；等等。

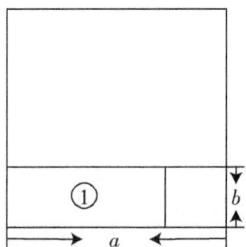

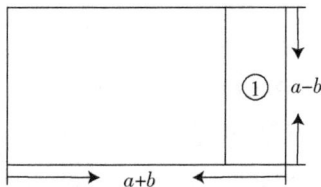

图 2 正方形   图 3 拼凑后的长方形

这样，学生通过合作交流，完成剪拼活动，验证了公式的正确性。学生经历了探索过程，生成了数学模型，帮助学生进行数形转化，不仅能理解、掌握公式的意义，而且还能获得数学活动经验，让学生体会到几何与代数之间的内在联系，符合《义务

教育数学课程标准》理念。

2.3 逐步渗透数学模型思想，搭建思维桥梁，引导学生探究数学知识与规律，培养数学能力

数学要根据具体的教学内容，创设合理的问题情境，引导学生通过实践、思考、探索、交流等活动，获得数学的基础知识、基本技能、基本思想及基本活动经验，促使学生发现问题和分析问题能力的不断提高。所以，在教学中应结合具体问题创设情境，活用数学模型思想，引导学生进行观察、操作、探究、归纳、猜想、讨论、交流等一系列活动，从而培养数学能力。

例 3 参加一次足球比赛的每两队之间都进行一场比赛，共有 6 队参加比赛。

（1）在这次比赛中，共进行多少场比赛？

（2）如果参加比赛队数为 10 队，又共进行多少场比赛？对于任意队数参赛，能否找出一种办法计算共进行多少场比赛？

对于这个问题，我们可以这样引导学生进行思考探索：

（1）如果有两个队参赛，比赛场数为 1 场；如果有 3 个队参赛，比赛场数为 2 场；如果有 4 个队参赛，比赛场数为 6 场，……，如果有 x 个队参赛呢？

根据比赛场数 y 与 x 个队参赛关系，请完成下表：

x	1	2	3	4	5	6	…
y							

（2）以表中的对应数据为坐标点，描出 y 与 x 之间的函数关系所对应的图像。

（3）猜想 y 与 x 之间的函数关系是怎样的？并求出 y 与 x 之间的函数关系式。

具体分析如下：

（1）通过学生分析、探究等活动，容易得出表中对应的 y 值。

（2）在得出 y 值后，建立直角坐标系，通过描点、连线，得出如图所示函数图像。

（3）通过观察发现，所画的图像是抛物线的一部分，把表中的任意 3 个点代入抛物线的解析式 $y=ax^2+bx+c$，求出解析式 $y = \frac{1}{2}x^2 - \frac{1}{2}x$。这就是赛场数 y 与 x 个队参赛之间的一个数学模型，有了这个模型，比赛场数问题就不难解决了。活用这个模型，我们还可解决类似的问题："参加一次商品交易会的每两家公司之间都签订了一份合同，所有公司共签订了 45 份合同，共有多少家公司参加商品交易会？"；"一个 n 边形，

对角线的总条数 s 与 n 的函数关系式是什么？"；等等。

学生在学习过新知识后，教师应根据教材的内容、特点对所学内容进行深化，渗透数学模型思想，搭建思维桥梁，引导学生探究数学知识与规律，促进学生的知识迁移和发展，提高学生解决问题的能力。

例 4 求证：任意四边形四边中点的连线，所得的四边形是平行四边形。

已知：如图 4 所示，四边形 $ABCD$ 中，E、F、G、H 分别是 AB、BC、CD、AD 的中点。

求证：四边形 $EFGH$ 是平行四边形。

此题目是在学习了三角形的中位线定理后出现的。题目涉及中点，教学中可引导学生用"一组对边平行且相等的四边形是平行四边形""两组对边分别平行的四边形是平行四边形""两组对边分别相等的四边形是平行四边形"等方法来证明，实现"一题多证"，这样做既开拓了学生的思维，又能使知识、能力都得到提升。如果把题目再作一些修改，实现"一

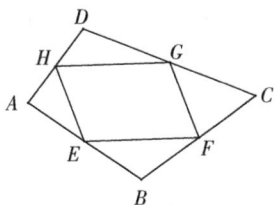

图 4　四边形

题多变"，把题目中的"四边形 $ABCD$"改为"平行四边形 $ABCD$""矩形 $ABCD$""菱形 $ABCD$""梯形 $ABCD$""等腰梯形 $ABCD$""正方形 $ABCD$"等，四边形 $EFGH$ 又是什么样的特殊四边形？通过学生讨论、探究，引导学生总结，四边形 $EFGH$ 的形状与原四边形 $ABCD$ 的什么条件有关？是与四边形 $ABCD$ 的对角线有关，最后得出："当四边形 $ABCD$ 的对角线相等，则四边形 $EFGH$ 是矩形""当四边形 $ABCD$ 的对角线垂直，则四边形 $EFGH$ 是菱形"这个数学模型。

像这样，搭建"一题多证""一题多变"的桥梁，渗透数学模型思想，引导学生探究数学知识与规律，让学生的思维得到拓展，学生的学习兴趣得到激发，学生的数学学习能力得到提高。

3　结语

为了能让数学课堂成为学生主动思考、锻炼逻辑思维的沃土，笔者尝试以实际问题的解决作为载体，并结合初中数学中常见的数学模型，通过建立数学模型来理解数学的概念和原理，让学生体验到数学学习与研究并不是无章可循，更不是重复机械地记忆和套用公式。引导学生在研究数学问题时，以实际问题为数学背景，建立数学模

型，利用已有的数学方法求得问题解决，使实际问题与数学问题之间建立通道，从而使学生在饱含探索尝试的"学本课堂"中逐步体会数学模型的作用，体验与运用数学建模的思想。

数学是训练思维学科，在数学教学中教师应注意引导学生大胆想象和猜想，鼓励学生在数学课堂中能够成为知识整合应用的设计师和知识推理的演绎者，应用已有数学知识，尝试构建数学模型解决实际生产生活中的数学问题。数学问题并非只在数学课中存在，数学教学应特别注意学科间的融合，这不但可以提升数学学习的质量，还可以提升相关学科的学习质量，乃至对学生的继续学习都会产生深远的影响。作为数学教师要更新教学理念，提高自身的数学建模水平，在教学过程中，搭建数学学习与应用的桥梁，才能更好地引导学生通过数学建模树立解决数学应用问题的信心，提高解决实际问题的能力。

参考文献

[1] 中华人民共和国教育部. 义务教育数学课程标准（2011 年版）[S]. 北京：北京师范大学出版集团，2012.

[2] 义务教育数学课程标准修订组. 义务教育数学课程标准解读（2022 年版）[M]. 北京：北京师范大学出版集团，2012.

[3] 张雄，李得虎. 数学方法论与解题研究 [M]. 北京：教育出版社，2003.

[4] 赵振威. 中学数学教材教法 [M]. 上海：华东师范大学出版社，1994.

专注源于激发

——初中数学课堂教学新课导入法探究

北京市中关村中学　邵天才

【摘要】苏霍姆林斯基说："如果老师不想办法使学生产生情绪高昂的智力振奋的内心状态，就急于传授知识，那么这种知识只能使人产生冷漠的态度，而给不动感情的脑力劳动带来疲劳。"课前导入就像一首乐曲的基调，往往决定着课堂的节奏氛围和教学效果。本文从课堂导入的视角，对如何创建以"学"为中心的课堂进行初步分析。

【关键词】初中数学；课前导入法；初中阶段；相关误区；导入策略

1　初中数学新课导入方法探究的必要性

1.1　帮助学生尽快进入学习状态

初中阶段的学生正处于青春期阶段，他们的情绪波动比较大，同时，他们喜爱玩耍，课间休闲时间难免会相互嬉戏，导致学生在上课时状态无法及时调整回来，精神也不够集中。所以，教师课堂教学要善于调整导入策略，恰当地结合教材和学情，创新设计导入方式，帮助学生尽快进入学习状态。

1.2　帮助学生增加一定的熟悉程度

初中阶段的学生，他们往往不会主动地对新课内容进行预习，课堂学习较为被动，师生呼应方式需要完善，有的时候教学效率不高，有的学生跟不上教师的教学节奏。因此，教师要善于通过课堂导入的简要概括或剖析，让学生尽快整体熟悉一节课的思路，助力他们高效学习。

2 初中数学课堂教学新课导入误区分析

教师新课课堂导入，在整体课堂教学中处于比较边缘的状态，剖析课堂导入落实的思维、技术等误区，有助于更好地完善和使用新课导入，建设高效课堂，使学生的学习达到事半功倍的效果。

2.1 思想重视不够

个别教师片面认为课前导入并没有太多的实用性，甚至是浪费时间，对待课堂导入部分的态度过于片面化，重视程度远远不够。

2.2 偏离教学主题

有的课前导入，与上课内容结合不紧密，离题太远，为了导入而导入，忽略了导入价值和要求，最终收效适得其反。

2.3 冗长导入喧宾夺主

有的导入啰唆繁杂，弯弯曲曲词不达意；有的导入哗众取宠，分散学生注意力；有的导入时间冗长，头重脚轻，浪费有效的教学时间。

2.4 导入单一致审美疲劳

为图省事，导入千篇一律，机械死板，面目可憎，无法激发学生的学习兴趣和激情投入。

3 初中数学课堂教学新课导入方法探究

教师在进行课堂教学的过程中，制定出体现学科核心素养的教学目标，结合教学内容、学生身心特征和学习情况，设计出恰当的课堂导入方式，让学生能更好地投入课堂的学习中，有效地提高课堂教学的实效性。现归纳 8 种导入方式与同仁分享交流。

3.1 视频导入法

利用多媒体播放视频导入，既形象又直观，学生的第一感受冲击力也很强。视频能给学生富有吸引力的直观印象，紧紧抓住学生的注意力。如讲平面直角坐标系第一节时，可以通过播放电影《战狼 2》或《红海行动》定位的片段，引出位置的确定这一知识。

3.2 以旧引新导入法

数学是知识点关联性很强的学科，很多内容和知识点一环套一环，教师要充分重视新旧知识之间的衔接，帮助学生构建新知识与旧知识之间的联系。例如，教师在讲解"分解因式"时，可引导学生回忆"整式的乘法"的相应知识。通过这种方式，可以帮助学生更好地巩固之前所学的知识，还能有效拓展学生的思维，帮助学生构建系统联系的数学知识体系。

3.3 问题导入法

教师可结合教学内容设计出恰当的问题，让学生通过对这些问题的思考和解答，构建出新课的具体轮廓，从而层层深入，一步一步地掌握新知识。例如，教师在讲解"平行四边形的判定"时，教师可以先提问学生："大家认为应该怎样去判定一个四边形是不是平行四边形呢？"这一问题提出后，根据学生们的知识储备，可能会给出这样的答案："两组对边分别平行的四边形是平行四边形。"结合学生们给出的这一答案，教师继续进行提问："那么大家认为两组对边分别相等的四边形是不是平行四边形呢？"教师通过这一系列问题的提出，引导学生进行猜想、探究、证明，从而得出相应的结论。通过师生、生生之间的问题对答、思维碰撞，有效提高了学生解决问题的能力，提升了数学核心素养水平。

3.4 情境导入法

课前创设恰当的情境，营造特定的情境学习，帮助学生构建起学习与生活之间的密切联系，有效提高学生数学知识技能的应用意识和应用能力，达到学用结合、学以致用效果。例如，讲解不等式的应用时，适当创设出生活中的情境：小明和全班同学一起去游乐场玩，全班一共有 42 个人，而售票厅上写着每人票价 50 元，一次性购票满 45 张则享受九折优惠。当班长拿着大家的零钱前去购票时，小明却叫住了班长，他告诉班长买 45 张票。那么大家来想一想班级内明明有 42 人，买 45 张票岂不是浪费了吗？那为什么小明让班长买 45 张票呢？通过这一情境的创设，因为源于生活，激发了学生的学习兴趣，引起强烈的共鸣和深入的思考讨论，再引导到不等式的学习和相关应用，显得水到渠成，相得益彰。

3.5 预习导入法

预习导入法具体实施是以学生为主体、教师为主导的学习方法。学生预习之前，教师设置一些触动思考的题目，问题要具有一定的针对性和启发性，要从教材中提炼而出。然后让学生们带着这些问题进行教材内容的阅读，必要的时候让他们带着自己的想法和疑问在小组内进行讨论交流。此导入方式，可以激发学生的好奇心，启发学生积极地进行学习探究，帮助学生理清教学内容的脉络，更加深刻地理解和掌握相应的知识点，培养学生的自主学习能力。

3.6 类比引入法

类比法可以说是学生们系统学习知识的最佳途径。由于数学的知识点比较多，内容也很琐碎，所以学生们在进行学习的过程中，可能对于知识点的掌握会有一些难度，这时候就需要教师智慧地引导学生巧妙地使用类比法进行学习，用分类整理、同类项合并、差异评判等方法，在潜移默化中帮助学生掌握类比法的应用。例如，教师在讲解矩形性质时，可类比菱形的性质进行讲解，让学生探讨交流出异同点，加深对两种图像的认知。

3.7 实践导入法

《普通高中数学课程标准》指出：数学知识源于生活，又应用于生活。北京市海淀区自 2002 年参加国家基础教育改革实验以来，"以学生为本"教学理念深入人心。2017 年 7 月启动的"学生学习方式变革研究与实践"提出 10% 的实践活动课程，对教师而言，在每一节课堂上都要有意识地引导学生进行开放、体验、实践性的学习。教师在开展教学活动过程中，设计出相应的实践活动，让学生们通过实践活动真正地投入课堂的学习中，从而有效提高学生在课堂上的主体地位。例如，教师在讲解"轴对称和轴对称图形"时，让学生拿出正方形和长方形的纸，包括一般平行四边形的纸进行对折，然后进行仔细观察，教师可以鼓励学生积极踊跃地说出自己的看法，包括自己折出的图形有没有完全重合，能够完全重合的图形都有什么共同的特点等。通过学生自己的动手实践和学习探究，一步一步地引出轴对称的相关概念。通过此方式，让学生动手动脑，可以帮助学生更好地理解抽象的数学概念，也体现出充分重视学生的主体地位和自觉学习的意识，培养学生动手实践的能力。

3.8 诗歌导入法

张景中院士与李尚志教授编写的《高中数学新课程标准实验教材》，为了"让学生从数学中享受快乐"，这套教材各章都是由一首美妙的诗引出的，许多诗词意境中蕴含着丰富的数学思想，大量的数学知识也可以用优美的诗词形式表达出来。在讲解"对称"时，借助王维的两句诗"明月松间照，清泉石上流"来引入，"对称"中变中不变的思想与诗歌的"对仗"有相似之处。在讲解三视图时，借助苏轼《题西林壁》中的前两句"横看成岭侧成峰，远近高低各不同"，说明我们观察事物，如果所处的位置不同、角度不同，观察到的结果也会不同，进而引入新课三视图的学习。从诗词中学习数学，从数学知识上了解诗词的魅力，也体现了跨学科的学习重构和融合。

4 结语

俗话说，良好的开端是成功的一半。课堂教学亦是如此，高效率的课堂，需要教师的教育智慧，需要巧妙地运用先进的教育学、心理学和教育技能。新课导入法的研究和探索，深受学生欢迎，提高了学生短时间专注投入数学学习的效率，提升了整体课堂教学的高效率，更促进了学生学习的高质量和学业成绩的大幅提升。初中数学课堂教学新课导入法的探究和实践，很好地激发和提高了学生课堂上的专注力，能较好地实现《学记》中"藏焉修焉"的观点——学习的时候全力以赴地专心学习。

"数形结合"思想
在初中数学教学中的实践

北京市中关村中学　焦翠翠

【摘要】"数形结合"思想是重要的数学思想方法之一，是学生在数学学习中需要掌握的一个重要方法，也是教师在教学中必须重视的核心理念。本文通过讲述"数形结合"思想在教学中具体的应用案例教学实践，探索数与形之间的对应联系，使两者互为照应，辅助学生实现复杂问题简单化，从而提升学生的几何空间意识和逻辑思维能力，进一步促进学生核心素养的提升。

【关键词】"数形结合"思想；核心素养；数学知识

随着核心素养理念的提出与强化，教育教学对教师和学生都提出了新的要求，数学思想方法的掌握与应用成为现阶段学生的重要学习目标。在教学中科学地逐步渗透数学思想，引导学生在学习数学知识的同时，更要领悟数学知识和数学问题本质的关系，已成为迫在眉睫的重要任务。

作为重要的数学思想方法之一的"数形结合"思想在初中数学教学中的作用是非常独特的，是当前初中数学教学不可缺少的教学方法．渗透"数形结合"思想对发展学生的数学思维有着重要作用，有助于学生在解决数学问题时取得更好的效果。

"数形结合"主要指的是数与形之间的一一对应关系。"数形结合"就是把抽象的数学语言、数量关系与直观的几何图形、位置关系结合起来，通过"以形助数"或"以数解形"，即通过抽象思维与形象思维的结合，可以使复杂问题简单化、抽象问题具体化，方便学生进行理解，从而达成优化解题途径的目的。

下面我们通过教学中的具体实践，来更清楚地展示"数形结合"思想在教学实践中渗透的重要性。

1 概念和性质教学,领悟"数形结合"思想

教学中采用"数形结合"能够让学生理解数学概念的来龙去脉,对学生感知数学概念有着重要作用。下面以数轴概念的形成为例。

早期人们在实际生产生活中学会了运用秤杆,通过秤杆上的点来对物体的重量进行表示,运用温度计上的点来表示温度,运用船闸标尺的点来表示水位。从表面来看,这三者似乎毫无关联,然而从数量关系上来看,或者是从空间形式来看,秤杆、温度计以及标尺这三者之间却有三个相同的要素,也就是度量起点、度量单位、明确的增减方向。从这三个实物中抽象出的模型启发了人们用直线上的点来表示数,然后在直线上对原点、单位长度以及方向进行规定,最后就得到了数轴。可见,数轴的定义几乎是对实际生活的反映,这样就将直线上的点以及数进行了有机结合。换句话说,每一个实数都能够在数轴上找到相应的点,这样一来,就将数轴上的点以及实数很好地对应起来了。在让学生了解了数轴这个概念之后,学生对绝对值以及相反数的意义就会有着更加深刻的理解。当学生建立了数轴后,教师再对学生进行引导,让学生利用数轴来对有理数的大小进行比较,让学生去观察分析,进而掌握其中的意义。在数学教材中,类似的概念很多,在教学过程中,我们就需要注意深入挖掘,让学生能够感受到由抽象概念到具体模型的过程,并从中领悟这一概念。

利用"数形结合"能够促进学生对数学知识本质的理解。在学习过程中,许多学生并未真正理解知识的本质,但是通过"数形结合"的方法,能够让学生对知识的本质更加理解,达到对知识的内化。

例如:在学习等式的性质时,等式两边加上或者减去同一个数字,那么等式仍然相等。但若直接告诉学生这个性质,学生便会知其然而不知其所以然,就会进行机械式的记忆。数学教师可以通过介绍生活中的天平保持平衡的实例,让学生将天平看作等式,运用天平平衡的理念,学生就能够更直观地认识等式的性质,进而加深对知识本质的理解。

2 定理教学,展示"数形结合"思想

教师渗透"数形结合"思想,能够实现对数学知识点的简化,增强教学形象性,促使学生取得良好的学习效果,并且在这一过程中,学生借助"数形结合"进行思考,学生的思维方式也能够得到相应的锻炼改变。

例如：在初中数学教学中，"勾股定理"是几何中最重要的定理之一，它揭示了直角三角形中三边之间的数量关系，是数学中"数形结合"思想在定理证明中的重要体现。让学生自己动手拼图、观察、得出结论，培养学生勤动手、主动探究的能力。在探究活动中，学会与人合作并能与他人交流思维的过程和探究的结果，开阔学生思路，提高学生兴趣，体验解决问题方法的多样性，培养学生的合作交流意识和探索精神。

通过拼图活动，学生对定理的理解更加深刻了，体会了数学中的"数形结合"思想。

勾股定理的证明方法很多，教科书正文中介绍了赵爽弦图，这是一种面积证法。常见的是拼图的方法，用拼图的方法验证"勾股定理"的思路是：

（1）图形经过割补拼接后，只要没有重叠，没有空隙，面积不会改变；

（2）根据同一种图形的面积不同的表示方法，列出等式，推导出"勾股定理"。

常见方法如图1所示。

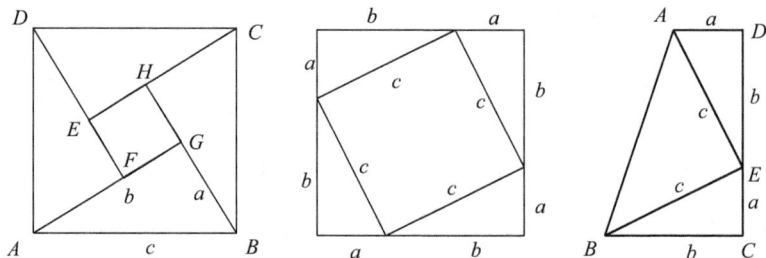

图1　证明勾股定理的拼图举例

方法一：$4S_\triangle + S_{正方形EFGH} = S_{正方形ABCD}$，$4 \times \frac{1}{2}ab + (b-a)^2 = c^2$，化简可证。

方法二：4个直角三角形的面积与小正方形面积的和等于大正方形的面积。4个直角三角形的面积与小正方形面积的和为$S = 4 \times \frac{1}{2}ab + c^2 = 2ab + c^2$，大正方形面积为$S = (a+b)^2 = a^2 + 2ab + b^2$，所以$a^2 + b^2 = c^2$。

方法三：$S_{梯形} = \frac{1}{2}(a+b)(a+b)$，$S_{梯形} = 2S_{\triangle ADE} + S_{\triangle ABE} = 2 \times \frac{1}{2}ab + \frac{1}{2}c^2$，化简得证。

通过拼接活动，让学生模拟数学家的思维方式和思维过程，亲身体验"勾股定理"探索与验证，使学生对定理的理解更加深刻，体会"数形结合"思想，发展创造性思维能力，由传统的数学课堂向实验的数学课堂转变，来培养数学核心素养中的数学抽象、逻辑推理、直观想象等能力，具有很好的育人价值。数学核心素养是数学知识和基本能力的结合，也是数学方法和逻辑思维的结合，同时，也是数学思想和灵活运用的结合。随着新课程改革的进行，数学核心素养的培养至关重要，借助"数形结合"思想的教学，将学生数学核心素养的提升落到实处。

3 函数教学，强化"数形结合"思想

"数形结合"思想在数学学科的各个知识领域都得到了很好的应用，数量关系和图形之间的互相转化能够帮助学生更好地挖掘出数学直观性与细微性的特征，这对于学生分析问题的敏锐性与解题效率来说是极有意义的。事实上，函数的概念从数轴上的点与实数存在对应关系开始就已经存在了，函数与方程的解以及不等式之间的紧密联系将函数的概念表现得更加明朗，因此，实数绝对值的意义以及一元一次不等式解集的几何表示都是函数图形与性质学习和研究的重要基础。"形"对于函数关系来说是一种特殊的表现方式，一次函数在"形"的表现上为一条直线，而二次函数则为一条有升有降的抛物线，反比例函数则是可以无限接近 x 轴与 y 轴的双曲线。重视函数图像，学生就可借助图像把数和形密切结合起来，起到画龙点睛的作用。函数图像具有直观性、诱导性，能够启发智慧，开阔知识视野。例如，在二次函数教学这一章，特别重视图像的教学，把握三个基本要素，让学生感悟图像的来历以及形成过程。重点是让学生弄清开口方向、对称轴、顶点坐标，强化三个要素与图像的变化，不断类比二次函数 $y=x^2$，$y=x^2+2x$，$y=x^2+2x+1$ 的图像，让学生归纳它们的开口方向、对称轴和顶点坐标，并学会作出它们的图像。经过反复训练，由浅入深，分组让学生展示，达到随便给定一组二次函数解析式，学生便可以画出草图的目的，逐步体会抛物线的平移，理解图像与二次项、一次项、常数项的联系。

再比如，在二次函数 $y=ax^2+bx+c(a\neq0)$ 图像的变换——平移、轴对称、旋转教学中，学生较难掌握，借助图形将变换后的图像呈现出来，有利于抓住变换中函数的本质知识（图2）。

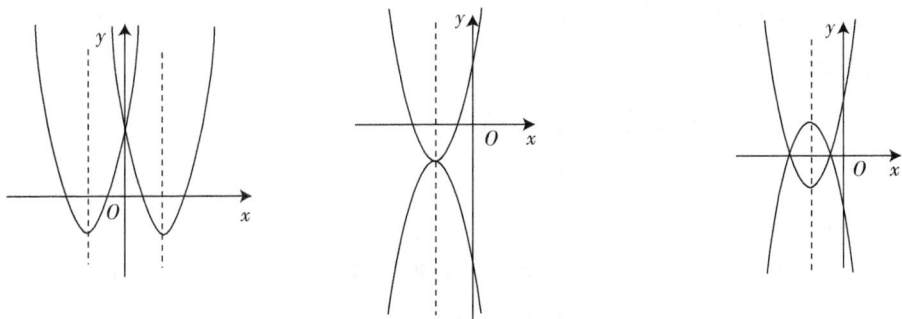

图2 二次函数图像的变换

平移：函数 $y=ax^2+bx+c(a\neq0)$ 图像的平移是顶点的平移（也可以是其他关键点的平移），a 不变，（这是由于函数图像的平移是整体的平移，每个点都作相同的变换），对于旋转、对称变换也是一样。

轴对称：要抓顶点的变化及其他关键点的变化。

结论：抛物线 $y=ax^2+bx+c$ 关于 x 轴对称的抛物线解析式是 $y=-ax^2-bx-c$。

抛物线 $y=ax^2+bx+c$ 关于 y 轴对称的抛物线解析式是 $y=ax^2-bx+c$。

旋转：绕某一定点旋转 180°，要抓顶点的变化，a 取相反数。

结论：抛物线 $y=a(x-h)^2+k$ 绕顶点旋转 180° 后的解析式为 $y=-a(x-h)^2+k$。

"数"与"形"的结合使得函数学习与研究变得直观且能细致入微，学生在直观化的感受中还能形成更加直接的理性认识。

4 解题教学，突出"数形结合"思想

在初中数学教学中存在一部分教学难点，数学知识的抽象性和逻辑性更强，对学生的数学思维能力提出了较高的要求。数学思想蕴含在知识形成、发展和应用的过程中，是数学知识和方法在更高层次上的抽象和概括。学生在积极参与教学活动的过程中，通过独立思考、合作交流，逐步感悟到"数形结合"思想在解决问题时的真实存在。"勾股定理"把"形"的特征（三角形中一个角是直角）转化成数量关系（$a^2+b^2=c^2$），它把"形"和"数"密切联系起来。由于直角三角形的普遍性，"勾股定理"在实际应用中极其重要。例如，利用一个目的明确的操作探究问题引入新课，培养学生的动手操作能力和抽象概括能力，激发学生的学习兴趣，体会"数形结合"思想方法在解决问题中的作用。

探究一：正方形网格中的每个小正方形边长都是 1，任意连接这些小正方形的顶点，可得到一些线段，请在图中画出 $\sqrt{5}$、$\sqrt{10}$、$\sqrt{13}$ 这样的线段，并选择其中一个说明这样画的道理。

问题 1：借助图形比较 $\sqrt{5}+\sqrt{10}$ 与 $\sqrt{13}$ 大小。

问题 2：在 △ABC 中，AB、BC、AC 三边长分别为 $\sqrt{5}$、$\sqrt{10}$、$\sqrt{13}$，判断 △ABC 的形状是什么并求这个三角形的面积。

问题 3：如果正方形网格中的每个小正方形边长都是 a，则 △ABC 的面积是多少？

问题 4：若 △ABC 三边长分别为 $\sqrt{m^2+16n^2}$、$\sqrt{9m^2+4n^2}$、$2\sqrt{m^2+n^2}$（$m>0$，

$n > 0$ 且 $m \neq n$），请自己重新设计一个符合结构特征的网格，求出这个三角形的面积。

问题 5：如果不借助网格，怎样构造 $\sqrt{x^2+1}$、$\sqrt{y^2+4}$？

问题 6：怎样构造 $\sqrt{x^2+1}+\sqrt{y^2+4}$？

对于"勾股定理"的应用将直角三角形三边关系的探究放置网格中（探究），使数据比较准确，符合学生的认知规律，侧重于利用几何图形引导学生自己去发现这种数量关系，即渗透"数形结合"思想在解决问题中的重要作用。课堂教学中把这种从"数"到"形"的表现形式逐步呈现出来，让学生去思考、探索，学会如何根据二次根式选择适当的算式构造直角三角形。学生在理解问题的盲点从本质上得到了解决。同时，也让学生在学习、探究过程中体会到"数"与"形"相结合的思想方法在解答问题中的妙用，这样，在解决定理应用教学难点的过程中完成了对"数形结合"思想的渗透性教学。

如今"数形结合"思想在数学教学的各个环节中已经被广泛运用，教师应合理运用"数形结合"思想开展教学活动，从而让学生能够在直观的图形教学中掌握数学知识，有效理解抽象化的数学内容，进而更好地提升学生的学习兴趣，增强学生整体学习水平，并能提升学生的空间思维能力，对促进学生可持续性发展有着极大的帮助。

把"数形结合"思想方法的教学落实到确定目标、实施教学过程、小结等各个环节中，在数学知识的教学过程中合理布点、由浅入深，做到有计划性、系统性、有序性、层次性，使"数形结合"思想方法的教学成为一种高效的教学活动。

综上所述，"数形结合"思想在初中数学教学中发挥着重要作用。在数学教学中渗透"数形结合"思想，教师要立足教材，对教材中的"数形结合"思想进行分析，在概念教学、定理教学、解题教学实践中重点突出"数形结合"思想，以此帮助学生更好地掌握数学知识，提高数学应用能力，达到对数学思维的培养，从而促进学生核心素养的提升。

参考文献

[1] 武俊英．"数形结合"思想在初中数学教学中的实践研究 [D]．西安：陕西师范大学，2014．

激发学生学习数学动机与学习兴趣

——聚焦"学"为中心的课堂

北京市中关村中学　邵学义

【摘要】 在"双减"背景下，教师有效设计课堂，提高课堂学习效率，充分调动学生思考的潜能极其重要。提高学生学习动机，学习动机越明确，学习兴趣越浓，学习的积极性就越高，学习的成绩就会越来越好。教师在教学中，只有不断地恰到好处地激发学生的学习动机，才能调动学生的学习积极性，从而提高教学质量。以"多、疑、爱"手段激发兴趣："多"不是多讲、多练、搞题海战术，更不是教师"满堂灌"，而是抓住数学问题，一题多变，培养学生的探究能力，教师组织学生讨论各种变式，引导学生灵活处理变式。在课堂设计问题时，多设几个疑问，激发学生的好奇心、注意力和求知欲，使学生处于积极的思维状态，学生通过解答，不断思考、联想，进而释疑，从而调动学生的学习主动性，使学生享受到对未知探索的愉快。

【关键词】 发散；激发；设疑；冲突；欲望

好的一堂课，不是传授给学生多少知识，而是通过教师对学生的有效调动，激发学生积极思考的潜能。何为数学学习动机？它是指与数学学习有关的某种需要所引起的、有意识的行为倾向，它是激励或推动学生去行为，以达到一定的学习目的的内在动因。它对数学学习具有激活启发、指向选择的作用，能推动学生进行有效的学习，在课堂上是否激发学生的学习动机，已经成为体现学生学习主体性的标志之一。"双减"背景下，同学们作业量少了，自主学习的时间长了，提高课堂学习效率，有效激发学生学习积极性极其重要，如何有效激发学生的学习积极性呢？

1 多点设疑，发散思维

设计的问题要引领学生的思维很好地去思考，不拘一格，同一个问题用不同方法去解决，多点思考，使学生有兴趣、乐于去探索。

比如，初中有关"中点"问题的复习，如图 1 所示。教师在备课过程中，为了激发学生的兴趣，教师先给它起一个学生喜欢的名字——调皮的"中点"，学生看到这个名字，立刻很兴奋，有的学生会笑着说"看看中点如何调皮"。教师当时也可追加一句，"咱们一起看看中点是怎么调皮的"。于是笔者给同学们提出第一个问题：

已知线段 AB，线段 AB 中点为 O，请你列举出过线段中点所学的有关几何知识点并且画图。于是同学们就开始了自己的思考，并且开始了动笔画图，通过这种动手画图，可以激发学生思考，在大脑中搜索有关"中点"的知识。几分钟后，小组内的同学可以相互分享，同时教师可以找三位同学去黑板上合作画图，找的这三位同学学习程度不同，这样也可有效帮助学习程度比较差的同学，激发他的学习动机，提高学习兴趣，使之也能体会到成功的快乐。

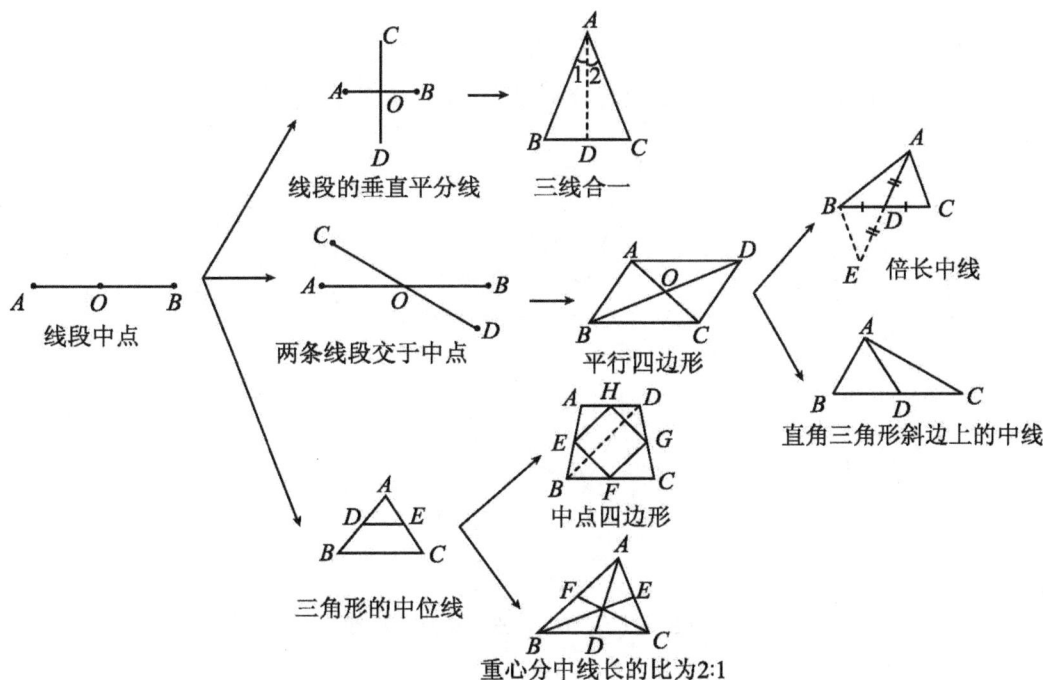

图 1 有关"中点"的基础知识

等同学们把图画完，教师再进一步地追问：画的这些图中，"中点"是如何找到的？分别又有什么用处？比如"中位线及倍长中线"。咱们这节课先研究这两个知识点的有关运用。

如图2所示，在△ABC中，∠ABC的内角平分线BE与BC边上中线AD垂直，垂足为G，已知BE=AD=4，求AC的长。你有几种方法？

在这个题目中，教师不给学生画图，让同学们自己通过读题进行画图，使同学们对自己的数学能力有信心，提高阅读水平，学会与数学交流、学会数学的思想方法。当然，同学们也可以通过独立思考、小组合作等方式，激发学习动机，在解决数学问题中获得成功感，从而提高了学习兴趣。

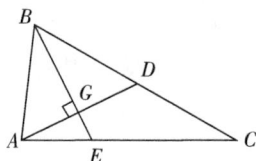

图2　例题

比如，同学们观察到了由于D、G分别为BC、AD中点，再结合上边提到的"中位线及倍长中线"，于是同学们试探着分别以D、B、C三点构造平行线（图3）。

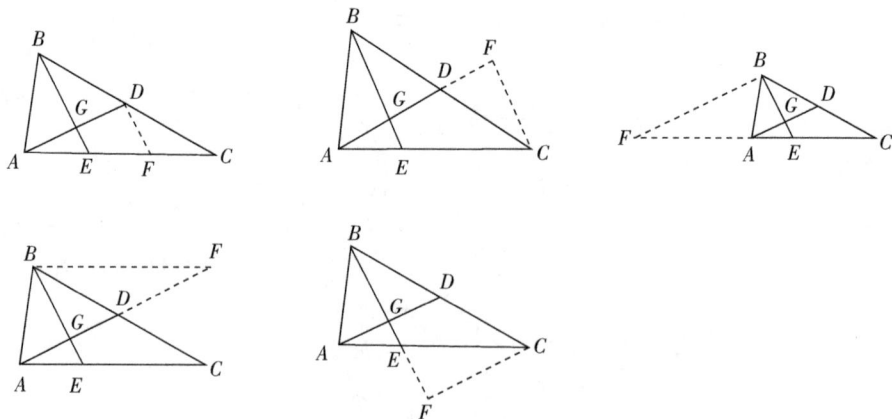

图3　以D、B、C三点构造平行线

"同学们，除了用D、B、C这三点构造平行线，那么通过G、A、D三点构造平行线可不可以？"教师于是让同学们试着再去寻找思路（图4）。

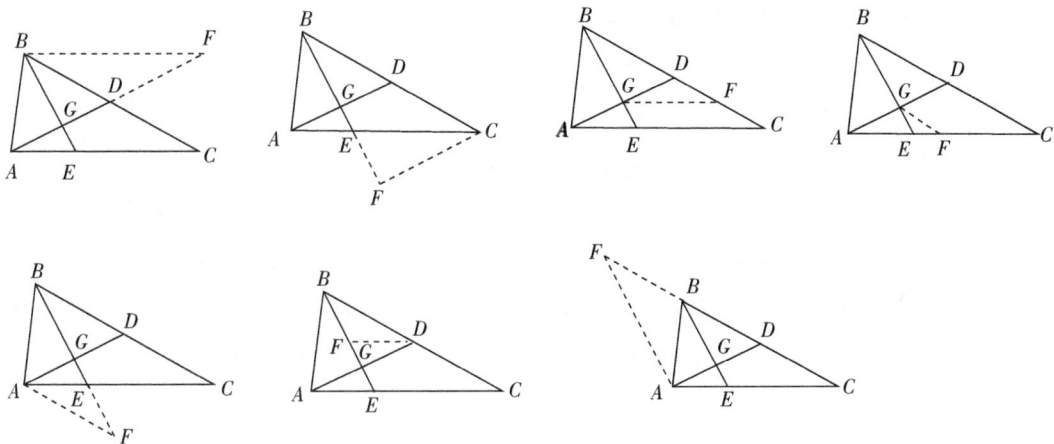

图4 通过 G、A、D 三点构造平行线

通过同学们的思考、探究、小组合作交流，很快同学们也找到了不同的构线方法，这时候有的同学激动地大呼："中点太可爱了，太调皮了。"看着同学们收获的满足，满脸的笑容，教师心里肯定也很激动。

2 眼神有爱，激励超越

学生是课堂的主人，好的课堂，不是教师给学生讲了多少知识，而是通过教师的设计、引领，通过学生的探索，激发学生学习的动机，培养学生学习的兴趣。如何培养兴趣？笔者认为应以"多、疑、爱"的手段激发学生的学习兴趣。"多"不是多讲、多练、搞题海战术，更不是教师"满堂灌"，而是抓住数学问题，一题多变，培养学生的探究能力，教师组织学生讨论各种变式，引导学生灵活处理变式。在课堂设计问题时，多设几个疑问，激发学生的好奇心、注意力和求知欲，使学生处于积极的思维状态，学生通过解答，不断思考、联想，进而释疑，从而调动学生的学习主动性，使学生享受到对未知探索的愉快。在教学中，没有爱就没有一切，教师在各个方面关心学生、激励学生，让学生从教师的期待、信任、关怀中得到鼓励及勇气，增强学生的自信心，激励学生超越自己，讲出自己的见解，即使错了也要尽量作出积极评价，当学生成功时，要及时表扬。

3 制造认知冲突，激发探究欲望

在教学中，教师要恰当地引发学生认知冲突，激发学生的探究欲望，帮助学生充分经历探究过程，培育学生提出问题、分析问题、解决问题的能力。同时教师让学生自己读题，独立画图，把多种解题方法呈现给学生，因图形中"点"比较多，所以学生在解题过程中会遇到各种困惑，如果学生没有理解问题的本质，那么学生会产生认知冲突，这将为接下来的教学创造很好的心理环境。当然，认知冲突的设置离不开教师对教材的精细解读，离不开教师的精心预设，离不开教师对学情的精确分析，离不开教师的教学智慧。

总之，在"双减"背景下，教师要做到课堂提质增效，信任学生，充分调动学生思考的潜能。通过课堂有效的设计，达到育人的目的，使同学们获得成功感。教育既要使学生掌握现代生活和学习中所需要的数学知识与技能，更要发挥数学在培养人的理想思维和创新能力方面的不可替代作用。通过同学们的读题、画图、识图，激发他们探索、体验动机，进而学会数学思维、掌握数学方法、形成数学能力、理解数学思想，学到数学知识，获得数学素养。笔者认为，当一个人他离开学校的时候，也许会忘记那些复杂的数学公式、定理、定义，但他能够进行严密的逻辑推理、周密的思考，能够从数学的角度去分析问题、解决问题，能够清晰而有条理地表达自己的观点，那么我们说，这个人具备了良好的数学素养。

参考文献

[1] 孔凡哲，曾峥. 数学学习心理学 [M]. 北京：北京大学出版社，2012.

[2] 王金战. 数学是怎样学好的 [M]. 北京：吉林教育出版社，2011.

[3] 吴军. 数学之美 [M]. 北京：人民邮电出版社，2016.

[4] 李长宾. 单元整体课程实施与评价 [M]. 济南：山东文艺出版社，2013.

构建学的课堂

——浅谈新课标背景下的合作学习在数学课堂中的应用

北京市中关村中学　郭慧敏

【摘要】小组合作学习已经成为新课程课堂教学中最主要的教学组织形式。数学课堂中实施合作学习能充分发挥学生的主体作用，有助于增强学生对数学的体验和感悟，使学生获得数学知识技能、发展数学能力、形成良好的个性品质；合作学习一般采用异质分组，让不同学生各取所长，共同进步；在合作学习过程中，教师可根据教材内容的特点，采取不同的学习方式，以提高学生的学习积极性和参与程度。

【关键词】合作学习；数学课堂；应用；新课标

《全日制义务教育数学课程标准（实验稿）》（简称《数学课程标准》）中指出：有效的数学学习活动不能单纯地依赖模仿和记忆，动手实践、自主探究与合作交流是学生学习数学的重要方式。因此，进入课改实验后，我们越来越多地把合作学习的学习方式运用于数学课堂。萧伯纳说过："倘若你有一个苹果，我也有一个苹果，而我们彼此交换这些苹果，那么你和我仍然各有一个苹果。但是，倘若你有一种思想，我也有一种思想，而我们彼此交流这些思想，那么我们每个人将各有两种思想。"在数学课堂中实施合作学习，促进了教师与学生间、学生与学生间的互动，对数学人力资源的有效开发，对发展学生的数学能力、增强学生的自信心十分有利，同时还有助于增强学生对数学的体验和感悟，形成良好的个性品质。

1　建立科学合理的合作学习小组

为使合作小组成员之间能取长补短，增加成员的多样性，在合作小组的分法上一般采用异质分组，即小组内各成员间形成性别、学习成绩、能力等方面的差异。一般可把成绩优异、能力强的学生与那些成绩不够稳定、性格内向的学生编排于一组内，同时，也常对后者给予最大的关心和爱护，让全班学生主动接近他们，增加交往的频率，协调小组间和谐的关系。由于每个小组都是异质的，所以就连带产生了全班各小组间的同质性，这就是合作学习的分组原则——组间同质、组内异质。组内异质为小组成员内部互相帮助提供了可能，而组间同质又为全班各小组间的公平竞争打下了基础。总之，合作学习的分组技术不同于以往的能力分组或兴趣分组——这些都是同质分组。

在合作小组中，每个成员都有一个身份，有一项特定的工作。根据合作需要、学生特长，可将学生进行分工，有负责纠正别人在解释或总结中的任何错误的监督员、负责小组与教师及其他小组间的联系和协调的联络员、负责记录的记录员、负责总结发言的发言人等。在不同的活动中，角色可进行互换，但要做到让每个小组成员都有事做，从而让学生懂得每一个人都有长处和不足，人的智能、个性、才干是多样的，只有既善待自我，又欣赏别人，既知己又知人，才能发挥出最大的团队学习成效。

合作学习小组不是纯粹的交友小组或娱乐小组，而是一个协同共事的团队，就像到了社会上，我们不能选择单位里的同事，难以选择与谁做邻居一样。因此，在分组时，要引导学生要学会与不同的人相处，尤其是要关心那些交往能力弱、学业成绩不理想的同学，愿意接近他们，争取共同进步。

2 选择恰当时机进行合作学习

合作学习是一种特殊的情知相伴的认知过程，在引导学生合作学习时，要根据不同的教学任务、教材特点、教学情境巧设悬念，精心设疑，创设情境，使学生恰到好处地进入合作学习的情境，使合作学习达到最佳状态。选择合作学习的恰当时机是有效合作的重要保证。

2.1 个人操作有困难时进行合作学习

案例1：九年级下册第二十七章《相似》这节课的数学活动"测量旗杆的高度"的教学活动设计如图1、图2所示。

环节1：估计旗杆的高度

全班每位同学分别对校园旗杆的高度进行估计，并记录估计值，计算这些估计值的平均数。

环节2：测量旗杆的高度

以小组为单位，先选定方法，再进行测量。学生通过小组讨论制定出以下几种测量方案。

方法一：利用影长测量旗杆高度（图1）

（1）每个小组选一名同学，测量其身高后，让该学生直立在旗杆附近，其他同学分成两部分，一部分同学测量该学生的影长，另一部分同学测量同一时刻旗杆的影长；

（2）记录测量的数据；

（3）画出示意图，求出旗杆的高度。

图1　方法一示意图　　　　图2　方法二示意图

方法二：利用标杆测量旗杆高度（图2）

（1）小组推选一名学生作为观测者，在观测者与旗杆之间的地面直立一根高度适当的标杆；

（2）观测者适当调整自己的位置，使旗杆的顶端和自己的眼睛恰好在一条直线上，这时其他同学测出观测者所在位置到旗杆底端及到标杆底端的距离，然后测出标杆的高度和眼睛与地面的高度；

（3）记录测量的数据；

（4）画出示意图，求出旗杆的高度。

本节课由学生自己操作是有困难的，所以由小组合作，能够互相启发，分工合作，最终能够将问题解决。

在本节课的教学中，可以充分发挥数学合作小组的作用，利用小组合作学习，学生自己探索学习过程。笔者在这堂课的设计中，为了能够更好地达到学习效果，在课堂上，学生有组织者、有记录员，还有观测者，他们分工合作，确定实施方案，记录测量数据，最后分析数据判断测量的准确性等。在这堂课中，学生在活动中找到了自信，找到了乐趣，增强了学生学习数学的兴趣，体会了数学的应用价值。

2.2　遇到难题需要他人帮助时组织合作学习

案例2：七年级上册教科书中《再探实际问题与一元一次方程》这一节课，对于笔者所教的学生来说是有一定困难的，学生虽然对生活中的实际问题感兴趣，也想如果自己能够解决这样的问题应该是一件十分值得骄傲的事情，但学生很难从实际问题中抽象出数学模型，他们十分容易被实际背景所迷惑，所以在本节课中运用小组合作学习是十分恰当的。学生可以根据自己对问题的理解，互相启发，从而能够最终将问题解决。

案例3：《镶嵌》这一节的内容，学生独立时很难完成镶嵌的规律探索，需要学生讨论、争论、验证才能完成本节课的内容。笔者在上课时是这样做的。

教师：正六边形能够密铺的理由是什么呢？

学生：（思考后）正六边形的内角和为（6－2）×180°=720°，720°是360°的2倍，所以正六边形可以密铺。

学生：正五边形为什么不能密铺？原因是什么？

（学生分4人小组展开讨论，重新试拼，课堂成了一个互动的精彩探究平台。）

2.3 解题方法不唯一时进行合作学习

案例4：在八年级下册《等腰梯形的性质》这节课中，主要是让学生能够理解并掌握一些梯形中常作的辅助线作法。但有一些题目有不唯一的解题方法，这时需要课堂上小组合作学习来补充各种解题方法。

已知：在梯形 $ABCD$ 中，$AD \parallel BC$，$AB=DC$，求证：$\angle B = \angle C$（图3）。

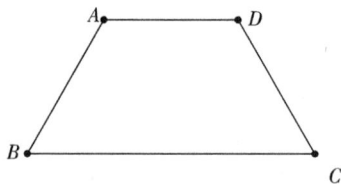

图3 例题

方法一：过点 D 作 $DE \parallel AB$，交 BC 于点 E，可证△ DEC 为等腰三角形。（平移一腰辅助线一）

方法二：分别过点 A、D 作 $AE \perp BC$，$DF \perp BC$，垂足分别为 E、F，可证△ ABE 和△ DCF 全等。（作高辅助线二）

通过讨论，学生总结出两种辅助线的作法。

2.4 对一问题有争议时组织合作学习

案例5: 九年级上册《概率》一章中,设置了如下一情境:

播放电影《罗森克兰茨和吉尔登斯特恩之死》中的一片段。在这个片段中,旅行者罗森克兰茨和吉尔登斯特恩发现了一枚金币,吉尔登斯特恩将金币往空中一投,然后宣布:"正面!"不满足于一次尝试,他又投了一次。"正面!"罗森克兰茨静静地注视着他投了一次又一次,"正面,正面……正面!"忍不住一把抓住金币,仔细检查其两面,发现与其他金币没什么两样。他们继续旅行,吉尔登斯特恩继续投着金币,居然连续78次投了正面。最后,罗森克兰茨拿着硬币注视良久,说道:"这次应该会有所变化吧。"然后,将硬币往空中一投,居然还是正面。

这时下面观看的学生出现了小声的议论,教师将影片停止,采访一位学生:"你们刚才在议论什么?"

学生:"我们觉得连续78次投正面有些不可能。"

教师:"你们怎么知道不可能?真的不可能吗?"

学生无话,此时教师趁势提出让学生同桌两人合作,做20次掷硬币的游戏,要求如下:

(1)一人负责掷硬币(以举手的姿势抛硬币);

(2)一人负责记录数据;

(3)借助计算器计算正面朝上的频率(正面朝上的次数和总次数的比)和反面朝上的频率(反面朝上的次数和总次数的比),并填在表1、表2中。

表1 频率分布

实验者	
试验次数	
正面朝上的次数	
正面朝上的频率	
反面朝上的次数	
反面朝上的频率	

表2 各组试验结果汇总

组别	1	2	3	4	5	6	…
正面朝上的次数	9	8	10	11	12	9	…
正面朝上的频率	0.45	0.4	0.5	0.55	0.6	0.45	…

续表

组别	1	2	3	4	5	6	…
反面朝上的次数	11	12	10	9	8	11	…
反面朝上的频率	0.55	0.6	0.5	0.45	0.4	0.55	…

累计全班同学的试验结果，分别计算试验累计进行到20次、40次、80次、120次…360次时正面朝上的频率，并完成图4的折线统计图。观察所作折线统计图，你发现了什么规律？

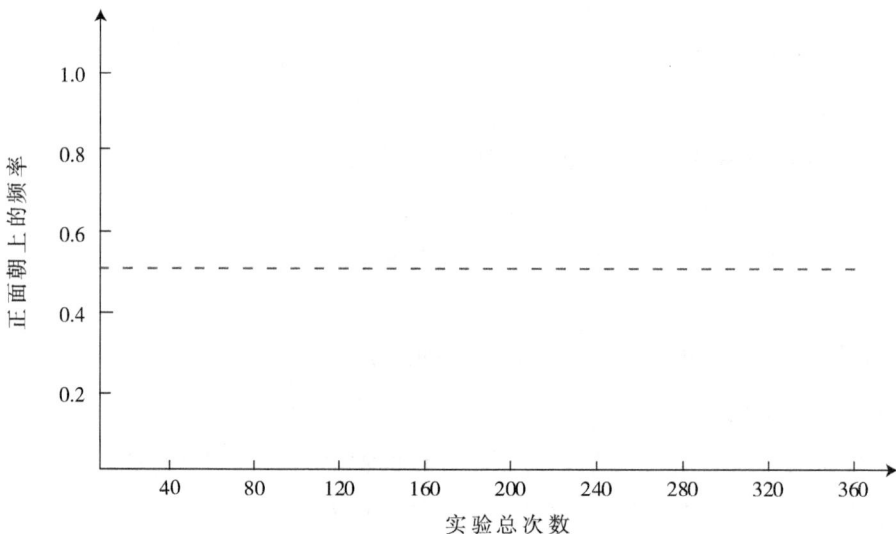

图4　学生统计出的频率分布

学生通过动手合作，发现了投币出现正反面的概率是一样的，见图4。

将所得的数据上传，同时从"网上邻居"中找出其他班所做的试验数据，看看我们刚才发现的规律是否仍成立？（成立）

当学生对某一问题有争议，需要与人共同试验探讨时，适时地提出合作学习，且学生在试验数据的收集和分析过程中，实现三个不同范围的合作互动。首先，在与同桌合作过程中，达到小范围的学生间互动，初步建立随机观念。然后，在累计全班试验结果的过程中，实现互动范围扩大，体会随着试验次数的逐渐增加，正面朝上的频率变化幅度逐渐变小，差不多稳定在图中的虚线（频率为0.5）处。最后，利用多媒体的教学手段将互动范围扩大到同一年级段的班与班之间。从中渗透收集数据的一种方式（网上邻居）、概率中数据统计的基本方法（借助表格和统计图来分析），培养学生与人合作、与人交流的品质。

除此以外，在人人都需要内化知识时，当学生举手如林、为满足学生的表现欲时，当学生获得成功的乐趣需要与人分享时，也是合作学习的最佳时机。

3 出现的问题

实践证明，合作学习的教育模式对学生学习积极性的培养，对学生的探究能力和合作意识的培养，对学生创造力、想象力的培养是有利的。但笔者在实施过程中出现了几个问题：

3.1 真正理解合作学习的实质，避免合作流于形式

合作学习不是简单地把学生分成几个小组，教师应避免把小组合作学习停留在表面形式上，在具体的教学过程中还要关注很多深层次的问题。如笔者在七年级上册《图案的设计》这一节课中，设计了一个环节，让学生以小组为单位设计一组含有数学规律的图案。学生每人设计一幅图案后，小组间的交流很少，基本上停留在独立学习的层次上，没有真正地讨论和合作，没有发挥小组合作的优势，其学习结果不能完全代表本小组的水平。究其原因是学生自我管理能力差，还没有形成合作学习的意识和能力，因此在活动过程中教师应及时提醒和指导每个组的学生进行相互讨论和交流。

3.2 学生间的合作缺乏主动性

我们通过观察发现，小组合作学习确实增加了学生参与的机会，但是好学生参与的机会更多，往往扮演了一种帮助的角色，困难学生成了听众，往往得不到独立思考的机会而直接从好学生中获得信息，致使困难学生在小组合作学习中的获益比在班级教学中的获益还少。因此，在实施合作学习的过程中，教师应给予学生足够的思考时间，注意关心小组成员个体的学习情况，尤其是差生的学习情况，加强对小组的指导和监督，明确小组成员的分工。

4 结语

在以学生为主体的课堂中，合作学习是在新课程理念下学生的一种重要学习方式，有效的合作学习，能够唤醒学生沉睡的潜能，激活封存的记忆，开启幽闭的心智。教师在新的课程环境下，必须以学生为主体，重新审视合作学习的价值，积极营

造适合学生进行合作学习的环境，呼唤教师角色的重新定位，时刻把握以学生发展为本这根主线，我们的课堂教学才能焕发出生命活力。

参考文献

[1] 王坦. 论合作学习的基本理念 [J] 教育研究，2002（2）：68–72，2015.

[2]JAMES A M，POLLY G [M]. 伍新春，张洁，等译. 北京：数学教学的创新策略，中国轻工出版社，2003.

[3] 中华人民共和国教育部. 全日制义务教育数学课程标准（实验稿）[S]. 北京：北京师范大学出版社，2001.

第三章

"学本课堂"的实践探索
——英语篇

基于教材的初中英语听说课案例研究

北京市中关村中学 李 丽

【摘要】基于教材的初中英语听说课应该基于教学内容和学情分析，采用合理的教学方法、策略，设计和开展听说活动。在教材和学情分析中，教师要关注学生的认知水平，把握学生对学习内容的兴趣，搜寻适合学生的学习素材和内容，为学习者创设真实的情境，设计不同层级的听说活动，让学生觉得有兴趣、有挑战、有收获、有产出。听说课的每一个环节的设计都要利于语言的生成和思维的培养。学生在听说课上通过参与有趣的课堂活动，完成有挑战、有启发的任务。通过润物细无声似的学习体验，学生能够根据输入的语言并结合自己的经验和理解创造性地输出语言。

【关键词】听说课；情境；教学设计；初中英语

1 前言

英语学科核心素养（王蔷，2016）包括 "语言能力、学习能力、思维品质、文化意识"。基于情境的学习有利于学生核心素养的培养，英语教师只有增强学生的学习体验，才能发展学生的思维能力。《义务制教育英语课程标准（2011 版）》指出："现代外语教育注重语言学习的过程，强调语言学习的实践性，主张学生在语境中接触、体验和理解真实语言，并在此基础上学习和运用语言。英语课程提倡采用既强调语言学习过程又有利于提高学生学习成效的语言教学途径和方法，尽可能多地为学生创造在真实语境中运用语言的机会。"

但是，一些教师在设计英语听说课的课堂活动时，不重视语境设计，活动不真实、不贴近学生的生活，学生会出现听不进去、说不出来的情况。还有一些教师在设计听说活动时，任务设置得过于控制性和机械性，禁锢了学生的思维，不利于语言的生成和思维的培养。《英语学科教育改进意见》第六条强调："初中阶段重点培养学生英语听说能力。引导学生通过体验、实践、运用等活动提升语言能力。"但是，有些教师对听说课的认识不够，只过于关注单词和语法教学，没有让学生充分感知新语言，学生没有实现浸润式的、体验式的学习，也不利于单元后续的读写课的开展。

2 基于教材的初中英语听说课的教学设计理念

英语听说课是培养学生英语听说能力、提升文化品格的重要载体，是实践和运用语言知识、培养思维品质的关键平台。学习是个体与情境在持续互动中不断解决问题和创设意义的过程，因此笔者希望在英语听说课上实施基于情境的实践性的教与学。

初中英语听说课应该像舞台一样给学生建立输入语言的语境、设计能够输出语言的真实任务，学生要经历真实的学习过程。听说课上，学生在语言的充分输入后，能够输出语言，并且有拓展、有观点、有自我建构后的思维呈现。此外，听说活动的设计应该能够让学生在运用语言知识和展示语言能力的同时，立体呈现他们的思维。

在实际课堂教学中，教师要基于教学内容和学情分析，采用合理的教学方法、策略，设计和开展听说活动。在教材和学情分析中，教师要关注学生的认知水平，把握学生对学习内容的兴趣，分析教材是否提供了让学生运用语言的语境，否则应为学习者创设较真实的情境。根据学情，教师应该搜寻适合学生的学习素材和内容，它既要能够吸引学生的兴趣，又能够对学生的认知有一定的挑战。针对不同的学情，教师设计不同层级的听说活动，让学生觉得有兴趣、有挑战、有收获、有产出。听说课的每一个环节的设计要利于语言的生成和思维的培养。学生在听说课上通过参与有趣的课堂活动，完成有挑战、有启发的任务。通过润物细无声似的学习体验，学生能够根据输入的语言并结合自己的经验和理解创造性地输出语言。

教师应将听说课的活动设计在真实的情境下，学生完成真实的任务。学生就像脱口秀节目中的嘉宾一样，在"主持人（教师）"循序渐进的引导下，叙述自己的经历，阐述自己的理解和观点，充分表达自己的思想和情感。真实情境下，课堂气氛轻松，"嘉宾们（学生们）"能够感到安全，愿意参与到"沟通（听说活动）"中来。

教师要通过有价值的提问，通过开放性的问题启发学生思考，促进语言的生成。再通过追问，梳理学生的语言生成，并引导学生进一步的生成。教材和教师的思想和理念不是强加于学生的，而是引导学生去逐渐理解和接受的。

3 基于教材的初中英语听说课案例分析

3.1 教学背景分析

本课是笔者执教的一节录像课,课型为听说课。教学内容为人教版新目标九年级第九单元 U9 I like music that I can dance to 的第一课时,时长 40 分钟。该单元话题为音乐和电影 "Music and Movies",要求学生能够谈论自己的喜好,自然地感知、体验、实践本单元重点语言结构——定语从句。课标要求学生 "能辨认出由 that,which,who 引导的限制性定语从句,并能理解句子的意思",因此学生在单元起始课上能够知道是定语从句并能够明白句子整体表达的意思即可,并不要求学生可以写出或使用定语从句。该课是基于教材的单元起始课,教学内容为教材上 Section A 1A 到 2C。通过两段听力素材进行语言输入,让学生感知本单元重点语言结构——定语从句,了解以 "that,who" 引导的定语从句在情境下的使用。听力内容贴近学生生活,是青少年讨论自己喜欢的音乐和对话,对于九年级学生来说难度适中。

该课的教学目标是让学生能够感知、理解 that 和 who 的定语从句,并运用定语从句描述音乐和音乐人;运用听力策略,提取、理解和处理信息;运用思维导图梳理思维、辅助口语表达;在设定的情境下,陈述自己的偏好;了解和感知英语文化中音乐的种类,培养初步的国际理解意识。教师关注教学重难点的落实,指导学生运用听力策略预测听力内容,听取大意、态度和细节;指导学生通过搭档练习和口头汇报运用目标语——定语从句谈论音乐和音乐人的类型;创设真实运用语言的情境,组织学生在策划新年音乐会中运用本课所学语言表达偏好,通过目标语将自己的想法外部转化。

本次录像课的授课班级是笔者连续三年任课的班,通过对学习者以往学习情况的观察及课前问卷调查,笔者对学习者的知识储备、学习兴趣、学习习惯及学习本课时可能存在的问题有了准确把握。该班学生的英语听说读写能力较强,学生在过往的学习中已经积累了定语从句的知识。学生对英语口语表达有较强欲望,喜欢英语课本剧表演,对生活中的话题、社会热点有见解、善表达。学生参与课堂的意识强,习惯开展合作学习的学习模式,能积极与同伴合作和分享,已养成用思维导图学习的习惯。但是,学生在运用定语从句进行口头表达时会出现用英文思考、用英文建构、用英文表达的不连贯,在音乐话题下内化和输出限制性定语从句是学生学习的一个困难。为此,笔者设计了逐层递进的多个听中活动,充分对学生进行语言输入,再通过逐层递进的听后活动进行语言输出。此外,在思维导图的支撑下,通过真实语境下的有意义的合作学习进一步内化、输出语言。

3.2 教学设计与过程

该课教学设计立足课标五级目标，听力的输入为语言学习的载体，学生学习并运用语言知识，同时提升语言能力，在课堂活动的设计中以指导学生使用听力策略和培养学生思维品质为主线，对学生进行生活教育和文化意识的培养。

环节一：多维导入、激活思维、激发兴趣

对于初三年级的学生来说，"音乐 Music"是个熟悉的话题。大多数学生喜爱音乐，特别是流行音乐，很多学生也喜欢听唱英文歌曲，但是用英文描述音乐的不同类型并表达喜好仍然是大多数学生的挑战。笔者呈现图表"The Most Popular Music Types in the US in 2015"，引导学生讨论图表中他们熟悉和不熟悉的音乐类型。此设计意图是为让学生了解在美国不同种类音乐受欢迎的情况以实现文化导入，同时让学生复习已熟知的音乐种类的英文单词。对于学生不熟知的 4 个种类的音乐，通过播放 4 个典型片段并问学生"What do you think of the music?"启发学生表达感受，以实现新词导入和音乐的直观导入。多维度的导入激发学生学习本课的兴趣，让学生能够迅速进入学习状态，让学生感到在自己熟悉的话题下依然有挑战，同时潜移默化地培养了学生的文化意识、拓展了语言知识，为此后的口语活动打下了基础。

环节二：输入对话、输出对话、模仿语言

教材上的插图和听力材料是符合学生学情的，基于教材的听力活动按照听前、听中、听后的步骤进行设计，并符合课标五级目标要求。教材的 1B 听对话是本课语言输入之一，它让学生初步感知使用定语从句描述具体特征以表达对音乐的偏好，基于教材的设计，笔者增加了听前预测、再听细节、听后口头汇报活动，从而实现对教材的充分利用和二次开发。教材 1C 是谈论喜欢的音乐类型的对话练习，笔者将其进行了延伸和拓展。

听前活动，笔者呈现课本插图，问学生"What are we going to listen to?"以引导学生根据插图预测听力材料的内容，设计意图为让学生运用并体验听前预测的听力策略。听中活动，笔者播放听力材料一，通过问题"What are Tony and Betty talking about?"引导学生听大意和关键词；然后笔者再次播放听力材料一，要求学生完成教材 65 页 1b 表格，同时指导学生运用做笔记的策略来获取细节。两个听中活动实现了语言输入。听后活动一，笔者通过指导学生回答两个问题"What kind of music does Betty like?"和"What kind of music does Tony like?"让学生使用第三人称进行口头汇报，体验运用定语从句进行表达。此设计意图为实现段落层面的目标语言输出，第三人称的听说活动融入了语法指导，笔者将语言知识学习与语言能力培养有机结合。之后，笔者又设计了听后活动二——搭档练习，分两个层级：

"Ask your partner: What kind of music do you like? I like/ prefer music that
_____."

"Ask your partner more questions about music: What is the name of a song... that made you feel sad/that made you relaxed/ that shocked you/ which has great lyrics/ melody/ which is about a romantic story?"

通过递进的搭档练习，笔者引导学生使用定语从句表达对音乐类型的偏好，实现目标语的内化和产出。

环节三：输入对话、输出报告、运用语言

教材中的 2A 要求学生听两个人物谈论乐队和音乐家，作为本课第二段听力材料，它是新的语言输入。笔者将其处理为听取大意和听取说话人态度。教材中 2B 为听并完成表格。2C 为转换人称的对话练习，笔者将其改编为学生根据 2B 表格内容进行口头汇报。

第一次听中活动，笔者通过问题 "What are Carmen and Xu Fei talking about?" 引导学生关注听力材料的大意，意在指导学生再次运用听取大意的策略。第二次听中活动，笔者通过问题 "What do they think of the singer and the group?" 指导学生在听中要关注说话人态度，并且设计了表格，指导学生再次运用听并记录关键信息的策略。第三次听中活动，笔者要求学生完成教材 2B 的表格，此表引导学生关注描述人的定语从句，听并记录关键信息，实现新语言的再次输入。听后活动，笔者给学生设计一个挑战："Can you summarize the conversation between Carmen and Xu Fei?" 学生根据模板完成口头汇报，并进行人称转换：Carmen thinks ... She likes the musicians ... and the music ... However, Xu Fei thinks ... He likes the musicians ... and prefers groups ...，实现语篇层面的目标语言输出。口头作文练习挑战了学生的认知，同时笔者将听取细节与语法学习再次结合起来，以训练听说策略、夯实语言知识、培养语言能力。

环节四：设定语境、运用语言、构建思维

基于教材的两段听力学习后，笔者设定了真实语境下的真实任务，即 "Planning Our New Year's Party" 策划新年联欢会。新年临近，每年每个班级都要召开新年联欢会，这是学生所熟知并切实参与的活动。学生以小组合作学习的模式、联系自身生活经验、使用目标语言完成任务，即给班级新年联欢会推荐音乐类型和音乐家。笔者通过三个问题引导学生完成小组任务：

Q1: What are the features of our New Year's Party?

Q2: What kinds of music should be considered?

Q3: What kinds of musicians/ bands/ groups should be recommended?

小组活动中，每名成员都可表达自己的喜好，小组秘书负责记录并设计思维导图，小组播报员负责展示思维导图的海报并做口头汇报。学生分工明确，旨在每个学生都能够切实参与其中。

学生在真实语境下完成真实的任务，能够恰当地实现目标语言的内化和输出，在完成任务的同时，学生能够感悟语用的意义和英语的工具性性质。此外，笔者设计学生使用思维导图呈现小组讨论成果，构建了学生的语言思维，之后根据思维导图，学生进行口语汇报，思维导图又支持了学生的语言表达。

环节五：反观音乐、欣赏民乐、培养文化自信

笔者引导学生反思音乐在人们生活中的重要性，然后播放了一段民乐让学生欣赏，号召学生了解和学习中国传统民族音乐并将其传播。笔者将教材中对欧美流行音乐的讨论过渡到我国的民族音乐，此环节的设计意图为引导学生关注中国传统文化、培养文化自信，并为本单元的后续学习做铺垫。

4 教学反思与总结

笔者在本课设计的系列听说活动让学生有了真实的学习过程。两个教材提供的听的语料都能够实现不同层次的听，任务逐层递进，给学生搭建稳步的语言输入的台阶，让不同学情的学生能够有选择、有侧重地参与符合自己需求的听的活动。

笔者非常关注学生的思维品质的培养。听后的小组活动中，学生的思维导图呈现了学生组织语言的思维方式——新年音乐会的特征决定应该推荐的音乐类型、音乐类型决定了应该推荐的音乐人类型。思维导图是运用目标语进行语言输出的思维工具，既辅助了学生的语言生成，又培养了学生的发散思维。

笔者创设真实、贴切的情境，布置真实的语言输出任务。策划新年音乐会是学生参加过和即将参加的真实校园活动，真实的情境和真实的任务有利于学生创造性地输出目标语，促进学生把所学运用到语言实践活动中。

笔者在本课中既以文化导入，又从文化层面反思。本课导入部分，笔者使用了美国最受欢迎音乐类型的数据统计图表，学生通过看数据、学习音乐类型单词和欣赏音乐片段感知美国音乐文化。在本课结束时的课堂反思环节，笔者播放了中国民乐——《春江花月夜》，旨在激发学生对中国民乐的兴趣、启发学生关注中国传统文化、号召学生以传播中国文化为英语学习目标。

学生小组活动后，因时间关系，没能实现所有小组的展示。实际上，学生的思维和语言比教师和教材所能呈现的要丰富得多，因此笔者应该提供更多的时间给学生以彼此学习、欣赏和评价。

5 结语

随着北京市新中考改革的步伐加快，初中英语教师也在不断改进英语听说教学。其一，笔者认为教师必须重视教材中的听说素材的使用，设计符合学情的有效的听说活动，教材中的听说素材不能处理得如蜻蜓点水般。其二，教师要能够分析、评价、合理利用和二次开发教材中的听说素材。以本课为例，笔者在备课时，为了更好地与学生交流欧美流行音乐，仔细研究了教材中听说素材里提到的音乐、歌手、乐队，发现一个问题——歌手和乐队是教材编者虚构的。基于此，笔者查找和选择了一些真实的歌曲、歌手或乐队作为导入环节的素材。笔者认为，在当下这个网络时代，教材编者应该呈现真实的事实信息，这更有助于学生的语言学习。如果教材呈现学生熟知的经典歌曲、歌手或者乐队，更容易让学生产生共鸣，激发他们的语言学习兴趣，有助于认知建构。此外，教师应该基于教材设计合理的听说活动，既应符合学情，又要有一定的挑战性；既要关注学生语言的输入和输出，又要渗透文化意识和思维品质的培养。因此处理教材时，教师应该适当调整、删减、补充、拓展，并应创设真实的语境。总之，笔者将继续实践、总结、反思和改进英语听说课教学。

基于深度学习理念下的友好校接待课程设计案例及反思

北京市中关村中学　　刘丽萍

【摘要】义务教育阶段的英语学科具有工具性和人文性双重属性，这就表明学生需要在较为真实的语言环境中进行语言实践。本文正是运用深度学习的教学理念、基于一次接待友好校的真实任务进行教学设计。学生在接待来自非英语国家友好校的过程中，需要用英语向友好校的师生介绍本校的特色场馆，于是他们在准备的过程中通过自主学习、合作学习和主动探究等方式进行语言素材的积累，这样由学生被深度卷入与参与的语言实践才是有意义的语言学习。

【关键词】深度学习；语言实践；案例反思

1 设计背景

1.1 英语课程改革的大势所趋

基础教育英语课程改革已经历了多年的历程，在这一历程中，我国中小学英语教学发生了巨大变化，其中最为突出的变化就是对英语学科的工具性和人文性越来越清晰的认识和定位。现阶段正进行的新一轮的深综改对英语教育又提出了新要求，英语中、高考的变革也要求英语学科进一步突出语言的实际运用能力。2016年下半年相继出台了中国学生发展核心素养，其中英语学科核心素养包括语言能力、文化品格、思维品质、学习能力4个维度。语言能力即语言运用能力，是指在社会情境中借助语言，以听、说、读、看、写等方式理解和表达意义的能力。由此可见，语言能力是英语学科核心素养的重要组成部分，也是发展文化品格、思维品质和学习能力的依托和基础，真正的语言能力只有在真实任务的驱动下发生真实的学习才能够得以提升。

1.2　我校开放办教育的育人环境

我校与国内外的友好学校一直保持着密切的教育交流与合作，每年，我校都会接待来自澳大利亚、俄罗斯、英国等国家和地区的友好校师生来访。

在教育深综改的大背景下，我校把课程建设放在了学校发展的首位，国际交流活动课程化是学校一直努力的一个方向，更是国际理解教育课程的重要内容。

2017年10月，我校友好学校德国柏林洪堡中学的21名学生和3名老师要来我校进行一个小时的交流访问。我所教授的初一（8）班学生与我一起承担此次接待任务，我借用深度学习的理念和项目式学习方式，从课程的角度整体设计了这次活动课程。

2　设计过程

2.1　学情分析

我校又名中国科学院中关村学校。学校里很多学生的父母都是中国科学院的科研工作者；笔者所教授的初一（8）班学生中的大部分孩子都是来自这样的高知家庭。

家庭因素方面，这些孩子大都拥有比较好的成长环境，父母大多是高知，关注子女的教育问题，也有着相对开阔的教育视野。在英语学习方面，他们重视孩子的英语学习，需要时能给予孩子一定的帮助。

语言储备方面，本项目实施过程中学生所需要使用的目标语言之一进行自我介绍的相关语言，在英语七上教材的起始单元和第一单元都已经教授过。

学生性格方面，八班学生是一群思维活跃、热情积极的孩子。这个班的男同学大多聪明好动，女同学大多听话乖巧，但整体上都是充满热情和活力的。他们喜欢具有挑战性的任务，拥有强烈的好奇心和求知欲。

从学习方式上来看，八班除了笔者之外，该班的语文老师、数学老师都是学校"基于深度学习理念的中学课堂教学模式研究与实践"课题组的成员。我们三名老师在教科研中心的指导下，正在尝试课堂教学方式的变革。

因此，总体而言，八班同学具备一定的语言素养和知识储备，也具备接收新鲜事物的心理条件。但是因为在语言学习习惯上家长不能给予及时和有效的指导，再加之学生尚处于初中学习生活的适应阶段，所以他们不能很好地将知识落实到笔头和实践中。

2.2　设计理念

结合本次接待任务的具体安排，根据班级的实际情况和学生特点，笔者决定运用深度学习的理念，采取 PBL 项目式学习的教授方式，带领学生开启一段不一样的学习旅程。

本次与友好校交流的主体是学生，学生只有主动参与、分工合作才能保证顺利完成接待任务并且保证交流效果，这正是深度学习所倡导的"让学生深度卷入"的理念。

德国学生的第一外语和笔者的学生一样，都是英语，因此双方的交流只能通过彼此的语言运用来实现有效沟通。在这种真实的场景中，语言的使用成为必要。这正是真实而具体的任务，符合项目式学习的特点。

2.3 课时安排

本次的交流时间共为一个小时，其中包括 20 分钟的集中交流和 40 分钟的参观交流。

在集中交流时间段，由笔者带领 4 名同学共同为中德同学介绍学校。学校社团活动丰富多彩，学生是社团的主人，所以笔者将社团部分的介绍和整个活动的主持交由学生完成。在选拔介绍的学生方面，笔者采取让同学自愿报名的方式。报名的同学统一时间到指定地点集合，笔者当场下发材料，给定时间准备朗读。所有同学均朗读完毕后，根据他们当时的语音、语调、形象、台风等来决定最终胜出的 4 个介绍的同学和一个主持的同学。确定最终人选之后，笔者来指导学生完成相应部分的内容写作。

在参观交流时间段，笔者将学生进行了两人一组的分组安排，每两个人负责陪同一个德国学生参观。在参观内容上，由于我校博物馆区较大，参观时间有限，笔者将参观的地点主要设置在体现我校特色的周恩来励志馆和地理馆。

从接到任务到参观交流，笔者只有 3 个课时的时间进行准备。因此，笔者从整体规划了 5 个课时的安排。

课时一　主要任务：动员、分组、自我介绍的内容准备；
　　　　作业：完成自我介绍，预习周恩来励志馆和地理馆的材料。

课时二　主要任务：周恩来励志馆和地理馆介绍内容的准备；
　　　　作业：根据教师指导完成周恩来励志馆和地理馆介绍。

课时三　主要任务：模拟情境演练；
　　　　作业：针对师生的点评完善自己的三项内容准备。

课时四　主要任务：接待德国柏林洪堡中学的师生；
　　　　作业：梳理所有准备材料，并进行总结反思。

课时五　主要任务：引导学生如何进行总结和反思；
　　　　作业：重新进行总结、反思。

2.4 两课时教案

课题：Culture exchange （4）	
Student analysis （学情分析）	今天学生将与我正式接待德国柏林洪堡中学的学生，学生将把之前三节课的学习和准备应用在今天的活动中。依照这几次课的训练和学生的能力水平，两校学生完成简单对话是不成问题的，关键在于是否能把自我介绍和两个场馆的介绍融入进去，真正达到学以致用的目的
Teaching aims （教学目标）	①与德国学生建立真实的交流 ②将所学的语言用到真实的情境中 ③能把自己和学校的重要场馆向德国学生介绍
Key points （教学重点）	①学生的自我介绍 ②两个场馆的介绍
Difficulties （教学难点）	①两个场馆的介绍 ②交际过程中的随机应变
Teaching methods （教法学法）	真实情境、小组合作

Teaching Procedures

教学步骤	教师活动	学生活动
Welcome ceremony	The teacher just organizes the students and keep them in order.	One student will be the host and introduce the leaders and the teachers.
	Melody will introduce the information about the school.	The students just sit with the German students and listen to the teacher.
	Melody will stand away and let the students go on with the associations.	For students will introduce the school associations.
		Go on listening with the German students.
Visit the school museum	Melody will finish the whole introduction.	Visit the school museum with the German students and introduce themselves and the museum to them.
	Keep the students visit the German students in order and help them when it is necessary.	Invite the German students to fill in the evaluation form.

Homework: 写收获及反思

Date: Oct. 18th，2017　　　　　　　　　　　　　　　　　课程类型：小结课

	课题： Culture exchange（5）
Student analysis （学情分析）	学生圆满完成了德国友好校学生的接待任务。但是为了能够让学生从一次活动中收获更多的内容，也让学生在兴奋之余冷静地通过反思查看自己的优势与不足，我果断地给这次项目式学习加了这次小结课
Teaching aim （教学目标）	根据本次项目的具体表现情况，进行总结和反思
Key points （教学重点）	①总结什么、反思什么 ②怎么总结和反思
Difficulties （教学难点）	①语言的表述和运用 ②笔头表达的准确性
Teaching methods （教法学法）	自主学习

Teaching Procedures

教学步骤	教师活动	学生活动
Step one: Brainstorm	The teacher will put forward some questions to lead the students to think about: How to make a summary about the project? What happened? What did you learn from it? How do you feel about it?	The students will think about the questions given by the teacher and they will give their own opinions.
Step Two: discuss and presentation	The teacher will give them some time to discuss with others and they can exchange their opinions with each other. The teacher will ask some of them to share their opinions in front of the whole class.	Discuss with their classmates and exchange their opinions with each other. Some of them can volunteer to share what they think.
Evaluation	教师点评	学生点评

Summary: Though the project has finished，it is not the end of our learning. Instead，it has to teach us something that can improve our study and ourselves.

Homework: 写收获及反思

Blackboard Design（图 1）

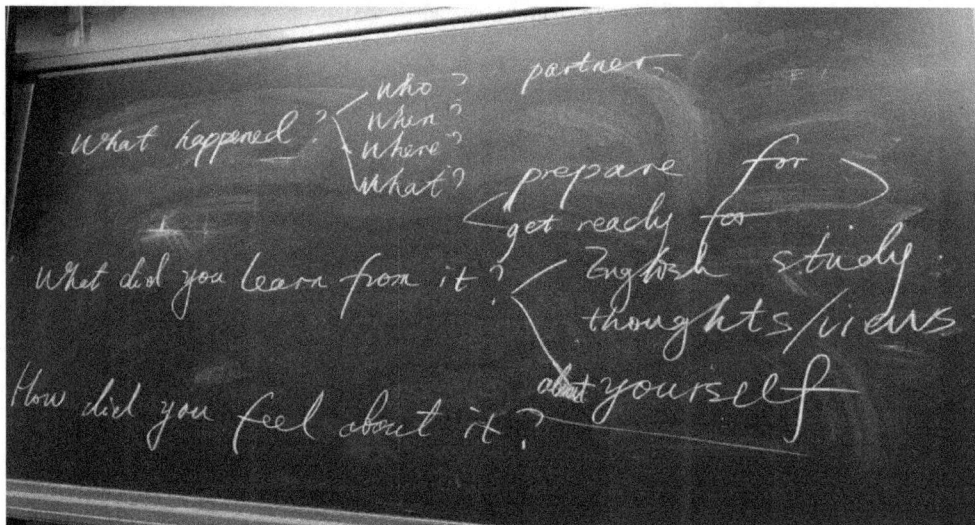

图 1　小结课板书

3　课后反思

　　本次的初步尝试虽然给笔者很大的压力，也确实有点辛苦，但是真正让笔者受益良多。

　　第一，笔者深深地感受到只有真实的、有意义的任务才能激发出学生真正的兴趣，只有以"学"为中心的课堂设计才能唤醒学生内在的动力去参与和体验。我们的教学活动设计必须充分考虑学生的起点与需求，符合学生的兴趣特点，贴近学生的生活实际，被大多数学生喜欢且乐于接受。

　　第二，孩子在常规教学中所表现出的不佳状态会因为学习活动的设计而发生很大改变。八班有个叫小许的同学，他平时作业在数量上和质量上都有很大的问题。在课堂上，他也经常走神，和周围的同学开小差、搞小动作。一直以来，他的表现都让笔者非常头疼。但是在这次活动中，笔者意外地发现他每节课都是认真听讲、积极参与，和搭档同学热烈讨论、认真准备。他甚至放学之后都会通过打电话和微信的方式与搭档沟通两人的材料准备。他的这次表现让笔者惊喜，更提醒笔者要擅于挖掘孩子不同的一面，要为孩子设计他们喜欢的愿意参与的活动。

　　第三，要想获得家长的支持和帮助就要先赢得学生的热情，这次的活动不仅调动了学生的热情，更让家长们也参与了进来。有家长跟笔者说他们是全家总动员，他们全家一起为了这次接待做准备；之前不让父母管理学习的孩子主动要求家长帮助。他们甚至在准备中，还会因为某个单词用法的使用进行辩论。对此，笔者特别高兴，因为从家长的角度，能够被孩子邀请去参与他们的学习是非常难得的亲子互动！

当然，这个项目的课程设计还有很多的不足之处。比如：

第一，如果时间充分，应该给学生更多的语言支撑。在辅导同学们整理介绍内容的过程中，由于课时有限，过多地关注了内容要素，没有关注语言支撑要素。

第二，在两人小组合作学习的过程中，没有给予更多的具体指导。如果能够就两人的分工和职责给予更加精细化的指导的话，那么每一个同学的任务就会更加明确，他们的合作学习也就会更加充实有效。

第三，在两个场馆介绍的课时上，教师评价和学生评价做得相对粗糙，笔者并没有像第一课时那样，与学生共同制定一个相对完整的评价标准，教师和学生在点评时也没有一个比较开阔的思维模式。

4　结语

每一节课、每一个设计、每一个项目都会有很多的遗憾之处，重要的是要把每一次的收获和遗憾都当作是下一个设计的经验来源！

在这次项目中，孩子们主动学习、准备充分、特别认真、非常投入，既活泼又可爱的表现让人非常惊喜和非常感动！通过这次活动，老师看到了很多孩子的另一面，每一个同学都让人感到可爱和贴心！他们对事情的积极、认真和热情感染着老师也鼓励着老师，希望他们能继续将这种宝贵的品质保持下去！笔者也希望自己在一次次的尝试和实践中能够走出一条"学本课堂"的特色教学创新之路，助力孩子的成长，成就自己的职业发展！

附件：部分学生的收获与反思如图 2 所示。

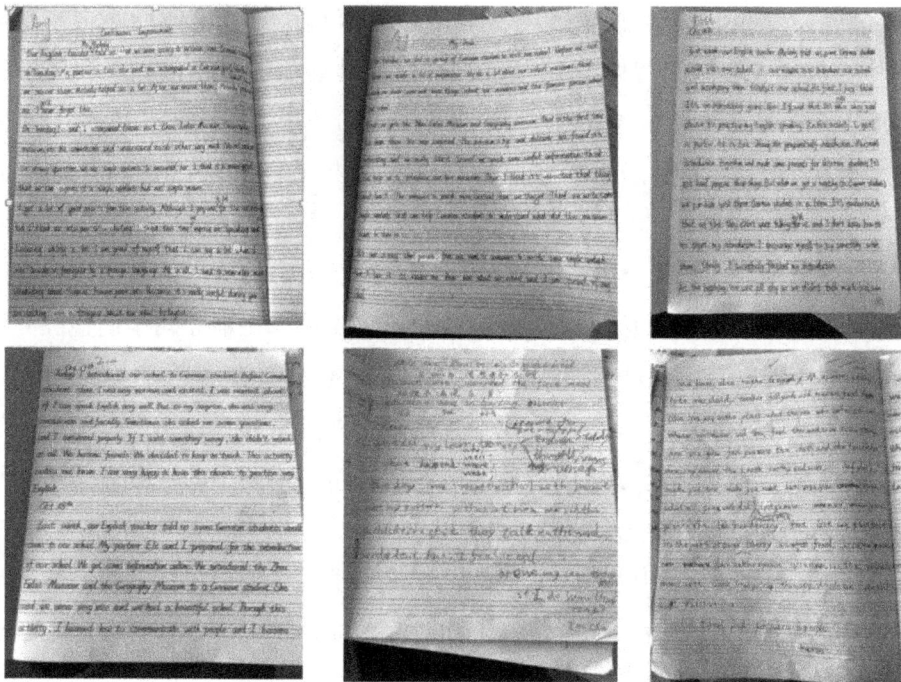

图 2　部分学生的收获反思

初三英语听说课单元话题教学探究

北京市中关村中学　赵长凤

【摘要】培养学生听说能力是中学生英语核心素养的重要内容，也是初中英语教学的重要一环。新中考中对听说能力的考查提出了新要求，面对新的挑战，学生和教师都有些茫然和紧张。近年来，以"学"为中心的课堂教学研究，打造"学本课堂"的理念蔚然成风。因此，我们结合学生学情，以教材单元话题内容为依托，借助输入和输出假说的理论启示，探索如何高效帮助学生提高英语听说能力并在中考中取得理想成绩，同时引导学生在经历、体验、感悟等积极情感的滋润下获取知识，形成必备品格和关键能力。

【关键词】听说课；单元话题教学；输入和输出假说；初三英语

1　研究背景

听说技能和知识是英语学习的重要组成部分。我国依据立德树人的根本任务研制了中国学生发展核心素养框架，其中英语学科核心素养包括语言能力、文化品格、思维品质、学习能力 4 个维度。听说技能和知识是语言能力维度不可或缺的一部分，而核心素养其他维度的顺利开展也需要依托语言能力。因此，为了帮助学生更好地成长发展，必须提升学生的听说能力。

2018 年是北京市中考改革的试行之年，英语科目在考试形式、分值、内容和结构上都发生了很大变化。中考英语从 120 分降到了 100 分，其中 60 分为笔试，40 分为听力和口语。试卷构成第一次将口语纳入考核范畴，听说考核所占比例也有所上升。中考的新形势、新变化势必对英语教学在很大程度上起到反拨作用，教师和学生都更加重视学生听说能力，试图寻找提升听说能力的途径和方法。

听说能力无论对于学生的长远发展而言，还是在应对中考方面都至关重要，然而在日常的教学中我们发现，学生的英语听说能力，尤其是说的能力比较薄弱。

为了了解学生听说能力的真实状态及困惑，我们针对参与本研究的187名学生进行了有关英语听说教学和测试方面的问卷调查。调查结果显示，学生目前存在问题的主要原因有：①听说材料及练习形式比较单一；②学生学习习惯比较被动；③教师缺乏对学生听说知识和技能的系统、细致指导；④学生缺乏中考练习的实践经验，比较不自信。

2　输入、输出假说与启示

Krashen（1985）"输入假说"的核心思想是丰富的、可理解的输入能够促进语言习得的发展。理解是使输入成为内化能力的前提，若学习者所接触的语言形式略高于其现有水平，该语言形式就能被理解，继而还可以被内化，从而完成语言习得。根据输入假说，利用语境和教师对输入材料的适当简化可以帮助学生更好地理解输入材料。听力是一种可理解的输入，在输入过程中，教师要为学生设置真实的语境，并通过合作学习和意义协商等手段让学生充分理解语言输入。

Swain（1993）认为"可理解的输入"在语言习得过程中固然起到很好的作用，但仍不足以使学习者全面发展二语水平；学习者若想使自己的第二语言既流利又准确，不仅需要丰富的、可理解的输入，更需要"可理解的输出"，这有助于提高学习者语言表达的流畅性和准确性。根据输出假说，说是一种重要的输出手段，并对听的输入具有重要的反作用。听说是互补互动、互相关联的。在二语习得过程中，说不仅可以促进听，增强听的可理解性，还可以检验学生听力输入的接收效果；而说的好坏很大程度上取决于听说技能的掌握程度和课堂听力输入的充分与否。

输入、输出假说对英语教学和学习的指导非常重要，从中我们获得如下启示：①在单元话题框架下，深度挖掘教材内容，适当扩展话题输入材料；②寻找单元话题各环节内在联系，为听说活动铺设合理真实的情景，帮助学生更好地理解输入内容，增强学生参与活动的主动性；③适当简化输入任务，或者为学生完成具有挑战性任务之前铺设合理台阶，帮助学生更好地完成输出任务，提高其表达的流畅性和准确性。

3　设计与实践

本研究的参与对象是我校 2018 届初三 5 个班的学生，共计 187 人。所选 5 个班级学生整体水平参差不齐，各个班级内部学生英语水平也有一定差异性，因此研究对象具有一定代表性。所选听说材料主要依托人教版"Go For It!"九年级第 4—12 单元 Section A 的教学内容，并适当添加部分课外拓展听说资源。本研究共分 3 个阶段，具体实施情况如下。

3.1　第一阶段：人教版"Go For It"九年级 unit 4—unit 6 三个单元教学

前期调研发现，学生面对全新的考试形式，缺乏一定的实战经验和练习，暴露了一定的畏惧心理，同时机器阅卷的形式，对学生的口语面貌提出了更高要求。因此，我们初期的行动研究旨在让学生熟悉新的命题形式，增强学生对听说，尤其是对说的兴趣和信心，同时指导学生进行发音练习。

（1）开展活动

A. 根据教材单元教学内容和练习，结合中考听说命题形式，适当变化听说练习任务；

B. 听教材录音，让学生听并跟读，进而模仿，并适当渗透语音语调知识；

C. 适当添加相关话题语料，作为补充练习，增加语言输入；

D. 课堂上，开展多种互动形式，充分给予学生自主练习时间；

E. 团队打磨示范课，邀请专家点评，并进行组内课例互评。

（2）听说材料整合示例

听说材料的整合要多方兼顾。一方面要照顾到其在单元教学中起始课的作用；另一方面要与中考要求相结合，让学生们熟悉中考命题形式及答题规范。此外，任务设置也要循序渐进，为学生练习充分铺路，以增强学生的听说信心。

以 unit 5 单元的听说课为例。我组教师对 2d 部分 Tea Culture 的语料练习进行了整合。

Task 1: Listen and answer questions.

图 1 是 Tea Culture Task 1，对应中考听说中"听"并回答问题的练习，旨在让学生熟悉中考命题形式。

1. Which places are widlely known for their tea in China?
2. How are tea leaves picked?
3. What is tea good for?

图 1　Tea Culture Task 1

Task 2: Listen and fill in the flow chart.

图 2 是 Tea Culture Task 2，旨在训练学生听取关键信息的能力，同时为完成后面的听说任务铺路。

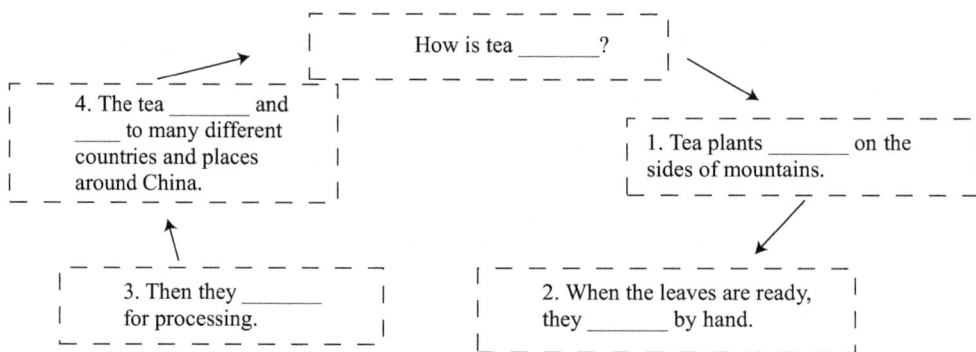

How is tea _____?

4. The tea _____ and ____ to many different countries and places around China.

1. Tea plants _____ on the sides of mountains.

3. Then they _____ for processing.

2. When the leaves are ready, they _____ by hand.

图 2　Tea Culture Task 2

Task 3: Watch the video and answer the questions.

图 3 是 Tea Culture Task 3，为学生补充了一段课外视频材料，作为茶文化及相关语料的适当补充，并就视频内容设置一些问题。

1. What do people do before tea picking?
2. How are tea leaves processed?

图 3　Tea Culture Task 3

Task 4：Introduce how tea is produced with the key words and pictures.

转述内容包括课内文章和课外拓展两部分，任务旨在训练学生根据关键词进行转述。任务难度分为两层，A 层只有图片，B 层图片下附有文字。

不足百字的语篇被我们二次开发利用，循序渐进，适当补充，逐步搭桥，不仅让学生充分学习语言表达，更锻炼其听说能力，增强其学习自信。

（3）教学反思

在此阶段学习中，大部分学生基本对命题形式更加熟悉，听说方面的自信心得到了提高，但是同时通过观察和调研，教师也看到了学生在速记方面、转述方面和答题规范方面都暴露出一定问题。比如，在听后记录环节，不能很好地抓住关键信息；速记缺乏技巧，记录信息慢；转述时，缺乏句子和语篇意识，转述内容片断化，不成句或者逻辑不清晰等。我们下一阶段准备在这些细节方面多下功夫。

3.2 第二阶段：人教版"Go For It"九年级 unit 7—unit 9 三个单元教学

第二阶段开始前，根据学情反馈，我们本阶段重点关注学生的技巧练习，特别是速记、转述和答题规范方面。

（1）开展活动

A. 根据教材单元教学内容和练习，结合中考听说命题形式，适当变化听说练习任务；

B. 听教材录音，让学生听并跟读，进而模仿，并适当渗透语音语调知识；

C. 适当添加相关话题语料，作为补充练习，增加语言输入，进行速记和转述专题练习；

D. 课堂上，开展多种形式互动，充分给予学生自主练习时间；

E. 团队打磨示范课，邀请专家点评，并进行组内课例互评；

F. 借助"一起作业"手机学习软件，布置话题练习任务，增加学生课后听说练习机会。

（2）听说材料整合示例

以 unit 7 的听说课为例。本单元主要谈论校规、家规，并表达自己的看法。我组教师在该话题下补充了"穿校服"这一子话题，并设计了练习任务（表1）。

Task 1：Listen and fill in the chart.

表 1 School Uniforms Task 2

Wear school uniforms	
Agreements	Disagreements
① Remember they're 1.＿＿. ② Be reminded of what they should do or shouldn't do. ③ Be 2.＿＿ than their own clothes. ④ Not worry about what to 3. ＿＿.	① Be 4.＿＿. ② Not look 5.＿＿. ③ Have the right to feel comfortable.

Task 2: Retell according to the information in the chart.

The students in Green School are having a hot discussion about wearing school uniforms ... .

不仅所听文段是单元话题内容的有效补充，同时所布置的任务有助于锻炼学生的听力速记、转述技能，并注意语言表述规范等。

（3）教学反思

在此阶段的学习中，学生对听后记录并转述的练习题目更加自信从容，能够用完整连贯的句子进行转述，但是学生的语言准确性有待进一步提高。

3.3 第三阶段：人教版"Go For It"九年级 unit 10—unit 12 三个单元教学

临近第一次中考听说测试不足一个月，学生们整体听说水平有了很大提高，但是在听说准确性方面还有一定问题，比如时态、单复数、人称和发音等。因此，第三阶段学生的学习重点放在练习语言表达准确性方面。

（1）开展活动

A. 根据教材单元教学内容和练习，结合中考听说命题形式，适当变化听说练习任务；

B. 听教材录音，让学生听并跟读，进而模仿，并适当渗透语音语调知识，适当增加话题下新文章，增加朗读专题练习；

C. 适当添加相关话题语料，作为补充练习，增加语言输入，进行速记和转述专题练习，并在转述后让学生把转述内容落实在笔头，教师批改纠正学生的错误；

D. 课堂上，开展多种形式互动，充分给予学生自主练习时间；

E. 借助"一起作业"手机学习软件，布置话题练习任务，增加学生课后听说练习机会。

（2）听说材料整合示例

本阶段我们的练习重点不仅是巩固之前所学技能，更关注语言表达的准确性和连贯性。以 unit 12 听说课为例，我组教师在完成 Section A 1b 和 2a 的听说任务后，进一步整合两个听力文段，改编了如下练习：

Task 1: Listen and fill in the blanks.

图 4 是该听力的对应文段。

Tina had a terrible morning yesterday. She_____. When she _____ , her brother _____ in the shower. By the time she _____ , the bus _____ . So she had to _____ .Oh , dear. When she _____ she realized she_____ .

图4 A Terrible Morning Task 1

Task 2: Listen again and retell the passage according to the pictures and the key words.

上述练习任务分为两层，学生可自行选择。

这样的练习一方面可以引导学生关注关键信息，另一方面可以让学生重视句子的主语、时态、搭配、名词单复数等语法问题。

（3）教学反思

在此阶段的学习中，大部分学生表述的流利度和准确性都有了一定程度的提升，对人称和时态的把握更加准确，学生表示更自信、更从容，学生在练习中也更加专注认真。但是学生之间还是存在差异性，尽管我们已经设置了分层任务，部分学生仍需要更多的指导和练习。因此，教师下一步需要思考如何变化分层教学形式，以满足不同程度学生的需要。

4 结论与反思

在本研究中，我们结合学生学情，以教材单元话题为依托，借助输入和输出假说的理论启示，探索如何高效帮助学生提高英语听说能力并在中考中取得理想成绩。根据以上研究过程和结论，在通过整合教材单元话题语料、高效帮助学生实现听说能力和成绩的双提升方面，有以下结论和启示：

（1）科学把握学情，以学情引领教学设计

每个研究阶段前后的学情调研及反思，让我们准确地找到了学生的需求及薄弱点，以便我们之后的教学设计更有针对性。

（2）鼓励在做中学、以学生为中心的授课形式

"输入假说"认为丰富的、可理解的输入能够促进语言习得的发展，而"输出假说"认为可理解的输出有助于提高学习者语言表达的流畅性和准确性。我们在教学设计中为学生提供了丰富的输入语料，同时设置了对应的输出活动，让学生进行大量的输入、输出反复互动练习，旨在通过这些活动让学生真正去实践练习，把耳朵磨尖，

把嘴皮练利。

（3）合理整合资料，以单元主题为主要依托

以教材单元话题为依托可一举两得。一方面，我们所剩备考时间有限，依托单元话题设计听说学习任务既可以完成初三整体教学任务，也不耽误读写的学习；另一方面，同一话题丰富的、大量的听说输入、输出练习，可以让学生准确深刻地掌握所学语言，语言的熟练掌握有利于技能得到更好的锻炼和发挥。

第一次中考听说测试后，很多学生取得了满分的好成绩，但是仍有一部分学生成绩不理想，并且非常需要教师的指导。教师如何设计分层课堂、照顾学生群体多方需求将会是我们今后思考的问题。

以批判性思维为导向的
英语阅读教学实例研究

——以"Pip's Holiday"的教学为例

北京市中关村中学　郭梓杉

【摘要】本文试图借助苏格拉底问答，以批判性思维为导向，推动学生形成深入思考和探究问题的意识，提高深刻分析问题和解决问题的能力。以《典范英语》第七级第三册"Pip's Holiday"为例，从教学方法、教学设计、设计意图和课后反思等四个方面来展开批判性思维能力在英语阅读教学中的实例研究。

【关键词】批判性思维能力；苏格拉底问答；英语阅读；实例

1 引言

在信息爆炸的时代，面对纷杂的社会，事件发生后的不同声音，不能简单地采取拿来主义照单全收，而需要有深刻分析问题的能力，即：在探究各种观点背后隐含的条件基础上，理性客观地求证，从而形成自己的观点，有理有据地得出结论。

2 理论依据

《义务教育英语课程标准（2011版）》指出，需要培养学生的批判性思维能力，形成创新的精神和意识，提高深刻分析问题和解决问题的能力。同时，英语学科能力要素内涵及表现指标中，要求学生能够进行批判性思维，利用理据展开论证和评判，提出令他人信服的个人见解。该能力涉及英语学习者的认知立场、情感心态、是非观念等，是多种心智、多种机智和多种能力的有机结合，是英语学习者综合素质的集中体现。因而，初中阶段在阅读教学中开展以批判性思维为导向的教学研究是非常重要的。英语阅读教学在培养学生综合语言运用能力的同时，更应该注重思维能力的培养。通过批判性阅读培养学生分析问题的能力，让学生通过文本阅读中的细节推敲和分析，提出自己的见解和观点，在理解的基础上作出自己有理有据的评价和判断。

苏格拉底问答也称"产婆术"式的教学对话，是在教学过程中不直接向学生传授各种具体知识，通过采用环环紧扣、步步推进的问答，在师生、生生的交谈和争辩中，引发学生的思考。在认识中逐渐排除不符合逻辑或者狭隘的立场或观点，进而把握事物的本质。重视学生的"学思结合"，在得到知识的同时又将学生思维在问答中引向更为深入的思考，而非表面的、浅层的事实性知识。

笔者试图借助苏格拉底问答推动学生以批判性思维为导向的深层次阅读，通过阅读教学课例探讨可行的做法。

3 阅读教学的实例

3.1 阅读教材介绍

本课时的阅读材料是《典范英语》第七级第三册 "Pip's Holiday"。故事主要以 Pip 公主的一次假期旅行为主线展开的，描述了她由最开始对旅行感到无聊至极到最后高喊"我不想回家"的思想变化过程。文章通俗易懂，话题贴近学生生活，能够唤起学生自己对于假期感受的共鸣。动作语言十分形象生动，人物性格跃然纸上。

3.2 学情分析

学生刚刚进入初中1个月，已有的语言储备参差不齐，对于整本的桥梁书阅读存在着渴求，但缺少一定的阅读策略的支撑。尽管对于故事类的阅读体充满好奇，但大多数停留在对于故事情节的感性认识上，缺乏对人物情感变化的深入思考和主人公情感变化的把握。因此，在阅读课整体授课之前，会给学生大约1周的时间，让学生课下每天朗读10分钟，辅以默读。做到听读结合，对故事的大意有所了解。这样既可以让不同基础水平的学生缩小差距，减轻课堂上阅读时，学生深入思考的语言障碍，也可养成学生独立阅读英文书的习惯。

课堂上需要带领学生做的就是在对故事进行概括整理，把握文章主要脉络的基础上，挖掘故事中人物的性格和故事的主旨，引起学生思维上的深入。由 Pip 公主对于一次度假态度上的转变，激发学生深入思考"当事情本身没有如预期的那样有意思的时候，该如何解决问题"。此外，在人物刻画上，让学生通过人物的语言和遇事表现出的情绪，分析其性格特点，力争全面、客观、有理有据。

3.3 教学过程

3.3.1 图片激活情景，培养预测能力

【设计意图】

通过图片激发学生关于假期经验的情感储备，并且让学生初步谈论自己的假期感受的同时，给出原因，作出有理有据的评判。在谈论 Pip 的假期感受时，让学生通过观察书目的封面给出答案，关注阅读文本里图片的隐含信息，培养学生读图的能力。

【课堂实录】

T：How was your last holiday?

S1：It was quite boring.

T：Why do you think so?

S1: Lots of homework and many after-school classes.

S2: It was interesting，because I went to America with my friends.

S3: Holiday is full of something new for me，for I learned a new skill. Skiing is challenging and interesting.

T: What do you think of skiing?

S3: It brings me a kind of excitement and fun.

T: Look at the cover of your book. What does Pip think of her holiday? Give your reasons.

S: She feels unhappy because of her looks.

T: Sure. She looks sad，for she curled her lips.

【教学效果分析】

学生在问题之初的时候仅仅以一个简单的形容词来描述自己的假期生活，在老师的追问下，可以给出简单的理由；随着提问的深入，学生就会慢慢无意识地越说越多，并且有理有据地去支持自己的观点。此外，学生的思维在发言同伴的启发下，会逐渐获取灵感，建构自己的思维框架。

3.3.2 概括性问题抓住文章主线

【设计意图】

整本书共有 4 个章节，相对而言比较复杂，必须通过概括性的问题来引领学生获

取文章的大意，抓住文章主线。

【课堂实录】

T: How many times did Pip say "It's boring"?

S: Four times.

T: What makes her feel bored each time?

S: She couldn't take her pony and pet snakes along.

T: Where have you found it?

S: On page 5.

S: On page 7，she thought the castle they went was just like home. On page 10，the banquet took hours. She couldn't find anything to do on page 12.

(present on the blackboard)

T: Exactly. At first，she couldn't take her pony and pet snakes along. Next，on page 7，she thought the castle they went was just like home. Then，on page 10，because the banquet took hours，she felt bored. Finally，she couldn't find anything to do on page 12.

【教学效果分析】

学生在回答老师问题的时候，给出的答案大多都是零散的语言。关注事实性的答案，而忽略了语言本身的逻辑性和语义关系，教师通过总结和板书，将学生的语言整理归纳，有意识地添加表示逻辑关系的关联词，培养学生的逻辑思维能力。

3.3.3　问题推动深入思考

【设计意图】

通过教师的提问，激发学生对于文章主人公 Pip 情感变化矛盾点的思考，关注事件的发生对于情节的推动，关注在不同事件发生时人物的情感变化（图 1）。利用故事线梳理文章的情节。

T: Everything seems so boring，so at the end of Chapter2，she said to Daisy "I WANT TO GO HOME"，while at the end of the story，she scowled "I DON'T WANT TO GO HOME". What makes the difference? What happened on her way home?

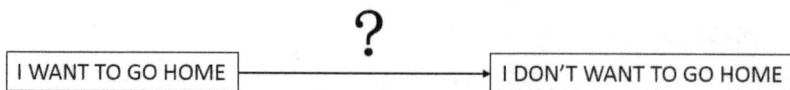

图 1　主人公 Pip 的情感变化

【课堂实录】

S1: First，they have some fish sticks from a stall. Then，the castle they built had washed their house FLAT. After that，they rode merry-go-round. What's more，they took the roller coaster.

T: Do you agree with him?

S2: Actually，there is one more，Pip caught fish after they had some fish sticks.

T: What does Pip think of these things? Could you draw a line to express the feeling of Pip? Maybe it goes up，down or it's full of ups and downs?

(Students began to draw and present their draft later.)

【教学效果分析】

学生意识到教师示范中关联词对逻辑顺序的作用，开始尝试使用这些关联词表达自己语义中的逻辑关系；通过学生互相的补充提醒代替教师的纠错，让学生思维在同伴学习中更加缜密；感情线的自我梳理有助于学生自我意识到事情的发生对主人公情绪的影响，自我发现 Pip 态度转变的过程和原因。

3.3.4　学生互评推动反思

【设计意图】

学生体会人物情绪变化不仅需要默读，更需要大声跟读和朗读，通过重音、语调表达人物情感。让同学之间互相评价，自我反思代替老师的评价会取得事倍功半的效果，既可以让学生自己体会、反思语调和重音在表达感情色彩方面的作用，还可以让后续的角色扮演环节的人物立体、丰满起来，真正用语言来做事。

【课堂实录】

T: Could you read the following sentences aloud to express different feelings? Be angry，be sad or grumble?

"This holiday is going to be BORING."

【教学效果分析】

学生在第一次尝试中，表现得并不尽如人意。教师没有着急评价，而是询问其他学生从发言同学的语气里感受到人物的什么样的情绪，普遍学生认为没有什么特别的感受，可当听相应的音频时，学生当即感受到了人物愤怒的情绪。学生感知到如何通过重音和语调表现人物情感后，尝试模仿，大声而富有情感的朗读，很快就体会到了语言的力量，进而尝试另外两种情感的语调也变得顺畅而大胆起来，师生都能明显感受到了学生语言表现力的变化。当有学生朗读得惟妙惟肖时，班级里自发地响起了热烈的掌声和学生们情不自禁的笑声。人物的情绪生动立体起来的同时，更重要的是，学生的情感体验和创新尝试的欲望被点燃了。

3.3.5 联系学生生活体验，培养多角度看待事物的批判思维

T: Let's have a discussion，what should a princess usually be like?

S1: Princess should be beautiful.

S 2: elegant.

S3: polite.

S4: kind.

T: What do you think of Pip? What's Pip like? Why do you think so?

S1: Pip is not pretty enough，you can see it from the cover of this book.

S 2: She is bad-tempered，because she always gets angry.

S 3: She is a little bit bossy，because she always orders Daisy to do something.

T: Is there any good quality of her?

(Ss began to be lost in thought.）

S1: She is kind，because when she caught the fish，she let it go.

S2: She is naive，because she'd like to exchange her great bed to a straw mattress.

S3: She prefers to try something new，for she never refuses Daisy's advice.

....

T: How do Pip get rid of boredom in the story?

S: Take others' advice and try to do something new.

T: Do you have similar experience? What could you do next time if you feel bored?

S1: I used to think this summer holiday is boring，for Kung fu took too much time。As a result，I have less time playing. However，maybe in fact，it's not true，I've learned to stick to my interest even though it's sometimes tired.

S2: I should believe there's always something new to be explored by ourselves.

3.4 教学反思

学生通过本节课的学习对故事的主旨有了更深层次的理解，没有仅仅停留在字面意思的探讨，在梳理故事线的同时，更注重情感线的梳理；学生能够用原文的例证支撑自己的观点；通过模仿环节，学生能够建立通过改变语音和语调去表达不同感情的

意识，并且后期的展示活动中自主地去应用。

3.4.1　潜移默化渗透育人价值

"所谓学科的育人价值，是指某个学科的课程内容除了使学生学习某些学科知识和发展学科技能之外，还要促进学生的心智能力、情感态度、思想品德、社会责任感等方面的发展。育人价值是学科核心素养的基础。英语学科也不例外。"在日常的教学活动中，应避免将德育的价值标签生搬硬套，而是在教学的过程中由学生自己生成、内化，自我感悟和建构。这种潜移默化的育人价值是通过教师一步一步搭设的台阶自然而然完成的。

以"Pip's Holiday"这篇文章为例，通过故事线和情感线的梳理，让学生自己意识到主人公 Pip 的情感变化，而诱发这一态度转变的关键因素是她听从了 Nancy 的建议，努力去尝试新的事物，找到了快乐和享受生活的乐趣。当联系到学生自身的生活实际时，无须老师的刻板说教，学生就会自我迁移和反思。

3.4.2　以学生为中心，发展自主学习的能力

"学生不仅需要在学英语、用英语的过程中使用学习策略，而且要形成学习英语的能力，为自主学习和持续学习创造有利条件。"在日常的教学中，教师应该敢于放手，敢于让学生自主地尝试和探究，为学生提供宽松的学习环境和引导。

以"Pip's Holiday"这篇文章为例，教师只需要通过问题链层层推进学生地思维，为学生搭好支架，将文章梳理、整合、分析和推断的任务由学生自主完成，有意识地放手，可以激发学生自主探究的意识，提供自主学习的空间和机会。

3.4.3　聚焦发展核心素养

批判性实质上是指对事物作出公平、公正的判断。Rogers 认为，当我们批判性地思考，并从不同的角度分析事物时，答案很少会是非常明显的对或错，通常有很多存在矛盾冲突的证据需要权衡与评价。因此，应该在教学实践中帮助学生多角度地思考，全面地分析，形成思维的广度和深度。

以"Pip's Holiday"这篇文章为例，学生往往在分析故事线和情感线之后，容易形成一面倒的印象，即 Pip"颐指气使、爱发脾气、有公主病"之类的评价，可当教师提出 Pip 是否有其性格优点时，学生最开始有些茫然，推动学生重新回归文本，换角度思考，得出的结论就不再是全盘否定的，而是公正客观、全面而有理有据的，思维的广度和深度得到了延展和挖掘。

4 结语

基于批判性思维的阅读教学，让课堂摆脱了枯燥乏味的语言点讲解、好词好句的梳理，真正激活了学生的思维，让学生思维外显出来，在教师问题的引领下，被卷入其中，在课堂中感受自己思维的成长、同伴的思维碰撞、灵动有序的情感对话，英语学科的关键能力和必备品格培养就会悄然发生，学生在课堂的主体地位自主凸显。

参考文献

[1] 程晓堂，赵思奇 . 英语学科核心素养的实质内涵 [J]. 课程·教材·教法，2016（5）：79–86.

[2]BUTTERWORTH J，THWAITES G. Thinking Skills: Critical Thinking and Problem Solving[M]. Cambridge: Cambridge University Press, 2013.

[3] 董毓 . 批判性思维原理和方法 [M]. 北京：高等教育出版社，2010.

以学生为中心的英文戏剧课堂实践与反思

北京市中关村中学　王　磊　马红芳

【摘要】英文戏剧课程是高中学段校本选修课体系的重要组成部分，是高中英语课堂的重要补充。英文戏剧课堂以学生为中心，内容丰富、形式多样，该课程实践表明，课堂引入文本创作和表演能激发学生的学习兴趣，培养学生的自学能力，提升学生英语的综合语言水平，培养团队合作精神，提高问题解决能力。

【关键词】高中英语；英文戏剧课堂；核心素养；以生为本

1　前言

在高中新课改的背景下，中小学理应充分行使所享有的校本课程开发自主权，积极主动地迎接学校校本课程特色化的挑战。《国家中长期教育改革和发展规划纲要（2010—2020）》提倡开发特色课程，推进素质教育改革试点，进一步推动国内对戏剧教学的关注和研究。我校校本课程基于学校特色和学生发展需求研发设计了英文戏剧课堂，该课程的实施不仅有助于学生英语学科核心素养的提升，而且有助于我校高中英语学科特色的形成，对学校形成和完善校本课程体系具有重要意义和重大价值。

戏剧教学在中小学教育中所具有的价值，在国内外教育界已经有广泛的共识和多年的实践研究。戏剧教学对语言学习具有独特价值，以戏剧的方式开展英语教学的优势包括：①学生能更深刻地理解目标语言的意义，学生在语境中学到的语言是地道的、鲜活的，带有情境、人物心情和情感标记的，是可以迁移到真实的语言运用情境中的语言；②戏剧学习能提供学生充分的空间和机会，让他们用身体来学习和表达自我，增强自信，丰富自我；③戏剧教学能够更好地实现学生的主体性和个性化发展，课堂上不同个性的学生或小组基于自己的理解，给出自己的演绎，使戏剧表演个性化，呈现出丰富多彩的特质；④戏剧能够培养学生合作学习的能力，戏剧这一表现形式决定了小组合作学习是教学活动的主要形式；⑤好的剧本有利于学生形成良好的人格气质，树立积极的人生目标，更好地认识自我、认识他人，真正落实英文学科的育人价值；⑥英文戏剧课程能够使学生通过学习戏剧中所蕴含的文学、艺术、历史、地理等知识，感受中西方文化差异，提升文化鉴赏力和艺术审美能力，丰富其人文底蕴。

英文戏剧教学对发展学生的语言能力、文化品格、思维品质和学习能力有着极大的促进作用，不仅能够提高学生的学用能力，满足学生个性发展需求，而且能够促进学科核心素养有效形成，落实英语学科立德树人的根本任务。

该课程组成员进行了文献梳理与阅读，可以看出，国内进行英文戏剧教育实践的大中小学校正逐年增长。发表的研究成果虽然不多，然而其中不乏专家发表文章对英文戏剧引入中小学给予肯定和鼓励，如王蔷教授的《以戏剧教学促进小学生英语学科能力的发展——北京市芳草地国际学校英语戏剧课探索》。同时也有英语教学方面的硕士论文，详述长江中下游教育发达地区部分学校的成功经验，以及探讨英文戏剧教育在高中英语口语教学中的作用。

2 以学生为中心的英文戏剧课堂设计

2.1 理论依据

首先，戏剧课程具有深度学习和体验式学习的特点，学生文本创设的情境之下，进行自主的语言学习和代入式表演。学习过程中，学生全身心投入对所学内容的深度思考，不仅获得了解决问题的知识和能力，还能作出正确的价值判断。其次，深度学习重视学生在学习中的主体地位，强调教学内容要与学生的经验建立关联，通过建构新知识和深度思维，获得真实世界中解决问题的能力。最后，深度学习重视教师对学生发展的促进作用，强调教师存在的根本理由和价值是激发学生的学习愿望，启发学生在学习过程中进行质疑、批判和深入思考。

体验式学习的主要特点为：① 学习应该被理解为一个过程，而非结果；② 学习是一个基于体验的不断延续的过程；③ 学习的过程即处理主体与客体、具体体验与抽象概念等矛盾统一体之间关系的过程；④ 学习是一个全身心适应世界的过程；⑤ 学习是一个学习者与环境交互的过程；⑥ 学习是一个创造知识的过程。

戏剧教育兼具深度学习和体验式学习的优势，有助于学生发展个性和核心素养，进而帮助他们适应社会的进步和发展。戏剧教育基于情境，充分包容学生的差异性，以学生的个性发展为中心，努力满足学生的个性化需求。

为更好地实施该校本选修课，课程组成员对课程内容进行系统设计，并在实践中不断调整和完善，为学生提供多样的选择和发挥自身特长、发展个性的平台。一方面通过浸润式教学提升学生的语言能力；另一方面通过戏剧表演帮助学生全面发展，为学生在全球化进程加速的今天提供更多实践、体验外国文化的机会，同时通过让学生进行戏剧创作，给予学生表达自我、艺术化现实生活的机会。希望通过这门选修课，学生能够认识更深的自己，看见更大的空间，见识更多的可能。

2.2　课程设计

2.2.1　课程目标

《英语戏剧》作为一门校本选修课程，是对英语国家课程的有效补充和拓展，旨在为学生提供一个培育提升语言能力、培养文化品格、开拓国际视野、增强自信与勇气、进行文学创作、涵养人文素养的空间。

2.2.2　课程内容安排

每一学期的选修课大致为 10 课时，每课时 50 分钟，开学后两周开始进行，学期结束前两周结束（表 1）。

表 1　教学内容安排

	课堂内容	教学设计	备注
第一课时	Course warm-up 课前访谈	① Self-introduction: 学生自由结成小组，自创形式进行自我介绍，突出展示个人特长和性格特点 ②教师对课程进行整体性介绍：课程内容安排、教学计划、参赛流程及时间、教学评价 ③师生讨论：What do you know about English drama or drama performance? What do you expect to get from this course?	破冰和个性展示
第二课时	Basic training -- emotions	学生练习喜怒哀乐情绪的表达。教师在：① PPT 上展示 angry/happy/sad/surprised/shocked…等表达情绪的词汇，学生单独或结对到教室前进行表演，通过面部表情、肢体语言及少量语言表现相应情绪 ②学生自由讨论，交流英、美剧观影经历，推荐自己喜欢的情景戏剧，学生根据相似的兴趣爱好进行分组，选定表演的电影、电视剧，选定表演片段	学生课后再次观看选定的影视片段并查找相对应的剧本

续表

	课堂内容	教学设计	备注
第三课时	Performance training	①学生小组阅读各自选定的剧本，分析片段故事情节、人物情绪及变化，让学生剖析人物性格。接着，学生学习剧本台词，快速背诵，确定出场顺序和表演形式 ②小组表演 & 讨论，流程为：学生表演—播放原片—表演学生说戏—学生点评	
第四课时	模仿练习	①配音练习：教师选定电影《狮子王》片段，学生先观看原片，然后分组学习台词，练习配音，相互纠音，最后分组展示配音。学生进行小组互评，评选最佳配音团队 ②肢体练习：教师选定电视剧《憨豆先生》片段（与课本文章节选部分相对），学生组内轮流单人表演，组内成员相互点评指导	
第五课时	剧本要素学习 & 主题确定	①教师讲授戏剧要素，老师带领学生阅读剧本节选 The Importance of being Earnest ②师生共同研读首都外语展示活动的比赛通知，学生讨论选定参赛主题，进行头脑风暴，讨论故事情节如何设置	
第六课时	Mid-term quiz 即兴表演	进行期中评价： 学生自由成组，自定题目（可选经典剧目包括歌剧，可自创短剧），现场准备，现场表演 学生完成评价记录 教师、学生点评	有学生自选歌剧 Les Misérables
第七课时	剧本创作	①学生全体讨论剧本情节主线，重点讨论如何突出戏剧冲突，如何通过主旨落实参赛主题 ②学生分组进行细节创作：学生在全班讨论出的剧情框架下进行细节创作，让故事丰满起来	本课时时间相对紧张，第二个教学活动需要学生课下继续完成，完成后分享到戏剧课程群里，供师生共同阅读
第八课时	剧本定稿和角色分配	①学生在课下阅读的基础上对各小组版本进行综合，确定最终版本，并请外教帮助润色语言 ②学生进行角色分配和工作人员安排（背景、道具、音乐等）	①邀请学校外教共同参与本节课 ②因课程时间原因，学生需要在课下背诵台词
第九课时	剧目排练	各就各位进行准备和练习。本节课无须在教室进行，学生可选择到其他公共场所或操场进行排练，邀请外教进行发音指导	因时间原因，师生利用午休、下午放学后及周末时间进行反复练习

续表

	课堂内容	教学设计	备注
第十课时	录制 Course warp-up 课后访谈	①准备就绪，完成剧目录制 ②学生对课程完结进行总结： What did you get from this course? Any suggestions for us to improve it? What else do you think should be included in the course?	课下学生进行后期制作

3 以学生为中心的英文戏剧课堂设计效果反馈

通过选修课前测访谈发现，学生主要想要通过这门课程提高自身英文水平，尤其是口语表达能力。部分同学对表演本身具有极高的热情，梦想未来有机会成为专业演员；部分同学非常喜欢英语，优先选择和英语相关的课程；部分选课同学选择出国深造，他们希望能通过该课程了解西方社会和文化。

3.1 语言能力层面

根据学生学期前后两次笔头访谈的内容来看，超过九成的学生认为自己的英语语言能力得到了一定的提升。其一，学生在剧本的创作中不断锤炼和打磨语言，在这个过程中不自觉地、主动地查阅词典、模仿写作、参考语法书籍，写作能力得到了磨炼和提升；其二，在台词练习过程中，学生反复纠音，跟练模仿，并带入任务角色，体悟角色不同场景下角色的情感和语气，语音语调不断提升，口语表达能力也随之提升。

3.2 学习能力层面

在学习能力方面，学生在创作、排演的过程根据自身寻求和向外寻求帮助，能够自主搜集和筛选资料，提出自己的问题解决方案，因此学生在访谈中普遍提及自己收获了新技能，总结、推理、归纳等思维水平得到了提高，团队合作、人际沟通等能力提到了提升。以学生为中心的戏剧课堂，给学生提供了充分的自我生长和发展的空间，从创作到登台表演参赛，学生充分发挥主观能动性，在过程中发现问题，思考学习再解决问题。

3.3 自我认知层面

兴趣是最好的老师，学生在整个课程中充分发掘自身对英语和表演的热爱，得以丰富高中阶段的生命体验，同时戏剧课程提供学生对美的体悟，提升学生对美的感知和欣赏能力。在感知和体验过程中，一部分学生反馈对自己有了新的认识，学到了语言之外的知识，开阔了文化层面的视野，能够正确看待不同文化之间的差异。

4 教师对英文戏剧课程实施的思考和反馈

4.1 以生为本，提供个性化培养

选择该门校本课程的学生背景多样化，英语水平也参差不齐，因此学生对课程内容的期待和需要也不尽相同。在教学过程中，教师需要更加关注每个学生的需求，深入小组活动中去，及时提供相应的帮助，进行个别指导。

4.2 平衡语言学习、表演排演

教育戏剧是将戏剧表演技巧运用于教育功能的一种教学应用媒介，只能作为英语教学的辅助手段，并不是纯粹的英语课，也不是纯粹的表演课。这个环节是借助于英语语言载体，以戏剧表演为形式，以期提升学生的语言应用能力和综合素养。

在课堂设计和实施中，明确课程的核心目标，现阶段高中生英语学习的关键任务是提升语言能力，引入戏剧表演的形式是为了更好地帮助学生进行语言学习，发展核心素养。因此，教师在热热闹闹的课堂上依旧要加强语言学习的指导，通过优秀剧本阅读和赏析等活动保证学生的语言输入，在学生文本写作时，教师应及时给予指导，引导学生掌握自主语言输入的能力。

4.3 提炼实践，形成课程特色

教师在每个学年开设该课程后，应注重课程反思和总结，不断完善同时保留实践的传统与特色。通过第一年课程实施，总结英文戏剧课程发展应当注意的几个重要问题：一是坚持学生自主创作戏剧，加强课程内容 creative writing 的教学内容。二是合理调整英语戏剧发展脉络与剧目欣赏的内容，精简部分内容，增加经典剧目的比例。三是课程应丰富学生基本素养的训练方式，如引入诗歌朗诵的方式，让学生练习发声；引入经典片段配音的方式，让学生练习角色对话；引入即兴表演的方式，让学生进一步摆脱束缚，挖掘表演天赋，提高自我认识。

5 结语

英文戏剧课程是高中学段学校选修课体系中必要且重要的组成部分，该课程的实施丰富了课堂教学模式，学生能够在情景真实、目标清晰的课堂中进行自主学习，包括学习语言知识、探索文化价值、实现个性发展。为更好地达成课程目标，课堂内容

安排和教学活动设计都应以学生为中心，基于学生的学情、兴趣和需求，平衡语言教学和戏剧探索，适时调整剧目，更新教学手段，提供让学生受益的课程内容。

参考文献

[1] 王蔷，钱小芳，桂洲，等 . 以戏剧教学促进小学生英语学科能力的发展：北京市芳草地国际学校英语戏剧课探索 [J]. 课程·教材·教法，2016，36（2）：93-99.

[2] 王蔷，孙薇薇，蔡铭珂，等 . 指向深度学习的高中英语单元整体教学设计 [J]. 外语教育研究前沿，2021，4（1）：17-25.

[3] 张力 . 高中英语戏剧课程开设研究 [D]. 上海：上海师范大学，2014.

[4] 曹丽华 . 教育戏剧应用于大学英语课堂的研究反馈及教学反思 [J]. 英语广场，2017，10：107–133.

依托情境创设问题

——让学生主"动"起来

北京市中关村中学　宋　悦

【摘要】本文以情境式教学为基础，结合一节高二英语视听说课程，从单元教学设计出发，通过发现问题、学习解决策略、运用策略解决问题三个环节来展示如何在教学中突出学生的主体地位、践行英语学习活动观、以评促学督教。

【关键词】情境式教学；英语学习活动观；高中英语

1　引言

普通高中英语课程是高中阶段全面贯彻党的教育方针、落实立德树人根本任务、发展英语学科核心素养、培养社会主义建设者和接班人的基础文化课程。《普通高中英语课程标准（2018年）》（简称"新课标"）强调对学生语言能力、文化意识、思维品质和学习能力的综合培养，倡导指向学科核心素养发展的英语学习活动观，指导教师设计具有综合性、关联性和实践性特点的英语学习活动，使学生通过学习理解、应用实践、迁移创新等一系列融语言、文化、思维为一体的活动来表达个人观点、意图和情感态度，提高英语学习能力和运用能力。

新课标对学生的学业能力提出了具体要求，对于高二学生，学生需要能够在具体的语境中整合运用已有语言知识来理解他人和表达意义并进行人际交流，这对学生的语用能力提出了很高的要求，而如何帮助学生在有效的课堂时间内学习主题语言知识、运用主题语言知识进行交际也对英语教学的准确性和有效性提出了很高的要求。

情境教学法的引入能够有效激发学生主动学习的兴趣。情境教学法是指通过创设具有一定情绪色彩、以形象为主题的生动具体的场景，引起学生的态度体验，从而帮助学生理解和获取知识或技能，并使学生心理机能得到发展。在倡导单元教学的背景下，情境教学能够很好地依托"大主题""大情境"，使学生在主题语境下进行语言知识的学习、理解与运用，从生活中的问题、情境出发，引起学生学习兴趣，与课本知识产生联系夯实语言基础，再迁移到生活中进行拓展，达成学用结合。在新课标的引领下，教师要善于创设和学生生活息息相关的情境，结合视、听、说多模态语篇的教学资源，打造关注学生学习过程的课堂。

2 基于情境教学法的视听说课程教学过程分析

本文以北师大新版选择性必修四第十一单元第二课"Dealing with Conflict"第二课时教学为例，阐述基于主题语境的情境教学视听说课程的方法。

2.1 以新课标为指导对标课堂

新课标指出，普通高中英语课程旨在发展英语学科核心素养、落实立德树人根本任务，提高学生英语学用能力，帮助学生坚定文化自信，树立正确的世界观、人生观和价值观。

本课程隶属于人与社会主题下的人际沟通，在主题语境和视听说课程的学习中，新课标中对于高二年级学业质量要求如下：能够在听力学习过程中，抓取话题语篇的大意，获取其中的主要信息、观点和文化背景；借助教师适用的图片、表格、视频片段、导图等多模态资源，加深对主题知识的认知；以口头或书面形式描述、概括冲突的经历，有目的地选择解决冲突相关的词汇和语法结构，确切表达意思，运用衔接手段，提高表达的连贯性和逻辑性；在人际沟通中，正确理解他人的态度、情感和观点，根据交际场合来选择正式或非正式、直接或委婉的语言形式来表达自己的态度、情感和观点，达到预期的交际效果；通过借助语言建构交际角色，体现跨文化意识和情感态度。

基于学业水平质量要求和学情，教师设立了本节课的教学目标，即学生在本节课应能够利用冲突的相关语言知识和试听材料中的策略来口头描绘一个冲突的解决过程，做到合情合理，逻辑清晰；借助结构提取视听说语料的大意及细节性信息；借助结构有逻辑地复述视听说语料的主要内容；借助视听说语料中的策略和语言知识来解决真实生活中的冲突。

2.2 依托单元主题语境灵活创造贴近学生生活的情境

新课标首次使用了"大观念"一词，强调"以学科大概念为核心，使课程内容结构化，以主题为引领，使课程内容情境化"（教育部，2018）。

本单元的主题"Conflict and Compromise"与学生的生活息息相关，单元子课程分别包括了自我冲突、人际冲突、社会冲突三个层面的冲突，语篇内容则包括了学习习惯、家庭生活、社区生活、社会焦点话题等。本单元教学的大观念则是鼓励学生学会如何在未来的生活和工作中直面冲突、分析冲突、良好化解潜在的冲突，并形成良好的人际关系。但在现阶段，学生面对冲突时并不理性，常常为情绪所左右，对于人际关系的保护和维系存在一定困难。因此，本课例从学生生活中常见的冲突出发，以视频的形式来引起学生注意，以此来创设课堂情境，有效引起学生的共鸣，激发了学生的学习兴趣和求知欲，为课堂的高参与度奠定了基础。

2.3 基于学情选择教学材料

学情是一切教学设计的基础，教学材料的选择、目标的设定、活动的设计、评价的标准等都与学情息息相关。为更好地达成英语学科立德树人目标，培养学生的核心素养，教学材料的选择应贴合学生的学情。教师可以通过多种方式来获取学情，例如日常教学中的形成性评价、综合性评价、作业情况、课堂表现等，针对某一话题的学习，教师也可以在课前采取调查问卷的形式来获取学生对于话题知识、词汇、方法策略等的认知程度，从而更好地进行设计。

在本课例中，教师为了更好地获取学生对于主题知识的认知采用了课前调查问卷的方式来摸清学情（图1）。如调查问卷所示，学生应对冲突的常见解决方式多为忍让他人、回避问题、独自解决问题等，缺乏直面冲突的积极态度和解决冲突的方式方法。基于此，为了更好地帮助学生在未来的生活和工作中直面冲突、分析冲突、良好化解潜在的冲突，并形成良好的人际关系，教师选取了课外的视听材料来教授学生解决冲突的策略和建议。

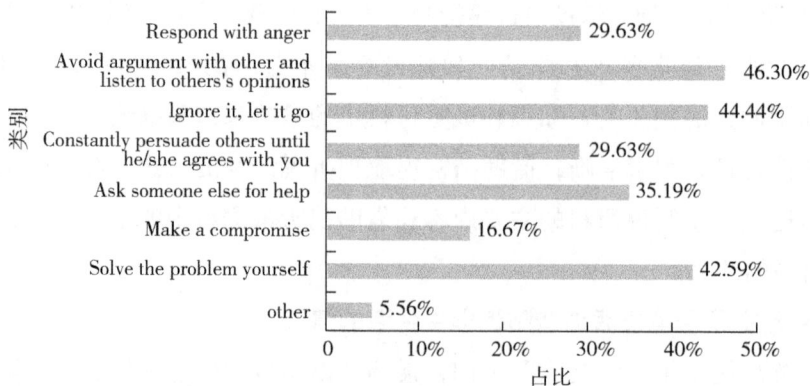

图1 课前调查问卷

2.4　情境教学实践

2.4.1　创设情境，激活主题

学生通过观看视频中同事间的冲突及不良的解决方式，在教师引导下总结视频中冲突的起因和解决方式并自行代入角色来分享自己的冲突解决方式。通过视频创设情境，邀请学生代入角色体验，能够有效地激活主题知识、引起学生兴趣、形成对冲突解决方式的初步思考。

除了通过多模态的语篇教学来创设情境外，教师还需要联系语篇内容和学生生活来创设情境问题。例如，通过邀请学生分享自己生活中是否和视频中的角色有相同的经历，学生能够共情并分享真实的感受，让学生主动参与讨论，提高求知欲。

2.4.2　视听材料的内化与情境内容分析相结合

在听说课程的学习理解环节中，或因语言基础薄弱，或因主题语言知识难度较大，学生对于新知尤其是主题词汇、短语的学习常常浮于表面，这就导致了后续的应用实践和迁移创新环节无法达成。因此，如何帮助学生对新知达成理解和内化是教学点重点、难点所在。课例中的视听材料内有冲突解决过程中需要注重的很多细节点，内含部分长难词汇，此时教师可以组织学生开展小组学习，采取生生互学的方式对视听材料的主要内容进行拆解，联系情境内容进行拓展和造句练习，从而帮助学生更好地理解。

例如在试听材料信息听取完毕后，教师可以针对部分词汇进行提问，What does the word "Redirect" mean？ 引导学生有意识地关注到词根 direct 作为动词有"引导、指挥"的意思，而前缀 re- 则有"再一次，重新"的意思，通过语义则可判断 redirect 有再次引导、改变方向的意思。通过与课堂最初创建的情境相结合，学生可以说出 The coworkers need to redirect their conflict into a conversation，学生则达成了学用结合。

再例如，在教师提问 Which step do you think is the most difficult one for you? 或者 Can we skip the first step "Stop and Think"? 引导学生关注视听材料内容的结构和逻辑，联系自身生活实际，通过生生讨论交换意见，从而辩证性地思考冲突解决的要点。学生此时可以联系课堂最初创建的情境，通过分析视频中人物的错误行为，来对比论证 Stop and Think 的重要性，从而得出 Because they didn't stop, took a break and think about the cause behind the conflict, so they failed resolving it。通过分析视频人物的行为，学生能够联系到自身，进行自我反思，从而改善自身处理矛盾的错误行为习惯。

2.4.3　回归情境解决问题

新课标强调教师要培养学生发现问题、分析问题、解决问题的能力。英语课中的问题解决需要将学生带入文本中，让学生与主人公共情，与主人公一起经历问题解决的全过程，在一系列共情与体验中提升自己分析问题和解决问题的能力。在解决实际问题的过程中，学生需要整合课堂学习内容、生活经验、情境内容，在思维上进行融合建构，将对主题知识的探究落实到实践层面。

在本课例中，教师为学生的迁移试听材料内的策略来解决问题创设了两个情境：

情境一：The conflict between co-workers in the video.

情境二：A conflict shared by one of our classmates：My parents thought I was playing the phone while I was learning，so they took it away and forbade me using it for a month. Yet the fact was that I was using it for learning，they misunderstood me. Even I tried to explain，but they refused to believe me. I was so angry and helpless，but I have no other choice but to compromise.

从课堂表现不难看出，学生对于两个情境都有着极强烈的共鸣，在小组讨论环节非常激烈。在学生设计冲突解决方式前，教师引导按照量化评价表内的内容来组织自己的表达，学生需要运用试听材料内的短语和句型，运用正确的时态、逻辑关系词等，结合情境内容来丰富表达，促进语言、思维、能力的融合发展，达成教、学、评一体化（表1）。

表1　量化评价

Elements	Details	√
Logical Presentation	Clear structure，linking words，cohesion	
Accurate Language	Avoiding grammar errors (tense，sub-verb agreement...)	
Complete Content	· What is the conflict · Why does the conflict happen · Use STRIFE to resolve the conflict (process)	
Clear Opinion	What makes a good conflict resolution?	

3　结语

在新课标的指导下，教师要充分理解课标、理解学生的学习过程，站在学生的角度上去看待学习，设计以学生为主体的教学活动，凸显学生在课堂中的主要地位，充分激发学生的学习兴趣、主动性和求知欲。情境教学法之所以能够成功并被广泛运用认可，正是在于它能够有效激活学生的背景知识、激发学生的求知欲、减少学习内容的抽象性和距离感，让学生主动参与到课堂学习中来，从而达成语言知识、思维能力、学习能力、文化意识的综合培养。

参考文献

[1] 中华人民共和国教育部 . 制定普通高中英语课程标准 [S]. 北京：人民教育出版社，2018.

[2] 郭芸 . 情境教学法在英语口语课堂教学中的应用 [J]. 英语教师，2015，15（1）：132-139.

[3] 薛姣 . 高中英语情境教学的研究 [J]. 试题与研究，2019（33）：82.

[4] 陈芳 . 英语学习活动观下提升学生问题解决能力的实践 [J]. 中小学外语教学，2020，43（1）：6.

[5] 王蔷 . 促进英语教学方式转变的三个关键词："情境"、"问题"与"活动"[J]. 基础教育课程，2016（5）：45-50.

词汇组块在英语写作教学中的有效性研究

北京市中关村中学　袁　月

【摘要】 为了提高学生英语写作水平，培养学生语言技能，提升学生英语学科核心素养，本文以词块教学在写作教学中的应用研究为载体，以学生为主体，引导学生深度参与，进行了三方面样本分析：一是前后测作文成绩对比，二是前后测作文词块使用的种类对比，三是前后测作文词块使用的频度对比。分析得出，词汇组块在提高学生书面语言表达方面有积极的促进作用。

【关键词】 学科核心素养；语言技能；词块；英语写作；应用

1　前言

学生在升入高中阶段后，已经有近 10 年的英语学习过程，养成了自己个性化的语言学习习惯。但是，很多学生随着外语学习过程中词汇量的激增，往往没能及时调整词汇学习的方法和策略，依然按照老办法背单词，只关注单个单词的音、形、义，孤立地背单词。在语言输出时，往往受汉语思维迁移的影响，只能在大脑中机械地提取单个的单词，翻译成英文，拼凑出句子，语言组织表达困难。在表达的准确性和地道性上也没有很好的保证。

《普通高中英语课程标准（2016）》中指出，语言技能是英语学科核心素养的六大要素之一。发展学生的英语语言技能，就是使学生能够通过口语和书面语形式理解意义、传递信息和观点，表达个人观点、情感、态度，使学生能利用所学的语言知识、文化知识等，根据不同的受众，通过口头和书面等形式创造新语篇的活动。写作教学是高中英语教学中的重要环节，积极有效地写作教学策略对于提高学生的语言技能具有重要的现实意义。同时，语篇是语言学习的主要载体。语言学习不应以孤立的单词或句子为单位，词汇组块是一种兼具词汇与句法特征，介于传统的词汇与句法之间的语言构块，具有特定的语篇功能。

本文以学生为主体，通过自我感悟、自我比对、自我提升，以强化词块教学为突破口，在提高学生写作水平方面开展分析、引导及应用研究。

2　研究过程

本次研究以高中二年级的一个教学班为行动研究对象。班级总人数是 43 人，其中男生 19 人，女生 24 人。

研究设计：通过半年时间的针对性词块强化教学，检验学生写作水平提高的情况。

研究对象：除了全体学生的作文要作为前后测作文成绩对比的依据外，学生作文中词块数、词块使用频度的调查，将从全体学生中选取 6 名学生为研究样本做进一步数据收集的来源。这 6 名学生的选择，以学生前测作文成绩作为主要依据：将前测成绩分为"11—15 分"、"7—10 分"以及"6 分以下"三个成绩段，从这三段成绩的学生中各选取 2 名，分别命名为"H1""H2"、"M1""M2"、"L1""L2"。分别选取这 6 名研究样本的前后测作文共 12 篇，进行词块数、词块使用频度分析研究，同时他们需配合完成行动研究方案调整阶段后的访谈工作。

3　样本分析

3.1　前后测作文成绩对比分析

对前后测作文成绩进行统计的基础上，使用 Spss13.0 软件对其进行配对样品差异性 T 检验，分析统计结果可得出以下结论：后测成绩（平均为 9.814 分）明显优于前测成绩（平均为 8.582 分），H0[Sig. (2-tailed) = 0.041] ≠ 0，表明差异性显著。具体统计分析结果如表 1 所示：

表 1　前后测作文成绩进行统计分析

Paired Samples Statistics				
		Mean	N	Std. Deviation	Std. Error Mean
Pair 1	前测成绩	8.582	43	2.98594	0.45535
	后测成绩	9.814	43	2.17404	0.33154

续表

Paired Samples Correlations				
		N	Correlation	Sig.
Pair 1	前测成绩 & 后测成绩	43	−0.086	0.585

Paired Samples Test								
Pair 1 前测成绩 − 后测成绩	Paired Differences					t	do	Sig. (2-tailed)
	Mean	Std. Deviation	Std. Error Mean	95% Confidence Interval of the Difference				
				Lower	Upper			
	−1.233	3.841	0.586	−2.415	−0.051	−2.104	42	0.041

3.2 前后测作文词块使用的种类对比

本次研究中对词块种类的划分主要采用 Lewis 的分类，将词块分成 4 类。

第一类：固定搭配，如 by the way，for example.

第二类：搭配词，如 v.+n.，adj. +n.，adv. +v.，等等。

第三类：惯用语，如 See you later. I' ll do what I can to help you.

第四类：句子框架和引语，如 In this paper we explore ... Firstly ... secondly ... finally; ... become a cause for concern.

对 6 名研究样本同学的 12 篇作文，分别统计 4 种词块的数量、总词块的数量、词块字数、文章总词数。从统计结果来看（表 2、表 3），可以得出以下结论：

表 2　前后测作文词块使用种类对比

单位：个

样本名称	统计内容	前测作文	后测作文
H1	词块 1 数量	5	9
	词块 2 数量	6	8
	词块 3 数量	2	3
	词块 4 数量	5	9
	总词块量	18	29
H2	词块 1 数量	5	8
	词块 2 数量	7	9
	词块 3 数量	3	3
	词块 4 数量	5	7
	总词块量	20	27

续表

样本名称	统计内容	前测作文	后测作文
M1	词块1数量	3	7
	词块2数量	5	7
	词块3数量	1	2
	词块4数量	3	7
	总词块量	12	23
M2	词块1数量	3	5
	词块2数量	6	8
	词块3数量	1	2
	词块4数量	3	5
	总词块量	13	20
L1	词块1数量	3	5
	词块2数量	4	7
	词块3数量	0	1
	词块4数量	2	4
	总词块量	9	17
L2	词块1数量	2	6
	词块2数量	5	8
	词块3数量	1	1
	词块4数量	3	6
	总词块量	11	21

表3　前后测词块种类对比

单位：个

	前测作文	后测作文
总字数	936	1475
词块1数量	21	40
词块2数量	33	47
词块3数量	8	12
词块4数量	21	38
总词块量	83	137

6名同学的4种词块数均有不同程度的增加，总词块数增长最多的H2同学是17个，增长最少的是M2同学7个。

3.3 前后测作文词块使用的频度对比

对 6 名研究样本同学的 12 篇作文，分别统计总词块的数量、词块字数、文章总词数，并计算出作文词块使用的频度。词块使用频率的计算公式为：词块使用频率 = 所有词块单词数 / 总单词数。

对 6 名学生样本词块使用频度独立样本进行分析，具体统计结果如表 4、表 5 所示。

表 4　前后测作文词块使用的频度对比统计

样本名称	统计内容	前测作文	后测作文
H1	总单词数	213	253
	总词块量	18	29
	所有词块单词数	92	128
	词块使用频率	0.43	0.51
H2	总单词数	226	266
	总词块量	20	27
	所有词块单词数	92	126
	词块使用频率	0.41	0.47
M1	总单词数	181	244
	总词块量	12	23
	所有词块单词数	71	113
	词块使用频率	0.39	0.46
M2	总单词数	228	251
	总词块量	13	20
	所有词块单词数	87	108
	词块使用频率	0.38	0.43
L1	总单词数	167	226
	总词块量	9	17
	所有词块单词数	56	104
	词块使用频率	0.34	0.46
L2	总单词数	168	205
	总词块量	11	21
	所有词块单词数	52	87
	词块使用频率	0.31	0.42

表5 前后测作文词块使用的频度对比统计

前测作文	学生样本	后测作文	学生样本
总单词数	1088	总单词数	1475
词块数	102	词块数	137
所有词块单词数	423	所有词块单词数	646
词块使用频率	0.38	词块使用频率	0.44

6 名学生的词块使用频度均有提高，最高的提高了 0.12，最低的提高了 0.05。L1、L2 两名同学相对于其他 4 名同学，词块使用频率提高幅度较大。

4 总结与反思

从本次研究的各组样本数据分析可以看出：在写作教学中，运用词块教学的方式来解决学生写作中出现的语言组织表达困难、缺乏地道性是有效的；以学生为主体，在老师教的同时更好地促进自我学习的主动性、自我参与的积极性、自我认识和提升的有效性，必将大大推动教学效果的提升和教学目的的更好实现。

通过本次研究，探索出了一种帮助学生养成良好学习习惯、培养学生写作能力、提高学生写作水平非常有效的教学模式。

参考文献

[1] 中华人民共和国教育部 . 普通高中英语课程标准（2016）[S]. 北京：人民教育出版社，2016.

[2] 张婷 . 从词汇组块理论谈高中英语写作教学 [J]. 读与写杂志，2011，8（3）：24.

[3] 王蔷、英语教师行动研究 [M]. 北京：外语教学与研究出版社，2002.

第四章

"学本课堂"的实践探索
——理化生篇

自制人体教（学）具

——感知化策略 *

北京市中关村中学　应发宝

【摘要】人体的生物机理、肢体动作及人体的感知都可以作为实验资源或教具进行开发与利用，这有利于让学生亲自感知体验探究的乐趣和学习成功的喜悦，调动学生积极的情感，使其自然流露，从而培养他们的情感、态度及责任，以激励自己。

【关键词】教具；实验探究；感知化

从教育学的根本原则出发，教具是指在教学过程中具有学科特点，体现教学思想、教育目标、教学内容和教学方法的实物、模型、图表等直观教学用器具以及实验训练器材的总和。教具涵盖了目前使用的教学仪器设备、教育装备、教育技术装备等名称。如今它涉及的领域、门类和品种不断增多，在教育事业中的地位与作用正在不断上升，只有运用大教具概念，拓宽视野，才能正确定位。

人体的生物机理、肢体动作也可以用来进行实验，特别是人体的感知也可作为实验资源或教具进行开发与利用，这有利于让学生亲自感知体验探究的乐趣和学习成功的喜悦，调动学生积极的情感，使其自然流露，从而培养他们的情感、态度及责任，以激励自己。

1　构建以生物机理为基础的"随手"感知化教（学）具

人体的生物机理也可以作为物理实验资源或教具进行开发与利用。每位学生可以自主随时随地观察感知、随手研究现象探索规律，培养发现与发明意识，充分延扩教

---

　*　本文为海淀区"十三五"重点关注优秀课题"中学物理自制教（学）具及自主实验生活化的策略研究"（HDGH2015039）的部分研究成果。

学时空，如头发与测量、眼睛与透镜、牙齿与压强、舌头与电位差、声带与振动、皮肤与温控、肺内压与扩散、心脏与做功、骨骼肌寒战与热量等。

【例】骨头、关节与杠杆

人体由206块大小不等的骨头组成，借助关节相连，形成一个骨架。人体骨架在肌肉的作用下，可绕关节旋转，从而调节重心，在静止和运动的时候使人体平衡。

不同部位的关节，功能不同，关节结构也不完全相同，如肘关节是向内运动的，利于提拉重物，膝关节只能向后屈而不能前翻，同时使腿后蹬有力。人的各种生理弯曲(颈曲、胸曲、腰曲、脊曲和骶曲)，以及人的脚弓、股骨和胫骨弯曲，就像自行车车座下的弹簧一样，能把人行走或跳跃过程中上下运动的机械能转化为内能，能对力进行分解及有效减振。

2　构建以人体四肢为基础的"传感器"感知化教(学)具

2.1　估测反应时间和运动时间

反应时间是从刺激呈现到外部开始反应所用的时间；运动时间是从开始运动到运动完成所需要的时间。两者都分手和脚两种。

（1）反应时间：能否运用记录位移的仪器——米尺同时记录位移和时间？如图1（a）所示，上方的手捏住直尺的顶端，下方被测试者的手做随时捏住直尺的准备。当上方的手放开直尺时，下方的手"立即"捏住直尺。记录下落位移，根据自由落体运动规律和已知的 g 值可以计算出被试者的反应时间 t。

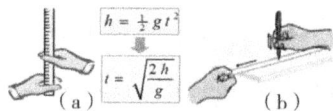

图1　双手传感器

$$h = \frac{1}{2} g t^2$$

$$t = \sqrt{\frac{2h}{g}}$$

（2）运动时间：利用手在相等时间间隔单元（数数）打点而计算物体运动时间，如图1（b）所示。

2.2　体验作用力效果

手是性能优良的传感器，它能感受力的大小变化。如利用大拇指和食指相互挤压，可以感受弹力及形变；观察指纹、掌纹并通过手背与手掌相互摩擦可以感受滑动摩擦力的大小及方向；利用橡皮筋吊住钩码挂于手指上可以感受超失重；也可利用体重计通过屈腿下蹲起立观测示数体验超失重现象。

【例】自制"力的合成与分解"教（学）具

（1）感知斜拉（推）效果的学具自制［图2（a）］

由生活中斜拖大冰块到手掌实验：改变 F 与水平手掌的夹角，或将斜向上拉变为斜向下推，体会对手掌作用效果的改变。

（2）感知拉伸效果的学具自制［图 2（b）］

由公园缆车凹索道到手掌实验（用橡皮筋替换轻绳，使拉伸效果更加明显）：若水平改变两指间距（等效于引体向上改变两分力夹角），就可体会由此带来的对两手指作用效果的改变（也可观察橡皮筋的拉伸形变量）；若利用光滑挂钩悬挂一重物 G 于橡皮筋上，再改变两指间距，体会作用效果的改变。

（3）感知挤压效果的学具自制［图 2（c）］

由生活中手推车上坡到手掌实验（在手指间放一圆形笔或茶杯）：调节两指间夹角，体验由于物体的重力而产生的效果。

（4）感知拉挤效果的学具自制［图 2（d）］

由生活中单手侧提重物到手掌实验（中指和掌心有什么感觉？其受力方向怎样？）：如果改变绳套在手指上的高度，即改变绳与手指的夹角，就可以体会由此带来对手指和手掌作用效果的改变。这个实验中铅笔的长度需短些，使得改变绳套的高度时，绳与手指间夹角的变化大，实验效果更明显。

（5）感知挤压和运动状态改变效果的学具自制［图 2（e）］

由生活中很长的引桥到手掌实验：将书放在伸平的手掌上，我们只感到手掌受到书的压力，说明书的重力产生了一个压紧手掌的作用效果。将手掌逐渐倾斜时，我们除感到手掌受压力外，还感到书在沿手掌下滑，说明重力产生了两个作用效果：使书沿手掌下滑和使书压紧手掌。

课堂上要给出充分的时间让学生体验每一项实验，并要求每组学生谈自己的感受、看到的效果，不同意见进行补充，讲究合作学习。学生能体会到找一个力的分力方向，最重要的是找到力的作用效果，因为分力就是产生这些效果的原因；同时也体验到了力分解的依据，就是按照力的实际效果分解。实践表明：这样人人都可以自制的学具，可以成功引发学生的认知冲突，激发学生的学习兴趣，点燃学生的思考热情，为成功确定力的分解方向和计算分力大小的教学做足铺垫。

3 构建以动力学为基础的"动作"感知化教（学）具

从实际问题中抽象出合理的物理模型，运用物理概念和物理规律进行正确分析和解释，对提高学生学习物理的兴趣，加深对物理概念和物理规律的理解，提高分析问

图 2　单手传感器

题、解决问题的能力有着十分重要的作用。让学生通过体验"动作"，去感知实际问题中的现象与模型，才会对物理规律理解深刻，如竞走与重心及相位，赛跑、游泳、跳高与相互作用力，单杠、拔河、滑雪、溜冰与摩擦力，跳绳与功率，器械体操与动量守恒定律，秋千（立定跳远）与单摆，跳马翻转与角动量，等等。

【例】爬树、拉绳、弹跳、跑步、蹦床、跳板跳水与能量转化

（1）用手施力的"动作"，如爬树、拉绳等

要将人体看成既有联系又可分开的两部分物理模型：一部分是人的手臂，看作质点间位置可变的质点组，类似于"可伸缩弹簧"；另一部分是人体的其他部分，看作刚体［图3（a）、图3（b）］。人用力拉绳运动的过程中，绳对人的手臂（弹簧）的拉力不做功，起到固定手的作用（没有作用点的位移）。人体手臂对人体的作用力对人体做功，消耗的化学能使人体的机械能增加，即人的手臂对人体做功实现人体的化学能向自身机械能的转化，"弹簧"的"势能"来源于人体的化学能。

图3　四肢动作感知

（2）用脚施力的"动作"，如跑步、弹跳等

要将人体看成腿部（压缩弹簧）与其他部分（刚体）的物理模型［图3（c）、图3（d）、图3（e）、图3（f）］。人在起跳的过程中，地面对腿部（弹簧）的支持力或摩擦力均不做功，因为在运动员脚底腾空运动前，有作用力但作用点始终未发生位移；在脚腾空运动时，脚底与地面间的作用力又消失。"压缩弹簧"腿部对人体其他部分做正功，实现人体的化学能向自身机械能的转化。这个动作如同压缩了的弹簧振子竖立在地面上一样，将其释放后弹起。地面的支持力作用在弹簧上而不是振子上，对弹簧振子没有做功。弹簧振子弹起的过程中，弹簧的弹力对振子做功，将弹性势能转化为振子的重力势能和动能，因而弹簧振子的动能和重力势能的总和增加了。

再从质点组的动能定理角度来看：人在运动过程中内力和外力做功之和等于人的动能的增量，而外力不做功，因此人在弹跳、跑步时，内力做功等于人的动能的增量。事实上此过程中仍然是人靠肌肉收缩做功，也就是人的内力做功，从而把人体内的化学能转化为机械能。

4 构建以躯体带电为基础的"刺激"感知化教（学）具

4.1 人体电流

（1）模拟人体心电图实验：人体心脏的跳动是由电流来控制的。在人的胸部和四肢连上电极，可以在仪器上看到控制心脏跳动的电流随时间变化的曲线，这就是通常说的心电图。通过心电图可以了解心脏的工作是否正常。

（2）利用测电笔估测通过人体的电流。

4.2 人体电阻

（1）人体是导体

老师手上拿一个电子打火机的压电陶瓷点火器，手指与点火器的铜帽接触，另只手拿氖泡的一端，将点火器的引出线靠在氖泡另一端上。用力扣动点火器，氖泡发出红光！这时，点火器产生的电流经手臂、身体，流经氖泡灯管，把氖泡点亮。这就证明了人体是导体。

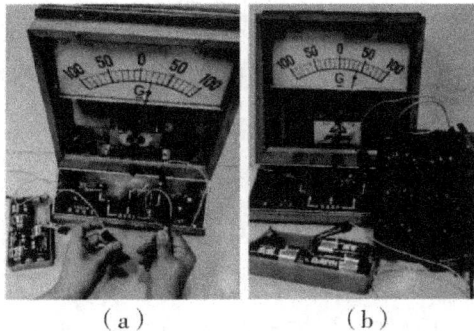

（a） （b）

图4 人体电阻

（2）利用万用电表欧姆挡尽量精确测量人体电阻

如果学生立于地面上用双手分别直接握住红黑表笔进行测量，会出现由于人体电阻极大而读不出示数（倍率开关已经打到 ×1k 挡）。如何简单而更精确地测量人体电阻呢？

将 3 节新干电池、1 个 J0401 表头（无量程灵敏电流计）与人体串联，记录此时表头由中间零刻度开始左偏的格数为 N_1 ［图 4（a）］。然后将新干电池、一个电阻箱和灵敏电流计串联起来［图 4（b）］。当电阻箱都显示最大阻值为 9999Ω 时，总电阻可近似认为 $R=1 \times 10^4\ \Omega$，记录此时表头由中间零刻度开始左偏的格数为 N_2，则有 $4.5/R_人=N_1$，$4.5/R=N_2$，$R_人/R=N_2/N_1$，可得 $R_人=2 \times 10^5\ \Omega$。

查阅实验中使用的 J0401 型演示用大型电表说明书，其表头灵敏度为 $200\mu A$。可以看到按照上述方法测量人体电阻的结论是令人满意的。

4.3 人体电容

通过改变两排同学的间距（d）、拉手方式 (s) 来改变人体间的电容。利用数字电容表测出的电容值定性研究与影响因素（d、s）的关系，从而理解电容传感器的原理。

4.4　人体静电——怒发冲冠

人体与起电机一个小球接触，再手摇发电，只见头发分散开来。头发的分布间接反映了电场的分布，形象直观。

4.5　人体静电屏蔽

请一位学生进入金属笼子里，"迎接"高达数万伏特的电流。笼外闪电四射，笼内安全无恙，有惊无险。

4.6　团体体验："千人震"

利用一节 1 号干电池、可拆变压器线圈、几位男生、导线及开关连成如图 5 所示的电路。开关闭合瞬间，不会触电，自己先示范。开关断开瞬间，几位男生同时跳起，发出惊叫声。通过主体参与体验"千人震"活动，强化效果、提升兴趣。

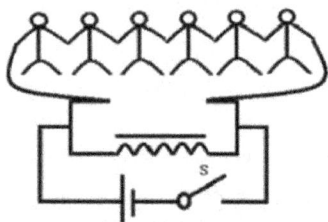

图 5　单手传感器

4.7　团体模拟：恒定电场中导体内的自由电子运动

将学生分成两部分，一部分学生充当导体中的正离子，按一定的规律排列，可以摇晃身体，但不可以移动位置；另一部分学生则充当电子，从"正离子学生群"的一端要运动到另一端，比较他们的运动快慢。现象显示，虽然"电子学生"主观上想尽快到达另一端，由于障碍的存在，他们的速度均差不多。最后可得结论：由于恒定电场的作用，导体中自由电荷定向运动的速率增加，而运动过程中会与导体内不动的粒子碰撞从而减速（电阻等效阻力），因此，电场力与阻力平衡，自由电荷定向运动的平均速率不随时间变化。利用此模拟活动，将看不见的微观运动放大成看得见的宏观运动，形象直观，通俗易懂。

5　构建以肢体语言为基础的"表演"感知化教(学)具

肢体语言又称身体语言，指通过面部表情、眼神、手势和姿态动作的协调活动来传达人物的思想，形象地借以表情达意的一种沟通方式。肢体语言可以具体形象地展示物理知识的形成及发展过程，它能使抽象的知识形象化、具体化、直观化，为学生学习提供丰富的感性认知，促使其创造性思维的发展和养成。

5.1　肢体语言与力学现象

学生对三角形支架上挂重物后，支架各杆件的受力性质(即某杆件受拉力还是压力）是难以确定的；对于一个较小的力在一定的条件下可产生很大的分力往往持怀疑态度。这是因为力是矢量，力这个概念是比较抽象的。学生要掌握它，必须具有相当的抽象思维能力和逻辑推理能力。对于刚从初中升入高一的学生，虽有一定的抽象逻辑思维能力，但还需要有具体的直观感性经验做支撑。所以在教学中，必须加强直观教学，做一定的演示实验，使学生获得丰富的感性知识，作为思考问题的基础。

如图6所示，我们可以不用任何仪器，先在黑板上画出各种形状的三角支架，然后让同桌相互进行迷你体验并猜想。学生印象深刻，既培养了团队精神，又渗透了由特殊到一般的科学方法。

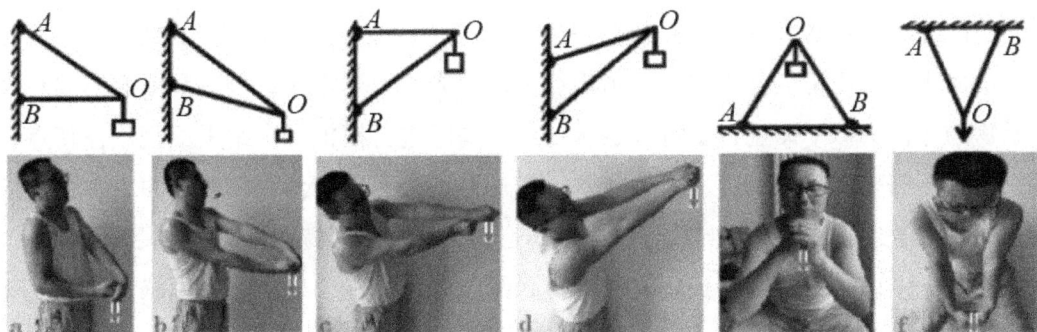

图6　肢体语言与力学

实践表明，通过上述体验后，再引导学生考虑：在三角支架形状不变的前提下，各图中的杆件 OA、OB 哪些是可以用不可伸长的轻绳代替的（用轻绳代替杆件 OA 或 OB 时，可设想另一杆件的 B 端或 A 端为活动铰链）？因为轻绳只能承受拉力，所以能用轻绳代替的杆件一定受的是拉力，而不能用其代替的杆件则受的是压力。由此，能培养学生的抽象思维能力。

5.2　肢体语言与运动学

【例】团体模拟：多普勒效应（追击相遇问题）

每位男生代表波面，间距为一手臂长，即波长；最左边男生后面为波源；最右边男生（第一个波面）与女生观察者在同一细绳水平线上。男生运动速度代表波速，女生运动速度代表观察者运动速度。利用均匀数0-5为一运动计时单位。通过女生身边的"过人频率"类比观察者接收频率，在波源不动的前提下，通过出发点（细绳水平线）的"出人频率"类比波源频率；通过收集单位时间内波源"出人频率"与观察者接收到的"过人频率"的具体数据，让学生得到观察者接收频率与波源频率关系的结论。

波源不动，观察者靠近波源，波源"出人频率"为4，观察者接收到的"过人频率"为6。波源不动，观察者远离波源，波源"出人频率"为4，观察者接收到的"过人频率"为2。观察者不动，波源远离观察者，则男生代表波面的间距改为一臂半长，观察者接收到的"过人频率"为3。观察者不动，波源靠近观察者，则男生代表波面的间距改为半臂长，观察者接收到的"过人频率"为6 。注意，只要波源运动，通过出发点（细绳水平线）的"出人频率"就不能再类比波源的频率，波源的频率恒定为"出人频率"，即为4。将多普勒效应的产生原理通过团体模拟发掘实验潜力，让学生看得到、做得真。

5.3　肢体语言与光学现象

我们可以利用手影展示光的直线传播；可以利用肢体动作（头部竖直线表示法线，胸部桌面表示平面镜、伸直双臂表示光线）模仿光的反射定律；可以利用翘起的双掌表示物与像，头似平面镜，手臂长表示物距与像距进行模拟并介绍平面镜成像特点；可以利用头部表示凸透镜，左右手各拿一气球分别表示物与像，双臂伸曲表示距离的动态变化，通过气球的正倒与放气来展示凸透镜成像的动态特点；可以利用两手掌合＋弯曲程度分别表示正常眼、近视眼和远视眼晶状体，直观形象地展示晶状体曲度变化情况，达到让学生理解近视、远视的成因，促进物理知识的消化记忆。

5.4　肢体语言与电磁学

左右手定则是肢体语言在物理教学中应用的光辉典范（图7）。左手定则：伸开左手，使大拇指与其余4个手指垂直，并且都与手掌在同一个平面内；让磁感线从掌心进入，并使四指指向电流的方向，这时大拇指所指的方向就是通电导线在磁场中所受安培力的方向。右手定则：伸开右手让大拇指跟其余四指垂直，并且都跟手掌在一个平面内；让磁感线垂直从手心进入，大拇指指向导体运动的方向，其余四指指的就是感应电流的方向。

心理学家班尼曾说："动作和姿势等肢体语言是替代词语表达的一种有效而又经济的辅助手段。"实践证明，运用好肢体语言，不仅可以将复杂的问题形象化，而且能使学生在轻松的课堂气氛中，把本来难懂的问题理解透彻。在物理教学中，我们要有意识地挖掘以肢体语言为基础的"表演"感知化教学具，充分诱导学生学习，启发思维，激发兴趣，以促进物理学科教学。

在实验教学中，绝大部分教师（学生）都处于一种"只在此山中，云深不知处"——当局者迷的状态，根本就没有注意自身就是丰富的实验资源、方便灵活的教（学）具。

在今后的教学实践中，我们要通过创新开发自制人体感知教（学）具，将学生的学科学习融入自身实践，不但可以缩短实验组织、仪器准备及组装过程，实现实验教学中教与学的最大效能，而且还能增强学生的投入意识和参与意识，获得良好的首次效应和动手欲望，变被动接受为主动学习，变僵死、不自觉的程序式实验为灵活、自觉的探索性实验，让学生进一步认识自我价值，提高学生的科学素养。

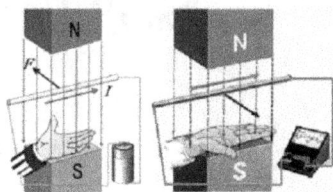

图 7 左右手定则

参考文献

[1] 戴国成 . 巧借肢体语言突破光现象感性认知的盲点 [J]. 中学物理教学参考，2014（7）：12.

[2] 石晓明 . 用简单实验器材如何测量人体电阻 [J]. 物理教师，2014（9）：23.

深度探究的物理实验教学研究

北京市中关村中学　　胡　恰

【摘要】以核心素养为导向的课程改革，更加突出了物理学科的育人价值，"科学探究"既是物理学科核心素养之一，也是培养学生物理学科核心素养的手段与途径，如何在物理实验课堂教学中引导学生进行"深度探究"，提升学生发现问题、解决问题的能力，培养学生创新能力是每个物理教师需要思考的问题。文章对物理实验教学进行了现状分析，阐述了深度探究的相关概念，并结合在物理实验教学中的实践片段提出了深度探究的有效途径。

【关键词】高中教育；物理实验；深度探究

1　前言

当今世界科技进步日新月异，知识经济方兴未艾，要想在激烈的国际竞争中赢得主动创新人才培养是一项重大战略选择。《国家中长期人才发展规划纲要（2010—2020年）》提出，要突出培养学生的科学精神、创造性思维和创新能力。物理作为一门基础自然学科，对培养学生创新能力、理科思维，提升核心素养起着十分重要的作用。物理教育应充分利用"实验探究"的教学方式，为学生提供发现问题、思考问题、解决问题的机会，激发学生的好奇心和求知欲，创建以"学"为中心的课堂，培养学生质疑和创新精神，为创新人才培养奠定基础。

2　实验教学现状分析

《普通高中物理课程标准（2017年版）》要求教师引导学生经历科学探究过程，体会科学研究方法，养成科学思维，增强创新意识和实践能力，实现学生物理学科核心素养的提升。

反思物理实验探究教学的现状，多是行动落后于理念，效果低于预期，探究实验缺乏探究性，教师多以完成实验全流程为目标，没能充分发挥实验探究对学科核心素养发展的功能价值。其主要原因有以下几点：

考题导向：考试题目会考实验过程，因此，教师的实验教学设计应严谨细致，要努力讲清"实验步骤""条件控制""注意事项"等内容，避免实验过程出现纰漏，避免考试中学生没见过、没听过，因此探究实验"告知"多于"探究"。

课时限制：物理实验探究没有安排充足的时间让学生发现问题、设计方案，没有时间发散思维，试错纠偏，没有时间等待学生探索创新，在有限的时间内学生按照教师预设的实验环节进行，按照规范的实验步骤操作，按照既定的方向得到结论，师生会努力完成"操作流程"，学生更多的是锻炼了实验操作技能，而缺乏探究能力的培养。

学生水平：学生爱上实验课，习惯模仿，乐于操作，不愿深思；注重结果，不究原因。根据调查，现在的高中生主动探究的意识比较薄弱，积极性不高，学生搜集信息、处理信息的能力不强，不善于质疑创新，不善于合作交流。一方面，我们希望通过深度探究来培养这些素质；另一方面，真正的深度探究过程需要这些素养的支撑，而学生这些方面素养的欠缺，是导致目前物理实验探究流于浅层的重要原因之一。

基于以上原因，目前的实验探究课往往老师讲得多，学生想得少，或者学生思考路径在教师思维的引导和约束下进行，虽然课堂进程流畅完整，但往往只有探究的"形"，没有探究的"神"，学生参与实验探究过程，获得的是简单知识和实验操作技能，应用、分析、评价、创造等高阶思维能力培养不足，独立发现问题、思考问题、解决问题的意识和能力还比较薄弱。总体来说，实验探究处于"浅层探究"的水平，而没有达到"深度探究"的水平。

3 深度探究概述

3.1 深度学习

深度学习是指学习者在理解学习的基础上，能够批判性地学习新的思想和事实，将其融入原有的认知结构中。深度学习要求学习者摒弃对知识和内容机械记忆的学习方式，运用高阶思维能力对学习材料进行深度加工，并将已有的知识迁移到新的问题中，作出决策并解决问题的学习。教学中如果只要求学生对学习材料进行简单、粗浅的识记和理解是低阶的思维活动，对应的是浅层学习；如果要求学生在理解学习材料的基础上还要求学生对材料进一步加工，注重知识的应用和迁移，强调问题的解决，则是高阶思维的参与，对应的是深度学习。

3.2 科学探究

物理学科教学的一大特色是科学探究，科学探究既是一种学习方式也是一种教学目标，要求学生在教师的指导下，经历提出问题、猜想假设、制定计划、实验实施、收集证据、得出结论，类似科学家研究问题的过程。在获得基本知识与技能的基础上体会科学研究方法，养成科学思维，增强创新意识和实践能力，引导学生自主学习，实现学生物理学科核心素养的提升。

3.3 深度探究

深度探究是基于科学探究的深度学习。在物理实验教学中，以学习者为主体，围绕典型物理问题，经历提出问题、猜想与假设、实验方案设计、进行实验收集证据、分析论证、评估、交流等科学探究的基本程序，注重手与脑的深度体验，在探究过程中能发现新问题，引领探究走向深入，注重复杂情境中的知识迁移和应用，创新能力、问题解决能力、批判性思维能力、非线性思维能力、元认知能力等高阶思维能力得到发展，收获思维碰撞的快乐与解决困难、获取新知的喜悦，最终指向提高物理学科核心素养。

4 高中物理实验教学促进深度探究实现的有效途径

4.1 任务驱动，完成陌生问题解决的深度探究

深度探究的高中实验教学应该适合学生当前的能力水平，合理设置探究任务的难度，创设与学生先前知识联系较为紧密的情境任务。在任务驱动下，不断发现问题，实现螺旋上升的高阶思维培养。

案例一：设计和制作欧姆表

在完成闭合电路欧姆定律的教学后，可以完成任务驱动"设计制作欧姆表"，以实现通过微安表直接读出待测电阻阻值的目标，实现实验深度探究。设计和制作欧姆表教学流程如图1所示。

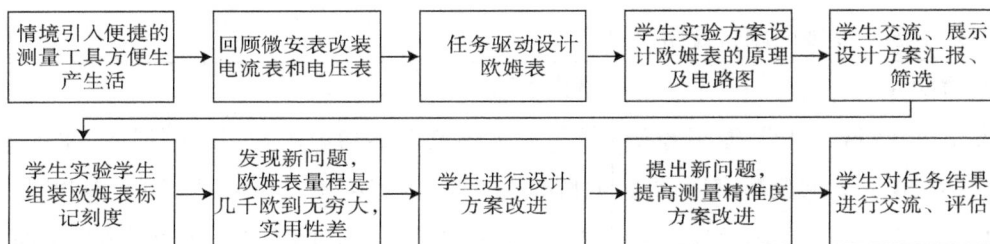

图1 设计和制作欧姆表教学流程

教学过程:

环节一:情境引入、任务驱动

教师活动1	学生活动1
介绍便捷使用的各种测量工具、引导学生要制作可直接测量电阻的欧姆表的愿望	小组共同设计欧姆表方案

环节二:欧姆表设计方案小组交流

教师活动2	学生活动2
组织学生进行方案交流,关注设计原理的表达和设计方案中的共性和差异的追问	各组展示介绍设计方案。图2所示为初步设计方案 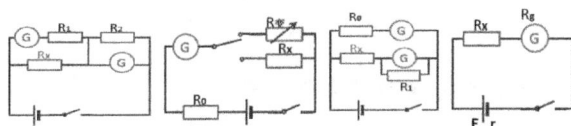 图2 初步设计方案

环节三:初步确定方案

教师活动3	学生活动3
组织学生参照任务目标进行方案评价、确定设计方案。图3所示为设计方案电路 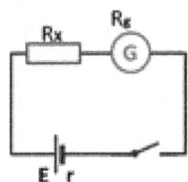 图3 设计方案电路	学生评价: 方案一和方案二是电表改装后的伏安法测电阻,不满足电表直接读出电阻的要求 方案三替代法测电阻,微安表起监控作用,直接读的是电阻箱的数值,并非电表读数 方案四:闭合电路欧姆定律 R-I数值上有一对一的关系,可以将I的刻度转化为R的刻度

环节四：发现问题，方案改进

教师活动 4	学生活动 4
提供实验器材，让学生实际操作，搭建电路，修改微安表的表盘标度，促进新问题的发现 提示：中值电阻与欧姆表内阻的关系及作用	发现欧姆表刻度不均匀的特点，看到设计的缺陷（测量范围有限 $7k\Omega$ - ∞ ）。测量范围小，精度低进一步改进方案设计。图 4 所示为改进方案电路 图 4　改进方案电路

环节五：校准、修正方案

教师活动 5	学生活动 5
提供实验器材，指导学生用标准电阻校准制作的欧姆表的测量误差 引导学生思考误差的来源，进一步修正方案	发现测量值与标准值的差异，进一步改进方案设计。图 5 所示为修正方案电路 图 5　修正方案电路

此教学过程努力在课堂教学中体现"深度探究"，设计制作欧姆表要思考的问题比较多，实践中还会不断引发新的问题。环节一目的是希望学生能从电流、电压的直接测量工具联想到电阻直接测量仪器的问题，激发学生学以致用、关联所学提出新问题的意识。环节二和环节三的方案设计是在理解所学知识的基础上，分析解决更为陌生复杂的问题，在分析与评估方案过程中提升学生高阶思维能力。环节四和环节五是在实践过程中不断发现新问题，进一步再思考、再改进不断完善的过程，这有利于学生解决问题能力的提升，让学生知道科学探究的进阶性和发展性。

4.2 问题引领，实现批判性思维生成的深度探究

深度探究的高中物理实验教学应强调学习者理解新知识时应持有批判的态度，要求学生善于质疑和创新，用理性的眼光看待事物，用证据说话，从而加深对事物的理解。实验教学中不能只要求学生机械性地记忆实验原理、操作流程和控制条件，应该引导学生理解、分析既定要求背后的原因，质疑常规实验中确定的结果，发展非线性思维和勇于探索的质疑创新精神。例如，在"验证碰撞中的动量守恒"学生实验的教学中，在常规学生实验课结束后，笔者又安排了一节针对"验证动量守恒"实验的后续课程，以问题为导向，激发学生深度思考既定实验方案逐项要求背后的原因及相关实验的拓展。验证动量守恒教学流程如图6所示。

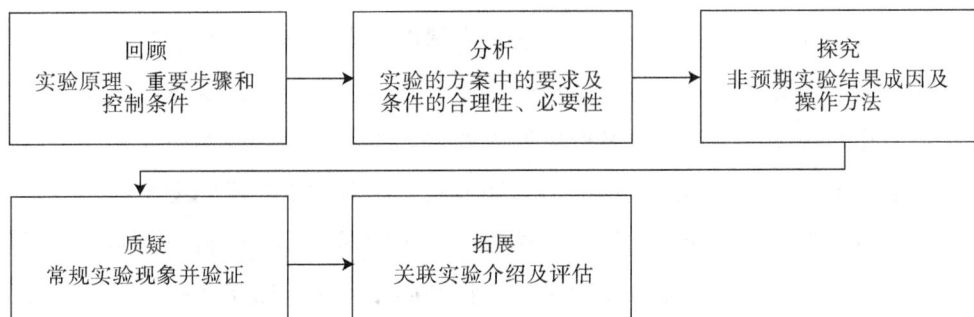

图6 验证动量守恒教学流程

教学过程：

环节一：实验回顾

教师活动1	学生活动1
引导学生回忆、表达实验原理，重点步骤，控制条件	学生表达，相互纠偏、补充

环节二：探究控制条件的必要性

教师活动2	学生活动2
引导学生思考控制条件的必要性：斜槽末端水平、两小球半径相等、被撞小球质量小于撞击小球质量 注意提示学生进行有证据的逻辑表达	学生独立思考，进行基于证据的表达 ①等时平抛，水平位移替代水平速度 ②确保正碰，两球都做平抛，实现等时平抛 ③避免入射小球反弹

环节三：探究非既定实验现象成因

教师活动 3	学生活动 3
展示非既定性实验现象：两球落点不共线，分析原因及数据处理方法	小组探讨，交流表达 非对心正碰，分解位移，验证基准方向的动量守恒

环节四：探究非常规实验操作实验现象预测

教师活动 4	学生活动 4
完全非弹性碰撞的小球落点预测	根据动量守恒定律理论分析或给出实验验证方法

　　本实验教学以问题为导向，不断激发学生深度思考，环节一是反馈落实基本知识和技能，记忆、理解层次的低阶思维检验。环节二是引导学生在学习中不仅要熟知所学内容和结论的表述，更要有对其产生原因的深入思考，要知其然还要知其所以然，提高用所学知识解释现象的意识和能力。环节三是培养学生严谨的思维和实事求是的实验探究精神，不能将一切实验偏差简单归结为实验误差，遇到新问题要思考现象的成因和修正的方法，要有反复修正改进的意识和愿望，理论联系实验，提升论证能力和证据意识。环节四是引导学生有批判性质疑精神，不能将接受常态现象作为惯性思维，巩固理论分析和实验验证两种解决问题的方法。

4.3　技术支持，促进开放、多元的深度探究

　　现代信息技术的发展，可以给物理实验教学带来巨大变革，信息技术的可视化功能和处理能力可以支持深度学习，信息技术可以使一些物理实验从定性向定量迈进，为学生深入探究物理实验提供支持。如用 Dislab 及传感器探究"加速度与力和质量的关系"实验中，在探究加速度与质量关系时，利用计算机的数据处理功能可以提高探究的效率，将思维外显可视化。如实验数据点的拟合过程，图 7 所示为计算机拟合探究 a-M 实验数据图像。

　　我们看到排除物理量定性分析的结果依据，只根据有限的数据散点，在反比例、二次、三次拟合中无法做出精准判断，只有变换成线性才能比较确定地找到关系。如果没有计算机的辅助，仅用手工的实验方法就很难做出以上比较。另外，利用计算机强大的计算功能，可以大大缩短实验中机械性处理数据的过程，师生会有更多的时间获取更多的实验数据，例如不断增加牵引重物的质量，会看到非线性的数据散点，可

以增强学生的感性认识，基于真实的实验数据，能发现更多可分析讨论的问题。信息技术作为实验探究的有效工具能使学生获得更多的积极体验，能有效促进实验深度探究的实现。

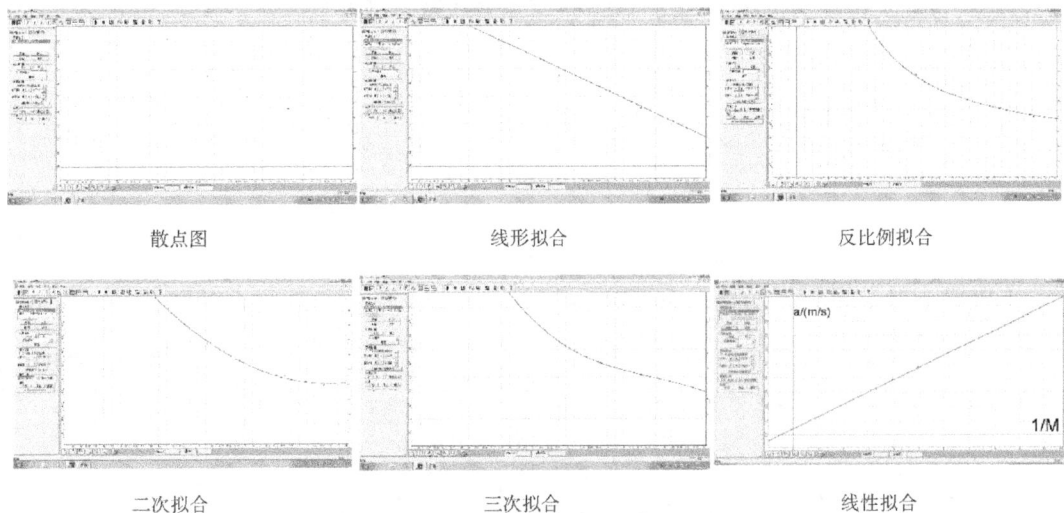

图7　计算机拟合探究 a–M 实验数据图像

在高中物理教学实践中，笔者就实验教学中的深度探究做了一些探索，发现基于真实任务，以问题为引导，借助信息技术手段可以有效实现实验教学的深度探究。深度探究课堂学生的参与度较高，学生不仅有行为上的参与，更有头脑中的参与。由于探究问题具有一定挑战性，激发了学生思考的热情，学生在探究过程中体验到思维碰撞的快乐，体验遭遇困难的失落和克服困难后的喜悦，在深度探究的过程中同伴相互激发、互相帮助更让学生体会到团队协作的重要性，深度探究促进学生物理核心素养发展，促进高阶思维发展，是以"学"为中心课堂生成的有效途径。

5　结语

高中物理实验教学的深度探究对创新型人才培养至关重要，但在目前程式化的教学模式下实现并不容易，这需要社会主管部门、学校、教师、学生共同努力，教师也要不断提高自己深度探究的意识和能力，领会其内涵所在，在教学中不断探索和实践。

基于"化学学科能力"理论的单元作业设计实践研究 T6

北京市中关村中学　富　瑶

【摘要】以高中化学必修"离子反应"学习内容为研究案例,设计了"食盐精制"单元学习主题,开展单元作业设计实践研究:基于课程标准和"化学学科能力"理论,设计不同能力水平层级的测查指标,依据测查指标精心设计课时作业和单元作业,诊断学生的学习水平并及时进行有针对性的反馈,发展学生的核心素养。

【关键词】化学学科能力;单元作业设计;离子反应;食盐精制

作业是学生在课外时间,独立或小组合作完成的学习活动,是课堂教学活动在课外的延伸,具有诊断学习效果、巩固学习内容、加深理解程度、提升思考能力等功能。《普通高中化学课程标准(2017 年版 2020 年修订)》(简称《课程标准》)对作业设计提出了明确要求:"教师应注意发挥课后作业对于学生化学学科核心素养的诊断与发展功能,依据课程内容各主题的学业要求,精心编制或精选课后作业题,使'教、学、评'活动有机结合,同步实施,形成合力,有效促进学生化学学科核心素养的形成与发展。"为实现"教、学、评"的一致性,提升作业质量,实现"减负增效",笔者以高中化学必修"离子反应"学习内容为研究案例,设计了"食盐精制"单元学习主题,开展单元作业设计实践研究:基于《课程标准》和"化学学科能力"理论,设计不同能力水平层级的测查指标,依据测查指标精心设计课时作业和单元作业,诊断学生的学习水平并及时进行有针对性的反馈,促进学生学科核心素养的发展。

1　单元作业设计的基本流程

在进行单元作业设计时,要依据单元主题内容的学习目标和学习活动,对作业设计进行整体规划。首先，作业评价目标一定要与学习目标相匹配，因此单元作业设计的首要任务，是依据单元学习目标和每一课时的学习目标，设计作业评价目标；其次，基于《课程标准》和"化学学科能力"理论，进一步将单元或课时的作业评价目标细化，设计出不同能力水平层级的测查指标，这样就可以依据学生在完成作业时的表现，诊断学生的水平；再次，依据测查指标精心编制或精选作业试题；最后，设计能够区分不同水平学生的评分标准，实现对学生水平的精准诊断。单元作业设计的基本流程如图1所示。

图1　单元作业设计的基本流程

2 "食盐精制"单元作业设计

2.1 学习内容分析

"食盐精制"是生产生活中常见的实际问题，也是《课程标准》要求的学生必做实验。要完成这个学习任务，首先学生需要从微观离子的角度分析粗盐的组成，明确要保留的离子和要除去的离子之间有哪些性质差异；其次，根据离子反应的发生条件，选择合适的试剂，利用化学沉淀法除去粗盐中的杂质离子；最后，在设计实验方案时，还要综合考虑原有杂质离子和可能新引入的杂质离子，确定试剂添加顺序和实验操作步骤。由此可见，将"食盐精制"作为"离子反应"学习内容的单元学习主题和贯穿始终的情境素材，学生能够在实际问题解决的过程中，建立电离、电解质、离子反应等关键概念，将初中阶段宏观、孤立地认识酸碱盐及其相互之间的反应，发展到宏观微观相结合、定性定量相结合地分析酸碱盐等电解质在水溶液中的行为，构建从微观离子角度分析水溶液问题的思路方法，实现对水溶液问题的认识水平进阶，提升解决实际问题的能力，发展"宏观辨识与微观探析""科学探究与创新意识"等化学学科核心素养。

2.2 作业评价目标的设计

笔者在进行"食盐精制"主题单元教学设计时，设计了以学科核心知识落实、促进学生认识水平进阶、提升实际问题解决能力为主旨的学习目标，这也是"食盐精制"

单元的作业评价目标，具体内容如下：

建立电离、电解质、离子反应等关键概念，认识复分解型离子反应的发生条件是生成沉淀、气体和水，能用电离方程式和离子方程式对电解质在水溶液中的行为进行符号表征。能宏观微观相结合地分析电解质在水溶液中的行为，能从微观角度对宏观现象进行解释，能够寻找宏观证据，依据证据对溶液中离子种类和数量的变化进行分析推理。能够自主运用水溶液问题的分析思路，解决离子检验、食盐精制、污水处理等复杂实际问题。

根据单元学习主题的课时划分，将单元作业目标进一步细化为课时作业目标，每一课时的学习主题及其对应的课时作业目标如表 1 所示。

表 1 "食盐精制"单元学习主题的课时作业目标

课时	学习主题	课时作业目标	设计意图
课时一	从微观角度"看"杂质，发展认识物质的视角	建立电离和电解质的概念，理解电离的微观过程，能用电离方程式正确表达电离的过程	检验学习效果 巩固课时目标
课时二	从微观角度"看"除杂过程，发展认识反应的视角	建立离子反应的概念，理解离子反应的过程；能用离子方程式正确表达离子反应，概括离子方程式的书写方法及离子反应的条件与本质；能基于电离和离子反应，初步选取食盐精制的除杂试剂，设计除杂方案，概括除去溶液中杂质离子的一般思路	为后续学习 做准备
课时三	系统设计食盐精制方案，构建利用离子反应解决真实除杂问题的思路方法	能从微观角度分析复杂体系中可能存在的离子及其反应；能综合考虑多种因素，从多个角度评价并优化除杂方案	综合运用， 发展提升
课时四	梳理单元学习内容，完善本单元的知识结构与认识思路	完善电解质的概念，能从微观角度认识酸、碱、盐的通性，能从电离角度概括酸、碱、盐的微观特征；巩固电离方程式和离子方程式的书写	落实核心知识 与思路方法

2.3 测查指标的编制

由于不同学生通过学习所达到的水平不尽相同，所以需要设计不同层次的作业，既能起到诊断学生学习水平的作用，也能让不同水平的学生都有获得感，激发并保持他们的学习兴趣，促进不同层次学生的能力提升和素养发展。因此，在设计作业之前，需要编制不同水平层级的测查指标。

"化学学科能力"理论从学习理解、应用实践和迁移创新3个层面建立"化学学科能力"活动表现框架，从核心学科知识、核心学科活动经验和化学认识方式3个维度揭示"化学学科能力"的内涵构成，从而建构起"化学学科能力"内涵构成及其活动表现的系统模型，如图2所示。将"离子反应"主题内容的核心知识、《课程标准》中的学业要求与"化学学科能力"系统模型进行整合，并与学生的作答表现相关联，设计出"食盐精制"单元作业的测查指标，如表2所示。

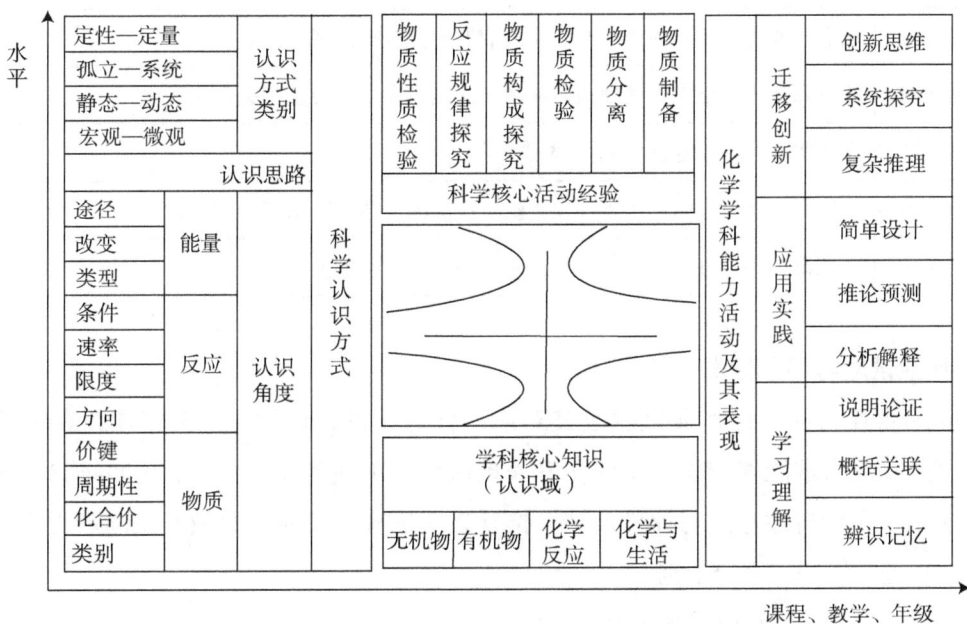

图2 "化学学科能力"内涵构成及其活动表现模型

表2 "食盐精制"单元作业设计的测查指标

水平	指标内涵
辨识记忆	知道酸、碱、盐属于电解质，在水中可以发生电离
辨识记忆	知道常见酸、碱、盐在溶液中的微观存在形式
概括关联	建立物质类别（酸、碱、盐）与物质是否属于电解质、是否可以发生电离之间的关联
概括关联	用电离方程式表示强电解质的电离

续表

水平	指标内涵
概括关联	从微观构成的角度对酸、碱、盐的特征进行概括
概括关联	从微观离子的角度认识酸、碱、盐之间的复分解反应
概括关联	判断常见离子方程式书写是否正确（建立具体离子反应与离子方程式的关联）
说明论证	从电离角度说明酸、碱、盐的微观本质，论证酸、碱、盐的类别通性
说明论证	从电离和离子反应的角度对宏观现象进行说明论证
说明论证	能依据实验事实或反应现象正确书写离子方程式
分析解释	从电离和离子反应的角度对混合溶液的成分进行微观分析解释
推论预测	从电离和离子反应角度预测多种微粒间能否发生反应及相关反应现象
简单设计	设计实验检验、鉴别、分离常见离子
复杂推理	能依据离子反应的发生条件预测陌生反应的产物，写出离子方程式
系统探究	系统设计实验方案，进行多种微粒体系中某微粒的鉴别或提纯

2.4　作业试题与评分标准设计

依据测查指标设计作业试题及其对应的评分标准，试题力求外显学生的思维过程，评分标准力求能够依据学生的作答表现区分出不同的能力水平，为精准诊断学生认识水平、有针对性地进行评价反馈、推动教学进程、及时调整教学策略和促进学生能力水平进阶等提供重要依据。

2.4.1　设计探查学生认识发展的作业

促进学生对水溶液问题的认识发展，是"离子反应"学习内容的重要价值之一。因此，在设计作业时，必然要设计能够探查学生认识发展的试题。例如：课时一的作业评价目标指向的是微观角度的建立，测查学生是否建立了电离和电解质的概念，能否理解电离的微观过程。因此设计了如表3所示的题目，考查学生能否从微观离子的角度认识电解质在水溶液中的行为，进而解释电解质溶液能够导电的原因。在设定评分标准时，直接针对学生的认识角度和思维逻辑，从论证角度、推理路径等方面对学生的作答情况进行水平层级划分。

表3　课时一作业中探查学生认识发展的题目

按图3装置做5种溶液的导电性实验，实验结果发现：①、③、④灯泡发光，②、⑤灯泡不发光，请说明产生此现象的原因。

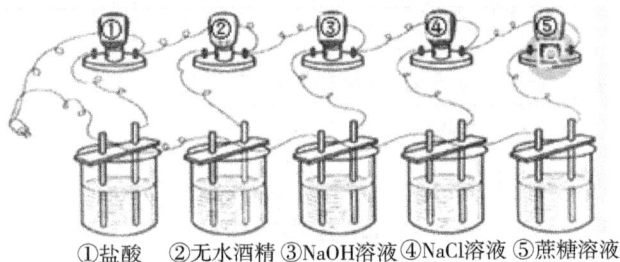

①盐酸　②无水酒精　③NaOH溶液　④NaCl溶液　⑤蔗糖溶液
图3　溶液导电性实验装置示意图

答案及评分标准：

"HCl、NaOH、NaCl 分别属于酸、碱、盐，其水溶液能导电，所以灯泡发光；酒精和蔗糖不属于酸、碱、盐，其水溶液不能导电，所以灯泡不发光。"（0分，只能从宏观物质的角度进行解释，没有建立电离的角度，也没有合理的推理路径）

"HCl、NaOH、NaCl 在水中都能电离出能自由移动的离子，因此溶液能导电，灯泡发光；酒精和蔗糖在水中不能电离出能自由移动的离子，因此溶液不能导电，灯泡不发光。"（1分，能够从电离的角度进行解释，但是推理路径不完整，缺少逻辑）

"HCl、NaOH、NaCl 在水中会发生电离，产生能够自由移动的离子，在外加电压的作用下，离子定向移动，因此能够导电，①、③、④灯泡发光；而酒精和蔗糖溶液在水中不能电离出自由移动的离子，因此不能够导电，所以②、⑤灯泡不发光。"（2分，不仅能从电离角度认识物质，还能依据溶液的导电原理进行解释，有完整的推理路径）

2.4.2　设计与课堂活动融合的课后任务型作业

作业不仅仅是纸笔测验试题，还可以有调查研究、动手实践、小组合作学习活动等多种形式。设计与课堂活动融合的、学生通过小组合作完成的课后任务型作业，可以打破时间和空间限制，引导学生转变学习场域和学习方式，实现"学习生活化，生活学习化"。在后一课时，教师可以组织学生汇报交流作业成果，通过组间评价展开讨论，既能不断引发学生思考，又能在汇报交流的基础上梳理归纳思路方法，提升课堂学习效果。例如：通过课时二的学习，学生已经能够从微观离子的角度认识粗盐中的杂质及其与除杂试剂之间的离子反应，因此设计了如表4所示的课后任务型作业，学生以小组为单位，合作设计食盐精制实验方案，根据各组选择的除杂试剂和书写的离子方程式，测查课时二的学习目标是否达成，即学生是否建立了认识反应的微观视角。在课时三中，各小组进行方案展示与汇报交流，通过组间评价讨论，继续完善本组方案，进而概括出除去溶液中杂质离子的一般思路。

表4　课时二的课后任务型作业

设计除去粗盐溶液中杂质制取精盐的完整实验方案。

要求：能除尽杂质，操作简便，成本低。

①请写出方案流程以及必要的实验操作，包括每一步溶液中的离子及生成的沉淀，每一步反应的离子方程式。

②尝试总结利用离子反应除去杂质的思路和方法，将你的思路方法与同学分享。

2.4.3　设计实际问题解决型作业

水溶液主题内容的核心知识和思路方法在物质制备、反应调控、废水处理、环境保护等诸多领域应用广泛。从相关领域中寻找素材，设计实际问题解决型作业，不仅可以全面考查学生水溶液相关知识体系是否完备和结构化，分析问题的角度是否全面、思路方法是否完整和顺畅，能否自主运用核心知识和思路方法分析解决问题，还能突出化学学科社会应用价值，对学生的价值观起到正向引导作用，有助于落实"立德树人"的根本任务。例如：在课时三的作业中，分别设计了以"溶液配制"和"污水处理"为情境的实际问题解决型作业，如表5和表6所示，考查学生能否综合考虑多种因素，从微观角度系统分析复杂水溶液主题的实际问题，引导学生发展认知水平，提升应用思路方法的自主性和解决实际问题的能力。

表5　课时三以"溶液配制"为情境的实际问题解决类型作业

低钠盐是以精盐（$NaCl$）为原料，添加一定量的 KCl 和少量 $MgSO_4$，从而改善体内 Na^+、K^+ 和 Mg^{2+} 的平衡，预防高血压。低钠盐中 KCl 和 $MgSO_4$ 的物质的量之比约为 $12:1$。实验室要配制 1L 与低钠盐成分相同的溶液（只考虑除 $NaCl$ 以外的其他成分），请你设计实验方案并阐述这样设计的理由。

要求：① $c(MgSO_4)=0.1mol/L$，②从原料库中选择药品。

原料库：KCl、K_2SO_4、$MgCl_2$、$Mg(NO_3)_2$、K_2CO_3

答案及评分标准：

方案：用 0.1mol $MgCl_2$、0.1mol K_2SO_4、1mol KCl 配成 1L 溶液。

理由：所需溶液中 $MgSO_4$ 的物质的量为 0.1mol，则 KCl 的物质的量为 1.2mol。原料库中没有 $MgSO_4$，因此需要用其他物质代替。从微观角度看，溶液中的溶质为 0.1mol Mg^{2+}、0.1mol SO_4^{2-}、1.2mol K^+ 和 1.2mol Cl^-。从原料库中选取 0.1mol $MgCl_2$，可以提供 0.1mol Mg^{2+}，同时还能提供 0.2mol Cl^-；选取 0.1mol K_2SO_4，可以提供 0.1mol SO_4^{2-}，同时还能提供 0.2mol K^+。与所需溶液相比，还需要添加 1mol K^+ 和 1mol Cl^-，再选取 1mol KCl 即可。

试剂种类或用量错误。（0分）

试剂种类和用量正确，但在阐述理由时提到"用 $MgCl_2$ 和 K_2SO_4 制备 $MgSO_4$"（表面上看是忽略了离子反应的发生条件，实际上是没有从微观角度认识离子之间的相互作用，对离子反应的本质理解不深刻）。（1分）

试剂种类和用量正确，并且阐述的理由能够外显出"宏观物质→微观粒子→宏观物质"的思维路径。（2分）

表6 课时三以"污水处理"为情境的实际问题解决类型作业

从原料库中选择合适的试剂，除去废水中的 $Ba(OH)_2$，使其能够排放到自然界中。阐述选择试剂的理由，写出相应的离子方程式。

原料库：H_2SO_4、Na_2SO_4、$CuSO_4$、$NaHSO_4$

资料：① $NaHSO_4$ 的电离方程式可表示为：$NaHSO_4 == Na^+ + H^+ + SO_4^{2-}$。

② Cu^{2+} 是一种重金属离子，具有毒性，会对水体造成污染；Na^+ 和 SO_4^{2-} 对自然界中水体的影响可以忽略不计。

答案及评分标准：

选择 Na_2SO_4（忽略 OH^-）或 $CuSO_4$（忽略过量试剂的二次污染），0分；

选择 H_2SO_4 但只从离子种类角度定性解释，1分；

选择 H_2SO_4 且从离子种类和数量角度进行定性定量相结合的解释，2分；

选择 $NaHSO_4$ 且能主动调整试剂用量，关注到"Na^+ 和 SO_4^{2-} 对自然界中水体的影响可忽略不计"的题给信息，2分。

3 实践与反思

3.1 评分标准直指学生的思维障碍，精准诊断学生水平

评分标准的设计是对学生作答情况的预估，评分标准设计是否合理、准确，层次是否清晰，直接影响作业试题的信度与效度。笔者使用"食盐精制"单元学习主题的课时作业和单元作业对高一年级学生进行学业水平诊断，从学生作答结果可以看出，试题总体上能够外显学生的思维过程，评分标准指向学生的易错点和思维障碍点，能够较为精准地诊断学生水平，为学习目标与活动的设计、对学生进行有针对性的反馈、调整教学策略提供重要参考。

例如：表3所示的试题，在有效作答的358份作业中，得2分的作业有37份，得1分的作业有259份，得0分的作业有62份。不同得分学生作答的典型实例如图4所示。由数据可知，经过课时一的学习，82.7%的学生已经建立了电离的概念，能够从电离角度解释问题，说明教学目标基本达成；仅有10.3%的学生既能从电离角度认识物质，又能依据溶液的导电原理进行解释，推理路径完整，说明学生对溶液导电原理的理解还不深入，对电离和溶液导电的动态过程缺乏足够认识。从图4可以看出，此题评标的设定与学生实际作答情况基本一致，说明此题评分标准的设定直接指向学生的思维障碍点，试题区分效果良好，诊断结果准确，可以作为教师调整教学策略、针对学生问题进行及时反馈的重要依据。

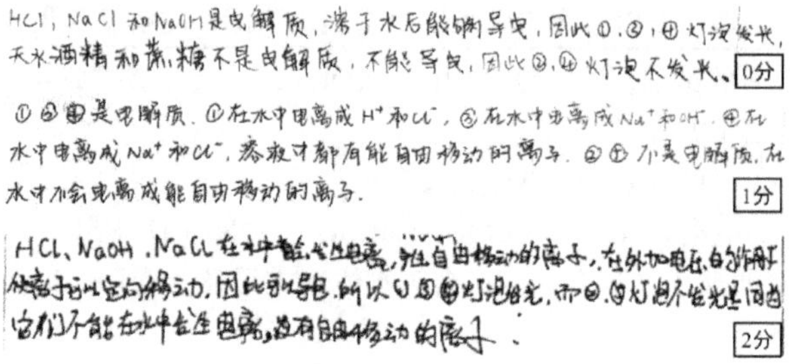

图 4　表 3 所示试题不同得分作业的典型实例

再如：表 5 所示的试题，在有效作答的 322 份作业中，得 1 分的作业有 132 份，其中 107 份作业在阐述理由时提到了"用 $MgCl_2$ 和 K_2SO_4 制备 $MgSO_4$"，占有效作业的 33.2%。表 5 所示试题的典型实例如图 5 所示。说明在课时三的学习之后，仍有 1/3 左右的学生不能很好地从微观角度认识水溶液中的离子反应。

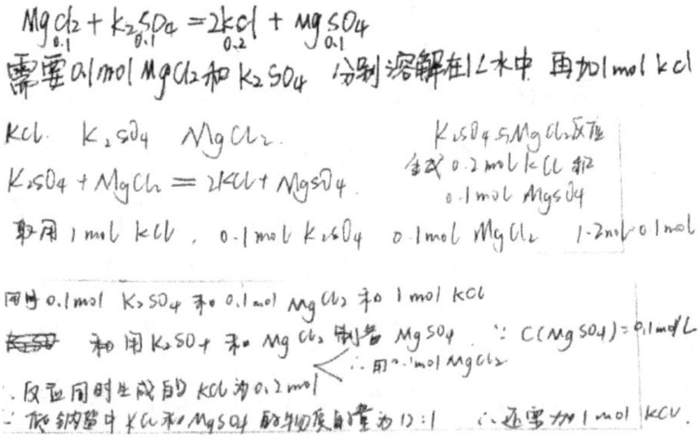

图 5　表 5 所示试题的典型实例

由此可见，此题评分标准的设定准确预估了学生可能出现的问题，诊断了学生认识水平的差异，教师可以依据学生的作答情况及时进行有针对性的反馈，一方面强化离子反应发生条件的落实，另一方面通过明确此题"宏观物质→微观离子→宏观物质"的分析路径，引导学生宏观微观相结合认识水溶液中的物质及其反应，提高学生的认知水平。

3.2　针对诊断出的问题及时反馈，提高学生认知水平

通过作业精准诊断出学生的水平之后，教师既可以对学生出现的问题有针对性地进行反馈，又可以依据学生的水平及时调整教学策略，改进教学，提升教学效果。

例如：从表 3 所示试题的学生作答情况已经发现，学生对电离和溶液导电的动态过程缺乏足够的认识。基于作业诊断的结果，教师在教学中及时作出调整，补充 NaCl

电离过程的微观示意动画（图6），引导学生深入理解"自由移动"与"定向移动"的区别与联系，从微观角度动态理解电离过程，在头脑中形成电离过程的微观图示，完善学生认识物质的微观视角。

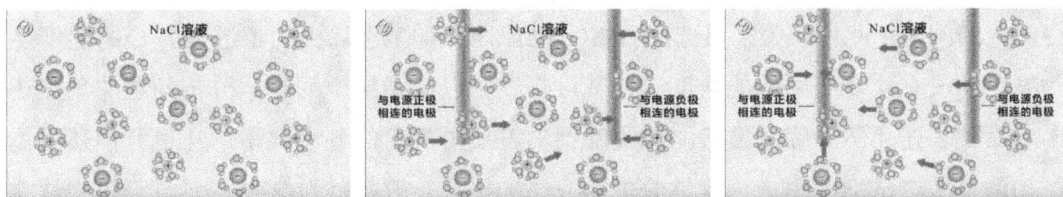

图6　NaCl电离过程微观示意动画重要步骤定格

表6所示试题的典型实例如图7所示。可以看出，学生主要选择了H_2SO_4和$NaHSO_4$作为除杂试剂，并正确写出了离子方程式，但大部分学生在作答时阐述的理由不充分。鉴于这种情况，教师设计了小组活动，引导学生合作研讨，实现学习小组内的生生互助，促进学生能力发展和认识水平进阶。学生在小组研讨时，不仅要阐述选择某种试剂的理由，还要阐述不选择某种试剂的理由，充分外显思维过程，不断自主反思，从微观角度定量地认识杂质的成分，同时关注不同电解质之间量的差异和同一电解质内部离子间的比例关系，完善分析水溶液问题的一般思路。

图7　表6所示试题的典型实例

在小组研讨后的汇报中，大部分学生认为污水中真正的杂质是Ba^{2+}和OH^-，二者物质的量之比是1：2，Ba^{2+}可以用SO_4^{2-}除去，OH^-可以用H^+除去，H_2SO_4中的SO_4^{2-}和H^+也是1：2，因此选择了H_2SO_4。一部分水平较高的学生还提出可以通过检测污水的pH值来控制H_2SO_4的用量；不选择Na_2SO_4的原因是它只能除去Ba^{2+}，无法除去OH^-。以上结果说明，学生通过小组讨论，已经能够运用水溶液问题的分析思路，从微观角度定性定量相结合地分析和解决相关实际问题，思维路径比较顺畅。但是，关于是否选用 $NaHSO_4$ 作除杂试剂，同学们主要有两种观点：一种是不能作除杂试剂，理由是不能完全除去 OH^-；另一种是能作除杂试剂，理由是 $NaHSO_4$ 也能同时提供 H^+ 和 SO_4^{2-}，而且 Na^+ 和 SO_4^{2-} 对自然界中水体的影响可忽略不计，并未从定量角度进行更深入的阐释。此外，关于不选用 $CuSO_4$ 的原因，学生也只提到了过量的 Cu^{2+} 会产生污染，并没有从反应原理的角度论证其可行性。以上结果说明学生分析问题的角度还不全面，表述还不准确，虽然能够关注到电解质电离出的各种离子的比例，但还不能主动调整所选试剂的用量，定量分析能力还需提升。教师针对学生在研讨汇报中暴露的问题进一步追问，如："如果调整 $NaHSO_4$ 的用量，能否作除杂试剂呢？""既然选择 $NaHSO_4$ 作除杂试剂，如何控制其用量呢？"引导学生从定量角度思考，不断发展学生对水溶液问题的认识水平，提升学生的实际问题解决能力。

4　结语

单元作业设计关注教学内容的结构化和系统性，重视学生的已有经验和"最近发展区"，力求能够外显学生的思维过程，体现能力水平的进阶。在"素养为本"的教学导向和落实"双减"政策的背景下，依据"化学学科能力"理论，精心设计作业测查指标，可以精准诊断学生的已有水平，明确学生已有水平与需要达到的水平之间的差距，采取针对性的教学策略，构建能力水平发展的进阶路径；在设计评分标准时对学生表现进行准确预估，可以对学生进行全方位、多角度的精准诊断和评价反馈，实现"教—学—评"的一致性和"减负增效"；设计与课上活动融合的课后任务型作业，将作业与课堂教学有机融合，能够打破时空壁垒，使学生课上和课下的学习融为一体，有助于学生核心素养的全面发展。

参考文献

[1] 中华人民共和国教育部. 普通高中化学课程标准（2017 年版）[S]. 2 版. 北京：人民教育出版社，2020：75.

[2] 中华人民共和国教育部. 普通高中化学课程标准（2017 年版 2020 年修订）[S]. 北京：人民教育出版社，2020：15-17.

[3] 王磊，支瑶. 化学学科能力及其表现研究 [J]. 教育学报，2016，12（4）：46-56.

促进学生"学会思考"的
初中化学教学策略

北京市中关村中学　李娜

【摘要】培养学生"学会思考"的意识和能力，对提升学生核心学习能力至关重要。本文描述了中学生缺乏"学会思考"能力的表现，从创建真实的学习环境、创设驱动性学习任务群、鼓励学生合作、设计与学习活动匹配的实验四个方面分析提升"学会思考"的教学策略，促进学生学习能力提升。

【关键词】学会学习；初中化学；教学策略

为落实立德树人的教学根本任务，国家提出了学生应具备的核心素养，分别为人文底蕴、科学精神、学会学习、健康生活、责任担当和实践创新。其中"学会学习"体现了学生最核心的竞争力。对于初中化学教学而言，激发学生的好奇心、营造独立思考的习惯、鼓励学生勇于探索，是促进学生"学会思考"的重要策略。本文通过分析学生缺乏"学会思考"能力的表现，探讨初中化学教学的对应策略。

1　"学会思考"是科学教育的重要育人目标

面向未来的科技人才培养，不仅应着力培养学生的专业能力，还要发展学生的文化理解与传承素养、审辨思维、创新素养、沟通素养与合作素养，以提升学生解决真实复杂问题的能力，迎接未来世界的挑战。

"学会思考"是科学教育重要的育人目标，是多维度、多层次、动态发展的。促进学生"学会思考"的学习从能力、品格、价值观等多维度出发，旨在形成一般素养、不同任务类型问题解决的程序路径、各学科领域问题的解决方法，旨在培养持续学习的习惯，不断提升自我思考能力的意识、策略和行动。

2 学生缺少"学会思考"能力的表现

在目前课堂教学中，发现大多数学生不具备思考的能力。首先，许多学生缺少深度思考的动机，不愿思考。缺乏对科学的好奇与追问，缺少不畏困难、持之以恒的品格，学生很少会质疑教材的内容和老师讲授的知识。其次，学生缺少自主思考的信心，不敢思考。他们认为不需要自己思考，因为自己想的结果一定没有书本上的知识正确，因此没有必要浪费时间。长此以往，慢慢就弱化了自己想要思考、敢于表达的能力。另外，学生缺少有效思考的策略，不会思考。学生在问题解决过程中往往凭印象、凭感觉、凭尝试来解决问题，缺少清晰的思路。由于学生的思维过程是杂乱无序的，所以他们无法发现自己思维的漏洞，也就不能通过自省、反思的方式优化学习结果。

3 培养学生"学会思考"的教学策略

新课标对化学学科核心素养作出明确界定，其内涵包括化学观念、科学思维、科学探究与实践和科学态度与责任。这就要求教师不仅要向学生传播核心知识和思路方法，还要实践育人，要让学生在科学探究和实践过程中，形成必备的科学态度和责任。因此，教师在组织教学活动时，要立足核心素养各个方面的要求，优化教学，驱动学生自主、合作学习，养成良好的学习品质。

提升学生"学会思考"的主要方式是改变课堂教学活动实施方式。教师要打破以"教"为中心的教学模式，从学生的需求出发，根据学生的兴趣特点和教学任务，突出以"学"为中心，提升学生自主学习能力。

3.1 创建真实学习情境，激发学生的求知欲，促使学生主动思考

课堂导入是引导学生进入学习状态的首要环节。传统的课堂导入方式多以开门见山为主，直接向学生呈现新知内容，久而久之，学生获取知识的方式成了固定模式，课堂参与的兴趣和积极性就会减弱，同时难以促进学生形成对学科核心素养的理解。结合教学任务，借助多样的手段创设解决真实问题的教学情境，不仅可以驱动学生自主进行化学探究，还可使学生充分发挥主观能动性，提升学生思辨、质疑、分析、表达等能力，提升学科核心素养的发展。真实的学习情境能有效激发学生的学习兴趣，促进学生主动思考，提高课堂学习效率。

下面以"水稻土壤改良计划"为例，谈谈在实践中的一些具体做法。该内容对应人教版九年级第十单元"酸和碱"以及第十一单元"盐 化肥"。通过分析影响水稻生长的因素，聚焦土壤的酸碱性和肥力，寻找改良土壤酸碱性的方法和选择合适的肥料。学生在解决实际问题的过程中，体验实验探究，分析和解释实验现象，进行证据推理，认识酸碱盐类别物质的性质，逐步体会各类物质的研究思路方法及意义。

为了引导学生能够体会研究土壤酸碱性和肥力对改良水稻土壤的意义，本课设计了若干学生活动。学生在完成学习任务时，逐步进入真实问题的解决过程，思考问题的解决方法，主动学习必备支撑知识。具体教学活动和学生行为表现如下：学生课前在班级种植水稻幼苗，关注水稻一周生长情况、记录，并调研水稻对我国的意义。课堂上，学生结合前期调研结果，从历史、经济、文化、营养、环境、农民幸福感等多维度阐述水稻对我国的重要性，进而理解水稻健康生长的重要意义。为了寻找水稻生长的适宜条件，学生对水稻一周生长情况进行概述，并从化学学科角度分析影响水稻健康生长的要素，如水是植物光合作用的反应物，光照是反应条件，温度能够调节反应速率。还结合生物学科知识，分析大风会加速叶片的蒸腾作用，减少光合作用中反应物的量，影响植物的光合作用等。学生发现在相同环境下，不同小组的水稻生长效果存在很大差异，通过讨论后聚焦到土壤。通过阅读资料，进一步发现土壤酸碱性和肥力的差异会影响水稻的生长，进而确定需要寻找改良土壤酸碱性和合理使用化肥的方法。此时学生会基于解决真实问题，主动学习酸、碱、盐类物质的性质，并应用物质的性质解决实际问题。

3.2 利用驱动性学习任务群，建构问题解决路径，指导学生学会思考

指向问题解决的学习任务可以推动学生的学习。明确的学习任务能够激发学生学习欲望和兴趣，同时能够帮助学生快速掌握研究的核心内容，并找到解决问题的方法。通常真实问题解决需要由若干子任务共同推动，将子任务按照问题解决的逻辑进行梳理后，可以形成问题解决路径。学生在完成单一任务的过程中，可以运用观察、比较、分类、分析、综合、归纳等科学方法进行证据推理、建构模型，认识物质及其变化规律。而在完成学习任务群后，学生则能体验复杂问题的解决过程，运用评价、反思、改进等方式提炼形成问题解决的思路，从而学会处理综合问题的能力。

以"探究物质燃烧条件"为例，展示课堂教学中，基于促进学生思考的学习任务设计。"探究物质燃烧条件"是人教版九年级第七单元第一课时的教学内容。燃烧是学生生活中熟悉的现象。但学生对燃烧认知往往存在错误和混乱的情况，因此教师要着

重更新、发展学生对燃烧条件的认识。教师通过任务"说说物质燃烧需要的条件"来暴露学生对燃烧概念的原认知水平，然后通过任务"观察实验'点燃酒精、水'，描述实验现象，分析实验"，引导学生认识不是所有物质都能燃烧，物质的燃烧需要可燃物。通过任务"设计实验方案，证明是空气中的氧气支持燃烧""设计实验证明氧气参与反应""观察木条在等量空气、氧气中燃烧实验，分析氧气浓度对燃烧的影响"，引导学生理解氧气参与物质的燃烧，氧气的浓度会影响物质燃烧的程度。通过任务"结合乙醇、蜡烛着火点数据差异，分析解释二者燃烧现象不同的原因"，引导学生认识温度达到着火点以上才是燃烧的条件。通过任务"运用控制变量思想，设计实验证明燃烧三个条件的关系"，引导学生建立燃烧条件"可燃物、氧气、温度达到着火点以上"三者间"缺一不可"的辩证关系。通过具有逻辑关系的任务群引导学生实现对物质燃烧条件的理解。

3.3 合作交流，共同探究学习，弱化自主思考的难度

课堂转型下的化学教学，教师既是学生学习活动的组织者、参与者和引导者，又是信息提供者和探究活动的指导者。传统的化学教学方式中教师往往会根据教材知识，以解析为主进行讲解。学生若无法理解，就会死记硬背。这种刻意把"教"和"学"分开的方式，从根本上忽视了学生学习的主观能动性，既降低了教学的效率，也不利于培养学生"会学习"的习惯。

近年来，项目式学习受到国内教育者的广泛关注。项目式学习是一种以学生为中心的教学方法，强调学生在真实情境中，通过问题驱动组织开展探究活动。学生通过合作的学习方式解决问题，最终展示分享研究成果。下面以项目"为冬奥会设计火炬"为例，展示在教学实践中，以学生为主体开展的学习活动，驱动学生主动学习，落实学科核心素养，提升教学质量。

项目"为冬奥会设计火炬"是基于人教版初中课程九年级上册"燃料及其利用"的新授课内容。本项目学生以设计冬奥火炬为主要任务线索，逐步认识燃烧的本质、燃烧三要素以及各种燃料的性能，通过应用调控燃烧的各种技术手段，小组合作设计符合使用要求的火炬燃烧系统、调控系统、储存系统和外部装置方案，逐步学会应用化学知识解决复杂问题的方法，以及分享、表达、评价他人的能力。

设计调控系统方案是火炬方案的重要环节，其中一个核心学习活动是：学生自主分析防风打火机的"防风"原理。小组内学生通过观察防风打火机的结构，应用前期对调节燃料燃烧的方法，尝试分析其"防风"原理。学生观察到防风打火机外层有一

个铁圈，认为燃料燃烧产生的火焰，能够加热铁圈，而当环境出现强风等条件时，铁圈能反向提供热量，使燃气附近温度始终保持在着火点以上，从而保证火焰一直稳定燃烧。而此时另一部分学生在对比防风打火机和普通打火机燃烧时，会发现二者的火焰颜色、形状并不同，防风打火机的火焰是蓝色、集中型，而普通打火机的火焰是黄色、扩散型，于是进一步思考防风打火机"防风"的其他原因。此时小组内的学生会重新回顾前期燃烧条件、调控燃烧的方法等知识，进一步思考、交流讨论，阐述各自意见后汇总统一观点，最终大家推测有可能燃气在燃烧前进行了预混处理。基于这个设想，学生在教师的指导下拆解了防风打火机，发现燃气在燃烧前经过了一个预混装置，从而实现火焰集中稳定燃烧，进而达到"防风"的效果。

回看学生的学习过程，发现他们在解决实际问题的过程中，通过小组合作，自主调用相关知识，创造性地思考，通过积极分析寻找解决方法，勇于实践，解决问题。对于教师而言，则要创设促进学生"学会思考"的课堂，通过营造开放的学习环境，鼓励学生思考表达观点，引导学生进行科学论证和争论，同时在具体的实践活动中，外显学科核心问题的思路方法，引导学生建立理解和应用的思维程序。

3.4 设计与学习活动匹配的实验，促进学生深入思考

化学是一门以实验为基础的学科，学生通过实验可以获取化学事实，运用比较、分类、分析、综合和归纳等方法能够更加直接地认识物质及其变化规律。学生通过实验进行科学探究，独立或合作完成化学实验任务，解决真实问题或综合实践活动。实验提供了学生与他人协作、沟通交流的平台，经历科学探究，增强学生实践能力，促进学生养成科学态度和必备品格。

实验要与学习活动内容相匹配，要能解决学习任务中的问题。匹配性高的实验可以最大限度地集中学生的注意力，激发兴趣的同时还能提高学生的学习效率。比如，在项目"为冬奥会设计火炬"时，为了让学生更加贴近认识火炬的燃烧过程，实验内容将教材中木炭燃烧替换成了火炬真实燃料（丙烷）的燃烧，让学生感受火炬燃烧的现象，促进学生尽快融入学习任务中。另外，为了发展学生认识物质燃烧中氧气的作用，设计了"覆水可收"实验，将蜡烛放置在盛有水的玻璃槽中，点燃蜡烛后上方倒扣烧杯，一段时间后可以观察到蜡烛熄灭，烧杯内液面上升。学生可以推测烧杯内液面上升，压强减少的原因是由于氧气作为反应物参与了蜡烛的燃烧，促进学生认识物质燃烧的本质。在项目"探秘易拉罐"中，为了让学生分析金属罐体是否与饮料反应，故选择使用饮料中的物质（苯甲酸钠、枸橼酸、柠檬酸钠等）作为实验药品，使学生

体会探秘易拉罐的真实性，感受实验对学习的价值。

4 结语

新课标提出了"全面提高学生科学素养"的教学任务，更加倡导学生"主动参与、乐于思考、勤于探索"，以培养学生"获取新知识、分析和解决问题"等能力。教师在化学教学模式上要从过去以知识解析为核心的模式，转变成以促进学生认识发展为核心的教学。从"以学科为中心"转变成"以学生为中心"，要求教师在实践教学时，从课堂的"主导者"变成"引导者"，给学生思考、分析的时间，讨论、交流的空间，让学生做学习的主人，学会学习，学会思考，具备终身学习的能力。

总之，在初中化学教学活动实践中，教师要在核心素养培养要求的指导下，理解"以学为本"的内涵，促使学生"学会思考"。在不断的探索中，通过真实的学习情境，促进学生主动思考，利用驱动性学习任务群，指导学生学会思考，鼓励学生合作，降低自主思考难度，设计与学习活动相匹配的实验，引发学生深入思考。

参考文献

[1] 中华人民共和国教育部. 关于全面深化课程改革落实立德树人根本任务的意见 [Z]. 2014-03-30.

[2] 魏锐. 科学教育如何促进学生"学会思考"[J]. 科学与社会，2020，10（3）：22-29.

[3] 尹桂欣，张贤金. 课堂转型下的高中化学概念教学研究 [J]. 福建基础教育研究，2016（2）：78-80.

[4] 黄玉叶，"以学习者为中心"在初中化学课堂中转型实践 [J]. 化学教学，2020（8）：122-123.

中学化学教学培养学生
定量思维能力的研究与实践

北京市中关村中学　李　莹

【摘要】化学思想方法是对化学知识在更高层次上的抽象和概括，它是反映化学学科规律和特点的哲学思想。在中学阶段，化学思想方法渗透在化学知识的学习中，比如，"物质变化是有条件的；物质结构决定物质性质；化学与社会和谐发展；分类与比较；假说、模型与实验，以及定性与定量等相结合"的哲学方法始终贯穿中学化学知识的建立和应用过程。定量研究的思想与方法是化学科学产生、发展的源泉。在高中化学教学中帮助学生科学、定量地认识化学、研究化学，是十分有必要的事情。

【关键词】化学教学；定量思维能力；培养

1　问题的提出

《普通高中化学课程标准 (2017 年版 2020 年修订)》指出：高中化学课程是科学教育的重要组成部分，它对提高学生的科学素养、促进学生全面发展有着不可替代的作用。化学是在原子、分子水平上研究物质的组成、结构、性质及其应用的一门基础自然科学，迅猛发展的化学已成为生命科学、材料科学、环境科学、能源科学、信息科学等领域的重要基础，它在解决人类社会发展过程中面临的问题、提高人类的生活质量、促使人与自然和谐相处等方面发挥着重要作用。

定性与定量是重要的化学思想方法。定性思维是根据物质的性质来认识物质的思维方法，与数量无关或者是模糊处理数量关系。比如，在学习硝酸的性质时，提出浓硝酸生成二氧化氮、稀硝酸生成一氧化氮，教材中就没有明确指明浓、稀的分界线。但是这并不表明在处理化学问题的过程中不需要定量分析，而是因为学生的认知程度没有达到一定要求，实际上，学生在学习中会对硝酸的浓度提出疑问。可见，在人的思维中，了解了外在关系后会提出量的要求。也就是说，定性思维和定量思维是统一的，定性思维是定量思维的前提，定量思维要在定性思维的指导下进行。如果定性思维错误，定量思维也必然失去表述的目标。

定量思维方法对化学科学的发展具有里程碑式的意义。所谓定量思维方法就是指认识主体从事物的量的属性的角度，通过对客观对象各种量及量的变化、量之间的关系的记录、运算、推导等手段去考察客观对象，以获得对事物本质更为精确、深刻的认识的一种思维方法。古代经验化学之所以能上升为科学化学，其中一个重要的原因是采用了天平等衡量器具和数学的推论。如拉瓦锡通过对物质燃烧实验的定量研究，建立了氧化学说，发现了"质量守恒定律"，使得化学摆脱了纯经验的发展进入精密的科学发展。一门学科是否称之为科学，要看其是否存在定量分析。因为只凭经验或猜测的方法，其结论无数据分析就会缺乏精确性，无科学性而言。而科学的定量思维方法主要是运用数学方法，对客观事实进行数的描述，得出数学模型，按数字描述的条件可以在不同的地方再现。

学生能否应用定量的思想解决问题？如何在新的情境中，主动应用这些思维模式解决化学问题呢？如何寻找教学的载体，提供带有综合性质，兼顾多种定量方法的课题，使学生有更多的实践机会，推动教学成果进一步内化？定量研究的思想与方法是化学推广与发展的源泉。在高中化学的教学过程中，都应渗透学生定量意识，定量实验在培养学生定量思维方面有着重要意义，有利于培养学生严谨的科学态度和分析问题解决问题的能力。

2 培养定量思维能力的案例

例如，在选择性必修 1 "化学反应原理"模块《水的电离》的教学中，就鲜明体现了化学的定量关系。下面结合笔者的教学实例设计，谈一谈在概念教学中如何培养学生的定量思维能力。

水的电离平衡存在的客观性决定了在平衡移动过程中主要因素与次要因素间互相依存、互相制约的关系，溶液中 $c(H^+)$ 与 $c(OH^-)$ 浓度变化的矛盾在对立中统一为温度不变，水的离子积不变，而正是因为水的电离非常之微弱，才决定了 H^+ 与 OH^- 反应的彻底。对立统一、量变引起质变的哲学思想始终贯穿水的电离平衡认识过程的始终。

2.1 从物质、原理的角度看本章的知识体系

图1为第三章知识体系。

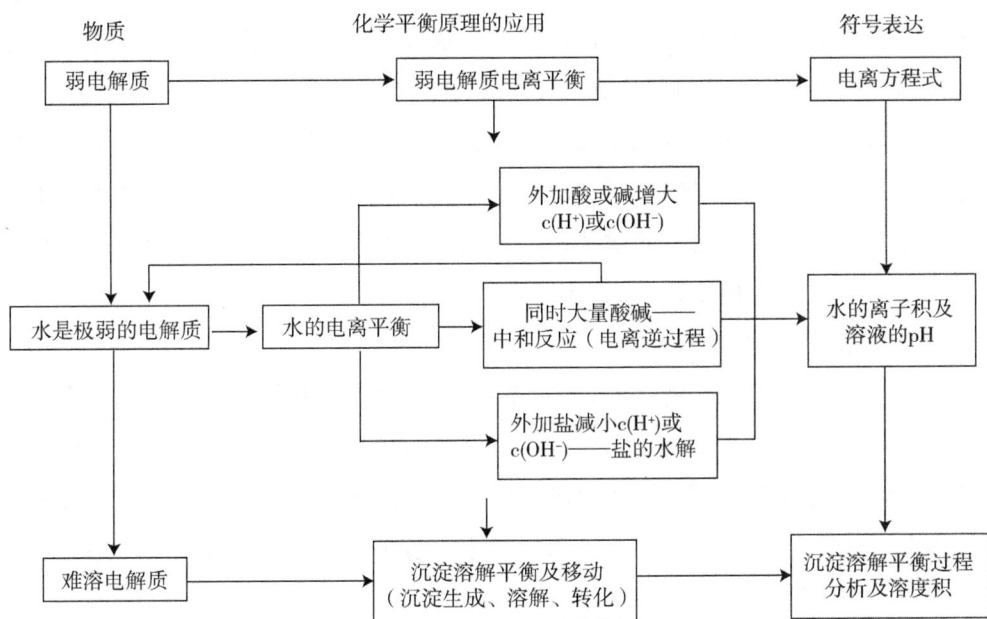

图1 第三章知识体系

2.2 从水溶液中粒子的行为看本章的知识体系

图2为水溶液中粒子的行为关系。

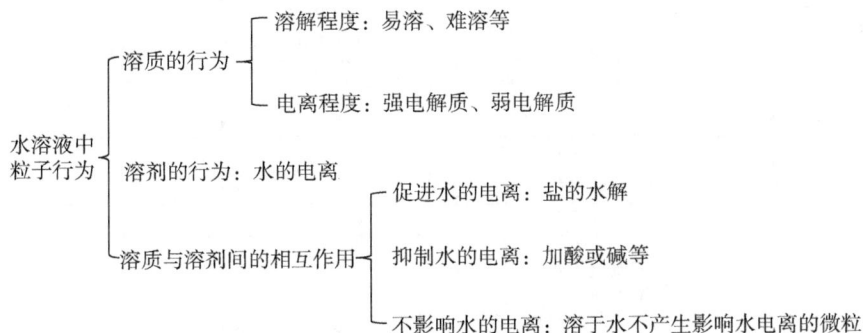

图2 水溶液中粒子的行为关系

溶质溶于水的行为依据电解质电离的程度分为强电解质和弱电解质,水的电离平衡使得分析溶液的视角从原来的只关注溶质转向了兼顾溶剂,酸碱溶于水及盐类水解

导致溶液酸碱性的体现恰好是溶质与溶剂电离出的微粒相互作用的结果，难溶电解质的溶解平衡进一步丰富了溶液体系的认知。贯穿整章始终的是微粒的来源、种类、数量及去向，整合物质进入水中的行为依次有反应、溶解、电离及溶质与溶剂的相互作用。因此，以水溶液体系的认知模式来统领全章教学，不断渗透微观相互作用与宏观表现的关系，逐步树立由定性到定量的学科观念。

不同学段对水溶液中的离子认识存在很大差异，体现出较强的层级特点。高二学生原有水平是已经了解弱电解质在水溶液中存在着电离平衡，已经关注到溶质在水溶液中的电离，以及电离之后的微粒种类和数目，但是并没有关注到溶剂——水的作用，也不了解其中各离子浓度之间的定量关系。

2.3 《水的电离》的教学设计

本节课注重创设认知情境，首先通过 Na_2CO_3 溶液滴加酚酞后变红的这一事实，让学生体会水中存在 OH^- 离子。马上安排学生做测蒸馏水的电导率的实验，并且通过实验建构水的电离的认知过程。本教学设计在于突破以概念教学讲授为主的传统模式，在实验及活动中架构感知理论并达成知识目标的落实，建立分析模型或思路。本节课的教学流程如图3所示。

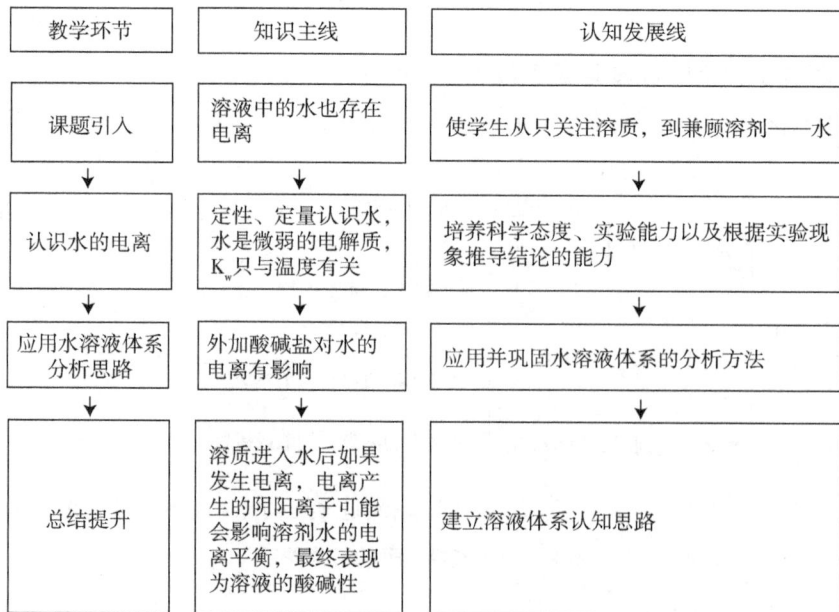

教学环节	知识主线	认知发展线
课题引入	溶液中的水也存在电离	使学生从只关注溶质，到兼顾溶剂——水
认识水的电离	定性、定量认识水，水是微弱的电解质，K_w 只与温度有关	培养科学态度、实验能力以及根据实验现象推导结论的能力
应用水溶液体系分析思路	外加酸碱盐对水的电离有影响	应用并巩固水溶液体系的分析方法
总结提升	溶质进入水后如果发生电离，电离产生的阴阳离子可能会影响溶剂水的电离平衡，最终表现为溶液的酸碱性	建立溶液体系认知思路

图 3 《水的电离》课的教学流程

环节一：引入课题

【展示实验】向碳酸钠溶液中加入几滴酚酞，溶液变红。

【提问】在 Na_2CO_3 溶液中，溶质并没提供 OH^- 离子，那么 OH^- 离子是从哪来的呢？如果是水发生了电离，那除了 OH^- 外还可能有什么微粒？

【学生】猜测水溶液中的 OH^- 离子是水电离产生的，同时还产生了 H^+ 离子。

设计意图： 从实验事实出发，使学生从只关注溶质转向兼顾溶剂，利用所学知识进行猜想，从定性的角度认识问题。

环节二：从定性到定量了解水的电离

【提问】水的电离程度是如何的呢？

【学生】预测水的电离程度。

【实验】测量纯水电导率的实验：测量蒸馏水的电导率；加热蒸馏水，测量电导率。

【分析数据】请学生分析实验数据，能否证明你的预测，并且说明理由。

【学生汇报】汇报实验数据并填入表格。

【提问】对比蒸馏水和醋酸的电导率，你会得到哪些结论呢？

【学生】讨论、交流。预测：水的电离是微弱的；升高温度电离程度增大；完成实验，得出结论，初步形成分析模型。

设计意图： 本教学环节通过比较蒸馏水、醋酸的电导率得出结论：水确实存在电离；水的电离是微弱的，水是弱电解质；水的电离受温度影响。

环节三：应用水溶液体系分析模型分析碳酸钠溶液

【应用模型】学生分析溶液呈碱性的原因是水电离的 H^+ 与碳酸钠电离的 CO_3^{2-} 作用的结果，水的电离受到了促进，巩固水溶液体系的分析方法。

设计意图： 通过对碳酸钠溶液加入酚酞变红这一实验事实，自然地将学生关注溶液的视角由原来的只关注溶质转向了兼顾溶剂。教学设计和实施中多处从定性认识过渡到定量认识。如水电离的客观存在是定性的，水的离子积的认识是定量的；水电离平衡的移动是定性的，水电离平衡的移动程度是定量的。

3 教学实践的反思

在本节课的学习过程中，学生将溶质与溶剂微粒相互作用的结果外显出来，在学科观念上体现了水溶液体系中的微观"行为"。同时应用水溶液体系的认知模式，即关注溶质，也关注溶剂，并且分析溶质与溶剂微粒间的相互作用及结果，将分析过程外显出来，由原来的暗线变成了现在的明线。当学生具有较强的定量观念后，他们在分析研究事物时就会下意识地从"量"的维度思考相关问题，在思考进程中也会适时采取串联型思考方式或并联型思考方式。

通过教学实践，在帮助学生形成思维模式后，将相关定量问题进行分类，使学生来寻找定量关系的教学模式值得进一步思考。通过教师对素材的选取与呈现，学生体会定量研究的思想与方法是化学推广与发展的源泉，感受定量的学科思想在科学研究、工业生产中的价值，体会控制变量是实验的灵魂。定量分析中所得的数据必须准确或者定量分析、定性分析的结果就是模糊的、不精确的。学生如果根据这种模糊的、不精确的认识去分析解决问题，对知识的学习就会产生困惑。教学过程中不能只强调感性知识的掌握，需要把它上升到对知识的理性把握，就可以提高学生的科学素养，促进学生全面发展。另外，运用定量的控制可以达到某些实验目的；运用投料比、温度等的控制可能达到预期的某物质转化率；运用离子浓度的控制可以实现工业生产中除杂等目的。经过这样定量化思考过的问题在理解上会更加全面与深入，这样的教学能使学科知识得到真正意义上的整合，学生的思考力和学习力将得到有效提升。

参考文献

[1] 中华人民共和国教育部 . 普通高中化学课程标准（2017 年版）[S]. 2 版 . 北京：人民教育出版社，2020：5.

[2] 张建阳 . 中学化学定量观的培养策略 [J]. 中学化学教学参考，2016（4）：9-10.

[3] 薛青峰 . 在实验教学中促进学生定量观建构的实践与思考 [J]. 化学教学，2020（9）：59-62.

指向核心素养提升的单元教学实施

——以复习"合成高分子"主题为例

北京市中关村中学　杨　阳

【摘要】本文以"从化学键角度认识聚合反应"为单元教学任务，将"合成高分子"主题进行整合，设计成不同层级的活动。在解决问题的过程中，学生逐渐固化分析思路，提升了化学核心素养。

【关键词】单元教学；学科核心素养；合成高分子；高三复习

2018 年教育部颁布的《普通高中化学课程标准（2017 年版）》明确提出化学教学的核心是要重视化学学科大概念，重视课程内容的结构化，以此来促进化学学科核心素养的落实。传统"课时教学"碎片化的知识呈现方式，无法从整体视角梳理提炼学科内（甚至跨学科）纵横关联的复杂知识体系和概念体系，只有基于整体、系统、普遍联系认识视角的单元教学才能实现这样的教学价值、学科价值和育人价值。单元教学设计既是课程开发的基础单位，也是课时开发的背景条件，在"核心素养—课程标准—单元设计—学习评价"环环相扣的教师教育活动中，单元设计处于核心和关键地位。

1　本学习主题实施单元教学的必要性

1.1　符合基础教育改革方向与人发展的必备品格

传统的学习方法也被称为垒砖式学习，因为垒砖的人只是按照要求一块砖一块砖地操作，那么对于房子的理解是垒完之后才发生的。学习更应该像盖房子，是构思观念，由整体—局部—整体的学习活动。当教学更关注知识点的全面而去"灌输"时，学生是被动获取知识，学生很难理解学科的思路方法，掌握结构化的知识，更不能提升学科核心素养。

传统的教学方式过于依赖内容逻辑来指导教学顺序和教学方法，而单元教学超越了具体知识，更加指向发展核心素养，显著特点为内容的整合性、情境的真实性、教学评的一致性。从内容单元到学习单元，是深度学习的重大突破。"单元学习主题"是课程实施的单元，以学科核心素养及其进阶发展为目标，对相关教学内容进行整合，设计学习历程，实现学习进阶。

1.2 符合学生能力的发展阶段

1.2.1 学习阶段及学习内容分析

化学高考题，往往是多个知识点的综合。在高三的一轮复习阶段，如果仅靠重复、机械的习题训练，那只能提高学生解简单题的熟练程度，但是面对含陌生信息的"活"题时，学生就很难应对，造成复习效率低。那就需要我们开展单元教学，开展主题化、项目式的学习活动，促进学生举一反三、融会贯通，加强知识间的内在关联，促进知识结构化，促进学生理解与内化，达到深度学习状态和效果，形成解决问题的学科思路方法，实现核心素养的发展。

高分子材料由于用途广泛、多样、性能优异，而且，其合成原料一般来自含量丰富的天然资源，因此，合成高分子这一知识点自然就成了高考的热点之一。其题型一般有依据单体写聚合物的结构式和已知聚合物的结构式推断单体两种，因此需要设计层层递进的任务帮助学生达到学业要求。

酯交换反应，以它为背景信息的试题经常出现在高考题中。2020年是北京新高考的第一年，在化学学业水平等级考试的试题中也以酯交换信息为素材命制了有机推断题，由此说明在日常教学中对此重视程度还未达到预期。学生对其的认识水平不尽相同。顾名思义，学生更喜欢用"替换法"认识此反应，当然这样能帮助学生快速解决一些问题。但面对一些复杂的题型，例如含环状结构的酯类物质的反应时，学生就必须调用化学键角度的知识分析有机反应的思路方法去解决问题。

酯交换反应，酯中的OR_1被另一个醇（或酚）的OR_2置换，称为酯的醇解，也称为酯交换反应。反应机理与酯的酸催化或碱催化水解机理类似。酯交换反应的应用较多，不仅用于二酯化合物的选择性醇解，还可用于将低沸点醇的酯转化为高沸点醇的酯、废油脂制生物柴油等。因此，酯交换反应可提供真实的问题情境，以酯交换信息为命题素材，可以考查学生通过体验、推测、探究来解决真实而有意义的情境问题，能够提升学生解决问题的能力。酯交换反应属于取代反应，在考试中可加工的形式较多，包括一元酯的酯交换可以变换为多元酯的，分子间的酯交换可以变换为分子内的，小分子酯的酯交换可变换为高分子酯的，能够提升学生应用信息的能力，提升变化观念与平衡思想等学科核心素养。

1.2.2 学习者分析

在学生复习本主题内容前，在月考卷中对学生进行了前测，前测相关题目及作答情况如下：

第 1 题 一种在工业生产中有广泛用途的有机高分子 X 的结构片段如图 1 所示。

下列关于该高分子的正确说法是：

A. 能水解成小分子

B. 单体只含有一种官能团

C. 氢键对该高分子的性能没有影响

D. 结构简式为：

$$\begin{array}{c}\left[CH_2-CH\right]_n \\ COOH\end{array}$$

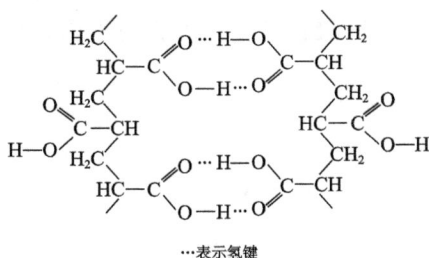

…表示氢键

图 1 有机高分子 X 的结构片段

第 2 题 可降解高分子材料 P 的结构简式如图 2 所示：

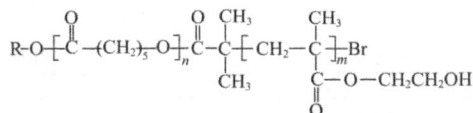

图 2 可降解高分子材料 P 的结构简式

高分子材料 P 的合成路线如图 3 所示：

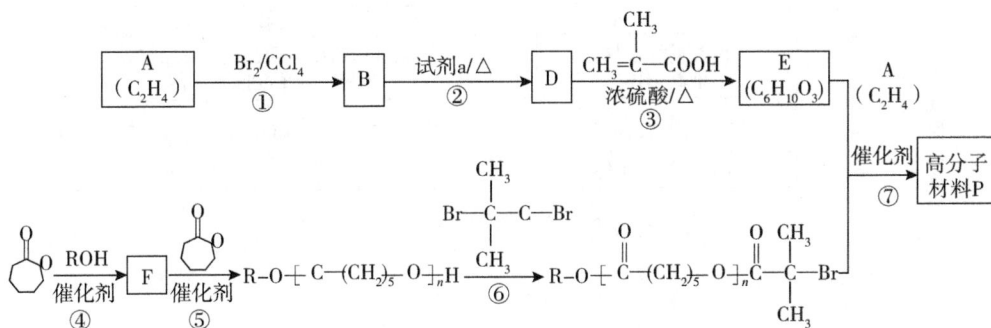

图 3 高分子材料 P 的合成路线

当④中反应物以物质的量之比1:1发生反应时，反应⑤的化学方程式是____。

本班学生为本校中平行班的学生。考试前学生已经复习了代表物聚乙烯、1,3-丁二烯的加聚反应和乙二酸和乙二醇的缩聚反应。考试情况表明：第1题为选择题，错误率约为35%，选对当中的还有一些学生采用排除法解决问题，这表明大部分学生不能较熟练地掌握链节、单体和聚合物的关系，也没有分析此类问题的思路方法；第2题⑥得满分仅1人、8人得1分、26人为0分，多数学生面对含陌生信息的反应时，从断成键角度分析聚合反应的意识还很薄弱，喜欢用"替换法"解决问题，没有将常见类型和含陌生信息的聚合反应的分析思路相关联。

因此，设计主题为"从化学键角度认识聚合反应"的单元教学，旨在让学生在面对合成高分子问题时，能自主应用从官能团、断成键与反应类型角度认识聚合反应的分析思路，使"宏观辨识与微观探析""变化观念与平衡思想"等学科核心素养得到整合发展。

2 教学实施

2.1 核心教学过程规划

图4是针对学生问题设计的4课时单元教学活动，其中三、四节为连堂课。4课时的核心活动注重知识逻辑、学生思维能力的发展。

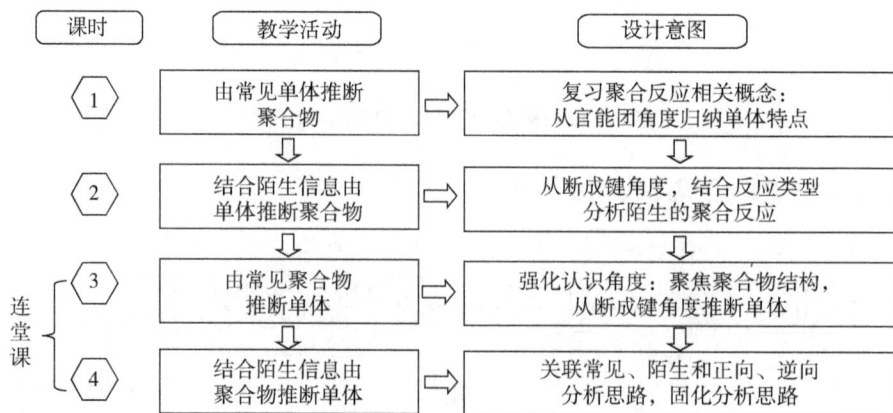

图4 单元教学过程规划

2.2 教学过程设计（3-4课时）

2.2.1 学习活动设计

教师活动1

引入：基于获得聚合物的反应类型，分析组成、结构将聚合物分类是认识聚合物的一种重要方法。这种方法在分析聚合物的合成路线中具有重要意义。

布置开放型交流任务：将图5中的常见聚合物分类，解释其分类依据。

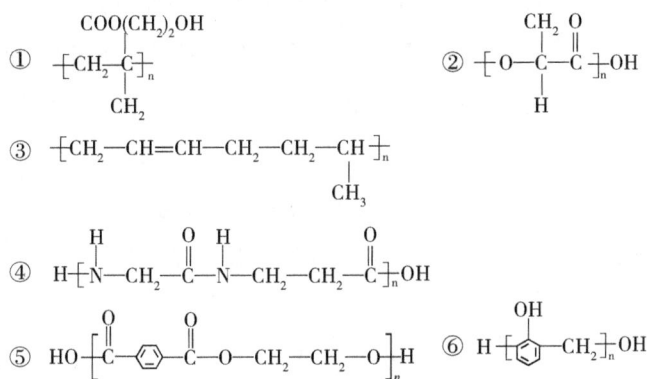

图5 六种常见聚合物的结构简式

布置学习任务：分别找到图5中6种聚合物对应的单体，并标出单体和聚合物中的断成键位置。布置交流研讨型任务：总结常见聚合物找单体的一般思路方法。

学生活动1

基于聚合物的组成结构、反应类型、单体个数、聚合物功能等角度将聚合物分类。聆听、思考并总结常见的加聚产物和缩聚产物的组成、结构特点。图6是学生运用逆向思维，用红笔画出聚合物中断成键位置，从聚合物推断单体的分析过程。

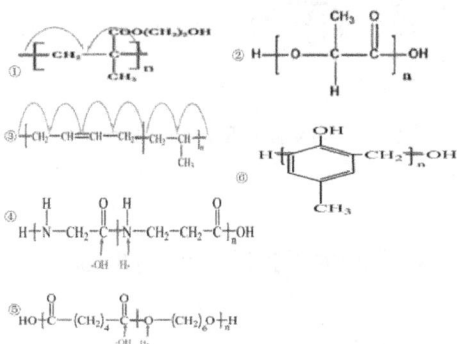

图6 学生分析六种聚合物推断单体的过程

总结规律：对于常见的聚合物，要想找到对应的单体，重点在于分析合成聚合物中的成键位置，再利用逆向思维，断键并还原成相应单体。

活动意图说明：探查学生认识聚合物的角度，设置开放性的任务让学生从多角度认识聚合物到聚焦从结构角度认识聚合物，引导学生建立基于断成键角度由聚合物推断单体的一般思路方法，即先区分常见的加聚和缩聚产物，再根据生成该聚合物的断键情况标出聚合物中的成键部位，再运用逆向思维将成键部位切断还原或加上原子（原子团）。通过这个学习活动，学生可以复习典型的加聚和缩聚产物，体会从断成键角度认识聚合反应更加本质。但是有一部分学生还是不愿意接受从断成键角度分析聚合反应的思路方法，认为"麻烦且没必要"，更愿意用"经验"和"替换法"解决问题。

教师活动 2

布置设计型任务：结合信息，设计聚合物的合成路线。

已知某酯交换反应如图 7 所示，写出可降解材料的中间产物 Y（图 8）的化学方程式。

图 7　酯交换反应的过程　　　　图 8　有机高分子 Y 的结构简式

评价：在面对陌生机理的聚合反应时，很多同学采用替换法，没有分析聚合物结构的意识，认为有时候能解决问题，但要想做正确，需要个人运气。因为在题目中聚合物的结构一般是比较复杂的，所以在面对陌生聚合反应时，更需要按图 9 所示，分析反应中的断成键情况。

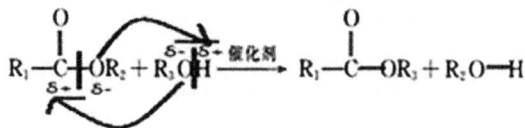

图 9　酯交换反应的断成键分析

学生活动 2

学生经过独立思考设计得出的主要错误答案如图 10 所示，经过信息分析学生改正的答案如图 11 所示。

图 10 学生设计的有机高分子 Y 的错误合成方案 图 11 学生设计的有机高分子 Y 的正确合成方案

学生总结：面对熟悉和陌生的有机物时，均需要关注有机物的官能团及其邻近部位的化学键，因为它们是有机物中最活泼的化学键。

教师活动 3

布置交流研讨型任务：回看考试题目并提问，聚合物 Y 由图 12 的路线合成。在考试过程中，全班只出现了一个正确答案，其余大多采用以上两种方案。经过以上分析，请写出图 12 中步骤⑤的反应方程式并评价图 13 中 F 到聚合物 Y 的两种合成方案。

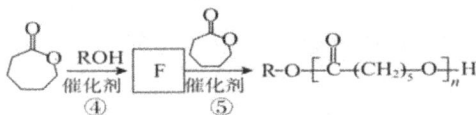

图 12 考试题目中有机高分子 *Y* 的合成方案

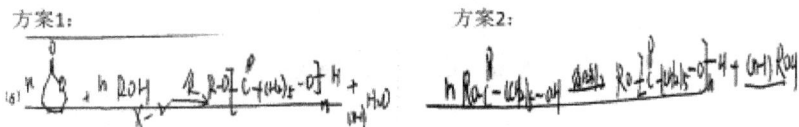

图 13 有机高分子 *Y* 的合成方案

提问：从原子经济的角度看，分析各合成路线的优点。

学生活动 3

方案 1 中小分子水写错了，说明他没有分析聚合物的结构；反应物写错了，说明他没有从化学键角度，分析信息环状有机物的断键情况。方案 2 中关注了聚合物的组成结构，却没有关注信息和限定的反应试剂。应该按图 14 的情况分析步骤④、⑤的合成路线。

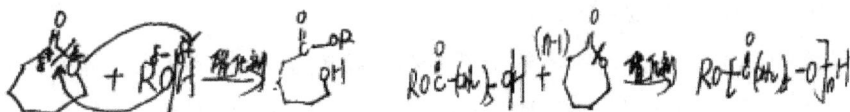

图 14 含断成键分析的步骤④⑤的合成路线

学生评价：考试中的合成路线（图14）和自己设计的方案（图11）相比，符合原子经济，原子利用率为100%。

教师活动4

布置反馈型任务，高分子材料P的结构如图2所示，以图3中的步骤⑦为素材，命制一道选择题。

课堂小结：回顾"从化学键角度分析聚合物"的分析思路，引导学生关联从单体到聚合物之间相互推断的分析思路。

学生活动4

思考、小组交流并汇报，学生自编选择题如图15所示。

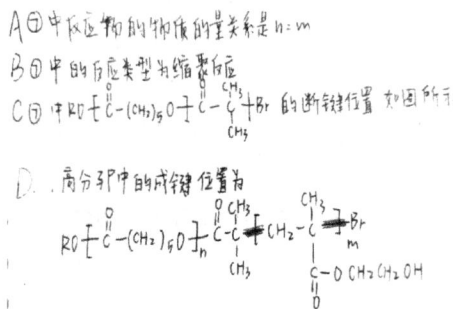

图15　学生自编的选择题

活动意图说明：体现能力要求的进阶，从活动1中熟悉的聚合物上升到活动2中陌生的聚合物，要求学生能正确分析陌生信息中的断成键情况，引导学生阐述分析陌生信息中断键部位的理由，依据学生的表现评价学生是否能自主运用分析思路解决问题。通过回看前测中的答题情况，进一步强化从断成键角度分析聚合反应的意识，并且通过不同合成路线的评价任务的展开，丰富选择合成路线的角度，提升"宏观辨识与微观探析"和"科学精神与社会责任"的学科核心素养。

2.2.2　学习评价设计

通过学生阐述对聚合物分类的依据，诊断并发展学生认识聚合物的角度（基于结构、功能、单体个数还是反应类型角度）。

通过具体的常见聚合物到单体的推断分析，诊断学生认识单体、链节和聚合物结构关系的水平和分析思路的结构化水平（基于经验还是化学键角度）。

通过对合成具体聚合物方案的讨论和点评，诊断并发展学生认识陌生有机反应认识进阶（替换法、断成键法）及应用分析思路自主性的水平（自主还是被动、顺畅还是不顺畅）。

通过对不同方案优劣性的讨论和点评，诊断并发展学生对化学价值的认识水平（定性水平还是定量水平、学科视角还是社会视角）。

3 单元整体反思

3.1 有助于学生形成解决一类问题的思路方法

高三的课时相对较多，课时安排相对灵活，教师应减少重复、机械的习题训练，通过单元整体教学，进行小口切入，让学生逐个掌握各类题型的解题方法和策略。本单元的活动类型丰富，学生参与热情较高，经过不断总结、反思、改进，学生形成并构建了自己的分析策略。从学生通过小组合作形成的选择题可以看出，学生的设问突出考查了反应类型、断成键，这说明学生固化了分析聚合反应的分析思路，深化了对有机反应的认识，思路更加顺畅，应用思路的自主性显著提高。

3.2 学习目标和活动指向学生的核心素养提升

对学生的情况进行了前测（月考卷和访谈），根据学生水平，将试题素材进行充分挖掘，展开形成了4课时的专题复习课。任务形式丰富，包含开放型的分类任务，设计型的任务到评价型的任务到最终的试题命制的终极任务。通过层层递进的实际问题解决活动，不断提升学生对聚合反应的认识水平，从记忆到聚焦到官能团再发展到从断成键角度、正逆向思路相结合促进学生的认识发展，提升学生"宏观辨识与微观探析"的核心素养；在活动2中，通过评价方案，从而引导学生从关注原子利用率的角度，提升"科学精神与社会责任"的核心素养。

参考文献

[1] 肖中荣.跨模块的"原电池"单元教学设计[J].中学化学教学参考，2018（10）：20.

[2] 黄恭福.学科核心素养视域下高中化学单元教学的价值取向[J].化学教与学，2021（5）：5.

[3] 钟启泉.基于核心素养的课程发展：挑战与课题[J].全球教育展望，2016，45（1）：3–25.

[4] 王永森.应用酯交换反应合成高分子的教学价值[J].化学数学，2018（12）：36.

高三实验复习的有效策略之
挖掘教材实验的功能价值

北京市中关村中学　徐　曼

【摘要】化学是一门实验科学，化学研究离不开实验。新课程考查的实验模型一般是在已有的课本实验原型基础上，进行原理的科学探究、实验装置的改造，考查学生的迁移能力、创新精神和实践能力。这就要求高三学生在回归教材实验的过程中，通过对教材实验的原理、装置及现象、结论的再认识，自主形成不同类型化学实验及探究活动的核心思路与基本方法。

【关键词】教材实验；自主；核心思路和方法；化学课程

化学是一门实验科学，化学研究离不开实验。《普通高中化学课程标准(2017年版)》引导教师从"知识为本"到"素养为本"教学取向的改变，指引着中学教师课堂教学的改革方向。化学实验对于全面发展学生的化学学科核心素养有着极为重要的作用，也是高考化学的重要内容之一。

在2021年高考化学学业水平等级考试（简称高考）试题中，涉及实验的试题如表1所示：

表1　2021年高考试题涉及的实验考查

题号	涉及内容	分值
5	气体制备	3
6	气体溶解性探究	3
8	溶液导电性实验	3
9（C）	气体的检验	3
12	反应原理探究	3
16	实验探究	10
19	实验探究	13

从以上统计可以看出,化学实验涉及的选择题有 5 道,共 15 分,5 道大题中有 2 道是探究实验,共 23 分,两卷共 38 分。对比 2020 年高考试题实验题的分值为 18 分,更能凸显实验在 2021 年高考试题中的分量。

实验在学生学习化学过程中有如此重要的作用与地位,但很多学生又觉得无从下手备考,利用好手头教材,充分挖掘教材实验,发挥其功能价值是有效策略之一。

1 一轮复习——关注教材实验的步骤、现象及结论

必修一、选择性必修三主要是物质的性质实验,包括无机物和有机物;选择性必修一主要是反应原理部分的实验。一轮复习,主要是课本知识点的复习与回顾,因此,课本实验的主要功能是帮助学生更好地了解、理解物质的性质及反应原理,同时我们运用了以下模式帮助学生复习。

1.1 物质性质探究类——建立模型,加深对物质性质的理解

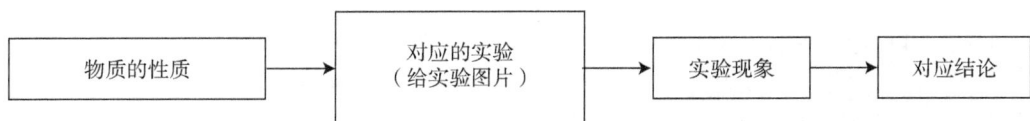

| 物质的性质 | → | 对应的实验
(给实验图片) | → | 实验现象 | → | 对应结论 |

例如:

| 活泼金属Al
在空气中与
氧气的反应 | → | 铝箔在酒精灯
上加热 | → | 实验现象 | → | 结论 |

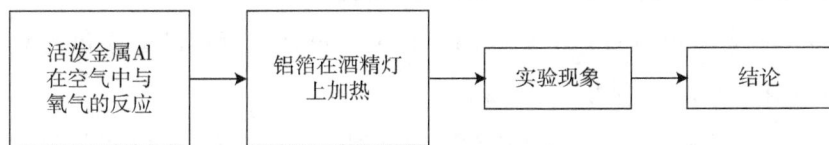

学生通过铝箔在空气中燃烧的实验,发现熔化的铝并不滴落,好像有层膜兜着,说明铝的表面有致密的氧化膜,且氧化膜的熔点高于铝。因此,铝能在空气中稳定存在。复习这个课本实验的意义主要是帮助学生了解铝的表面有致密的氧化膜,理解为什么在空气中铝很稳定,而钠会先变成氧化钠,最终变成碳酸钠,而铁易被腐蚀是因为它的氧化膜是疏松的,对内部金属起不到保护作用。这里突出的是教材实验对于知识点了解与理解的作用。

又如,在必修一教材中,有这样一个实验:

在一个带导管的胶塞侧面挖一个凹槽，并嵌入下端卷成螺旋丝状的铜丝。在试管里加入 2mL 浓硫酸，盖好胶塞，使铜丝与浓硫酸接触，加热。把放出的气体通入品红溶液或紫色石蕊溶液中，观察现象。向上拉铜丝，终止反应，冷却后，把试管里的液体慢慢倒入盛有少量水的另一支试管里，观察溶液的颜色。

按照上述模型，学生注意到最后一步是"冷却后，把试管里的液体慢慢倒入盛有少量水的另一支试管里"，为什么？在描述实验现象时关注到了白色固体，它又是什么？解决了这些问题后，学生更深刻地理解了浓硫酸的强氧化性、吸水性。在 2010 年高考选择题中就有相关内容的考查（图 1）：

4.（6分）（2010·北京）用如图所示实验装置（夹持仪器已略去）探究铜丝与过量浓硫酸的反应，下列实验不合理的是（　　）

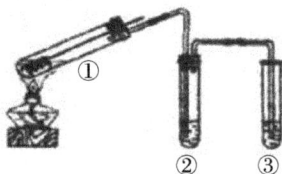

A. 上下移动①中铜丝可控制 SO_2 的量
B. ②中选用品红溶液验证 SO_2 的生成
C. ③中选用 NaOH 溶液吸收多余的 SO_2
D. 为确认 $CuSO_4$ 生成，向①中加水，观察颜色

图 1　2010 年北京高考化学试卷第 4 题

1.2　反应原理类——问题设置，加深对原理的理解

又比如，在选修四中的化学平衡部分有关于重铬酸钾溶液的颜色与酸碱性的关系，实际是从化学平衡的移动进行判断的（表 2）。

实验 1：已知在 $K_2Cr_2O_7$ 的溶液中存在着下列平衡：$Cr_2O_7^{2-}+H_2O \rightleftharpoons 2CrO_4^{2-}+2H^+$，$K_2Cr_2O_7$ 为橙色，K_2CrO_4 为黄色。

取两支试管各加入 5 mL 浓度为 0.1 mol/L 的 $K_2Cr_2O_7$ 溶液，然后按下表操作，观察并记录溶液颜色的变化。

表 2　重铬酸钾与水反应的平衡移动

编号	1	2
步骤	滴加 3~10 滴浓 H_2SO_4	滴加 10~20 滴 6mol/LNaOH
$K_2Cr_2O_7$ 溶液		

为了帮助学生更好地理解化学平衡的移动，我们设计了以下问题：①为什么分别加入浓硫酸或氢氧化钠溶液的颜色会发生变化？②为什么选择分别加浓硫酸、6mol/L 的氢氧化钠？加入稀酸、稀碱还能看到同样的现象吗？③为什么加入量只有几滴？④如果想要看到相同的现象，有没有其他的方法？学生思考回答这 4 个问题的过程也就是加深对浓度及其他因素影响化学平衡移动理解的过程。

2016 年高考试卷选择的第 10 题正是围绕这个实验进行的，其中 3 个选项的设定与该实验探究的内容一致，不同的是加入了乙醇，乙醇具有还原性，可以和重铬酸钾发生氧化还原反应，将其还原为绿色的 Cr^{3+}。

2　二轮复习——整合教材实验，为综合实验探究夯实基础

二轮复习中，教材实验的功能则是为学生提供了研究物质的性质及原理的一般方法，从而建立探究实验的一般模型。因此它的应用是穿插在几个实验专题复习之中的，如：物质的分离与提纯、物质的制备、物质的检验等等，通过这些专题将分散的、不系统的课本实验进行梳理，从而得到一个系统化的认识，为综合实验探究打下坚实基础。

在物质的制备及性质的探究中，笔者带领学生通过复习课本中常见气体如 Cl_2、SO_2、NH_3、NO、NO_2、乙烯、乙炔等的制备，总结制备气体的装置如何选择，是否需要除杂、如何除杂，尾气是否需要处理、如何处理，从而自主形成物质的制备及性质探究实验的一般方法：制备原理—装置选择—性质探究—尾气的处理，而这些方法对于建立实验探究的模型是有帮助的。

例如：2010 年北京高考化学试卷的第 28 题：

为验证卤素单质氧化性的相对强弱，某小组用图 2 所示装置进行实验（夹持仪器已略去，气密性已检验）。

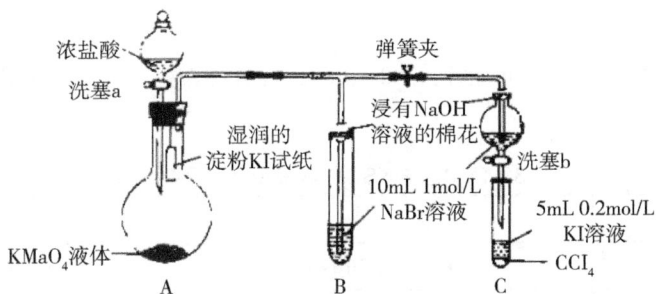

图 2　2010 年北京高考化学试卷第 28 题

实验过程：

Ⅰ.打开弹簧夹，打开活塞 a，滴加浓盐酸。

Ⅱ.当 B 和 C 中的溶液都变为黄色时，夹紧弹簧夹。

Ⅲ.当 B 中溶液由黄色变为棕红色时，关闭活塞 a。

Ⅳ.……

（1）A 中产生黄绿色气体，其电子式是_____。

（2）验证氯气的氧化性强于碘的实验现象是_____。

（3）B 中溶液发生反应的离子方程式是_____。

（4）为验证溴的氧化性强于碘，过程Ⅳ的操作和现象是_____。

（5）过程Ⅲ实验的目的是_____。

（6）氯、溴、碘单质的氧化性逐渐减弱的原因：同主族元素从上到下_____，得电子能力逐渐减弱。

在回答过程Ⅲ的实验目的时，如果学生按上述模型，具有研究性质前要考虑是否有杂质、如何除去杂质的思想，那么这一问的回答是不困难的：溴是氯气置换出来的。氯气是否过量？如果不过量，即不存在杂质，就可以直接进行下一步置换碘；如果氯气过量，就要先设计除杂。因此过程Ⅲ的实验目的就是确认 C 中氯气不过量，从而排除氯气对于溴置换碘的干扰。

又如：课本定量实验的整合。这些实验多出现在化学反应原理部分。

实验 2：向盛有 5mL 0.005mol/L $FeCl_3$ 溶液的试管中加入 5mL 0.01mol/L KSCN 溶液，溶液呈红色。在这个体系中存在下列平衡：

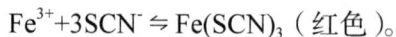

$Fe^{3+}+3SCN^- \leftrightharpoons Fe(SCN)_3$（红色）。

（1）将上述溶液均分置于两支试管中。向其中一支试管中加入饱和 $FeCl_3$ 溶液 4 滴，充分振荡，观察溶液颜色变化；向另一支试管中滴加 4 滴 1mol/L KSCN 溶液，观察溶液颜色变化。

（2）向上述两支试管中分别滴加 0.01mol/L NaOH 溶液 3~5 滴，观察现象，填写表 3。

表 3 $FeCl_3$ 与 KSCN 溶液反应的平衡移动

编号	1	2
步骤（1）	滴加 $FeCl_3$ 饱和溶液	滴加 1mol/L KSCN 溶液
现象		

续表

编号	1	2
步骤（2）	滴加 NaOH 溶液	滴加 NaOH 溶液
现象		
结论		

实验 3：向盛有 10 滴 0.1mol/L AgNO$_3$ 溶液的试管中滴加 1mol/L NaCl 溶液，至不再有白色沉淀生成。向其中滴加 0.1mol/L KI 溶液，观察、记录现象；再向其中滴加 0.1mol/L Na$_2$S 溶液，观察并记录现象（表 4）。

表 4　溶解平衡的移动（1）

步骤	NaCl 和 AgNO$_3$ 溶液混合	向所得固液混合物中滴加 KI 溶液	向所得固液混合物中滴加 Na$_2$S 溶液
现象			

实验 4：向盛有 1mL0.1mol/L MgCl$_2$ 溶液的试管中滴加 1~2 滴 2mol/L NaOH 溶液，有白色沉淀生成，再滴加 2 滴 0.1mol/L FeCl$_3$ 溶液，静置，观察并记录实验现象（表 5）。

表 5　溶解平衡的移动（2）

步骤	向 MgCl$_2$ 溶液中滴加 NaOH 溶液混合	向白色沉淀中滴加 FeCl$_3$ 溶液	静置
现象			

上面的 4 个实验，反应物的用量决定了反应的现象，如果抛开用量，则不能得到正确的结论。因此，在考查这一类的实验时，学生最需要关注的就是反应物量的关系。只有恰好完全反应时，再加入反应离子，有现象出现，或者加入过量的那种离子，也有现象出现，才能说明平衡的移动。这是后续研究平衡移动的前提，也是学生设计实验时必须考虑的。例如，在 2015 年北京高考化学卷第 28 题中（图 3），铁离子与碘离子的物质的量浓度值比为 1∶1，恰好符合反应 $2Fe^{3+}+2I^-=2Fe^{2+}+I_2$ 的对应关系。因此，在改变离子浓度时出现现象，才能说明平衡的移动。这是每一位考生拿到这道题首先应该关注的。

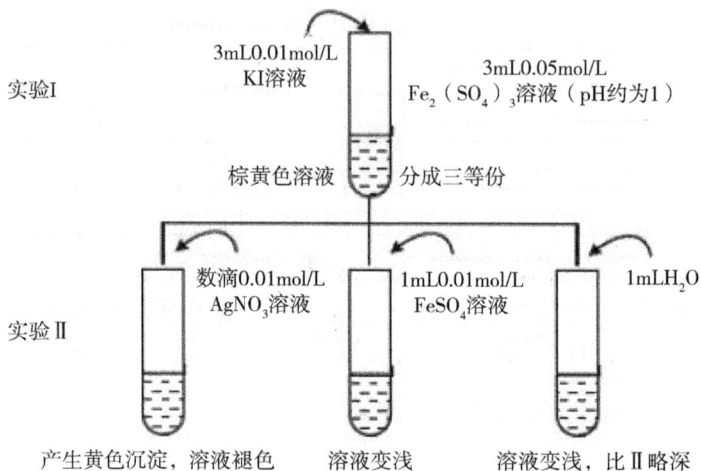

图3　2015 年北京高考化学试卷第 28 题

万变不离其宗，从教材实验的复习中，学生最终可以得到实验探究的科学方法：通过课本实验，形成从实验目的，到实验原理、实验装置、实验步骤，再到学生基于高级的学科思维的实验设计、分析和评价能力，最终达成提升学科核心素养的要求。

参考文献

[1] 梁弘文，杨伏勇，冯求荣.《普通高中化学课程标准（2017 年版）》对实验内容的要求及启示 [J]. 化学教学，2018，40（6）：32–37.

基于化学学科核心素养培养的
元素化合物教学
——"海带提碘"课例实践

北京市中关村中学　吴迎春

【摘要】元素化合物的性质及其应用是中学化学教学内容的重要组成部分，是化学学科核心素养形成和发展的重要载体。本文对高中阶段元素化合物的教学内容及功能价值进行分析和阐述，列举了元素化合物常见的几种教学策略，结合"海带提碘"这样一个真实问题，尝试对元素化合物教学进行"教、学、评"的一体化设计，在活动设计中关注学科核心素养的培养，把教学目标、学生活动、持续性评价相融合，以评价促进学生学习活动的深入展开。

【关键词】化学学科核心素养；元素化合物教学；"教、学、评"一体化设计

1　问题的提出

元素化合物知识是构成中学化学知识的基础和骨架，是化学学科核心素养形成和发展的重要载体。无论对物质性质还是反应规律的探究，都是培养学生化学学科素养的重要手段，如何开展"素养为本"的元素化合物教学，促进学生学习方式转变，如何"教、学、评"一体化设计元素化合物教学，使每一个学生的学科核心素养得到不同的发展，是每一位教师应该不断思考的问题。

元素化合物教学有多种范式，目前使用较多的主要有 4 种：① 基于物质性质探究的元素化合物教学；② 基于物质转化的元素化合物教学；③ 基于真实问题解决的元素化合物教学；④ 基于 STSE 的元素化合物教学。如何在不同学习阶段采取合适的教学

策略进行元素化合物教学？如何根据学生的实际情况设计教学活动，真正转变学生一直以来靠记忆学习元素化合物的被动学习方式？元素化合物知识的功能价值是什么？教学过程中如何把教学目标、学习活动和教学评价融为一体，开展有效教学，促进学生素养发展？……这些都是我们在教学中一直思考的问题。

对元素化合物知识功能价值的深入认识是教学的前提。有的教师认为元素化合物教学就是促进学生知识量的积累，需要时从大脑中输出，在不同情境中学会使用。这样的认识导致元素化合物教学策略主要是基于物质性质展开，从一种物质的研究开始，引导学生了解其组成、性质、制备和用途，课堂中主要以讲授为主，这样的学习非常系统，但在新课程规定的教学时间和课时内完成非常紧张。这种学习方式学生不能建立知识间的本质关联，很难进行应用和迁移，也谈不上能力的提高，以及学科核心素养的培养。元素化合物知识无论对高中化学教学还是对学生的终身发展都有极其重要的价值，无论是新授课还是单元复习课，教师一定要对教学内容进行挖掘，找到其承载的功能，再进行相应的教学设计，真正通过学生的学习活动，让素养落地，才能培养符合要求的人才。

2 元素化合物知识教学内容分析

如表1所示，元素化合物知识教学内容分析如下。

表1 元素化合物知识教学内容分析

教材	教学内容分析
必修1	必修1第三章和第四章对常见金属和非金属及其化合物的主要性质进行系统呈现。教材从元素到物质，从性质到转化，使学生认识了金属、非金属及其化合物的多样性，以及它们在生产生活中的应用。这部分知识是高中元素化合物教学的基础，学生不但要掌握从物质类别和氧化还原两个角度认识分析物质性质的思路，还要建立从实验研究中认识物质性质的一般方法。无论分析思路还是实验方法，在整个高中元素化合物教学中都有重要的作用，可以有效促进化学学科核心素养的落实
必修2	必修2第一章物质结构和元素周期律，结合有关数据和实验事实，建立元素性质与物质性质的关联，从相似性和递变性的角度拓展了学生对元素化合物性质的认识。必修2第四章化学与自然资源的开发利用，以海水、金属矿物等的开发利用为例，学生了解依据物质性质及其变化综合利用资源的方法，是对元素化合物知识的综合应用。这些内容，对于落实STSE教育，引导学生关注与化学有关的社会热点问题，培养学生的社会责任感、参与意识和决策能力有重要意义

续表

教材	教学内容分析
选修4	选修4化学反应原理模块，包括物质发生化学反应时对能量变化的研究，还包括从速率和平衡的角度研究化学反应的。有些教师可能认为与元素化合物知识关系不大，这种理解是不合适的。一般来说，化学基本概念和基础理论的生长点都是元素化合物知识。事实上，化学基本概念和基础理论往往是物质及其变化规律的高度概括。化学教学中涉及的元素化合物知识很多并不是为了单纯扩展学生元素化合物知识的广度，而是为了帮助学生构建形成和深化理解理论的。选修4的学习不仅需要元素化合物知识作为基础，而且能指导元素化合物的学习向高阶发展

3　基于真实问题解决——"海带提碘"的教学实践

3.1　整体教学思路

　　"海带提碘"是必修2教材第四章化学与自然资源的开发利用中的一个教材实验，是元素化合物教学的一个典型课例，几乎涵盖了必修1教材80%的内容。尝试将其作为一个真实的、具有挑战性的问题情境，对必修1内容综合复习，可以促进学生深度思考，激发学生的学习兴趣，应用知识解决实际问题，并在解决问题的过程中总结方法，提炼思路。真实问题解决的元素化合物教学，学生参与问题解决的全过程，前期的设计方案，可以培养学生的科学探究和创新意识，发现问题，提出各种假设，并从问题和假设出发进行方案的设计；后期的实验验证，对学生的证据推理意识提出了更高要求，学生通过实验现象进行推理，找到证据和结论之间的逻辑关系证实或证伪。整个教学设计都是基于学科核心素养的培养，无论是设计方案还是实验验证的学生活动都设计了评价量表，活动中基于量表的评价细则，促进了生生和师生之间的持续性评价，在评价中促进每一个学生的素养得到不同程度的发展。

3.2　主要教学活动设计

　　【情景引入】展示加碘盐及碘在工业、农业、生产、生活中重要用途的图片，引起学生对碘元素的关注，进而思考碘从哪里来？如何获得？

　　【活动一】设计实验方案，实现海带提取碘单质

　　（教师活动）教师呈现实物干海带，通过图片的驱动性问题给出引导，要求学生小组合作，交流讨论，设计实验方案，并把设计的流程梳理在大白纸上，小组派代表交流展示。教师在学生讨论交流中不断解释学生提出的问题。

（学生活动）学生可以组内交流，也可以组间交流，最后展示自己小组的成果。其他小组提出质疑、补充或解释，各小组在汇报展示过程中不断优化完善自己小组的实验方案，并在大白纸上用不同颜色的笔修改。

（学生表现）学生在设计方案的活动中，有的小组设计海带用水浸泡提取碘离子，有的小组想到了有机碘，向老师提出问题，能否用有机溶剂泡海带，把有机碘浸出来？有的学生想到了烧海带。其他小组评价了这两种方案后，学生都选择烧海带，并解释可以得到更多的碘离子。海带灰的溶解过滤得到碘离子及碘离子加入氧化剂转化为碘单质学生很容易设计出来。大多数小组根据已有的分液萃取的经验想到了用四氯化碳萃取碘单质，但学生在这里并没有提出问题，说明学生对萃取可以富集碘这一步并没有明确的认识。

（评价量表）小组设计方案和汇报方案时，不断有组内或其他小组同学根据评价量表的细则提出质疑，还有同学在解释，学生会根据自己的理解用红色笔修改自己的设计方案，并在汇报中说明原因。

（设计意图）由海带得到碘单质的方案设计体会化学核心学科观念"变化"，为后面提炼自然资源得到有用物质的一般思路做好铺垫。设计方案的过程是不断探究和创新的过程，是思维碰撞的过程，展示交流是自我梳理的过程，批判质疑是反思优化的过程，对学生学科核心素养的培养都非常重要。

【活动二】小组合作完成实验

（教师活动）课前教师已经在实验室完成了灼烧干海带，溶解过滤海带灰的操作，得到了海带灰过滤液。给学生提供仪器和相关药品。

（学生活动）学生按照教师要求完成实验，验证自己的方案。

（学生表现）实验过程中学生的表现给老师很多惊喜。一个小组看到海带灰提取液是有颜色的提出问题，为什么溶液有颜色？其他小组同学做了解释，说有色素存在。还有小组提出不同意见，是否现在就有碘单质？有同学设计实验用淀粉检验并得出结论，没有碘单质，颜色不是碘单质造成的。还有小组提出用过氧化氢氧化碘离子时为什么要加入稀硫酸？其他小组补充了对照的没有加硫酸的实验，无法得到碘单质，得出结论，过氧化氢在酸性条件下氧化碘离子。当学生最终看到四氯化碳层出现漂亮的紫色时，开心极了，大声说我们小组海带提碘成功了。

（评价量表）学生依据评价量表进行组内自评或组间互评，规范自己的实验操作，认真观察及记录，提出质疑，并通过实验解释论证。

（设计意图）化学作为一门以实验为主的学科，通过实验培养学生的学科核心素养往往能达到较好的效果。实验过程中希望学生能够通过观察思考学会获取证据，对物质性质及其变化提出可能的假设，能推理证明假设，能解释证据与结论之间的逻辑关系，能从宏观和微观相结合的视角分析解决实际问题。虽然本环节只是在验证方案，但学生在实验过程中通过合作，面对"异常"现象敢于提出自己的见解，并通过实验验证的思维品质值得肯定。

【活动三】反思提升

（教师活动）提出问题，"海带提碘"只是自然资源利用的一个典型案例，自然资源非常丰富，如何通过海带提碘，总结出自然资源提取有用物质的基本思路？教师不断提出一些反思性问题，引导学生思考。为什么海带要灼烧？溶解过滤的目的是什么？氧化的过程有什么作用？氧化后已经得到了碘单质为什么还要用四氯化碳萃取？……教师倾听学生对这些问题的理解，及时总结提炼，把学生的表述与教学内容建立关联，与本节课的教学目标建立关联。

（学生活动）学生积极讨论交流老师的问题，体会为什么要有这些过程，完成这些过程的依据有哪些。学生表述自己对这些问题的理解。最后教师和学生一起在海带提碘的过程中感受富集、转化、提取、除杂等关键词的含义，并总结出自然资源提取物质的一般方法。

（学生表现）本环节是对海带提碘整个过程的一个反思，对学生有一定难度，在教师问题的引导下，学生能够阐述自己的想法，但并不能准确用一些关键词进行概括，正是这样的反思性活动促进了学生的深度思考。

（设计意图）学生参与真实问题解决的目的就是要在问题解决过程中形成思路和方法。学生参与整个问题解决的过程，最后的提炼就是一种反思性活动，教师通过问题搭台阶，引导学生，最终提炼得到一般方法。引导学生关注绿色化学、可持续发展、合理利用资源等问题，对学生科学精神和社会责任的培养有促进作用。

4 结语

"教、学、评"指的是学习目标，学习活动，持续性评价。如何在教学设计中把三者有效地融为一体，本节课的设计和实施过程让笔者思考很多。本节课很重要的学习目标就是通过海带提碘这个真实性问题的解决提炼自然资源中有用物质的一般方法。

笔者在学习活动设计时，开始的任务是设计方案实现海带提碘并证明碘单质的存在，学生在设计和实验验证中把重点放在证明碘单质的存在上，想到了不同的方法，而且设计了对照实验证明碘单质的存在，虽然活动本身很好，但冲淡了本节课提炼方法这一重要的学习目标。后来笔者对任务进行了调整，只要求学生设计方案实现海带提碘，这样学生就把讨论的重点放在了海带提碘每一步的细节推理上，提出了很多好的探究方法，为后面提炼做了很好的铺垫。通过学习活动设计的变化，很好地实现了学习目标。

关于教学中的持续性评价问题一直困扰着笔者，原来认为评价就是课堂上老师的表扬或纸笔测验，通过本节课，笔者理解了，评价不仅仅是评价，评价实际上是促进学习活动深度开展的手段。本节课在两个主要的学生活动中笔者都设计了评价量表，使活动和评价相互促进，取得了比较好的效果。设计方案的活动中，笔者在评价量表中给出了几个评价维度，这些评价维度让学生更积极地投入活动中，积极思考并参与讨论，提出质疑，对其他小组的方案补充和解释，优化试剂和操作方法等等，设计方案并展示方案用了几乎 30 分钟，学生仍然意犹未尽，很好地体现了评价对活动的促进作用。活动二本来就是学生完成实验验证方案，评价量表的使用激发了学生探究的热情，量表中有一些评价指标要求学生认真观察实验现象，鼓励学生提出新问题，并推理解释新问题。学生提出了很多问题，激发了师生之间、生生之间的不断对话，使学生能主动进行反思性活动，加深了对知识的理解，取得了较好的教学效果。

基于深度学习的"化学反应与能量"学习设计与实践

北京市中关村中学　贾艳君　陈　艳

【摘要】针对深度学习在"化学反应与能量"章节的教学中开展实践教学研究，结合教学案例将深度学习的方法应用到学生学习实践环节和教师的授课环节，对学生的学习方式和学习进程均起到了促进作用，获得了较好的教学效果，为充分揭示和理解当今时代的学习本质提供了有益的教学案例探索。本文相关教学成果对促进学生核心素养的发展、化学学科的研究、重点领域教学实践，构建以"学"为主的课堂等方面工作均具有较好的借鉴作用。

【关键词】深度学习；学习设计；化学反应与能量

1　前言

深度学习原本是在人工神经网络的相关研究中产生的名词，应用在教育工作中则是指在教师引领下，学生针对具有"挑战性"的学习主题，积极参与并得到成功发展体验的学习过程。在深度学习中，需要灵活运用核心知识，明晰学习进程，掌控本质及方法，成为具有独立判别能力和正确价值观的学习者。目前，关于深度学习是需要统筹布局和灵活变通的。首先，深度学习中需要对知识学习过程进行剖析，要求对学习内容进行过程研究并深度剖析，将融入的思考有机嵌入现有知识结构中。其次，深度学习需要将研究过程与发展有效结合，正确运用概念融合，将原有的认知不断完善，为知识信息不断发展提供应用渠道。最后，深度学习重视学习过程理解和反思。通过新旧知识的碰撞，不断理解和运用完成知识的发展。深度学习更加注重具体学习问题的解决，利用深度学习的应用成果提升"学生为本"课堂中的化学教学效果。

2 深度学习课题的学习设计与实践

2.1 主题简介

主题教学内容是根据人教版必修 2 第二章第一节和第二节的内容来确定的，需要 3 课时完成。

本单元学习主题内容是以"汽车中的化学"为研究主题，通过研究汽车中的动力来源，学习化学反应伴随着热量变化，并从微观角度解释原因。同时，利用元素化合物知识对汽车尾气造成的污染进行学习。通过认识汽车中的化学电源，应用原电池原理了解化学电池的工作过程，发展学生"用化学的视角看电池"的能力。最终，学生通过学习，对于各种汽车中的动力来源进行了全面交流、评价。

2.2 内容分析

学习内容如表 1 所示。

表 1　学习内容

汽车中的动力与能量	化学知识
汽车中动力的来源是燃料的燃烧	化学反应伴随能量变化
汽油燃烧会放出热量	化学键的断裂和形成是化学反应中能量变化的主要原因
尾气中有害气体产生的原因及消除方法	元素化合物知识
概括汽车中电池产生电能的原理	铅蓄电池和氢氧燃料电池的基本构成
模拟电池装置，研究工作原理	组装铜锌原电池的装置，研究工作原理
分析解释汽车中电池的工作原理	电池中的正、负极和电子、离子移动方向

本部分内容既是对初中化学相关内容的提升与拓展，又是为选择性必修"化学反应原理"奠定必要的基础。通过化学能与热能、电能的相互转化及其应用的学习，学生将对化学在提高能源的利用率和开发新能源中的作用与贡献有初步认识；通过新型化学电源开发利用的介绍，学生将对化学的实用性和创造性有更多体会。这些都会增进学生对化学科学的兴趣与情感，体会化学学习的价值。

2.2.1 本单元学习内容在课标中的要求

课程内容目标是：学习化学键的断裂和形成，掌握化学反应中能量变化知识，了解燃料的燃烧效率、高能清洁燃料和研制新型电池知识。

2.2.2 培养的核心素养

汽车中的动力来源于汽油的燃烧，其实质是发生了化学反应，在第1课时的环节一中实施，培养了学生的"变化观念与平衡思想"的核心素养。运用模型解释放热反应的原因，原电池模型解释铅蓄电池和燃料电池的工作原理，在第1课时的环节二和第2课时的环节三中具体实施，培养学生的"证据推理与模型认知"核心素养。

2.2.3 相关实施建议、教学评价建议

实施建议：将化学概念或术语（如化学能、化学电池等）作为工具给出，重在让学生应用知识解决汽车中的动力与能量问题，故采用直接叙述含义的方式出现，学生在主题学习过程中不断加深理解。

2.3 学情分析

学生初中阶段从燃料的角度对"化学与能源"知识有了一定了解，对于化学反应与能量中的一些科学概念层面是有基础的，本部分涉及内容既是对现有知识结构的提升与拓展，又是为将来更深入学习奠定基础。本部分的教学内容，学生在宏观上有切身的感受，但从化学原理的角度分析解释原因，是有障碍的。有针对性的解决策略是借助电流表将电子的定向移动外显，类比学生已知的物理学知识。以"汽车中的动力与能量"为研究任务，过程中涉及化学能、热能和电能等相互转化知识，以化学知识为解决工具，利用微观解释图、原理图等开展研究，提升了学生的学科核心素养。

2.4 学习设计

2.4.1 单元教学整体规划

单元教学共包括3课时，整体规划如图1所示。

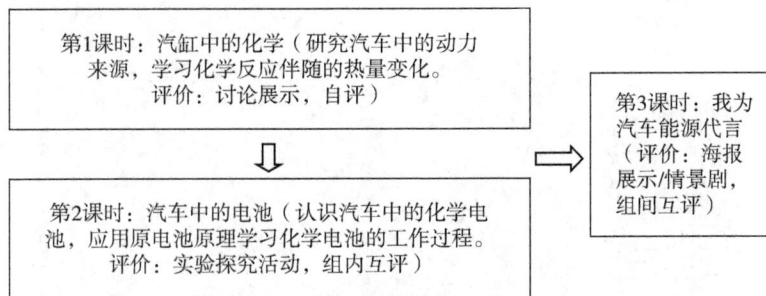

图 1 整体规划

2.4.2 教学过程设计

教学过程设计如表2所示（以第2课时为例）。

表 2　教学过程设计

课时目标	教学过程	持续性评价
	第 2 课时	
	指导探究活动一	
初识汽车中的电池	问题1：概括汽车中电池产生电能的原理和电池的基本构成 活动1：根据学案中的图示，学生概括汽车中电池产生电能的原理和电池的基本构成	初步了解汽车中铅蓄电池和氢氧燃料电池的原理和基本构成
	指导探究活动二	
模拟电池装置 研究工作原理	问题2：模拟电池装置，研究工作原理 活动2：模拟铜锌原电池装置，通过实验理解工作原理	学生通过组装铜锌原电池的装置，并细致观察锌板和铜板的实验现象，研究工作原理
	指导探究活动三	
分析解释铅蓄电池、氢氧燃料电池工作原理	问题3：分析、解释铅蓄电池工作原理 问题4：分析、解释氢氧燃料电池工作原理 活动3：应用铜锌原电池的工作原理，分析解释铅蓄电池、氢氧燃料电池的正、负极和电子、离子移动方向	

2.4.3　板书设计

板书设计以第 1、2 课时为例（图 2）。

图 2　板书设计

2.5 持续性评价

2.5.1 评价量表设计

学习过程评价如表 3 所示。

表 3 评价表

序号	评价目标	评价内容	评价方式
一	讨论展示交流环节，学生的表现评价	① 是否充分说出了自己的想法 ② 自己思考问题的角度是否正确，思考是否深入 ③ 是否认真听取他人意见，他人意见对自己是否有帮助 ④ 自己的思考在学案上进行了表达 ⑤ 是否代表小组进行全体交流	自评
二	实验探究活动环节，学生的表现评价	① 遇到问题的态度是否实事求是 ② 实验方案是否确定 ③ 实验过程是否分工、有序 ④ 实验记录是否翔实 ⑤ 实验结论是否从分析解释中获得 ⑥ 是否代表小组进行全体交流	组内互评
三	海报展示 / 情景剧环节，学生的表现评价	海报制作：具有艺术性、制作精美 海报内容：原理科学性、内容丰富、多角度 海报讲解：讲解清晰、与台下有互动、有感染力 情景剧：① 立场清晰；② 思路敏捷；③ 证据充分；④ 表现力强	组间评价
四	对核心知识的掌握情况	设计问题如下：① 从宏观、微观两个角度分析氢气与氯气放热反应；② 分析锌铜原电池工作原理	纸笔测试

2.5.2 数据整理分析

在综合评价系统中，学生的成绩是四个方面评价的总和（表 4）。

表 4 评价表总和

姓名	讨论展示交流 （自评） 25 分	实验探究活动 （组内互评） 25 分	海报展示 / 情景剧 （组间互评） 30 分	纸笔测试 （教师评） 20 分	合计 100 分
班级平均分	22.9	23.9	25.9	17.8	90.5
得分率	91.4%	95.6%	86.3%	89%	90.5%

从四个方面比较来看，组间评价较高，说明学生都能学会欣赏对方的优点，组间评价由于在评价方案中作出了说明，所以成绩受到有效控制。学生自我评价与教师评价情况基本相当，说明学生对自身客观认知能力不断提高。

在纸笔测试中，学生后测问题1中从宏观、微观两个角度分析氢气与氯气反应为什么是放热反应。34位学生参加，其中29位学生能从宏观、微观两个角度进行正确解释。有1位学生从燃烧放热的现象角度进行宏观解释，不能从物质能量角度解释。有3位学生将键能当作物质具有的能量，没有正确理解键能和物质能量这两个概念。说明学生从宏观、微观两个角度分析反应掌握较好，对什么是键能、什么是物质具有的能量形成了认识偏差，需要在教学中不断纠正。

学生后测问题2中，通过分析锌铜原电池工作原理，有17位同学回答正确，能说清原电池的作用，电子、离子的运动方向，以及电极反应。有4位同学对电极反应认识不清，忽略电极反应或者是已经形成了错误认识。有11位同学对溶液中离子运动情况认识不清，有些同学忽略了离子运动，有些只关注了氢离子运动情况，没有关注其他离子，有些同学对离子运动方向判断有误。这些情况说明学生对原电池工作原理的分析能力还存在弱点，需要持续教育并引导学生全面认识原电池，理解其工作原理。

2.5.3　学生评价样例

通过综合评价系统的设计，学生能看到过程中的表现情况，如图3所示。这样的评价，既能够完成学生学习作用的评价，又能起到激励其学习、帮助其客观认识自我的作用。

"汽车中的动力与能量"

学生综合评价系统设计

姓名	讨论展示交流（自评）25分	实验探究活动（组内互评）25分	海报展示/情景剧（组间互评）30分	纸笔测试（老师评）20分	合计
杨瑶姚					
赋分	20	20	70	19	89

图3　学生综合评价系统设计

学生后测问题1反馈样例，如图4所示。

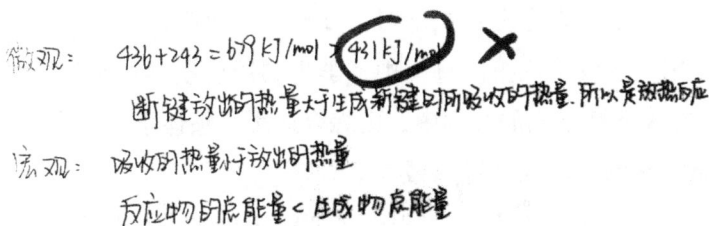

图4 微观与宏观认识反馈

该学生对化学反应与能量变化的实质，即旧键断裂吸收能量、新键生成放出能量认识有误，忽视了反应物和生成物的定量联系。在深度学习课题中，需要学生利用自己所学知识分析解决问题，形成新知识和新认识，并能将这种新知识和新认识运用到解决新问题中去，显然该学生在认识上存在偏差，需要纠正并形成正确认识。

学生后测问题2反馈样例，如图5所示。

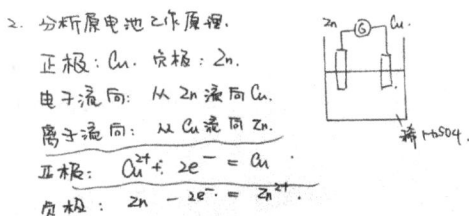

图5 原电池工作原理

该学生对正极反应认识不清，不能从原理角度认识原电池装置，即原电池是一个自发的氧化还原反应并分开在两边进行，所以该学生找错了正极反应物。另外，学生对离子流向存在模糊认识，不能分析阴、阳离子不同的流向，对原电池工作原理的整体认识上还有欠缺。

在深度学习课题中，在主题任务设计下，学生对于原理的理解需要强化，形成整体、动态、微观的认识，而不是浮于表面。

3 深度学习教学反思

3.1 设计挑战性任务，学习过程灵动

本单元教学过程中，学生以小组的形式进行学习，积极参与问题讨论、分组实验

等课堂教学方式。学生在课堂上自主学习，并提供解决问题方法，对评价深度学习的效果具有重要作用。在成果汇报的过程中，学生利用前期学习和课堂学习的内容，超越了课堂所学。在表演情景剧的过程中，则综合运用了整体学习内容。

3.2　整体规划教学内容，学习过程有效

通过深度学习的方法，在教学课程中将"汽车中的化学"设置为研究内容，针对具体的情境，提供解决问题的正确方法。在课堂上不断交流学习，通过多种形式的展示，完成本单元的学习内容评价。结合后期的笔试，确定课堂上学生的学习理解情况，便于针对学生的障碍点改进教学设计。

总之，随着教学实践的深入，通过深度学习的学习设计，教育者意识到基于理解力培养的化学核心概念教学，远比讲事实更重要。教师对于核心概念的分析和把握决定了课堂教学的方向、深度及广度。在学习设计中，确定需要学生理解核心概念和基本问题，用基本问题线索将核心概念外显化，促进学生的认识发展。

参考文献

[1] 刘月霞，郭华 . 深度学习：走向核心素养（理论普及读本）[M]. 北京：教育科学出版社，2018.

[2] LYNN E H. 概念为本的课程与教学 [M]. 兰英，译 . 北京：中国轻工业出版社，2003.

[3] 约翰·D. 布兰思福特 . 人是如何学习的 [M]. 程克拉，孙亚玲，译 . 上海：华东师范大学出版社，2013.

浅谈高中生生物核心素养培养的有效途径

北京市中关村中学　张　欣

【摘要】作为教师要明确生物学核心素养的基本内涵，并以课堂为阵地，从生物核心观念的培养、核心能力的培养、理性思维的培养、核心知识的教学进行实践和研究，力求从学科中窥探学生的学科能力，进而发展学生的生物核心素养。本文致力创建一个主体多元、方法多样，既关注学业成绩又重视个体进步和多方面发展的生物学课程，引导学生主动学习并获取生物科学新知识的学习方式和学习能力。

【关键词】高中生；生物；核心素养；培养；有效途径

生物学是以生命现象和生命活动密切相关的学科。学生要辨识和掌握这些现象、活动规律，就要具有一定的思维和能力，这也是我们生物课堂教学的主要任务。随着中国学生核心素养框架的制定，就有了育人的方向和目标，而生物学科也制定了学科核心素养内容，这也是高中生生物核心素养的要求。为此，作为教师要理解核心素养的内涵，以课堂为主阵地，采用有效措施，在学生生物核心观念的培养、核心能力的培养、理性思维的培养、核心知识的教学上进行实践和研究，力求从学科中窥探学生的学科能力，进而发展学生的生物核心素养，为学生的终身发展奠基。

1　高中生物核心素养的内涵与特征

1.1　内涵

2016 年 9 月教育部发布了《中国学生发展核心素养》，正式对学生发展核心素养进行了界定，制定并明确了责任担当、实践创新、人文底蕴、科学精神、学会学习、健康生活等六大方面的素养。这对于中国学生的培养目标也就更加明确。为此，各个学科在核心素养的基础上，进行了本学科核心素养的探索和界定。对于高中生物学科来讲，其作用就是培养学生的生物学科核心素养，而新课程也是"以人的全面发展为本"，全面提升学生的科学素养。生物科学素养是公民参加社会生活、经济活动、生产实践和个人决策所需的生物科学知识、探究能力以及相关的情感态度与价值观，是公民科学素养构成中重要的组成部分。高中生物核心素养是高中阶段的学生通过高中生物课程的学习，初步形成生命科学的核心素养，提炼出生物学科中关注个人发展和社会发展的必备品格及关键能力，主要包括生命观念、理性思维、科学探究和社会责任。但是，生物学科还是要以课堂为阵地，从生物核心观念的培养、核心能力的培养、理性思维的培养、核心知识的教学方面进行实践和研究，力求从学科中窥探学生的学科能力，进而发展学生的生物核心素养。

1.2　特征

北京师范大学刘恩山教授认为，核心素养是一种跨学科素养，其强调学科综合性、发展性、有用性。这也是高中生物核心素养的重要特征。依据《中国学生发展核心素养》，我国学生发展核心素养体系由社会参与、文化基础、自我发展三大领域构成，应从整体上设计与实施。高中生物课程的知识内容是学生生物核心素养知识的综合载体，高中生物核心素养也具有综合性。例如"保护我们共同的家园"的教学中，就包含了全球性生态环境问题，这其中就涉及气候变化、水资源短缺、土地荒漠化等问题，这样就可以考查学生的很多素养。发展性，生物课程的学习是动态的，生物核心素养的培养也是动态的、发展的，这需要一个特定的环境进行生长和发展。比如，遗传学的教学，是遵循人类认识基因之路而展开的，一百多年来，生物学家们不断进行探索，这样学生也受到了科学行为的感染，特别是在科学方法和精神方面，都有利用学生认识事物发展的规律和本质。终身性是核心素养中要求学生的发展品格和关键能力，而生物核心素养培育要紧密结合社会和时代发展趋势，这也是人终身发展的需要。比如，培养学生的生命观，关键是要让学生知道生命是什么，生命的起源以及生命为什么是这样的，从而形成了一个共通概念，这样学生就会对自然界理解得更深，从而形成进化观、生态观等基本观念。

2　生物核心素养培养的策略

2.1　生物核心观念的培养

无论是什么学科，我们主要还是要注重知识的运用，如何才能去应用知识，学生首先要掌握核心概念，通过理解和掌握核心概念，然后去解释生活中遇到的现象和问题，从而形成正确的三观。在平时的生物测试中要进行对知识积累的考查，这也是对学生是否形成核心素养价值的锻炼。在高中新课标中，强调了生物核心观是学生学习生物概念和知识后进行反思和提炼的结果，这样才能形成生物核心理念。同时也促进学生树立正确的生态平衡观、生态学观等，这样学生就对唯物主义观有了认识，并形成正确的世界观。例如，在教学中，我们通过具体的生物知识的学习，为了体现"动态平衡"的核心概念，通过分析和研究细胞失水与吸水、光合作用与呼吸作用、出生率与死亡率等，就可以用细胞水平、个体水平和种群水平去揭示动态平衡的概念。生物学科是以"生物核心观念为本"的课程，要揭示知识和事物的本质，在此基础上让学生进行提取和迁移。这种核心观念的形成，有利于学生在不同的环境中进行分析问题、解决问题，进行相关的预测等。形成核心观念是基础，这样才能开展后续的学习，并促进创新。

2.2 核心能力的培养

对生物信息工程应用能力的形成，就构成了部分生物核心能力。在这最近几年的高考中，利用图表的形式考查学生核心能力的题目很多，那么这就对学生培养提出了要求。需要让学生学会解读教材中的图表，根据基础知识，在学科思想的引领下，对局部与整体、结构与功能等方面进行深挖；还有就是可以为学生准备一些相关的图表，也就是说利用教材以外信息促进学生学习。通过对基础知识和原理的深入理解，能促进他们分析和解决问题能力的提升。我们通过一些高考题目，就会发现出现图表类题目，一种是细胞形态结构类，还有一种是与实验有关的。对于细胞形态和结构类的图表，需要学生能正确识别，用相关的信息与概念和原理结合加以分析，从而促进问题的解决。比如，给出的题目是一张细胞结构示意图，并提出一些问题，如抗体的形成等，要求学生利用相关的知识进行回答；而涉及实验的有关数据、现象等也有一些表现形式，可以用表格、曲线图和柱形图等进行表述。这类题要求很高，学生就需要有一定的分析和判断能力。

2.3 理性思维的培养

我们的教育不是在培养学生学到多少知识，而是让学生形成一种思维能力。生物课堂也是一样，我们要以培养学生的理性思维为主要目标，在老师的引导下形成理性思维能力，也就是要对问题进行理性的判断，做出正确的操作。随着高考题目逐步对学生思维能力考查的深入，题目表达灵活多样，特别是一些新情境题，这就要求学生要有一定的基础知识，还有较好的思维能力和学习方法等，特别是逻辑思维、形象思维、模型方法等。在生物课堂教学中，我们要组织学生用已有的观点对新问题进行辨识，让学生提出自己的看法，这样通过辩证思维，就能对学生的理性思维进行培养。例如，在学习"基因工程与运用"时，就转基因和食品安全问题我们让学生进行了设计和辩论。先让学生在课前收集相关材料，为课堂进行辩论做好准备，通过这样一种自主学习方式，让学生对转基因和食品安全有一个全面认识，正确对待转基因工程技术，以理性思维去看待问题，而学生的这种思维就是在不断的辨识与更替中形成的。理性思维很重要，教师不仅要在课堂中引导学生学习如何开拓思维，还需要学生自己对这种思维进行历练。

2.4 核心知识的培养

在日常学习中，我们要抓住课堂上的有限时间，对学生生物核心知识进行培养，并把学生的生物核心素养的发展放在重要位置。对于高中生物教学来讲，我们把生物教材核心知识体系分成物质基础、稳态和环境、遗传变异和进化等，还有稳态与环境等，因此设计的内容非常多，这就需要逐步梳理这些知识，并在教学中逐步让学生理解、掌握。教学是为培养学生能力服务的，而基础知识是关键，也是前提。例如，我们在学习"细胞增殖"时，其主要知识点就是让学生掌握有丝分裂的规律和意义。为让学生掌握这些，我们就可以设计一些活动，让学生参与进来。在课前活动中，可以准备一些染色质和染色体模型，这样就有利于学生思考，通过直观、形象教学，再加上教师引导，就能归纳和推理出细胞分裂过程，并明确染色体变化规律。而学生是在老师的引导下进行合作、画图，并根据成果进行展示和分享，整个过程就是一个探究式的。当学生的成果有问题时，可以通过同学们的评判得到不足，然后师生再一起进行染色体和 DNA 变化规律的探索，从而得到正确的结果，让学生形成正确的知识和概念。

总之，随着新课程改革的不断推进，我们的教学模式正逐步转向核心素养培养，让学生成为全面发展的人。为此，生物教学也是一样，我们要注重学生能力的培养，从多方面去评价学生，从而确保学生核心素养的发展。无论教育形式如何变革，我们依然要以课堂为主阵地，把核心素养的观念融入课堂，并采取有效的教学方式，让学生成为课堂的主人，进而为学生核心素养的发展奠定坚实基础。

参考文献

[1] 邰玉韦，基于初高中生物学核心素养衔接的校本课程开发 [J]. 教学月刊·中学版（教学参考），2017（10）：26-28.

[2] 肖安庆，颜培辉.高中生物核心素养的内涵与培养策略 [J]. 中学生物学，2017，33（3）：71-73.

[3] 陈尚万，高中生物学科核心素养下的教学设计分析 [J]. 教师，2017（5）：88-89.

第五章

"学本课堂"的实践探索
——史地政篇

在读本教学中培根铸魂

——以《习近平新时代中国特色社会主义思想学生读本》第八讲教学实践为例

北京市中关村中学　朱　军　张薇薇

【摘要】《习近平新时代中国特色社会主义思想学生读本》是推动大中小学思政一体化建设的重要载体。从教材到教学的转化过程中，一线教师需要在教学中关注系统性、实效性，采取更为有效的教学方式，推动《读本》的学习内容进入课堂，真正进入学生头脑，落实立德树人根本任务。本文以《读本》（高中版）第八讲《和平发展：新时代中国特色大国外交》一讲教学实践为例，试析如何借助读本做到培根铸魂、启智增慧。

【关键词】《习近平新时代中国特色社会主义思想学生读本》；教学实践；培根铸魂

在全国上下认真学习贯彻习近平总书记"七一"重要讲话精神之际，为深入推动习近平新时代中国特色社会主义思想进教材、进课堂、进学生头脑，增强学习的系统性、实效性，落实立德树人根本任务，教育部组织编写了大中小学《习近平新时代中国特色社会主义思想学生读本》（以下简称《读本》）。《读本》作为学生学习习近平新时代中国特色社会主义思想的重要教材，是推动大中小学思政一体化建设的重要载体。2021年秋季学期开始，全国各地中小学使用《读本》。从教材到教学的转化过程中，一线教师需要在教学中关注系统性、实效性，采取有效的教学方式，推动《读本》的学习内容进入课堂，真正进入学生头脑，落实立德树人根本任务。笔者以《读本》（高中版）第八讲《和平发展：新时代中国特色大国外交》一讲教学实践为例，试析如何借助《读本》做到培根铸魂、启智增慧。

1 明确《读本》之义　感悟思想伟力

1.1　要讲好《读本》需要读懂《读本》意义

　　党的十九大以来，中央再三要求要学习宣传贯彻习近平新时代中国特色社会主义思想，强调用这一思想武装全党、教育人民。同时要求，要用习近平新时代中国特色社会主义思想铸魂育人，培养德智体美劳全面发展的社会主义建设者和接班人。思政课作为落实立德树人根本任务的关键课程，就需要坚持用习近平新时代中国特色社会主义思想铸魂育人，加强"四个自信"教育，在各学段坚持学习贯彻习近平新时代中国特色社会主义思想。《读本》（高中版）重点以中国特色社会主义进入新时代作为现实背景展开论述，使高中生初步了解新时代是如何呼唤并催生新思想、新思想是如何指导并引领新时代的，明确习近平新时代中国特色社会主义思想的历史地位和重大意义。

　　《读本》（高中版）以学生认知为基础，讲授习近平新时代中国特色社会主义思想的丰富内涵、思想精髓和理论意义，帮助学生理解社会主义政治发展道路等内容，与必修教材有机结合，详细介绍了习近平强军思想、习近平新时代中国特色社会主义经济思想、习近平生态文明思想、习近平外交思想、习近平法治思想。其中，第八讲《和平发展：新时代中国特色大国外交》侧重介绍了习近平外交思想。习近平外交思想是习近平新时代中国特色社会主义思想的重要组成部分，是以习近平同志为核心的党中央治国理政思想在外交领域的重大理论成果。本讲安排了 4 个主题的教学内容，引导学生认识当今世界正经历百年未有之大变局，和平与发展仍然是时代主题。通过第八讲的教学，可以帮助学生理解我国始终不渝走和平发展道路，促进"一带一路"国际合作，推动构建人类命运共同体的原因和策略，体现了中国将自身发展与世界发展相统一的全球视野、世界胸怀和大国担当，感悟习近平外交思想的伟力，进而增强用习近平新时代中国特色社会主义思想武装头脑的自觉性。

1.2　要讲好《读本》必须讲准《读本》内容

　　察势者智，驭势者赢。只有准确把握当今世界发展大势，明晰我国发展目前所处阶段，放长眼量、拓宽视野，才能弄清我们所面临的机遇和挑战，从而因势而谋、应势而动、顺势而为。

　　习近平外交思想准确把握了人类社会发展规律，全面判断了国际形势走向和我国所处历史方位，提出了一系列富有中国特色、体现时代精神、引领人类进步潮流的新理念、新主张、新倡议，旗帜鲜明地回答了中国应当推动建设什么样的世界、构建什么样的国际关系，中国需要什么样的外交、怎样做好新时代外交等一系列重大理论和实践问题，形成和确立了习近平新时代中国特色社会主义外交思想，即习近平外交思想，为进入新时代的中国外交指明了前进方向，提供了根本遵循。这就要求思政教师在进行习近平外交思想教学时，必须准确把握教学内容，讲准《读本》内容。

如，在党的十九大之后，"百年未有之大变局"的提法经常会在重要讲话中出现，此前，教学中多采用"世界正处于大发展大变革大调整时期"的提法。但在 2020 年 8 月 24 日，习近平在经济社会领域专家座谈会上的讲话中提到："党的十九大以来，我多次讲，当今世界正经历百年未有之大变局。当前，新冠肺炎疫情全球大流行使这个大变局加速变化，保护主义、单边主义上升，世界经济低迷，全球产业链供应链因非经济因素而面临冲击，国际经济、科技、文化、安全、政治等格局都在发生深刻调整，世界进入动荡变革期。"同年 10 月 14 日，习近平在深圳经济特区建立 40 周年庆祝大会上的讲话中又再次谈道："当今世界正经历百年未有之大变局，新冠疫情全球大流行使这个大变局加速演进，经济全球化遭遇逆流，保护主义、单边主义上升，世界经济低迷，国际贸易和投资大幅萎缩，国际经济、科技、文化、安全、政治等格局都在发生深刻调整，世界进入动荡变革期。"不难发现，从"大变局"演进到"动荡变革期"，新冠肺炎疫情全球大流行是使大变局加速演进的关键因素。因此，"今后一个时期，我们将面对更多逆风逆水的外部环境，必须做好应对一系列新的风险挑战的准备，实现'十四五'规划和二〇三五年远景目标，我们仍将面临日趋复杂的国际形势"。从"大发展大变革大调整时期"到"动荡变革期"的变化就需要教师在教学中不仅仅关注用词的变化，更需要关注其时代背景的变化，有意识地培养学生用发展的观点看问题的能力，从而深入领会习近平新时代中国特色社会主义思想的时代意义、理论意义、实践意义、世界意义，清醒认识这一思想的历史地位，增强用这一思想武装头脑的自觉性。

2　展望未来发展　增强育人效力

让习近平新时代中国特色社会主义思想更加深入生动进课堂、刻骨铭心进头脑，《读本》的教学既需要遵循教育教学规律和学生身心发展规律，贴近学生的思想、学习、生活实际，充分反映学生的成长需要，通过释疑解惑，引导青年学生正确认识世界和中国发展大势，更需要着眼未来发展，引导学生正确认识时代责任和历史使命，正确认识远大抱负和脚踏实地的关系，增强投身中国特色社会主义伟大事业的本领。

我们在进行第八讲教学前的调研询问学生，"你认为'一带一路'倡议与你的关系"时，学生认为，这一倡议作为国家级顶层合作倡议与自己存在一定距离，对"一带一路"倡议的理解仍只停留在名称、概念之上，而对"一带一路"倡议的积极意义并不能深入理解，同时，也不能将"一带一路"倡议与携手构建人类命运共同体、坚持以公平正义为理念引领全球治理体系改革和建设等进行有效关联。

面对这样的学情，在教学中，教师借助真实情境，让同学们以小组为单位，依托"一带一路"倡议，选择"一带一路"倡议关键节点，分析合作条件，寻找合作的契机，设计编写合作建议书。比如，我们选择了"海上丝绸之路"的重要节点、"泽无桥梁，难相往来"的"千岛之国"——马尔代夫共和国。学生分析发现，马尔代夫作为一个"千岛之国"，有着得天独厚的绝美景色，但同时，也因各岛屿间没有连接桥梁，而导致其仅以旅游业发展为支撑，发展受限。学生联系中国区域协调发展经验和中国基建优势，提出了为马尔代夫建设跨海大桥，用以协调马尔代夫各区域资源，从而加快区域的协调发展的合作建议。在合作建议中，学生们以中国高铁发展、港珠澳大桥建设，以及长三角经济圈、京津冀经济圈、粤港澳大湾区建设发展经验为例，阐明中马合作建设连接马尔代夫岛屿间大桥的意义。最后当我们向学生展示"一带一路"明星项目中马友谊大桥的建设成就时，学生真实产生了"亲身"参与建设的成就感，也更加深刻地理解了"一带一路"是世界各国分享中国经验的机遇。此后，学生查阅"中国一带一路网"寻找感兴趣的项目，向同学们推荐，并说出推荐理由。在学生们完成任务的同时，他们对"政策沟通""设施联通""贸易畅通""资金融通""民心相通"等共建"一带一路"的核心内容的理解是生动且立体的。

同时，在本讲教学中，教师还调动了学长资源，以往届毕业生个人就业和发展经历为例，分析企业借助"一带一路"倡议积极参与对外合作；体会劳动者以"一带一路"倡议为发展契机，寻找到个人成长发展空间。用鲜活生动实例，调动学生积极性，探索求知。

这些以情境为载体，以挑战性任务驱动的学习活动，遵循了教育教学规律和学生身心发展规律，通过贴近学生的思想、学习、生活实际，充分反映学生的成长需要，促进每个学生主动地、生动活泼地发展，推动学生学习向深处发展。学生在经历自主思考、合作探究的学习过程后，可以更好地理解中国特色社会主义进入新时代的历史方位，了解新时代中国特色社会主义经济、政治、文化、社会、生态文明建设和党的建设进程，培育政治认同、科学精神、法治意识和公共参与等核心素养，逐步坚定中国特色社会主义道路自信、理论自信、制度自信、文化自信，基本形成正确的世界观、人生观、价值观。

3 探寻教学之法 提升教学吸引力

习近平总书记在学校思想政治理论课教师座谈会上的重要讲话中指出，推动思想政治理论课改革创新，要不断增强思政课的思想性、理论性和亲和力、针对性，要坚持"八个统一"。"八个统一"是习近平总书记对思政课建设改革创新的方法论。思政课作为落实立德树人根本任务的关键课程，办好思政课，就需要与时俱进，向改革创新要动力。教好《读本》同样也需要坚持做到"八个统一"。

在本次《读本》的教学中，我们尝试运用了以下三种方式改进教学，力图提升《读本》教学的吸引力。

3.1 循序渐进 螺旋上升

2019 年中共中央办公厅、国务院办公厅印发了《关于深化新时代学校思想政治理论课改革创新的若干意见》，其中指出："在大中小学循序渐进、螺旋上升地开设思政课，引导学生立德成人、立志成才，树立正确世界观、人生观、价值观，坚定对马克思主义的信仰，坚定对社会主义和共产主义的信念，增强中国特色社会主义道路自信、理论自信、制度自信、文化自信，厚植爱国主义情怀，把爱国情、强国志、报国行自觉融入坚持和发展中国特色社会主义事业、建设社会主义现代化强国、实现中华民族伟大复兴的奋斗之中。"《读本》就是遵循循序渐进、螺旋上升的方式编写的。在设计思路上，初中学段考虑到初中阶段是学生从儿童成长为青年的关键时期，义务教育完成后学生或进入更高阶段学习，或走向社会生活，需要帮助学生形成对习近平新时代中国特色社会主义思想较为清晰完整的认知，引导学生把党、祖国、人民装在心中，强化做社会主义建设者和接班人的思想意识。而高中版的落脚点是用习近平新时代中国特色社会主义思想铸魂育人，把握高中学生的身心特点和成长规律，使他们增强做社会主义建设者和接班人的政治认同，坚决听党话、坚定跟党走。

这就要求教师在教学时需要关注小学、初中学段《读本》中已出现的相关内容，明确高中学段要求、调整教学方法，按照从具体到抽象、从感性体悟到理性认识的认知规律，使学生在学习中能够感受到思维的深度。如，《读本》中高中学段的第八讲《和平发展：新时代中国特色大国外交》部分的教学内容在小学第 14 讲和初中第 7 讲中都有一定的内容关联。那么，根据不同学段学生的心理特点和学习特点，小学学段更适宜采用"小故事、大道理"的教学方式，初中学段更适宜采用"读金句、明事理"的教学方式，而高中学段学生抽象思维能力相对较强，教师可尝试使用"读原著、悟原理"的教学方式。

3.2　纵向挖掘　深度学习

学习的关键在于将教师的教转化为学。学生要读懂、读透《读本》，领悟新思想的深刻内涵，首先就需要教师读准、读透《读本》。教师在把握《读本》时，可采取通读、详读、精读的方式。通读《读本》的整体内容，有利于理顺教材逻辑，合理安排教学；详读各讲主要内容，明确每一讲中的教学目标和教学重点，使教学目标明确，核心观点突出；精读教材时分析《读本》内容的历史逻辑、理论逻辑、实践逻辑，从而科学处理教学内容。

在《读本》第八讲教学内容进行分析时，四个框题的内容从为什么要走和平发展道路，到如何走好和平发展道路逐步深入，学生对我国外交政策的理解从感性认识逐步深化，形成理性认识。

在第八讲教学中，如何帮助学生透过纷繁复杂的表象来定位我国发展环境？在教学实践中，我们采取了如下方式：

教师为学生提供了发达国家与新兴市场国家和发展中国家在全球经济占比变化的数据（图 1）。

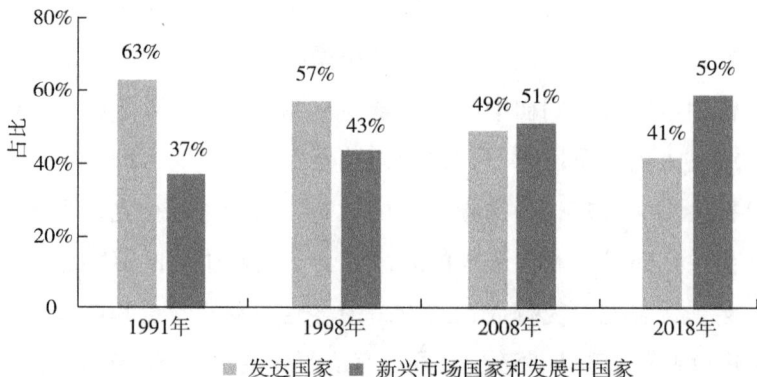

[资料来源：国际货币基金组织（IMF）《世界经济展望》，2019 年 4 月]

图 1　发达国家与新兴市场国家和发展中国家在全球经济占比变化对比

请同学们读图 1，试分析图中信息，并说出这些变化产生的影响。学生们深切地感受到当今世界多极化加速发展，现代化发展模式更趋多元，国际治理体系向协同共治转变，任何国家或者国家集团都再也无法单独主宰世界事务，求稳定、盼和平、谋发展成为国际社会普遍诉求。

同时，教师也可向学生提供"世界多极化、经济全球化、社会信息化、文化多样化深入发展，全球治理体系和国际秩序变革加速推进，新兴市场国家和发展中国家快速崛起，国际力量对比更趋均衡"，以及"世界面临的不稳定性、不确定性突出，世界经济增长乏力，贸易保护主义、孤立主义、民粹主义等思潮不断抬头，贫富分化日益严重，地区热点问题此起彼伏，恐怖主义、网络安全、重大传染疾病、气候变化等非传统安全威胁持续蔓延"等方面的阅读材料，通过全面的材料支撑，可以帮助学生理解习近平总书记是在对世界局势变动进行全面观察、辩证分析的基础上作出"当今世界正经历百年未有之大变局"这一重大判断的。

因此，这一部分的教学不仅仅是对学生进行学科内容的教学，而是在培养学生透过纷繁复杂的表象时，能够不被乱花迷眼，也不会被浮云遮眼，能够端起历史规律的望远镜去细心观望，准确定位我国发展环境的能力。也更加明确，正是基于事实，党的十九届五中全会对当前和今后一个时期我国发展阶段作出的科学判断是我们谋划未来发展的基本立足点和出发点，学生也将在未来的社会生活中，自觉做到实事求是、从实际出发。

3.3 横向联系 学科融通

《读本》围绕学习习近平新时代中国特色社会主义思想这条主线，内容安排循序渐进、螺旋上升，较好地实现了不同学段间的有机衔接。《读本》与统编思政课教材相互补充，构建起更为坚实的新时代铸魂育人教材体系。《读本》的教学可以通过横向联系、学科融通的方式，架设起《读本》与统编教材《读本》与其他学科教材之间的关系。《读本》与统编教材的育人目标是一致的。《读本》以专题讲述的方式帮助学生了解习近平新时代中国特色社会主义思想，而统编教材则是以集中讲述与各册融入的方式帮助学生理解新思想。因此，《读本》与统编教材之间是相辅相成的，教学可采用相互融通的方式。二者在内容、资源、活动方式等方面可衔接使用。

同时，由于习近平新时代中国特色社会主义思想系统完备，博大精深，内涵丰富，《读本》全面、系统、深入阐释了习近平新时代中国特色社会主义思想的重大意义、科学体系、丰富内涵、精神实质、实践要求。因此，教学时教师也可以关注不同学科教学内容的融合，开展跨学科教学的教学探索。如，在第八讲第三框"推动共建

'一带一路'"的教学中，老师也可尝试和地理、历史学科教师合作，以为"一带一路"相关港口设计文创产品为情境任务，引导学生分析地理要素、了解城市历史、赋予时代意义，借助项目活动理解携手构建人类命运共同体的意义，思考如何建设持久和平、普遍安全、共同繁荣、开放包容、清洁美丽的世界，从而形成对新时代中国特色大国外交的准确认知，并立志今后积极为其发展而贡献自身之力。

4 结语

培养什么样的人，是教育的重要问题。一个国家中，青年学生的价值取向决定未来整个国家的价值取向。用好《读本》责任重大、影响深远，要以此为契机，开启铸魂育人的新局面。教师要用信念、情感、事实、学理去感染和打动学生，积极探索多样化的教学模式，吸引学生主动学、融入学。通过学习《读本》，让学生全面理解习近平新时代中国特色社会主义思想，坚定方向、涵养力量、锻造本领，引导学生为国家和人民、为社会主义和共产主义事业而不懈奋斗。

审视地理学科试题特点
反思综合思维素养培养

——以北京卷一道选择题为例

北京市中关村中学　马　珏　黄　爽　李瑞娟

【摘要】地理等级考试试题是地理学科知识和能力、学科素养考查的最高级别考试，其对中学一线地理教学具有直接和明确导向。近年来，北京卷地理试题在对基本知识和能力考查的同时越来越关注科学评价考生思维的结构化、逻辑性、灵活性的水平差异，也越来越注重学生的综合思维素养的评价。

【关键词】地理试题；综合思维；培养方法

高考作为一种社会文化现象，承载着教育赋予的特殊功能，即文化传播与能力鉴别的任务。高考试题作为一件科学性很强的原创性作品，其是集体智慧的结晶，也必然成为学科知识和能力、学科素养考查的最高级别考试。

近年来，随着新课程改革的不断深入推进，北京卷地理试题越来越聚焦学科核心素养，关注对学生学科方法和逻辑思维全面考查的角度，其已经充分体现出基础性、综合性、应用性和创新性特点，也充分发挥考试的选拔和育人功能。

1　从试题设计中分析综合思维素养考查的角度

地理试题要求考生能够运用学科的基础知识（基本概念、基本原理和基本规律），掌握学科工具（地图、图表、文字资料等）、学科方法（读图、信息、操作、思维），具备从整体性和差异性的角度认识区域，从人地协调观的角度分析和解决地理问题的综合思维素养。

历年来北京卷试题严格遵循对学生的考查要求，下文以北京卷一道选择题为例，分析试题设计中突出体现的特点。

试题再现：

（北京卷）莫霍面深度不一，图1为长江中下游某区域莫霍面的等深线分布。读图，完成下题。

据图可推断（　　）。

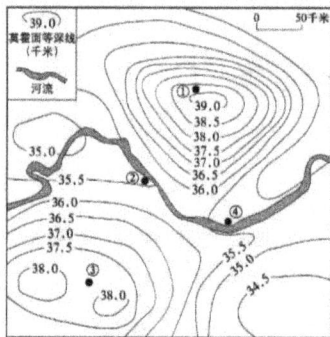

图 1　莫霍面的等深线分布

A.①地地壳厚度最薄　　　　　B.②地金属矿产丰富

C.③地地幔深度最浅　　　　　D.④地地下水埋藏深

考点内容：

本题以长江中下游某区域莫霍面的等深线分布为切入点，考查地球的圈层结构及各圈层的主要特点；岩石圈物质循环过程；造成地表形态变化的内、外力因素；中国地理概括中主要河流及其水文特征等相关考点。

1.1　关注基本概念，考查学科基本知识

地理概念又称地理术语，它是对地理事物一般特征的描述总结，或对同类地理事物的定性概括。一个个地理概念有机地组合在一起，构成地理学科体系。

该试题直接或间接涉及的地理概念主要有：莫霍界面、古登堡界面、地壳、地幔、上地幔、下地幔、软流层、岩浆活动、地质构造、岩浆侵入和喷出、矿产、地下水、补给等。学生可依据所学得到相关知识，如：地壳是指位于莫霍界面以上，是地球表面一层薄薄的、由岩石组成的坚硬外壳。地幔是介于莫霍界面和古登堡界面之间，分为上地幔和下地幔两层，上地幔上部存在一个软流层，一般认为这里可能是岩浆的主要发源地等。

可见，此题主要考查内容是自然地理中岩石圈部分众多相关地理概念，这些概念的理解和构建是学生对此部分相关学科知识认知的基石，这种考查不仅可以洞察地理教学中建立概念的过程，也能评价学生地理思维发展能力和对地理事物的发展变化作出正确判断的水平。

1.2 关注重点图像，考查学科基本能力

地理图像是学习地理的重要工具，也是地理学科的第二语言，更是考试命题的主要素材和信息载体。而地理图像中等值线图往往会以区域图为背景，由于其包含信息量大、综合性强、表示内容较为抽象，自然成为学生学习的一大难点。

该题由图可知：①地莫霍面等深线深度在38.5—39.0；②地位于接近35.5等值线的突出拐点处；③地深度在37.5—38.0，而图中深度最浅处应在34.0—34.5（图中东南方向）。作为地壳和上地幔的分界莫霍面，依据其深度的数值判读可以判断①地地壳厚度较厚，③地地壳厚度较大，相应地幔也很深。

可见，此题的呈现方式可以很好地考查学生对这种抽象性较强的等值线分布图的判读能力（如数值特征和形状特征）和分析水平，同时其也能较好地考查学生对知识的综合应用能力和地理空间思维及逻辑性思维能力。

1.3 关注地理逻辑，考查综合思维水平

综合思维是指人们运用综合的观念，认识地理环境的思维方式和能力，即能够从地理要素综合的角度认识地理事物的整体性、地理要素的相互作用、相互影响的关系。能够从空间和时间的综合角度分析地理现象的发生、发展和演化。能够从地方或区域综合的角度分析地方或区域自然与人文要素对区域特征形成的影响及区域人地关系问题。

该试题中，B选项学生思考时可根据岩石圈物质循环和内力作用，理解构造运动和岩浆侵入与喷出对矿产资源（尤其是金属矿产资源）形成所具有的重要影响。从小的区域范围看，②地为等值线的拐点处，其位于莫霍界面深度小于35.5，且等值线明显向36.0突出，说明②地是一个莫霍界面埋深异常变浅的地方，这种尖锐对于本应相对平滑的地球界面而言，应该是因为发生了剧烈的构造运动所致。从大的区域格局来看，②地所在西北—东南走向区域在东北和西南分别有两个地幔凹陷区，为岩浆侵入和喷出以及给围岩提供热源创造了良好环境，有利于成矿。

此题中D选项从小尺度看，④地莫霍面较浅，说明地壳厚度小，地势相对较低，且位于河流附近，所以地下水埋藏浅。而从较大尺度看，利用综合思维的地方或区域

角度，借助义务教育阶段学生对长江的认知，可知长江中下游径流量很大，其有明显的河水补给地下水的补给量，④地临近河流，补给充足地下水埋藏应该浅才对。

可见，实际上本题设计从自然要素的物质循环、能量交换的角度，分析岩石圈、水圈等的变化规律，考查学生应具有的综合思维能力，且试题凸显了对学生综合思维的多视角、多层次、逻辑性的测试特点，要求学生能够具有多因一果的推理能力，并运用地理学科独特的视角分析和思考现实地理事物和地理现象，建立学以致用的地理综合思维平台。

2 试题导向下思考综合思维素养的培养方法

2.1 利用基本概念构建知识网络，促进思维的结构化

地理学科所涉及的事物、现象繁多，学科的原理、规律在不同情境下的应用更是多变，如果不能把握认知结构，那么众多的知识、原理将是零散、孤立的。思维的结构化可以对知识的整体结构进行构建，明确横向分类，分明纵向层次，使整体知识结构严谨。

例如，在教学中可引导学生利用主干知识结构梳理，明确基本概念，培养结构化的思维（图2为学生梳理的岩石圈概念结构，图3为教师示范的岩石圈部分知识结构）。结构化思维的图式表述方式，可以使学生将认识的思维过程通过简洁的关键词和关系连接，以图式的方式进行可视化表征，将他们隐性的思维过程显性化，让学生内在的思维过程可视化。这种基于整体性、系统性的结构建立有利于学生对知识、原理的理解与记忆；结构化思维构建、迁移和应用，也可以提高学生学科的思维能力，增强学科素养。

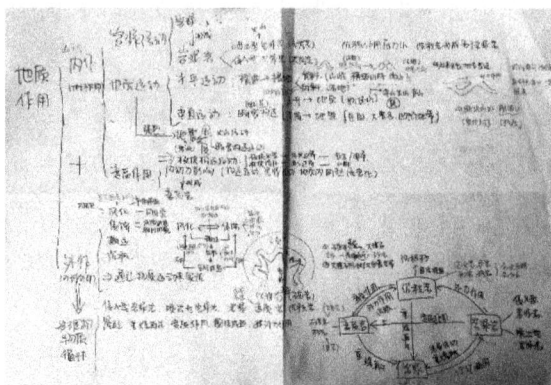

图2 学生梳理的岩石圈概念结构

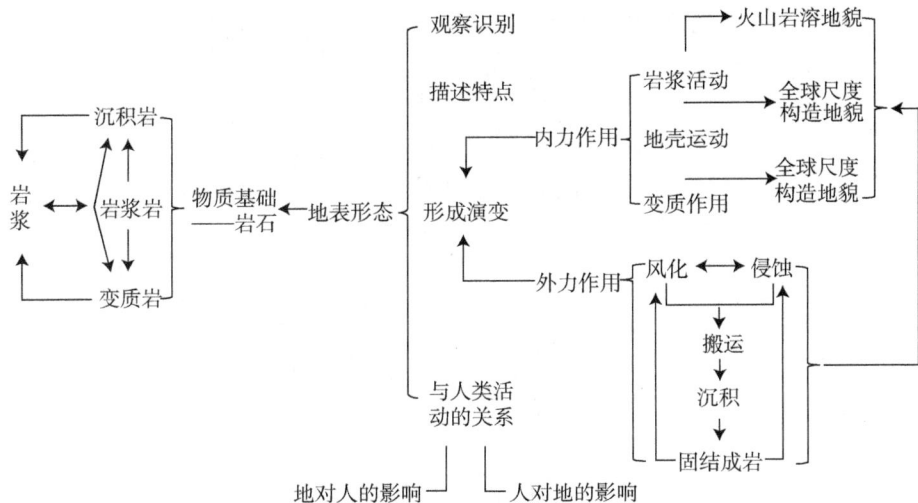

图3 教师示范的岩石圈部分知识结构

2.2 利用要素综合理解事物关联，促进思维的逻辑性

地理学科是综合性很强的学科，它兼有文科、理科的特点，具有很强的推理性和逻辑演绎性。同时地理环境本身的综合性，也决定了地理学不仅要研究地理环境中各组成要素，更重要的是要把地理环境作为一个统一的整体，综合研究各要素之间的相互作用、相互关系，因此，地理思维的逻辑性自然成为地理学习培养的核心。

例如：参考北京卷高考试题，教师可引导学生结合淮河流域气候和地形特点，分析修建水库和新开入海河道的自然原因。在整个分析过程中教师不仅应关注对学生的图—文、文—图的转化能力、空间定位能力、空间想象能力的培养，更应该使学生能够从各个地理要素整体综合的角度，对地理事象的产生和发展作出解释，从而提升学生分析不同区域内各要素特征和要素之间的联系，自然环境与人类活动之间的相互联系、相互影响（如建立如图4所示的审题—读图—提取—判断—分析—概括逻辑思维路径），以此培养学生对区域特征、区域差异、区域发展和区域联系的综合认识。

海河流域	西部 北部	东部	
同：气候	降水集中在夏季， 季节和年际变化大		区域不同
异：地形	山区	平原	成因不同
	地势起伏大 存不住水	地势平坦， 河流汇集 排水不畅	特征不同
	旱、涝	涝	影响（问 题）不同
	修水库 蓄水	开入海河道 排水	措施不同
	（整体性）	（整体性）	
	（差异性）		

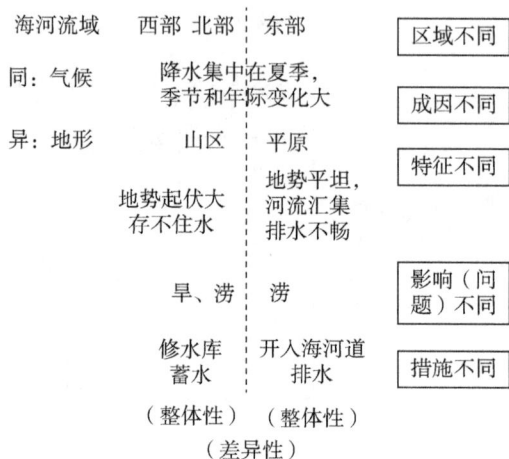

图 4　逻辑思维路径

2.3　利用时空综合思考区域发展，促进思维的灵活性

　　无论是自然地理事物还是人文地理事物都有其形成、发展和消亡的过程，同时地理事物之间的关系常常是互动的，大部分现实问题都不是一个简单要素框架可以解释回答的，站在时空综合的角度研究具体地理事物的出现、发展以及变化的具体过程，站在地方综合的层面，研究每个区域经济、社会、自然等地理特征带来的影响，需要学生具有思维的灵活性。所以教师应在引导学生关注区域内的地理事象产生根源、变化规律以及组成要素等过程中，灵活地对比分析不同尺度下每个时间段的同种要素的分布空间，并能灵活分析不同地理要素的分布空间，在此基础上全面分析、预测其发展规律。

3　结语

　　"授人以鱼，不如授人以渔"，在新课程改革的背景下，地理教学必须从"传授知识为主"向"激发学习兴趣""培养学习与应用能力为主""提升学科核心素养"转变。一线教师只有深刻理解和领会评价要求，并在整个教与学的过程中，优化课堂教学组织形式，始终以学生为主体，遵循知识的认知过程，充分发挥学生的主动性、创造性以及团队协作精神，才能与新课程理念相符合，也才能将地理核心素养的培养真正落实。

单元设计下的历史现象教学把握

——以《新文化运动》一课为例

北京市中关村中学　余晓捷

【摘要】教师不仅是教学活动的组织者、引导者、合作者，更是教学活动的设计者，教学过程科学化体现了对教师的专业化要求，而教师的一切设计都是为"以学生为中心"的"学"而设计。《新文化运动》属于"中国近代化"的单元内容的一部分（近代思想史），同时《新文化运动》体现了中国近代思想的理性化、科学化的发展历程，把握历史现象，进行单元设计，不仅学生对历史知识（新文化运动的内容）要理解到位，而且要帮助学生形成认识历史的思维方法和学习历史的兴趣。"学生的学"要通过多个不同历史事件或现象的分析和对照，归纳异同，概括规律，逐步形成比较思维能力，同时有利于情感价值观目标的实现。

【关键词】单元设计；历史现象；近代化与中国近代化；教学和学习策略

1　概念的界定

1.1　单元设计

　　学生智力的发展依赖于科学的、规律性的知识和有目的、有计划、有指导的启发式教学。教师在教学中的主导地位必须强调。教学过程科学化体现了对教师的专业化要求，提高教学质量和效益是教学的目的，使学生以尽量少的时间和精力，获得尽量多的收获。所谓"教学设计"是指教师为达到教学目标对自己的教学行为所进行的系统规划，主要解决"教什么"和"怎么教"两个问题。所谓"单元设计"就是为达到单元的教学目标所进行的系统规划。

1.2 历史现象

历史现象是指历史运动的外部联系和表面特征，是历史本质的外部表现，是人类历史的一个重要内容。任何一个历史过程、历史人物和历史事件，它们的发展变化无一不是通过历史现象表现出来的。历史现象和历史本质是构成一个历史事物的两个基本要素（"百度百科"目前对"历史现象"的定义还没有更权威的论述）。历史现象不是某一个历史人物的活动，也不是某一个历史事件的具体内容，而是透过多个历史人物的活动，或多个历史事件所呈现的历史过程或历史发展趋势。

历史事件和历史现象是特定历史条件下政治、经济、思想文化传统等复杂因素相互作用的产物，它们所产生的历史影响也同样是多方面的综合体，因而不能孤立地、割裂地进行考察与评价。

1.3 历史现象的教学策略和方法

运用现象分解法分析教学内容、确定教学目标。现象分解法指找寻现象的组成要素，外显要素间的关系及其影响。中国近代化这一历史现象的关键要素——经济领域的工业化和市场化、政治领域的民主化和法制化、思想文化领域的理性化和科学化等，上述领域的相互作用、相互影响构成了中国近代历史的近代化。新文化运动体现的思想领域的理性化和科学化现象，也要分析构成这一历史现象的基本要素，运用以下现象分析的方法加以阐释。

"分析"——将历史事物的整体分解为各个部分，把复杂的历史现象分解为各种要素，然后具体地加以考察。

"综合"——将各种历史因素结合在一起进行总体考察。

"比较"——把两个或两个以上的历史事物放在一起加以对照，以区分它们之间的异同，进而认识事物的本质特征和共同特征。

"概括"——将个别历史事物的本质属性抽象为同类事物的本质属性，从而把一些事物中的共同属性、特征结合起来。

1.4 近代化与中国近代化

近代相对于传统而言，近代化的过程就是传统社会向现代社会的变迁过程，它将引起社会生产力、经济制度、政治制度、思想文化乃至人们的生活方式、价值观念和心理态度的变化，其核心是经济的工业化、政治的民主化和思想的理性化、科学化。西方世界的近代化又称资本主义化。在半殖民地半封建中国的近代化具有明显特色。近代中国前80年可称为资本主义化；后30年又增加了新的内涵，即由无产阶级领导的为社会主义开辟道路的新民主主义革命。《新文化运动》一课所体现的是中国近代思想的理性化和科学化进程。

2 进行单元设计的价值与意义

2.1 达成历史课程目标的关键环节

《高中历史课程标准》对课程目标"知识与能力"的要求中有如下规定："在义务教育的基础上，进一步认识历史发展进程中的重大历史问题，包括重要的历史人物、历史事件、历史现象和历史发展的基本脉络。"在平时的教学中，教师更注重对历史事件和人物及背景的分析，进行单元教学设计研究历史现象，在日常的备课和教学中也在不自觉地进行，而没有有意识地研究和运用，往往是被忽略的对象，因此需要深入理解历史现象，同时加强单元的教学设计，才能有效完成历史课程目标的要求。

2.2 适应考试评价的要求

如今高考特别注重考查知识结构体系与历史发展过程中的阶段性特征，强调对历史现象的分析以及历史规律的总结。这就要求教师在教学中必须注重挖掘科学合理的知识体系，重视单元教学的整体性、综合性，更强调课程资源的整合与生成，加强对历史现象的分析以适应考试评价的要求。

2.3 适应学生发展的需要

具体的历史事件、历史人物比较容易讲授，学生容易理解。但是历史现象具有一定的抽象性，它是在一系列历史事件中抽象出来的具有共性的带有人类历史相似性的认识。因此，无论是讲授，还是学生理解，都有一定的难度。这就需要教师充分研究学情，了解学生已有认知结构与新内容之间的潜在距离，通过单元教学设计，注意联系以往学过的内容，联系学生的经验世界和现实生活，实施灵活而开放的教学以适应学生发展的需要。

2.4 单元设计下解读历史现象的视角：近代思想的理性化和科学化

《新文化运动》一课所体现的是中国历史近代化中思想的理性化和科学化的进程。首先，在"中国近代化"的单元教学中，相对经济的工业化和政治的民主化来说，思想的理性化和科学化是学生理解的难点。其次，在思想的"理性化、科学化"现象的理解中，如何理清其中多个要素之间的关系，进而认清历史现象所反映的历史本质，也是教学上的难点，突破这一难点是达成历史课程标准的必然要求。

3 单元设计下解读历史现象：以《新文化运动》一课为例

3.1 教学内容和教学目标分析

3.1.1 教学内容

《新文化运动》是人教版高中历史必修3第五单元《近代中国的思想解放潮流》的一课内容，反映的是鸦片战争后中国人学习西方及寻求经济、政治变革的思想历程。从学习器物、仿行制度到思想解放，近代中国经历了学习西方的探索过程，也展现了思想解放的渐进过程。第15课《新文化运动与马克思主义的传播》阐述陈独秀等发起新文化运动，新文化运动既是对资产阶级领导的旧民主主义革命的补课，又是无产阶级领导的新民主主义革命的序曲。运动中民主与科学旗帜的树立，对旧道德、旧文学的抨击，刷新了国民的观念，形成了一次空前的思想解放运动。马克思主义在中国传播，并成为中国革命的指导思想，正是这个探索过程的高潮阶段。

笔者认为从单元设计的角度，近代思想解放是近代化进程中的思想文化领域方面，需明确它的地位和作用，它和近代的经济领域工业化和政治领域的民主化相互作用构成了近代化这一历史现象，从本课看，新文化运动和马克思主义的传播又是近代思想解放这一单元的高潮阶段，需明确它在思想文化史上的地位和作用。

因此，教师在备课时，既要充分利用教材的叙述，又要通过历史资料的分析来弥补其不足，以达到课标的基本要求。笔者在教学目标和教学设计中特别关注了这一点。

3.1.2 教学目标

结合课程标准以及单元设计的主题，设计了以下三维教学目标。

知识与能力方面，通过识记新文化运动基础知识，提供史料，从史料中提取有效信息的能力，分析新文化运动内容、含义，并理清相关内容之间的关系。

在过程与方法方面，以中国近代思想发展历史为主线，以历史人物和重要刊物、历史地点为话题，联系讲解，史料解析，运用分析、综合、比较、概括等方法帮助学生理解新文化运动。同时进行史料探究讨论等教学活动，提高学生表达、探究的能力，培养"论从史出"的历史学科素养。

在情感态度与价值观方面，帮助学生感悟中国近代思想的发展历程是中国近代民族危机不断加深，中国人民不断觉醒的过程，是认识由表及里、由浅入深的过程。学生在学习中感受新文化运动中主要代表人物在反封建斗争中表现出的无畏探求真理的精神和爱国主义精神。通过与启蒙运动的比较，理解不同国家的历史进程的异同，体会历史现象的相似性和文化的相互影响，树立传承人类思想文化遗产的意识。

3.1.3 教学设计

传统教学对新文化运动的全面分析与评价，虽然对教材的内容进行了充分讲解，但是首先对本单元教学的主题阐述不力；其次面面俱到的阐释，容易忽视教学重点，对学生把握理解新文化运动也不利。所以在设计这一内容时，以近代思想的科学化和理性化为主线，没有按照以往的教学思路重点分析背景、全面分析内容，强调它对传统文化的过激性，最后进行两方面的评价；而是根据课标和学情的要求，在背景方面，运用希望与落差的对比展现时代，又强调中国新知识分子群体的文化觉醒来反映这一时代要求，并且联系法国启蒙思想对中国近代思想解放的影响，明确新知识分子改造中国的动力与目标。

内容方面是教学重点，放在了新文化内容的解析上，以民主、科学为旗帜，在道德和文学的领域，运用新白话文的手段，对封建旧思想进行抨击，对民主科学的新思想进行弘扬。为了把握好理性化、科学化的思想进程，在这里除了进行新文化内容含义和关系的解析外，还把欧洲近代思想解放运动——法国启蒙运动与新文化运动的民主科学内涵进行了对比，希望学生能在对比中理解这一历史现象在中国近代思想解放和近代化中的地位。在历史影响方面，不强调甚至忽略对新文化运动中对中国传统文化过激性的批判，而主要讲明它对中国近代思想解放和马克思主义传播的作用。

3.2 教学过程设计

环节一：背景设计强调时代与人物活动的相互作用。展示近代中国思想的希望与落差，讲述新文化运动在经济、政治、思想文化方面的客观历史时代背景；同时运用资料引导分析资产阶级民主主义者的主观动因。

首先提出有关"希望""落差"的历史资料：

辛亥革命之后的希望，同民国初年的中国社会的黑暗产生了巨大的落差，巨大的落差就产生了巨大的浪潮，于是就有了新文化运动。

——陈旭麓《近代中国社会的新陈代谢》，人民大学出版社

设置以下问题：

（1）落差说明什么？

（2）以陈独秀为代表的知识分子认为中国为什么没有实现真正的民主呢？

教师提供的资料如下：

我们中国多数国民口里虽然是不反对共和，脑子里实在装满了帝制时代的旧思

想，欧美国家社会的文明制度，连影儿也没有。

——陈独秀《旧思想与国体问题》

"如果我们将中国传统文化比喻成一棵大树，洋务运动只不过剪断了一些枝叶，辛亥革命则相当于将这棵大树砍断了。但是树断了，树墩还在，一般的树只要树墩还在，还是可以萌芽的。""帝制不再发生，民主共和可以安稳……非先将国民脑子里所有反共和的旧思想，洗刷干净不可。"

——陈独秀

设计意图： 学生在老师的讲述中，回顾历史背景感受在政治和思想方面的落差并思考回答问题，在这样的落差下，"中国知识分子要求根本之救亡"的原因。为了学生能理解以陈独秀为代表的新知识分子的文化觉醒，教师提供了以上两段资料，学生回答出是由于国民的思想问题和知识分子们要塑造新一代国民。

环节二："欲使共和名副其实，必须改变人的思想，要改变思想，须办杂志。"由《青年杂志》的封面注解（图1），联系法国启蒙运动的作用，回顾启蒙运动的核心思想——理性主义对欧洲反封建历史所起的作用，同时强调对中国知识分子的思想解放也起了不可估量的作用。陈独秀、蔡元培、鲁迅、胡适等新知识分子群体是留学归国的留学生，他们根植于中国古典文化，同时也深谙西方文明，在中国处于社会转型时期，他们会对社会的变化产生强烈的反响，新型知识分子群体的出现是新文化运动的发生、发展的基础。用表格的形式总结新文化运动的概况，重点教授陈独秀和《新青年》以及蔡元培的"思想自由，兼容并包"。

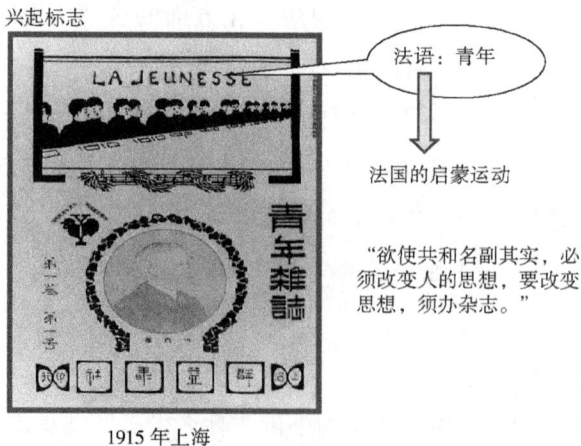

图1 《青年杂志》的封面注解

设计意图：阅读教材培养概括能力；引起思考法国启蒙运动思想对中国知识分子的影响。

环节三：新文化运动内容的设计注重调动学生的分析、综合、比较、概括等多种思维活动，教师指导下综合分析思想文化进程中的相关资料，并从资料入手，运用资料探讨、论证中国近代思想理性化、科学化的历史过程，展现这一历史现象（表1）。

表1　新文化运动前中国社会各派别对近代民主政治的探索

派别	主张		
寂寞先行者	君主立宪		
洋务派	民主共和		
新文化领导者			

提供资料分析新文化运动领导者对"民主"的认识：

中国欲求生存，必须抛弃数千年相传的官僚的专制的个人政治，必须依靠全国大多数人民有政治觉悟，而不能寄希望于"善良政府，贤人政治"。

——陈独秀《吾人最后之觉悟》

指出"民主"是指民主思想和民主精神。

法律面前，个人平等也。个人之自由权利，载诸宪章，国法不得而剥夺之，所谓人权是也。

——陈独秀《东西方民族根本思想之差异》

结合材料分析新文化运动提倡的民主精神主要有哪些？

进一步分析"民主思想与民主精神"的内涵，它是指人权、天赋人权、自由平等。

如表2所示，回顾在对西方科学的探索中有哪些派别和主张？新文化运动领导者在科学的探索上有什么不同？下面提供资料进行引导分析。

科学有广狭二义：狭义的是指自然科学而言，广义的是指社会科学而言。社会科学是拿自然科学的方法用在一切社会人事的学问上，象社会学、伦理学、历史学、法律学、经济学等，凡用自然科学方法来研究、说明的都算是科学；这乃是科学最大的效用。

——陈独秀《新文化运动是什么？》

科学者何？吾人对于事物之概念，综合客观之现象，诉之主观之理性，而不矛盾之谓也。想象者何？既超脱客观之现象，复抛弃主观之理性，凭空构造，有假定而无实证，不可以人间已有之智灵，明其理由，道其法则者也……近代欧洲之所以优越他族者，科学之兴，其功不在人权说下，若舟车之有两轮焉。

——陈独秀《敬告青年》

表 2　先进中国人对近代科学的探索

派别	主张	
寂寞先行者	师夷长技	自然科学知识和科学技术
洋务派	西体中用	
新文化领导者		

概括材料中陈独秀所谓"科学"的内涵是什么？

回答：科学精神和近代自然科学法则，科学精神的含义具体指理性的思考，运用你自己的智慧，不盲从。

设计意图：联系已学知识，明确民主和科学的含义；与之前中国人的探索追求的不同。

为了进一步联系启蒙运动的作用提供两段启蒙运动的资料，明确了启蒙运动的核心思想，引导学生思考两次运动的共同点，以及新文化运动"民主与科学"思想的内涵和内在关系。

亲身经历启蒙运动的德国哲学家康德对启蒙运动的解释："启蒙就是人类脱离自己所加于自己的不成熟状态。敢于思考！要有勇气运用你自己的理智！这是启蒙运动的口号。"

——徐新《西方文化史》

康德认为，每一个人都因为拥有理性而具有内在的价值；每个人都具有了同等的价值，因此每个人都是平等的。

设计意图：学生通过联系启蒙思想，进一步明确了民主和科学之间的内在联系，更重要的是理解新文化运动与启蒙运动相似的思想内容，了解他们之间的传承关系。

（3）民主科学是新文化运动的口号。那么要提倡民主科学，就必须反对旧道德，新一代青年需要什么道德呢？（表3）

要拥护那德先生 Democracy，便不得不反对孔教、礼法、贞节、旧伦理（忠、孝、节）、旧政治（特权人治）；要拥护那赛先生Science，便不得不反对旧艺术（中国戏）和旧宗教（鬼神）；要拥护德先生又要拥护赛先生，便不得不反对国粹和旧文学……我们现在认定只有这两位先生，可以救治中国政治上、道德上、学术上、思想上一切的黑暗。

——陈独秀《〈新青年〉罪案之答辩书》

教师简述"三从四德""三纲"，引导分析"三纲"与民主科学有怎样的冲突？以妇女问题为例谈谈你的看法。同时阅读一首新诗：

自觉的女子

我没见过他，怎么能爱他？

我没有爱他，又怎么能嫁他？

这简直是一件买卖，拿人去当牛马罢了。

我要保全我的人格，还怎么能承认什么礼教呢？

——摘自1919年的《新诗年选》

回答：无独立人格，没有人的基本权利。列表进行对比，发现新道德提出的正是民主科学的内涵。

表3　新道德与旧道德对比

旧道德	新道德
压制人的自由 剥夺人的权利 束缚人的思想	人格独立、个性解放 男女平等、权利平等 理性思考

设计意图：以女性的解放作为讲述新道德的突破口，学生通过阅读新诗和材料理解体会旧道德与民主科学的冲突，提倡的新道德与民主科学含义一致。同时适时地通过表格的总结强化民主科学的含义。

（4）在文学革命中对白话文的提倡是如何体现民主科学精神的？

阅读胡适《朋友》这首白话诗，理解白话文通俗易懂、接近民众语言的魅力。列举胡适、陈独秀在文学革命方面的主张。

朋友

胡适

两个黄蝴蝶，双双飞上天。

不知为什么，一个忽飞还。

剩下那一个，孤单怪可怜；

也无心上天，天上太孤单。

重建了全新的文学语言，使文学内容与形式之间获得了内在的和谐统一。语言的变革并不仅仅是形式的变革，它与思维相联系，因而又是一种思维层次上的变革。以清晰精确的白话取代言约义丰的文言，其实质乃是以精确性、严密性为特征的近代思维取代有模糊性特点的传统运思方式。这种取代既是文学语言的重建，也是思维的重建。

——陈旭麓《近代中国社会的新陈代谢》

提出问题：白话文运动与民主科学又是什么关系？

设计意图：学生阅读并概括资料，明确白话文运动与民主科学的关系，学生可以回答：①白话文是一种宣传手段；白话文中注入了新思想和新内容（民主与科学）。②用近代精确严密的思维取代传统模糊思维，是理性思维的特点，具有近代科学的精神。

思考：如表4所示，这些领域的反击与新文化运动的旗帜（核心内容）有什么关系？（图2）

表4　新文化运动的内容与含义

地位	内容	含义
核心（旗帜）	民主	民主制度和民主思想
	科学	自然科学知识和科学精神与科学思想
领域	新道德	人格独立、个性解放、男女平等、权利平等
	新文学	内容与形式、口语与书面语统一；新思想新内容；思维的科学性

图2　新文化运动内涵的关系

环节四：新文化运动影响的设计中运用史料，尤其以《新青年》对当时青年的影响为主，以期望学生对新文化运动的伟大功绩有更深的理解。

教师出示材料：

《新青年》从 1915 年创刊到 1922 年休刊，其间有 7 个年头。这 7 年，是中国知识分子，尤其是青年知识分子思想大解放的年代，是新旧思潮大激战的年代。《新青年》适应了时代的要求，指引着这个时代前进的步伐，培育了整整的一代青年。中国共产党的早期领袖人物，如毛泽东、周恩来、恽代英、蔡和森等都受过它的重要影响。

——张宪文等著《中华民国史》

"当我在师范学校做学生的时候，我就开始读这一本杂志。"

"有很长一段时间，看书，看《新青年》；谈话，谈《新青年》；思考，也思考《新青年》上所提出的问题。"

——毛泽东

1919 年 12 月 4 日日记云："看《新青年》杂志。"

1919 年 12 月 7 日日记云："看《新青年》，定课程表。"

1919 年 12 月 10 日日记云："看（《新青年》）易卜生号。"

1920 年 4 月 9 日日记云："在船中看《新青年》杂志。"

1926 年 4 月 21 日日记云："上午看《新青年》杂志。"

——《蒋介石日记》

张国焘回忆：

同学原来知道《新青年》的人"非常少"，自 1917 年初以后"才引起同学们广泛的注意""每期出版后，在北大即销售一空"。

设计意图：学生感受新文化运动对青年一代思想解放的影响。

环节五：抓住历史现象的关键要素进行对比，把握历史现象的相似点，抓住历史现象反映出的历史本质特征。

教师提供资料：

如果说 18 世纪欧洲（主要指法国）的启蒙运动使人从神权的桎梏下解放出来，那么五四新文化运动则使中国人从以孔子儒家为核心的传统文化的束缚下挣脱出来，追求个体从大家庭中冲决出来的自由平等独立的权利和地位，虽然新文化运动的倡导者并没有最终完成这一使命，但他们所高扬的科学和民主精神，却深刻地影响和激励了一代又一代中国人。

——陈旭麓《近代中国社会的新陈代谢》

阅读材料问什么会"深刻地影响和激励了一代又一代中国人"？新文化运动与启蒙运动有哪些异同点？（表5）

表5　新文化运动与启蒙运动对比

历史事件	核心思想	关注的问题	涉及的领域	影响
启蒙运动	理想主义	自由平等 民主法制	社会政治	思想解放 冲击欧洲封建统治
新文化运动	民主科学	人格独立 个性解放 自由平等	思想文化	思想解放 民主科学洗礼

教师提供材料：

在"五四"新文化诸健将攻击旧垒的激烈文字中，……都体现了以个性解放为核心的近代人文主义精神。

——陈旭麓《近代中国社会的新陈代谢》

"新文化运动是人的运动。"

"一个民族的觉醒首先是文化上的觉醒。"

——陈独秀

设计意图：学生理解新文化运动所体现的正是中国近代化中思想领域的理性化和科学化的过程，它受到启蒙运动的深刻影响，并对中国近代思想解放起了重要作用。

环节六：总结串联，了解历史发展脉络。

（1）中国近代思想解放的历程，概括其特点（用图示引导，如图3所示）

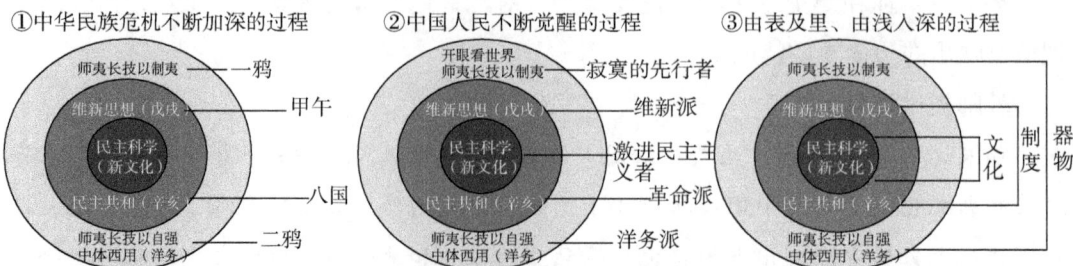

图3　中国近代思想解放运动过程图示

设计意图：用圆的层次来表现探索的不断深化：扣题，升华主题，串联知识，形成单元线索。

（2）新文化运动的影响

★冲击了封建思想的统治地位，使人的思想得到解放。

★中国知识分子在运动中得到了一次民主科学的洗礼。

★为马克思主义在中国的传播奠定了基础。

4 收获或反思

4.1 加深了对单元的认识

单元是实现一个教学目标的相对完整的过程，是教学过程的基本单位；单元是衡量教师教学和教材驾驭能力的基本单位；单元是课程螺旋式上升的基本单位，也是课程设计的基本单位（表面连续与非连续的单元）。在教学设计中，对单元主题进行充分思考，有利于更宏观地把握教材内容和课标要求，在制定教学目标时有的放矢。

4.2 加深对单元教学设计的策略认识

通过认真分析课标和教材的内容，从单元教学的视角，有意识地对单元进行系统规划，把握历史现象，制定教学目标，精心设计教学策略。关键因素有两个：一是深入理解单元教学的概念，分析本课在单元中的地位和作用；二是准确把握历史现象的复杂性和相似性特征，恰当运用分析、综合、比较、概括等方法，帮助学生理解新文化运动的内容与本质。

4.3 基于"以学生为中心"的教学设计

首先，本教学设计基于"以学生为中心"的学本课堂设计理念，在教学设计中充分考虑历史事件与历史现象的关系，考虑学习内容和思维的最近发展区，为学生搭建思维的阶梯平台，并且充分运用史料研读的历史学科基本方法，以及培养学生的基本历史学科素养，进行历史学习，学生通过阅读史料，思考问题，联系中外，对中国近代化这一历史现象的概念有较为全面和深刻的把握。

其次，教学设计也充分考虑初中高中教学的衔接。在教学目标的设计上初中和高中有明显的教学层次的不一致性，在资料选择和教学方法上就会有很大差异，因此在高中教学上充分了解学情是进行教学设计的前提。

最后，本教学设计还要考虑通过高中学业水平考试的不同能力要求可以进行一定的调整，因为按照合格考和等级考不同能力层次的要求，进行单元设计的侧重点会有不同，本教学设计侧重等级考的能力要求。

参考文献

[1] 王先明 . 中国近代史（1840—1949）[M]. 北京：中国人民大学出版社，2011.

[2] 张鸣 . 重说中国近代史 [M]. 北京：中国致公出版社，2012.

[3] 张宏杰 . 中国国民性的演变历程 [M]. 长沙：湖南人民出版社，2012.

[4] 陈旭麓 . 近代中国社会的新陈代谢 [M]. 北京：中国人民大学出版社，2012.

[5] 于友西，等 . 历史学科教育学 [M]. 北京：首都师范大学出版社，1999.

批判性思维下透过小分统计
看政治学科能力培养

北京市中关村中学　　张于翠　孙淑红　龙宏因

【摘要】在多元化的社会中，学生对社会科学的学习，如学生的科学精神、科学思想、科学方法和严密的科学素质不可能建立在不可靠的想象上，思想政治学科也需要以科学为准绳。所以，同其他学科一样，政治学科教学也应十分重视对学生学科能力及素养的培养，点燃学生的思想火炬，激发科学思维的活力。

【关键词】教学评价与政治学科能力；批判性思维；思想政治学科

1 从学情视角分析学科能力现状

高三大部分学生对于思想政治学科的基本知识掌握比较扎实，但普遍存在对于知识的理解能力欠缺，从而导致运用知识分析解决社会现象的能力不足，反映在在考试中分数不够理想。学生对不同模块的知识理解运用反应具有差异性，尤其是与哲学相关的知识，因此，政治学科政治认同、法治意识、科学精神、公共参与核心素养及能力的培养需要进一步加强。

2 从学科能力素养角度分析学习目标

2.1 利用批判性思维技能，明确学习目标

范希昂曾提出批判性思维的六类技能（表1），这六类技能为政治学科中运用知识分析解决社会现象提供了参考。

表1　批判性思维的六类技能

技能	说明	内容
阐释	理解和阐述观念、表达的意义	辨认问题、目的、主体、观点；阐明、分类，概括文本的含义
分析	辨别观念、表达中各要素及其（推理）关系	辨认、分析观念；识别相似性差异性；发现假设
推理	寻求证据，推理，猜测，预测，整合	寻求、质疑证据，推断结论，预测后果，构造假说，考虑多种可能性
评估	评价数据、观念的可信性和推理的逻辑强弱	评估信息可信性；判别论证相关性、确定性；比较各种观点的优劣
解说	全面清晰地表达和说明	表述结果；展示论证；说明和辩护其过程
自律	元认知，自我检查，自我修正	自我检测、分析、评估和修正自己的认识活动

在批判性思维的六类技能中，基于核心知识主题的学科能力从课程内容看，政治主要是传授学生必要的政治观、国家观、人权观、民主观、政府观、政党观、民族观等政治学基础知识，培养学生初步具备有序参与政治生活的政治素养和基本技能；引导学生逐步树立公民意识、民主意识和法治意识；主要传授学生必要的世界观、人生观、价值观等哲学基础知识，培养学生初步具备辩证看待问题的哲学素养和基本技能，引导学生逐步树立正确的世界观、人生观和价值观，用正确的方法论引导社会生活和人生发展。而学生的学科能力主要包括学习理解能力、实践应用能力、创新迁移能力等，这些能力的提升需要运用阐释、分析、推理等技能。那么在高三的教学中我们该如何提高学生的政治学科能力呢？

2.2　通过小分统计，找准学习问题有的放矢

实践中笔者通过小分统计培养学生的学科能力，使学生获得科学知识、科学方法，提高运用知识的能力。

海淀区一次期中考试试题突出理论联系实际的学科特点，突出能力立意；主干知识与非主干知识考查相结合，突出主干知识考查；以能力立意为基础，突出对学生理论联系实际能力的考查。试题题型有选择题和非选择题。能力考查分值分布及我校得分如表2所示，分值中前者为满分，后者为笔者所在学校得分。

表2 能力考查分值分布及我校得分

能力	提取归纳信息、调动运用知识	提取归纳信息、调动运用知识、描述阐释事物、论证探讨问题
题号	1—24	25—29
分值	48分/38.8分	52分/26.49分

从表2中不难发现，"描述阐释事物、论证探讨问题"能力比"提取归纳信息、调动运用知识"能力要弱很多，也就是选择题得分的情况比非选择题得分的情况要好一些。选择题主要考查学生"提取归纳信息、调动运用知识"在已有的知识储备的情况下能对题干与题肢作出正确分析，但对于主观性试题则主要体现在学科能力欠缺，特别是理解和运用能力，也就是学生的实践应用和创新迁移能力不强。相当多的学生不能识别有关知识的不同方面，不清楚知识之间的联系，因而不能超越知识本身对结果作出推论。

依据董毓教授在《批判性思维十讲》一书中指出，批判性思维是理性的探究和实证的过程。它由理智品质和高阶思维能力两大部分构成，即它其实是"德育"和"智育"的结合。德育部分，是一组批判理性精神和品德，包括求真、谦虚、谨慎、客观、公正、反省、开放等品质。批判性思维的智育部分，是一组阐明、辨别、分析、推理、判断和发展的高阶思维技能。批判性思维过程"路线图"是探究—实证—发展，理解主题问题，澄清观念意义；分析论证结构，审查理由质量；评价推理关系，挖掘隐含假设；考虑多样替代，综合组织判断，最后形成论证。

高考对于考生的要求是综合能力测试，强调对知识的整体、综合把握，反映各科目之间的联系，注重多层次、多角度分析解决问题的思维能力。高考说明中对考查考生目标与要求有明确的规定，其中"目标"即综合测试的能力目标，"要求"是分别对每一考查目标不同层次和水平的界定，如表3所示。

表3 目标与层次要求

目标	第一层次	第二层次	第三层次
获取和解读信息	获取试题提供的信息，理解试题要求以及考查意图	提炼信息的有效内容和价值，并对其进行分析与整合	组织和应用相关学科的信息，形成综合性的信息解读
调动和运用知识	将所学知识与试题的形式和内容建立正确的联系	准确运用相关知识和相关信息，认识和说明问题	体现学科渗透，运用相关学科的知识原理分析问题

目标	第一层次	第二层次	第三层次
描述和阐释事物	正确表达事物的现象，准确描述和解释事物的特征	把握事物的本质和规律，并作出正确的阐释	辩证地、历史地考察事物，对事物进行学科的和跨学科的描述与阐释，意义完整
论证和探讨问题	运用判断、归纳、演绎、比较、概括等方法论证问题	在论证中观点明确、表述清晰、逻辑严谨	综合运用相关原理和方法论证探讨问题，体现创新性思维

针对高考能力要求重点应该提高学生第二及第三层次的能力，提高学生运用所学知识对政治生活和问题进行分析判断的能力；运用生活社会中的事例分析说明问题，并提出解决方案的实践应用能力，以及综合运用不同的学科知识、学科思维进行综合评价的发散思维能力即迁移能力得到提高。高三教学中，尤其是主观性试题的解题能力，要想解决该能力就需要掌握学生在哪些模块中、哪些知识中存在更多问题，我校学生在答题中得分率为：经济 61.2%，政治 58%，历史唯物主义 37.1%，唯物辩证法 29.11%，政党 56.67%，当代国际社会 49.43%，文化 75.17%。显而易见，学生在政治的解题能力要好于哲学中唯物辩证法与历史唯物主义的能力，问题最严重的是唯物辩证法。

3　结合具体事例，运用比判性思维步骤

试题：中共十八大是在我国改革发展关键阶段召开的一次十分重要的大会。会议根据形势和任务发展变化对《中国共产党章程》进行适当修改，同时，这次大会为我国解放思想、推进改革、科学发展指明了方向。

材料如表 4 所示。《中国共产党章程》的修改反映了中国共产党带领中国各族人民对中国特色社会主义道路、中国特色社会主义理论、中国特色社会主义制度的长期不断探索的历程和成就。

表 4　《中国共产党章程》重要修改概览

中共十四大	明确我国处在社会主义初级阶段和党在本阶段"一个中心、两个基本点"的基本路线
中共十五大	把邓小平理论确立为党的指导思想

续表

中共十六大	确立"三个代表"重要思想为党的指导思想
中共十七大	科学发展观是发展中国特色社会主义必须坚持和贯彻的重大战略思想
中共十八大	科学发展观是党必须长期坚持的指导思想

结合表4材料，运用唯物辩证法的相关知识，说明建设中国特色社会主义的理论依据。（9分）

从能力测试的目标和要求看，学生在答题中获取和解读信息能力不足，即提炼信息的有效内容和价值，并对其进行分析与整合能力欠缺。设问中明确指明建设中国特色社会主义的理论依据，但有部分学生用联系、发展、矛盾、辩证否定观、创新等知识答题，四面撒网重点不突出导致得分低下；有的学生只用发展的相关知识答题，表明调动和运用知识能力不足，没有将所学知识与试题的形式和内容建立正确的联系，没有抓住材料的主旨和核心；还有些学生调动了矛盾的普遍性和特殊性辩证关系原理，但在论证和探讨问题时又不能准确运用学科语言描述和阐释事物，解题思路不清楚、方法欠缺，缺乏辩证思维能力，不会理例结合有理有据地多层次、多角度分析问题。

在《思想政治课程标准》中要求我们以邓小平理论和"三个代表"重要思想为指导，帮助学生了解马克思主义哲学的基本原理，学习运用辩证唯物主义和历史唯物主义的观点和方法，正确看待自然、社会和人生的发展，坚持解放思想、实事求是、与时俱进，能够在社会生活中作出正确的价值判断与行为选择，树立和追求崇高的理想，逐步形成正确的世界观、人生观、价值观。学生所暴露的问题与课程标准也有一定的差距，教学中运用批判性思维需从探究—实证—发展入手，在理解主题问题、审查理由质量、评价推理关系、分析论证结构、组合组织判断等方面提升学生学科能力素养。

第一步：理解主题问题

引导学生先从设问读起，在读设问时明确知识的限定、主体的限定、问题指向性的限定，带着问题去读材料。读材料时注意抓住材料的中心，材料围绕该中心分解成几个层次，每个层次的问题又是什么，它们之间有何联系，理解试题要求以及考查意图，提炼信息的有效内容和价值，并对其进行分析与整合，形成综合性的解读，提高获取和解读信息能力。如在上题中知识的限定是唯物辩证法相关知识，学生要调动联系、发展、矛盾、辩证否定观、创新等知识。问题的指向说明建设中国特色社会主义的理论依据。抓住中国特色社会主义这一有效信息，培养学生的学习理解能力。

第二步：审查理由质量

明确知识限定后，调动该知识相关的知识体系，结合材料对调动的知识进行筛选，将所学知识与试题的形式和内容建立正确的联系。既然问题是要说明"中国特色"应该是矛盾的特殊性，"社会主义"应该是矛盾的普遍性，"理论依据"应该是二者关系，材料中的核心都是围绕中国特色社会主义展开的，党的十四大至党的十八大也是围绕中国特色社会主义进行党章修改，那么要运用的知识便是矛盾的普遍性与特殊性辩证关系原理。这样就会提高学生的实践应用能力。

第三步：评价推理关系

运用原理分析实际问题，使理论与实际有机结合起来，正确表达事物的现象，准确描述和解释事物的特征。矛盾的普遍性与特殊性之间的辩证关系原理便是建设中国特色社会主义的理论依据，结合材料说明为什么是，材料中是如何体现这一依据的。

第四步：分析论证结构

论证和探讨问题时论点要清楚。首先，要紧扣题意，对有关原理和涉及的重要概念或含义作完整的阐述；论据要准确，确定解题的理论依据和实施根据，分清哪些是主要的，哪些是次要的；论述层次要清晰，运用原理分析实际问题要步步深入。其次，指明试题涉及的理论知识并简述理论依据及有关原理或知识点，运用有关原理或知识点先重点后一般逐步分析说明论题；从正反两方面说明坚持马克思主义原理的意义及违背马克思主义原理的危害。最后，要综合组织判断。有些论述题还要依次摆出事实根据并从正反两方面反复论证，适当批判错误观点，以此提高学生的实践应用能力和创新迁移能力。

当然，高三学生的政治学科能力不是一蹴而就的，需要长时间培养，在平时的教学过程中，我们既需要适当的精讲更需要必要的精练。在精讲的过程中通过有效问题的设计、知识结构的立体构建落实基础知识，注重学生学习理解力的提升；在精练的过程中通过练讲结合经典的高考试题，分析此题。运用以下几个步骤综合思考：第一步分析已有观点，第二步寻求更多信息，第三步评估信息论证，第四步形成自主结论。课堂中注重学生分析已有观点；寻求理论支撑；反思自我偏见；批判地评估现有观点；在不同观点的交流、辩论、合作中激发思考；建立自己的观点和论证；力求清晰、具体、细致地思考，有逻辑地表达，找出解题的一般方法，提升学生实践应用和知识迁移的能力。

参考文献

[1] 董毓 . 批判性思维十讲 [M]. 上海：上海教育出版社，2019.

[2] 韩震，朱明光 . 普通高中思想政治课程标准（2017 年版）解读 [M]. 北京：北京高等教育出版社，2018.

初中"历史布展设计"项目式学习的学思与躬行

北京市中关村中学　羊　瑜

【摘要】在指向核心素养的教育改革浪潮下，项目式学习有助于转变课堂教学模式，实现"以学生学为主"的教育目标，而"历史布展设计"项目式学习是笔者在探索项目式学习与历史课堂结合的教学实践过程中，经过反复实践、不断总结完善的一种教学模式。笔者就"历史布展设计"这一联系生活的实践类项目，进行了主题的搜集。根据不同学段下学情的变化以及教材内容的特点，对"历史布展设计"这一项目式主题进行具体学习任务的调整，使其在实际教学中具有较强的可操作性和推广性，以更好地达成历史学科核心素养的落地。更重要的是，学生在完成历史学科项目式学习的过程中，形成自主规划、自我反思的学习习惯。

【关键词】项目式学习；历史布展设计；核心素养

1　逆境中勇往向前——历史学科项目式学习的价值

在历史学科开展项目式学习困难重重，除了人文社科类学科普遍存在实践性、可操作性不强的特质外，历史学科还有其自身的困境，如课时较少、学生学习态度欠佳。在新中考背景下，如何在教学中既保证学生基础知识的巩固，又体现素养能力的提升，值得每一位历史教师思考。

"历史布展设计"项目式学习是笔者在探索项目式学习与历史课堂结合的教学实践过程中，经过反复修改完善的一种教学模式。它为历史课堂由"教师教为主"转变为"学生学为主"创造了一种新的途径，也有助于打造校本课程，有效达成历史课程改革的深化和学科素养的落地。

首先，它改变以往重记忆的碎片化学习，注重学生对历史的整体理解，自主建构逻辑框架，提升自身的历史逻辑思维。

其次，它使学习目标更对准核心素养，而非单纯地积累基础知识，注重学生在完成学习任务的过程中学会如何运用所学解决复杂现实的问题。

再次，它转变较传统的历史课堂"教—学—评"的模式，学生在完成项目过程中，体会过程与结果并重，参与自我评价形成的整个过程。

最后，"项目式学习是为了心智的自由"。学生不仅仅是历史思维的提升，也有超越单一历史学科的其他学科能力的提升，最终实现各学科共同"育人"的作用。

2 历史与现实的桥梁——历史项目式学习的主题选择

2.1 构建知识框架：提升概念性知识的理解

在研究了项目式学习的模型后，笔者认为项目式学习不适合事实性知识的学习。但它有助于推动事实性知识的结构化、系统化的提升。"知识越抽象——上升到概念、原理、理论的角度，就绝难理解和教学"，项目式学习应该聚焦到概念性知识，因为"学生形成概念性知识意味着他不仅知道，而且能够理解这个概念的特点，能举出不同类型的正例和范例"。因此，大单元教学过程中，可以选择概念性知识较多，需要学生理解并构建复杂知识结构网来进行项目式学习的设计。以部编版初中历史七年级上下册为例，单元结构基本是以朝代为脉络，介绍重大历史时期的历史文明阶段特征。所以，在七年级设计项目式学习时，不能单纯以朝代为核心知识，而是应该落在历史时期的文明特征上，学生学习每一个朝代的具体知识点都是为其构建历史时期阶段特征服务的。

2.2 设计驱动任务：助力学生主动投入思考

确定核心知识后，运用怎样的实践策略关系到学生自主参与、主动学习的积极性。田红彩老师在她的实践研究中，归纳了4种实施形态：① 依托教材内容，开发学术类项目；② 结合社会实践，开展实践类项目；③ 联系现实生活，规划生活类项目；④ 关注生成问题，设计问题类项目。笔者根据学情和新中考试题特征，着重选择实践类项目进行实践，学生在项目式学习过程中，可以强化历史学科与现实生活的联系，增强学生运用历史知识解决实际问题的能力。

找到一个有现实意义、能体现历史学科特点和价值，而且有一定开放度和创造性的项目式学习主题很重要。近几年历史文博类节目异常火爆，学生对各大博物馆以及其中的展品都充满了兴趣。如果学生能根据课堂所学，设计一场历史文明展，对话文物，感悟历史，既满足了学生的兴趣，又突出"历史文明的阶段性特征"，符合聚焦概念性知识的要求。

3 聚焦能力素养——历史项目式学习任务与评价的拆解

确定了项目的驱动任务后，根据学情变化和教材内容，可以配以不同的历史学习主题。不同主题之下，又基于历史学科核心素养和课标要求，进行细化的、有针对性的整体项目式学习设计。

3.1 关联能力素养：拆解细化任务提升可操作性

首先，将项目驱动任务与历史学习主题进行知识和能力关联，确定整个项目式学习的学习目标。以单元复习系列课"秦汉历史文明布展设计"展为例，制定学习目标如下：第一，知道并能论述重要历史概念。第二，了解中国古代纪年法，会用历史时间专业表述绘制时间轴。第三，会分主题梳理历史事件，理解历史关联。第四，了解以史料为依据来解释历史的重要性。第五，感受中华文化的博大精深，增强民族自信心和自豪感。这5个学习目标指向不同的核心素养，包括史料实证、时空观念、历史理解和家国情怀。

其次，根据知识能力关联，对项目任务进行拆解，助力学生自主完成学习。以单元复习系列课"秦汉历史文明布展设计"为例，设计子任务如下：① 了解已有知识能力水平，建立所学与项目任务之间的关联；② 绘制秦汉时间轴和确定秦汉历史文明展的主题关键词；③ 划分核心展区时分版块；④ 为核心展区选择史料并分析；⑤ 设计文明展的结语。

再次，根据子任务设计配以明确的操作指导，即对应的学案。如完成子任务一：给出"名词解释自查表"，按照历史表述规范进行基础知识的落实。子任务二：对时间轴如何绘制，主题词如何确定都提供了方法。再比如，对怎么选择史料、史料类型的区分、史料信息的提取分析也都给予指导。

最后，根据实际教学计划安排，进行课时规划。单元复习共6课时。课时1和课时2侧重于个人进行单元基础知识的自主复习，同时完成子问题一、二的任务。课时3和课时4侧重于核心素养之史料实证能力的提升，较有挑战性，故用小组合作方式进行项目式学习，包括完成子问题三、四的任务。课时 5 和课时 6，学生需完成属于自己的"秦汉历史文明布展设计"，要有个人沉淀感悟、完成最终成果展现的充足时间。

3.2　多元互评：明确学习目标与达成效果

设计评价时，教师与学生都要参与评价的全过程，教师评价既要有过程性评价，又要有对最终成果的评价。学生评价既要有过程中小组合作情况的评价，也要有对最终成果的相互评价。其中，过程性评价从"学习目标""学习态度""学习活动""小组合作"4 个方面来考查学生参与自主学习的状况和程度，而最终成果的评价则更多围绕历史学科核心素养，尤其是在时空观念、史料实证、历史解释和家国情怀这 4 个方面对目标达成作了有针对性的细化描述。在多元交互评价中，学生的热情和主动性被调动，感受到自己是学习的主人，也体会到逐步积累的学习过程的重要性。

4　实践后反思——不同学段的教学尝试体会

4.1　初尝试：学习脚手架的重要性

在进行初一学段七年级上册"明清历史"学习时，笔者用"明清历史文明布展设计"进行新课教学的项目式学习初尝试。按照布展设计的流程，对明清时期这一单元的知识进行了重新整合，学生形成明清历史文明的认识，并设计一份属于自己的"明清历史文明布展设计"。但是由于对学情掌握不到位，本次尝试暴露出大量的问题。第一，新课教学用项目式学习的方式，超出了学生的知识能力范围，学生不清楚教材学习与项目学习主题之间的关系，教材内容与项目任务不断发生冲突，影响基础知识的落实。第二，教师搭建的学习"脚手架"不够充足，不得章法，难以完成任务。因此，进行项目式学习前，必须充分了解学情，特别是已有的知识能力水平的了解，以便与学生实际学习需求贴合。对从未尝试过项目式学习的学生而言，必要的步骤拆解和任务细化很重要。

4.2　细完善：学习任务开放性和学生自主性需提升

根据第一次尝试的经验教训，在这次进行"历史布展设计"项目式学习时，从新课学习转变为复习巩固。笔者设计"秦汉历史文明布展设计"项目式学习时，注重基于核心素养设计有针对性的学习目标，根据学习目标对项目任务拆解并配以细化的任务描述和学习任务单，让学生在学习过程中真正可以依托教师提供的可操作性的任务单和方法指导进行有效的单元复习。

本次实践的结果比初尝试有了很大的改善，但仍存在一些问题。第一，项目式学习的主体是学生，在如何完成项目主题任务这一部分，笔者没有给学生主动权。手抄报这一单一呈现方式有些限制住了学生的发挥。第二，学习"脚手架"的搭建更多关注于学案任务的拆解及知识能力的解读上，缺少自主学习时间安排的指导。第三，教师只对整体情况进行反馈和改错，缺少一对一的任务反馈，学生获得一对一的修正性指导不够。

4.3　再推广：自主学习安排和学习评价需完善

在第二次尝试后，"历史布展设计"的项目式学习教学模式已经基本形成，在升入初二学段后，根据教学安排，第三次尝试放在了八年级下册"中国现代史"的学习中。这次的"历史布展设计"主题是"新中国社会生活变迁"，也是作为单元复习出现的。在本次项目式学习任务要求中，对如何展现学习成果由学生自己选择。教师设计问题链，引导学生在解决这些问题的同时，为最后形成"新中国社会生活变迁布展设计"提供素材。

笔者认为这个过程也存在一些问题：第一，利用假期课余时间，忽略了学生自己制定学习计划的方法指导。在没有学校课时推进下，很大一部分学生难以自主制定项目式学习的计划安排。第二，对学生的过程性评价缺失，学生也没有在过程中对自己的学习进行评价。

5　结语

经过 3 次的学思与躬行，笔者对初中历史学科进行"历史布展设计"项目式学习有了一定的认识。多次实践帮助笔者细化深挖历史学科开展项目式学习的实践路径。就"历史布展设计"这一实践类项目，进行了主题的搜集，具有较强的可操作性和推广性。

笔者认为，第一，在不同学段中，历史学科项目式学习的推进模式应该循序渐进。低学段，适合设计非常详细的、充分拆解的项目任务去推动学生学习，学生在项目式学习过程中可能不是完全的主体地位，更像是一个模仿者，在教师指导下进行模仿学习。中学段，可以在项目规划方面学生的自主权更大一些，尤其是对班级进行分层后，自主学习能力较高的学生可以进行自我项目解决方案的规划，其他学生仍然可以跟着老师节奏进行学习。高学段，随着大单元整体复习的进行，学生可以用项目式学习的思路,对自己的复习进行规划,自己选择复习主题,在教师指导下进行主题的调整,然后进行项目解决方案的设计和成果完成及展示。通过不同学段、不同类型项目式学习的练习,学生逐渐形成自主规划、自我反思的习惯,能够在各种各样的学习任务中,找寻适合自己的解决方案并加以实践。第二,在不同学习主题中,实践类项目学习的成果呈现方式也各不相同。在选择学习成果呈现过程中,学生在理解学习任务和主题后,自主选择更加适合自己的学习成果呈现形式,而教师则是给学生提供意见和建议以及方法指导。比如,古代史类主题,围绕文物的说明、介绍设计文创产品等,这些呈现形式更能突出学生学习的成果。近代史类主题,中西对照的论述更有思考性;而现代史类主题,调查报告、访谈更贴近学生生活。

综上,初中历史学科进行"历史布展设计"项目式学习是转变课堂教学模式,实现由"以教师教为主"到"以学生学为主"的教学变革,教师通过设计符合学生学习兴趣和需求的学习任务,用任务驱动学生进行自主规划和反思学习。"历史布展设计"的最终成果呈现,既能为学生提供检验自身知识掌握情况的依据,又能展现学生的历史理解力与创造性思维,达到历史学科育人的目的,使历史学科核心素养真正落地。

参考文献

[1] 夏雪梅.项目化学习的实施:学习素养视角下的中国建构 [M].北京:教育科学出版社,2018.

[2] 夏雪梅.项目化学习的设计:学习素养视角下的国际与本土实践 [M].北京:教育科学出版社,2018.

[3] 田红彩.初中历史项目式学习的价值及实施路径研究 [J].天津师范大学学报(基础教育版),2020,10(4):42.

建立学生为本的乡土课程

——以中关村地区研究为例

北京市中关村中学　王　翔

【摘要】乡土课程是中学历史教学中的重要组成部分。在 2001 年颁布的《基础教育改革纲要（试行）》条例中，明确提出："实行国家、地方、学校三级课程管理，增强课程对地方、学校及学生的适应性。各地要在达到国家规定课程的基本要求下，规划、开发并管理好地方课程和校本课程。"一方面，乡土课程较国家课程有较大的自主性，可以因地制宜地结合学校与学生特点设计相应的教学环节；另一方面，又要保证在教学中不可以信马由缰，能够符合课标要求地提高素质教育，围绕学科能力，展开相应的教学活动，最终培养学生的学习主动性，转变学生的学习方式，培养人文情怀。所以笔者便以所在学校的中关村地区为例，开展校本乡土课程，试图建立以学生为中心的研究性课程，不仅提升学生的历史学科素养，同时能够补充对于"中关村"这一主题的相关研究。

【关键词】乡土课程；中关村；历史课程

1　为什么选择中关村地区

选取中关村地区作为研究对象，最重要的原因就在于笔者学校地处中关村地区，与中关村地区渊源颇深，学生一般会有兴趣了解关于中关村地区的相关历史或文化。其次，现中关村西区在 2000 年改造前是海淀区的中心——海淀镇，历史积淀丰富，保留了大量的文化古迹，而它与中国科学院的关系以及改革开放后大环境的变化，让中关村地区的演化发展逐渐与过去的海淀镇文化逐渐剥离开来，具有更多现代的、科技的痕迹。实际上中国科学院就曾经撰文，认为中关村的出现应该是在现在的中国科学院物理所境内，因此有了中国科学院才有了我们现代意义的中关村，甚至"中关村"都是因为中国科学院人员在信札上错将"中关屯"写作"中关村"而得名。《北京晚报》也曾经试图找到明确的答案。当然对于绝大多数普通人来说，"中关村"是一个地域概念，狭义上指的是围绕着中关村大街的相关地区，而广义的中关村则指的是中关村科技园区。实际上对于"中关村"这一概念一直以来都缺少非常明确的界定，比如中关村大街本身只有 20 年的历史，之前它的名字则叫作"白颐路"，而中关村科技园区的名称则到了 1999 年才出现。文化上的界定则是因为 20 世纪 80 年代初那条有名的"中关村电子一条街"，而"中关村"名字本身，其历史渊源是什么更是无多少人知晓。所以笔者在课程中将"中关村"的概念引发为三个层面：历史概念上的"中关村"，即探究中关村的名称由来以及相关的历史典故；地域上的"中关村"，即中关村地区所指的方位、街道区域；文化上的"中关村"，即中关村所代表的科技文化、电子文化及新近出现的创新文化，等等。实际上在研究过程中，这三大概念并不是孤立存在的，学生要想明确自己的研究主题就必须能很好地将历史、地理、文化概念嵌套在其中，更好地梳理其中的渊源脉络，能够实地考察相关的地标建筑，对于不同的说法、概念的变化过程，进行去伪存真的相关整理，从而完成自己的研究任务（图 1）。海淀区与中关村、中国科学院、海淀镇的关系如图 2 所示。

图 1　跨学科的知识结构

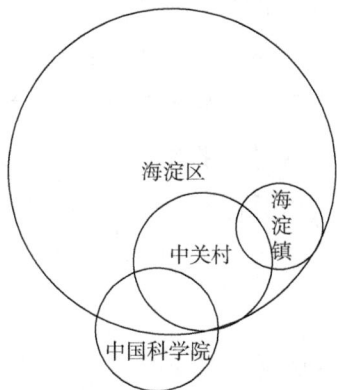

图 2　海淀区与中关村、中国科学院、海淀镇的关系

2 课程的设置

本课程的主体是利用学校的校本选修课时间，时间持续一个学期，课程共计 10 次左右。通过研究性学习完成课程与学生发展的需要。

在主体课程中主要分成以下几个环节。

2.1 对课程以及相关研究方法的介绍

在课程开始阶段，为了激发学生的兴趣，第一节课以教师介绍为主，简单地围绕中关村本身是"中官"、"中关"、"中湾"或是"中官坟"等概念进行辨析，以及中关村的地域应该有怎样的划分，划分标准应该有怎样的界定，你所理解的"中关村"是怎样的，从而提起学生兴趣。对于高一的学生来说，对于研究性学习方法都存在着不同程度的缺失，因而就需要教师帮助学生，针对研究课题的内容，可以简单地按照历史、地域、科技、商业、文化、创新转型等方面，划分出几个大方向来，从而布置相应的任务。在这里，如何根据问题选取合适的材料就显得尤为重要。按照材料的特点，笔者大致将研究材料分为以下几大类。

2.1.1 实物资源

实物资源是以客观存在的实物形式呈现。这一部分基本以中关村地区的地标性建筑、景观，各种企业、学校、机关、街道以及地图资源为主。比如"生命"雕塑、中关村创业大街都可以很好地代表中关村地区的特点。还有中关村西区保留的大量古建筑以及古树，对于学生认识中关村的历史都大有裨益。也可以利用附近海淀博物馆丰富的资源进行补充。

2.1.2 文本资源

文本资源是指以文字形式呈现的相关乡土课程材料，实际上也可以分为一手材料与二手材料。比如像《北京市海淀区地名志》《成府村志》《北平特别市四郊地图》等可看作研究的一手材料，而对于研究相关内容的《中关村地名考察》《中关村——从太监的归宿地到中国的靓点》等论文或者报纸、传记也可以作为二手研究材料。同时对于中关村地区有代表性的期刊《中关村》，也同样可以作为研究中关村地区文化的重要载体。

2.1.3 口头资源

口头资源是指以口头转述的形式，包括传说、回忆录、民间的各种轶事。学生可以通过采访中关村地区的老师、住户、商户等，整理他们的所见所闻，弥补材料部分的缺失。

2.1.4 电子以及社会化资源

电子及数字化形式资源是指借助信息技术和网络平台展示出的资源。这是本课程中资源最为丰富也是最重要的部分。首先可以利用中国知网检索相关论文，为学生的研究积累必要的素材。而国家图书馆的文津文库为学生查找电子书籍提供了一个很好的平台。学生亦可以利用网站上部分博客内前人的记录，更好地整合相关的网络资源，不仅是文章，同样还有地图、视频等相关内容为自己所用。除此之外，网络小说、网络游戏同样可以作为研究中关村文化的一部分，以《中关村启示录》为例，该游戏诞生于 1996 年，正是中关村电子一条街快速发展时期，西山居通过游戏的形式，为人们还原了一个在改革开放浪潮中，企业不断创新发展的历史进程。透过游戏背景、游戏内容的分析，可以帮助学生更好地理解中关村的精神文化品质是怎样传承以及发展的，这对于中关村文化有一个更加深层次的理解。

2.2 学生分小组制定学习任务清单与跟进工作

学生在选择研究主题后，根据分组情况分配人手，每个人在课题中承担相应的部分，或取材或拍照，或制作视频，等等，妥善安排时间，任务精确到个人，保障在安排时间内完成整个研究工作。

在完成任务清单后，具体的材料收集以及展示通过组长 PPT 在课堂上展示出来。需要将自己掌握的材料按照照片、文字、图像进行梳理，材料来源也需要按照实地考察、纸质文档、网络查找等方面进行分类。并且能够通过画图的形式，将部分思维过程与图像的形式呈现出来，更加形象地还原中关村地区的文化社会地貌。通过 PPT 展示，不仅能够检验学生的任务完成状况，同时还能培养学生的语言表达能力，为学生能力的展示提供一个很好的平台。当然指导教师在这一过程中需要针对学生 PPT 展示过程中的问题适时进行追问，最后通过点评的形式将学生展示过程中的优缺点进行评价，学生在 PPT 中没有说到或是说明存在的问题在课堂的剩余时间进行讲述，并且提供一些参考材料，对学生提出相应的要求与改进意见，为后续论文的写作做好铺垫。

2.3 文章的写作与指导

在升入高中前，学生往往缺少系统的对于论文写作的指导。所以在写作论文时，就需要实时地对学生论文进行指导反馈，发现学生在写作中可能存在的问题。

在学生早期提交的论文中主要存在以下几个问题：论文题目过于宽泛，缺少明确的指向性；写作较为随意，比如主语用"我"，或者经常使用在语文课作文时的自问自答，偏于论述而缺少对于事实实例的把握、注释不规范等内容。这些就需要教师的反复修改逐渐克服，从而帮助学生完成一篇规范的学术论文。

再比如，有的学生非常适合抒情式的散文表达形式。教师可以根据具体情况从非历史研究角度，从文化品读的角度让学生结合掌握的材料抒发自己的感受。当然在辅导过程中一定要注意言之有物，避免无谓的抒情以及列举没有事实根据的事例，以免论文陷入优美的文字堆砌当中，却缺少了对中心问题的品读。

3 乡土课程研究中的问题以及反思

在整个教学过程，需要解决的最重要问题就是如何让学生真正参与到课堂中来，通过教学活动完成研究内容，使学生获得感增强，这种获得感既是指获取知识本身，同样也是培养学生的学科素养，以及收获研究成果的一整个过程。笔者通过设置描绘中关村场景、地标性建筑物的研究课题，帮助学生通过不同途径，以知识为载体，收获与中关村研究相关的研究成果。所以让学生能够全身心地参与到课程当中，是至关重要的。

在开展研究性学习中，遇到最大的问题是学生的重视程度。在选择本选修课时，部分学生的随意性非常强，单纯的"听"课，而不是"参与"课是他们最大的误区，因此互动积极性不是很强。为了解决这个问题，笔者在正式开课后进行了一系列调整，从高一年级按照学生的兴趣程度、需求特点，补充了部分学生进来，对原有的分组进行了整理，保证更多愿意"参与"课程的学生进入课堂，直接布置课题任务，保证计划的有效执行。所以在开设类似课程时，"学生选课程"与"教师选学生"的双向选择同样重要。不仅是兴趣的自由选择，同样也是一个是否具备从事课题研究能力、愿意参与课题中来的筛选过程。

目前的高中一年级学生，遇到的"瓶颈"还在于问题意识的缺失。所以在研究课题时，开始阶段笔者为学生设置了几个相对笼统的研究方向，在实际研究过程中，学生很难把握住具体方向，论述方式要么过于简单笼统，要么赘余。对于研究材料，不会查找，或不愿查找，简单地抄袭转述他人的研究成果，这些问题一直都在课程研究过程当中存在。为了克服这些问题，笔者开始为学生制定更加明确的研究方向，并且为学生提供相应的研究论文、著作、网站，通过研究课中教师自身的挖掘工作、整理材料，帮助学生完成课题研究，这样大大提高了课题的研究效率。但是这样的研究课题是否是学生自主研究参与的产物、学生研究能力差异所产生的论文质量问题、学生通过课程历史研究能力提高的可量化的实际效果评定，都是目前课程没有解决好的问题，需要在以后的研究中加以解决。

最后，就是课程时间的设置问题。本课程一节课的时间是 50 分钟，可以让学生有充足时间展示自己的研究成果，以及老师补充相应的教学。但是课程的设置是一周一次，中间又会遇到各种假期或其他缘故影响课程的连续性，造成部分学生学习拖沓，没有按照要求准时提交作业。而且拖延的时间越长，对于材料的整理与写作越会存在遗忘或者重视程度降低等各种问题。相对而言，更加集中的课堂时间安排，以及更加严格的学业评定制度应该会更加提高本课程的有效性。总之，对于乡土课程的教学实践是一个漫长的过程，需要我们更加科学地处理好课程的设置、课题的选择、任务的布置与验收、学法指导、成果辅导等诸多问题。但是从长远来看，能够让学生有更多的参与感的课程与最终通过完成研究课题从而得到研究的获得感，对于课程教学的有效性以及学生的长期发展都是很有帮助的，只有这样才能够真正落实教学课程改革精神，落实学的课堂，从而完成一门学生满意的课程。

参考文献

[1] 中华人民共和国教育部. 基础教育改革纲要（试行）[S]. 北京：人民教育出版社，2001.

[2] 姚伟捷. 中关村原址碑应立在哪里 [N]. 科学时报，2002（1）：11.

[3] 岳升阳. 由地图看中关村地理位置的变迁 [J]. 纵横·故事，2002（11）：45.

新教师教学实践中的教学反思探析

——从走近学生到走进学生

北京市中关村中学　常　蕊

【摘要】教学反思是教师提高教学水平的有效途径，其目的不仅在于解决教学问题，更在于实现教师的专业发展。而对于新教师群体，这一概念多被狭义理解，只将教学反思停留在课堂后，没有更好地实现教学全流程的自我思考与"把脉"，而其中存在的单向反思特点，更加剧了教学反思的成效收微。新教师在教学反思时过于注重对自己"教"的反思而忽略学生"学"的反思，造成教学效果的偏差。因此，推动"全流程"教学反思理念在新教师中的培育，合理把握教学反思的要点，转变新任教师单向反思的方式，转向"教"与"学"的互动反思，不但能够为其高效完成教学任务提供实践来源，也能为推动新任教师教学能力的体系化发展提供重要支撑。

【关键词】教学实践；教学反思；教学能力；以生为本

1　前言

美国著名学者波斯纳提出教师的成长公式：成长＝经验＋反思。我国著名心理学家林崇德也提出：优秀教师＝教学过程＋反思。可见，教学反思是教师自我提高和提高教学水平的有效途径。目前行业与学界对教学反思的探究已有初步成果，集中体现在教学反思的方法、作用等层面，但探究内容理论突破较少，特别是对新教师普遍存在的教学反思问题没有进行深入分析，急需相关理论和实证的拓充和深耕。为此，笔者特从新教师教学反思的问题、途径、内容等方面进行思考探究，希冀为新任教师了解和把握教学反思的要点提供便利。

2 问题发生：新教师与教学反思的理解性偏差

教学反思是新教师接触"书写教案"后即了解的关键词语。什么是教学反思？简言之，教学反思是教师为了实现有效教学，在教学实践过程中发现问题、思考问题、解决问题的一种有意识的思考过程和相应的实践探究活动，是心理认知与教学行为改进相协调的循环优化过程，其目的不仅在于解决教学问题，更在于实现教师的专业能力和素养的发展与提升。教学反思存在于教学行为的全过程，贯穿教师教学实践的始终。但结合自身实际以及采访其他新教师后获知，多数新教师往往只能从狭义字面理解"教学反思"，出现且不止于"教学反思是什么？如何进行教学反思？只进行自我主体的剖析是否足够？教学反思应该有哪些阶段？"等诸多问题。这些困惑使新任教师只进行课程后反思和自我反思（单向反思），最终导致教师对教学反思的懈怠，不能达到教学反思这一教学环节设置的深层次意义。

伴随素质教育的推进，教学越来越注重对学生的关注，提倡"以学生为中心"的课堂，而这也恰恰是新教师刚走向讲台面临的主要困难。新教师从年龄上、心理上更容易与学生打成一片，关系融洽，因而很容易"走近学生"。但大多数新教师在上岗后，更加注重对自我的关注，比如备课是否充分、课堂上自己的讲授是否清晰、学生是否已经接收到信息，而忽略了课堂中对学生课堂表现的关注，自然无法达到应有的课堂效果，不能全面进行教学反思，无法提高教学能力和教学水平。

这种理解性偏差不仅影响了新任教师良好教学习惯的养成，同样为自我提升体系的搭建设置了障碍。

3 要点把握：新任教师教学反思的关注点

考尔德·希德说："成功的有效率的教师倾向于主动地创造性地反思他们事业中的重要事情，包括他们的教育目的、课堂环境，以及他们自己的职业能力。"教学反思来自教师自我意识的觉醒，而自我意识的觉醒产生于在旧有理念导向下的实践困惑和迷茫。因此，教师要自觉增强教学反思的意识，要学做有心人，从各方面汲取营养，提高自己的反思能力。

3.1 树立全流程教学反思意识

教学反思存在于教学行为的全过程，贯穿教师教学实践的始终。树立积极主动的课程前、中、后全流程反思意识，才能对教学过程和教学现象进行主动思考，做出有效反思。如设置教学反思全流程清单，将教学开展前、中、后各阶段的反思任务清单化展开，并在实践的基础上将任务清单细化。例如，课程后阶段采用观摩教学录像的方式方法，其全流程反思清单如表1所示。

表1 全流程反思清单

日期： 　　　　　课程：

教学反思阶段：课程后 　　　　　教学反思路径：观摩教学录像

反思清单	反思点1	反思点2	反思点3	……
反思关注点	学生表现	学生互动	教学整体	……
基本表现	……	……	……	……
问题及改进	……	……	……	……

如表1所示，清单化的全流程反思不仅可以推动新任教师养成构建自身反思体系的习惯，更能直接推动教师逐个发现和解决教学问题，有效实现自我"把脉"和"诊断"，开出符合客观实际的"药方"。

3.2 注重全流程教学反思的学生反馈

教学反思的内容从宏观层面讲，包括教师的教与学生的学。新任教师往往只关注教学内容的完成情况、教学内容的丰富性，而忽视学生的学习和能力现状、班级独特性等。因此，教学反思要结合受众的不同进行适当调整。"新教师要有一种意识去改变自己的课堂，慢慢培养这种反思性的意识"，而这种改变课堂的基础和参考便是学生反馈。

如在课程前的教学反思中，面对中考改革使学生对历史学科的重视程度不够以及历史学习的积极性不高等问题，新任教师务必要进行学情调研，充分了解学生的兴趣点、知识盲点，进而有效确定本节课的教学目标并及时调整教学策略。

例如在《古代亚非文明》这一单元的教学中，笔者通过合理的学情调研和课前反思，了解并把握学生的兴趣点，采取视频导入和微博热点引入的形式，给予学生更多参与空间，比以往采用单向性输入式的讲解更能激发学生兴趣。

在课堂教学时，将课堂还给学生，设置学生活动。首先，教师提供"时序坐标""空间定位""具体介绍"等作为阅读课本内容的支架，帮助学生掌握古代亚非文明的时序及地理定位，理解古代亚非文明的整体阶段特征，知道古代亚非文明的文明成果。

笔者提供学生熟知的相关文明成就的历史史料，设置有思维梯度的问题，引导学生深入思考、探究文明成就的背景、内容及影响，进而由学生自主完成学习目标。

如表2所示的任务二，其教学目标是培养学生的史料实证核心素养，这一核心素养可以通过"金字塔的特点与古埃及历史之间的关联"达成。因此笔者设计了表格的项目，分"金字塔特点""与古埃及历史的关联""材料原句"三个步骤。学生找到材料的原句作为解释金字塔特点与古埃及历史的关联，表述清晰，既锻炼了史料阅读、提取信息、分析概括的关键能力，又具备了史料实证的核心素养。

表2 《古代亚非文明》单元学案节选

【任务二】雨果曾说"建筑是石头的史书"，请结合材料，论证金字塔是埃及的史书。 论证思路参考：①金字塔表现出什么特点？②这些特点与古埃及历史有什么关联？					
金字塔特点一：	与古埃及历史的关联：			材料原句：	
金字塔特点二：	与古埃及历史的关联：			材料原句：	
金字塔特点三：	与古埃及历史的关联：			材料原句：	
金字塔特点四：	与古埃及历史的关联：			材料原句：	
做题方法总结：					

由小组讨论完成后进行分组汇报，小组之间互相补充，教师适时评价，之后由学生自主总结论证材料类型的做题方法，落实笔头。

在课后，时常采用学生访谈的形式了解要改进的内容、学生的疑惑点和学生关注的热点，全方位进行课程前、中、后的反思与把握。

同时，在教学反思时，避免出现表象大于本质的本末倒置现象。例如：学生很积极。单一性结论无法推动更高质量的反思成果出现，在学生很积极背后，应看到学生在哪个环节表现得很积极，学生为什么会这样积极，在其他班级会不会出现这样的效果，学生这样积极的表现是不是说明学生已经掌握了学习目标……只有注重真实的教学反思才更真实有效。

3.3 从重"量"到重"质"的时效性反思

课程反思的全流程搭建非常必要，但新任教师往往会出现只重"量"不重"质"的问题。最终导致"密集反思""全时段反思"的情况出现，引发疲累现象。因此，要明确注意教学反思应结合自身的教学实际进行适度展开，适时调整反思策略和节奏。如根据课程类型，采用重点课程反思、难点课程反思、精品课程反思等，或根据课程教授进度，分前期教学任务阶段反思、中期教学任务阶段反思、终期教学任务总结反思等，或根据自身经验选取反思方式，如"每课有思、一周一得最妥当，即每课反思'狂草'记录，一周精选一篇，认真撰写，教学反思最具质量"。反思节奏不能固化，只有结合教学任务和实际才能推动教学反思的高质量收效。

新任教师往往由于经验不足和时间管理不足，难以进行有效的及时性反思，导致反思的滞后，而滞后的反思虽然对教学具有一定的推动作用，但由于时间间隔较长，难以真实地反映教学情况。因此，新任教师需要采用较为有效的形式进行反思点的记录。日记反思的形式便能较好地及时记录和评估，具备一定的时效性。"通过写日记进行反思可以是灵活多样的。普洛格伏就曾建议，日记的格式或段落可以包括：教学过程中的经历、与他人的对话、深度的感触、隐语和期望等。"养成反思日记的整理习惯，对新任教师紧跟课程节奏，提高课程总结能力具有重要作用。

4 教学反思的"反思"

4.1 正视"随机"与"非正式"反思

教学反思本就是教学工作的有机组成部分，不应该成为教师的额外工作负担，而是教学过程中有思想、有准备的应然之事，"随机性"和"非正式性"的反思是新任教师的特点和优势，积极主动的思维方式为新任教师提供了一系列"反思点"。因此，在课堂教学、作业批改、试卷批改等教学行为中，要养成随机反思的记录习惯。只要有想法就应该及时书写并存留，不应只拘泥于教案中的教学反思，形成固化思维。例如在教案、作业及试卷分析表旁边的空白处写反思，通过写旁注的形式关照教学"细节"，有助于灵感的积累与教学能力的提升。

4.2 学会总结式反思

新任教师的教学反思往往出现碎片化的特征，即无清晰的时间脉络和分类特点，多为"非正式性"反思，而针对该种现象，如何进行总结并将碎片化的反思点连接成线进而升华成面尤为重要。因此，课程反思要进行适时总结，即结合教学实际进行阶段性概括和分类。以中学历史课程教学为例，在历史模块教学或学期教学结束后，要对该阶段积累的教学反思进行系统归类、比较、分析，及时发现问题并总结经验，透过现象寻找教学难点、要点的本质。

4.3 全流程反思中的双向互动引入

新任教师更多专注于自我反思，即以自身为主体进行自我思考和自我总结。其实质是一种单向性的封闭式审视。这种形式的出现与新任教师的能动性偏弱有直接关系，教师能动性是教师凭借专业能力在教育教学中作出决定和选择，通过采取专业行动对教育事件施加影响，并最终取得成效的一种行动状态。教师能动性的提高是个不断发展的过程，外界的反馈在能动性养成中至关重要。

双向互动引入的内涵即突破自身封闭的反思情境，及时进行外界反思意见的接收，其可分为同行引入和学生引入两个层面。同行引入主要是教师间互动，新任教师多有封闭性强的特点，喜欢"关起门来自我剖析"。因此，培养集体反思兴趣和机制是提高新任教师反思能力的重要途径，"反思清单的同行共享"不仅可以得到更加全面的指导和反馈，更能及时发现反思薄弱点，有针对性地提高自身教学能力。学生引入主要是师生间互动，新任教师作为知识输出的主体，往往忽视学生反馈，重引"学生很积极"这一反思结果，只有深入学生群体中进行充分调研才能真正了解学生情绪和心理，更加准确和全面地把握学生动态。"反思清单的学生共享"能够让学生直接提供反思欠缺点，同样能够拉近师生间距离，体现教学的人文性关怀特征，同时符合学本课堂的要求，促进教师教学方式的变革。

5 结语

新时期，教学任务和学生群体的变化对教师专业能力提出了新要求，而教学反思是新任教师的基础技能，对教师自我能力的提升乃至教师发展体系的构建具有至关重要的作用。针对教学反思中出现的问题，教师个体只有积极培养全流程教学反思习惯、注重学生反馈、提高反思质量、防止反思滞后，才能真正成为自觉的反思者。

教学反思本身不是固化的，新任教师的非正式性反思活跃的特点需要特殊重视并加以利用、形成系统，进而实现总结式反思，最大限度地拓展新任教师的反思能力。同时，还要特别注重教学反思的双向互动引入，这不仅需要新任教师克服自我封闭的惯性思维，更需要社会以及学校本身对于集体式反思机制与平台的探索和搭建。

　　教学反思内容的转变是新教师成长的必经之路。以学生为中心，运用生本理念以及以人为本的教学思想，为学生实施教学工作，围绕学生进行教学反思，发挥出年轻教师易走近学生的优势，真正走进学生内心，这样更能促进新教师确立生本原则，结合学生的不同特点，制定教学模式，有针对性地改善教学方式，提高自我反思能力。

参考文献

　　[1] 安珍妮，康红芹，张家辉. 地理新教师如何实现专业发展：基于扎根理论的研究 [J]. 天津师范大学学报（基础教育版），2019（4）：15.

　　[2] 卢启银. 指导新教师撰写教学反思七招 [J]. 教学与管理，2018（29）：23.

　　[3] 刘莉. 教师教学反思的意义及其途径 [J]. 新西部（下半月），2009（10）：12-13.

后疫情时代高中政治开放性
作业设计的转变

北京市中关村中学　孙淑红

【摘要】后疫情时代，以学生为中心的作业设计变得更加重要和紧迫。笔者在开放性作业编写、发布、回收、评价等作业整体设计方面做了一些有益的尝试，希望把疫情期间积累下来的经验和做法与后疫情时代的作业设计相结合，实现线上、线下作业设计的相互补充，最终促进学生学习的责任心和坚持性、学习兴趣和学习自信以及元认知能力、解决问题和创新实践能力、自主管理时间能力方面都实现不同程度的提高。且通过与传统作业设计进行对比，发现后疫情时代教学方式的转变已经带来了作业设计根本性的转变，这些转变主要包括：作业设计的个性化突出分层作业、作业内容的多元化促进合作作业、作业评价的激励性推动共享作业。这些作业设计方面的转变将会不断影响与推动我们对于提高学生政治学科核心素养的创新与实践。

【关键词】后疫情时代；开放性作业；作业设计；转变

1　前言

后疫情时代指的是新型冠状病毒疫情过去后的时代，也就是疫情对人们消费习惯、经济、文化、教育等影响后的时代。中国已经具备控制疫情再次暴发的能力，虽然国外疫情形势严峻，但是中国已经进入了后疫情时代。后疫情时代的作业设计，尤其是开放性政治作业设计更要结合疫情期间网上授课所带来的变化，变不利因素为有利因素，达到作业设计的最佳效果。

2 后疫情时代高中政治作业的特点

通过后疫情时期一些新的尝试，学生学习的责任心和坚持性、学习兴趣和学习自信的激发、元认知能力的培养等都发生了变化，如何提高其解决问题和创新实践的能力、自主管理时间的能力，分解如下。

2.1 学习的责任心和坚持性

后疫情时代，学生各种上网设备一应俱全，同学们熟练应用各种学习软件，包括作业收发、作业书写、作业打卡等技能。学生每天认真完成作业，本身就是对学习责任心和坚持性的培养，后疫情时代，让学生自己寻找相关的案例从"生活与哲学"唯物论的知识视角编写一道题目，就是让学生明确学习哲学可以让自己能更深刻地理解学习的重要性，学习是自己的责任，更要依靠自己的努力，同时还要日积月累地长期坚持。

2.2 学习兴趣和学习自信

以唯物论为知识背景进行出题，同学们选用新冠病毒的材料视角都非常独特，他们聚焦的是全国人民如何为战胜疫情贡献自己的力量，是结合我国国情，从自身优势出发的生动体现。通过这样的作业，不用生硬地灌输，是学生自己主动深入了解新冠病毒的状况，通过学生给出的答案，也能关注到学生对新冠病毒的态度，并通过教师的点评传达给更多学生以正能量。这样的基于核心素养的作业布置，学习自信有助于激发学习兴趣，能让孩子在解决问题过程中体会到自我价值的实现，从而激发学生的学习自信和学习兴趣。

2.3 元认知能力

元认知是对个体自身认知过程的认知，还包括对个体思维和解决问题过程的调控能力，通过引导学生发现问题、分析问题、思考问题，在不断启发中让学生水到渠成地得出结论，要坚持显性教育和隐性教育相统一，在各种诱惑同时存在、随时随地可以完成作业的互联网时代，学生通过线上线下相结合的方式完成作业，更好地帮助学生实现对自我的认识，这样基于核心素养完成一些综合性问题解决类的作业，更有利于培养学生的元认知能力。

2.4 解决问题能力和创新实践能力

网络时代信息量大，学生在处理作业的时候，可以查询到很多讯息，学生会选择查阅哪些内容，作业的布置就是一个驱动。老师用润物无声的方式，让学生在学习的过程中感悟疫情，凝聚力量，这样也能把思想教育根植于具体的学科教学中，收到一举多得的效果。后疫情时代，通过布置综合类、创新类、实践类、问题解决类作业，同学们可以自主借助网络查询信息，自己进行加工和处理，形成自己的观点，实际上更有助于学生综合运用所学的知识、所掌握的方式方法，培养学生解决问题和创新实践的能力。

2.5　自主管理时间能力

后疫情时代学生理所当然地掌握了各种上网设备，该如何规划使用时间，如何分配各门学科的学习时间，如何分配自己的休息、学习和娱乐时间，在没有老师面对面督促之下，在居家的生活环境下，通过设计让学生感兴趣的作业，更有利于激发学生学习的内驱力，提高学生的自我管理能力。

3　后疫情时代高中政治作业的转变

基于疫情期间和后疫情期间的实践和反思，通过与传统作业进行对比，发现后疫情时代作业设计的一些转变，总结如下：

3.1　作业设计个性化，突出分层作业

每位同学的个性特点不同，擅长的领域各异，教学应满足不同学生的发展需求，驱动学生的个性化成长，让学生在原有基础上获得最大提升，这就要求教师在实施教学时要考虑学生的学习基础和学习能力，要拓宽课堂教学的层次性，实施分层教学，从而满足学生的学习需求。那么作业的设计也要精心预设、分层设计、与学生的学习情况紧密结合起来，作业设计要有梯度，既要考虑一般同学的认知水平，使他们不至于"望而生畏"，又要让优等生真正"吃饱喝足"。具体操作上，笔者将作业划分为基础性、发展性、拓展性试题，在每一个题目的处理上，也要分成不同的层次。

例如：《唯物辩证法的实质与核心》这一课的作业布置，是要所有同学都要设计一个期中考试总结的模板，同学们都经历了期中考试，都对期中考试有话可说，但是同学们在"矛盾"这部分知识点掌握的水平有差异，理论结合具体实际的程度也存在不同，所以布置作业就有几个不同层次的要求：

第一个层次：找到期中考试总结模板要分析的因素；

第二个层次：把这些因素与矛盾观相应的原理和方法论要求对应好；

第三个层次：能够用表格、思维导图等表现形式来表达，运用矛盾观的知识来分

析为什么要关注这些维度，以及接下来应该怎么做。

第一个层次的作业，是要学生对期中考试的总结要有感知，就算是学生对后面两个层次的内容不能顺利开展，也是对落实课堂教学的有效性有帮助，还会对学生反思期中考试的实际情况起到积极的推动作用。该作业设计就做到了着眼于学生的全面发展、着眼于全体学生的发展。学生通过对期中考试分析的反思中，发现自己存在的问题，培养学生理性、客观、辩证分析期中考试自己各个方面的表现；通过小组合作制作一个"矛盾版"的考试总结模板（表1），培养学生全面看待问题的能力，自觉运用矛盾分析法来解决自身问题。这样的分层作业不仅可以对学生所学知识进行巩固与加深，还能够培养学生的思想品质和综合能力，这样的作业才真正成为政治教学的重要环节，知识落实的重要途径，学生能力培养的重要载体。

表1　优秀作业："矛盾版"考试总结模板

总结角度	具体分析		矛盾相关原理
①考试整体情况分析			矛盾的普遍性、特殊性，普遍性与特殊性的关系
②失分情况分析	知识		矛盾的普遍性
	能力		
	素养		
	心态		
③共性问题如何解决？	④个性问题如何解决？		矛盾的普遍性、特殊性，普遍性与特殊性的关系
⑤首先要解决的最重要的问题	⑥接下来要解决哪些问题？		主要矛盾与次要矛盾的关系
⑦该学科的优势有哪些，如何保持	⑧该学科的不足有哪些，如何弥补？		矛盾的含义、属性、矛盾的主次方面的辩证关系
⑨你对自己整体表现的评价是什么？接下来你会如何对待这一学科？			矛盾的含义、属性、矛盾的主次方面的辩证关系

有了以上考试总结模板后，这项作业并没有结束，教师把得分最高的模板复印出来，让学生们针对自己的期中考试情况填写模板，然后小组根据自己的情况，开展线上或者线下的展示（图1）。

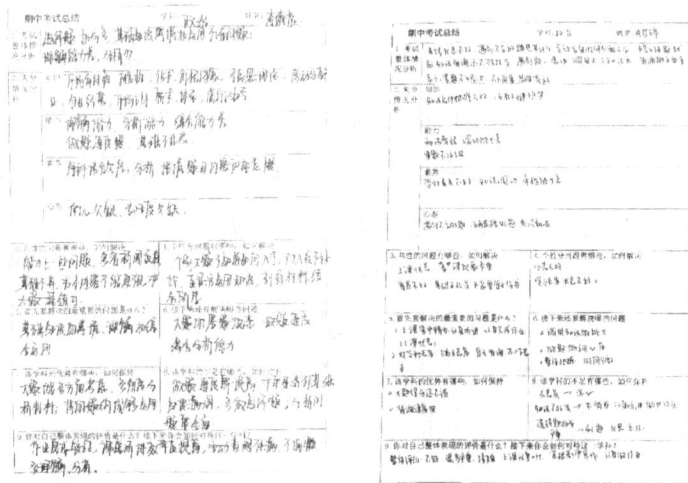

图1 优秀学生作业展示

后疫情时代，分层作业更加容易操作，教师可以把不同的文档通过互联网分发给不同的同学，不一定都要像传统作业那样，在学校里要复印不一样的作业内容，这样的分层作业更会受到学生的认可和接受。

3.2 作业内容的多元化促进合作作业

教学应源于生活，因为生活的存在，作业的内容也是多元的。立足生活，或是选择真实复杂的情境，或是生动有趣的政治教育素材，或是进行理论框架的梳理，在作业设计中体现出变化性原则，体现出政治作业的趣味性，能够让学生感受到一定的新鲜感，体验政治学习的乐趣。

疫情已经让老师们 get 到了新的技能，老师也学会了很多通过互联网建立与学生沟通、交流平台的方法。人需要社交场合，需要团队协作，需要真实场景中的学习，为了增加学生合作学习，促进生生互动，把学生分成小组，每个小组都有一名负责任的组长，建立微信群。在作业设计环节要注重小组合作能力。在合作过程中，学生之间能够积极互动，形成一定的探讨空间，有利于实现问题的探究式发展。通过微信群，小组成员不仅可以用视频或者语音通话讨论问题，微信小程序中的"金山文档"也可以非常好地完成小组分工与协作。

后疫情时代，这些技能仍然可以发挥作用，这些小组也仍然在活动，"金山文档"可以实现多人实时协作编辑的文档创作功能，无须转化格式，修改后自动保存，告别了反复传文档的麻烦；金山文档还可以设置不同成员查看或者编辑的权限，可以实现数据安全隔离、实时同步。

一般一个单元我们会布置一个大的任务，比如在复习《政治生活》第二单元"政府"的知识时，我们会提前把近几年相关的主观题发给学生，然后让学生分组整理有关政府内容的试题，具体怎样整理由组长进行分工，有的小组是从设问的角度进行整理，把试题分为"为什么"和"怎么办"两大类，"为什么"类的试题又分为原因型、意义型等，而"怎么办"类的试题又可以分为"决策型""执行型""监督型"等。有的小组从知识的角度出发，用知识点来与试题进行对应，每个知识点可以回答什么问题做一个整理。还有的小组是按照不同的话题进行整理，如"养老""共享经济""监督"等不同的话题，总结不同话题所涉及的不同知识点。小组分工后，小组成员会认领不同的任务，在群里的"金山文档"进行实时编辑，组长也可以实时查看组员完成情况，大家都完成任务后，就可以进行小组汇报了（图2）。

图2　线上小组汇报

通过小组的汇报，同学们对"政府"的知识框架更加清晰，也对"政府"的相关知识理解更加深刻。《政治生活》第三单元，笔者布置了一个任务，让学生分主体进行知识整理，学生们也是在线进行分工，然后分头在"金山文档"程序上完成任务，同学们可以参考其他同学的思路，对问题进行有效探究，在探究过后形成问题的解决方式，而后在教师的新课程讲解中，学生便会恍然大悟。政治课第三单元知识整理如表2所示。

表2 政治课第三单元知识整理

主体	地位/性质	宗旨/原则/主题	代表产生	权利/职能	义务/责任	作用/优越性
（1）公民/人民						
（2）人大代表						
（3）中国共产党						
（4）人大						
（5）政府						
（6）政协						
（7）民主党派						
（8）村委会、居委会						
（9）人大制度						
（10）政党制度						
（11）民族制度						
（12）基层群众自治						

如果让每一位同学都来完成整个表格，会增加学生的课业负担，但是分工协作就可以让学生更高质量地完成自己负责的内容，通过小组共享同学们能获得所有的信息，在通过小组汇报互相取长补短，就会形成非常完整而准确的知识，这样的学习方式让学生体会到了线上合作学习的乐趣与收获，激发了学习的积极性（图3）。

图3 线上小组分工与成果

这种多元的作业设计可以激发学生探索知识、探索世界的积极性，通过小组合作，更能关注到每一个学生对生活的感受和体验，引导学生热爱生活，树立正确的世界观、人生观与价值观，实现立德树人教育的目标。

3.3 作业评价的激励性推动共享作业

分层作业也要求分层评价，这样才能体现分层作业的优势。教师要根据学生基础的不同和作业完成情况给出侧重性的点评，注重激发学生的学习积极性，引导学生向高层次的作业挑战，在此过程中可以让学生感受成功的喜悦，推动学生的学习走向自觉、自动和自律。

美国心理学家布鲁纳指出，"学习的最好刺激是对所学材料的兴趣"。兴趣既可能被激发，也有可能被磨灭，所以要不断激励学生，让学生不断地对所布置的作业感兴趣，所以教师不仅要在作业设计上灵活多样，还要多增加贴近生活实际的实践性作业。作业作为教与学的交汇点，包含着学生的情感、思想和个性倾向，如果能让学生的作业共享，不仅可以对优秀同学有非常大的激励，也可以提高其他同学作业的积极性，对基础不好的同学也有很大的帮助。

例如：以"处理中美关系，我为祖国站台"为题写一篇短文的作业设计。

优秀作业：

处理中美关系，我为祖国站台

美国近来横冲直撞、蛮横无理地对我国施加巨大压力，四处兜售"反华联盟"。我国非常明确：中国希望与美国实现不冲突、不对抗，相互尊重、合作共赢，但我们必将坚定维护国家主权和民族尊严，坚定维护自身正当发展权利，坚定维护国际关系基本准则。作为中学生的我们，要理性分析中美关系。

第一，矛盾具有普遍性，要承认矛盾、分析矛盾、揭露矛盾，寻找正确的方法解决矛盾。中美之间当然是有矛盾的，但真正的问题不在于有没有矛盾，而是如何认识理解矛盾的性质，准确判断在中美关系中的地位，以及寻找解决矛盾的方式。如今中美之间共同处于一个全球化的时代，全球化的生产方式，以一种复杂的、网络化的方式，将包括中美两国在内的国家链接在一起——全球化生产、交换、分配和消费。

第二，矛盾具有特殊性，要坚持具体问题具体分析。要形成正确的认知框架，避免一厢情愿的错误认知。中美之间客观存在文化上的差异，应避免将处理人际关系的基本原则简单套用到中美关系中来。

第三，主要矛盾处于支配地位，要集中力量解决主要矛盾。国际体系中的基本游戏规则仍然强调的是以实力为基础，而非普通人心目中的温情脉脉。中国处理中美关系，应该以中国自身的利益为基准，客观看待和认识美国，从而确保形成准确的认知框架。

第四，事物的性质是由取得支配地位的主要矛盾的主要方面决定的。对待中美关系，我们要持清醒的头脑，要保持中国的战略定力。中美关系要放在中国发展和民族复兴的大框架下进行认识和理解。中国有自己的任务，坚持做好自己的事，解决好自己的问题，走自己要走的路，尤其需要避免被美国以过时的冷战话语带偏节奏，打乱发展的方向。

第五，矛盾是事物发展的源泉和动力，矛盾双方既对立又统一，由此推动事物向前发展。因此，中国要持续增强战略博弈的实力与本领，不仅要善于斗争，还要敢于斗争。

中美关系是非常复杂的，我们要正确看待中美关系，支持国家对美的政策决定，处理中美关系，我为祖国站台。

以上是高家琪小组对中美关系的分析，可以说他们的分析丝丝入扣，既理性又大气，表现出学生们正气凛然、大气回应的坚定立场和决心。学生在认真完成作业有了非常好的表现后，他们满心期待老师的鼓励和表扬讲评并共享高家琪小组的作业，是对学生们付出的高度肯定。可以说作业的批改评价也是一门走进学生心灵的艺术，着眼于发现学生的优点和长处，观察学生的细微变化，寻找闪光点，创造一个良好的作业批改环境，不断增强学生成功的愿望，从而能最大限度地调动学生完成作业的积极性。

再比如，在复习到哲学唯物论的内容时，我们给学生布置的学习任务是以新冠疫情为背景，组织材料从唯物论的角度进行设问并给出参考答案。

优秀作业：唯物论自编题

[材料一]说起莆田，大家首先想到的应该是莆田系医院，以及半真半假的运动鞋生产基地。最近，全国防疫压力大，急需口罩来维护社会秩序，每天至少150万个，但是本地卫生材料工业并不发达，面对这个矛盾，莆田市没有去国外买，也没有征用其他地区物资，而是快速升级一个口罩制造产业出来。

[材料二]新华社2月8日报道，当地组建了一个技术攻关小组，发现核心技术并不复杂，是把无纺布与熔喷布组合起来，当地纸尿裤生产厂平时也会采购类似布料，于是发动供货商提供原料快速组建了面料生产线。另外，口罩热熔结合、杀菌技术的

设备在运动鞋厂都能找到，仅用了一周的时间，莆田市已能够生产合格口罩，日产量200万个，不仅可以满足本地需要，还可以对附近输出。

[材料三] 不少网友点评"这是一个充分利用本地资源生产自救的好例子，也是工业社会灵活性的例子，世界第一工业大国就应该这么办事！"

以上材料给你了啥启示？运用《生活与哲学》中的相关知识作答。

[答案]

从唯物论角度可以答意识的能动性作用和人的主观能动性。

- 意识是对物质的能动性反映
- 意识对认识世界具有指导作用，正确促进，错误阻碍
- 意识对改造世界具有指导作用，正确促进，错误阻碍
- 一切从实际出发，实事求是
- 解放思想，与时俱进，发挥正确意识对防疫自救的指导作用
- 充分发挥主观能动性；发挥主观能动性与尊重客观规律相结合

认识论就可以答"实践与认识的辩证关系"以及"认识的无限性上升性"

联系观最好作答"整体与部分"以及"系统优化"

辩证否定观里的创新也很好作答　　　　　　　　　　（高二7班　高家琪）

教师要在线及时给每位同学的学习任务进行反馈（表3），这样能让学生直观了解自己任务完成的情况，也激励学生积极改进任务中的不足。

表3　作业情况反馈表

学号	姓名	唯物论出题	教师反馈
50720	高家琪	√	围绕新冠疫情给出了材料，材料很有吸引力，不是在网上直接靠背下来就用的，是经过了自己的加工，可以出一个政治的综合题，可以广泛设问，给出的唯物论答案中没有物质决定作用。不仅作业优秀，更能看到你的家国情怀
50719	梁颀彬	√	非常出色的一份作业，从材料的选择、问题的设置到答案的设计，都非常完美，通过作业可以看出你是一个有担当的孩子
50706	谭哲	√	视角比较独特，材料选择不回避国外的极端言论，材料组织、问题设置、答案制定都比较合理，论述充分。不回避矛盾，更能用自己的所学予以还击，这才是知识的力量

后疫情时代，作业共享也更加容易实现，方便学生随时翻阅，可以在课堂教学

中，给枯燥的作业设计一定的情境，调动学生的积极性。钉钉作业本里就有这样的功能，只要教师标记为"优秀作业"，优秀作业就可以被所有同学查看并下载，不断实现文化传递、沟通、共享的强大功能。共享学生的作业展示，可以增强学生的自信心，激起他们写作业的热情，教师多层次、多角度、全方位地把学生的作业展示出来，让学生在作业展示中展示自我，收获快乐。

4　结语

后疫情时代促进了以学生为中心的作业设计，也加速了作业形式的变化。单纯知识性作业可以交给网络来完成，而基于后疫情时代变化所带来的分层作业、合作作业、共享作业，这样的开放性作业更能帮助学生形成政治认同、科学精神、法治意识和公共参与的政治学科核心素养，也必将推动教师在作业设计方面的创新与实践。

参考文献

[1] 于永 . 高一政治课作业创新设计的研究 [J]. 新课程（下），2017（9）：23.

[2] 戴晓玲 . 核心素养导向下高中政治作业的优化设计研究 [J]. 求知导刊，2019（48）：12–14.

[3] 梁丽 . 浅述高中思想政治课程作业设计 [J]. 吉林教育，2016（36）：41.

基于地理知识内在联系的逻辑思维能力培养策略研究

北京市中关村中学　　张　衡

【摘要】目前，高中学生在解题过程中存在很多方面的失分原因，其中因地理逻辑思维能力薄弱，从而出现思维漏洞，影响学生分析和解决问题的现象屡屡发生。本文从典型的地理逻辑思维能力缺失产生的答题失分现象入手，通过找寻高中地理知识的内在联系，帮助学生理清解题思路，列举地理逻辑思维能力培养的几点策略，提升地理学科的核心素养。

【关键词】地理知识；内在联系；逻辑思维；策略

1　前言

随着新高考改革的不断深入，各类试题对学生逻辑思维能力的考查要求不断提高，如何提升学生地理学科的逻辑思维能力成为众多地理教育工作者不断探索的问题。

2　提出问题

逻辑思维能力一般是指正确、合理思考的能力，即对事物进行观察、比较、分析、综合、抽象、概括、判断、推理的能力。地理逻辑思维能力就是对地理事物进行抽象概括，形成地理概念，再借助地理概念进行判断、推理、分析，形成对地理现象规律性认识的能力。但有时仅凭简单的判断和推理往往是不够的，因此，在地理逻辑思维过程中，还要运用概念进行因果分析，探究地理事物的内在联系，综合得出地理特征，这就是分析、综合的思维形式。此外，抽象、概括、比较和归纳也是地理逻辑思维中常见的形式。

从目前的考试中发现，高中学生的地理逻辑思维能力较弱，不能利用地理知识的内在联系建立清晰的逻辑关系，影响其地理学科核心素养的提升，导致其在考试中失分。

3 以典型试题为例，分析影响地理逻辑思维建构的原因

3.1 典型试题 1 及错因分析

典型试题 1 展示：

阅读图文资料，回答下列问题。

一方有难，八方支援。在疫情面前，我们是一个命运共同体，无论东南西北，我们都向着你——湖北，内蒙古的牛奶、山东的馒头和饺子、新疆的苹果、江西的蔬菜，还有三江平原"黑土地"上的大米……

解答问题 1：简述三江平原种植水稻的有利自然条件。（4 分）

学生的典型答题展示如图 1 所示：

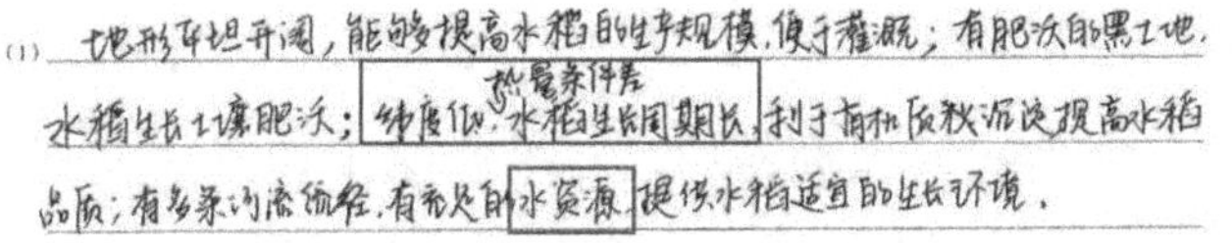

图 1　学生解答之一

典型试题错因分析：

①学生答题时出现了纬度低、热量条件差的地理逻辑思维矛盾，忽略了水资源和农业中灌溉水源的区别。典型错因是基本的地理概念、规律和原理不明确，知识点混淆，从而无法构建地理知识的内在联系。

②如图 2 所示，解题时学生能够从区位入手分析，体现其具备一定的地理素养，但在描述气候方面时，没有提取出三江平原这个区位的气候类型及特征，并将其与农作物的种植条件建立有效链接，进而找出温带季风气候雨热同期利于农作物生长这个采分点，反而描述了与该区位气候不相符的特征。究其原因，主要是学生没有把区位背景下具有内在联系的地理知识相互联系起来，借助气候这一地理概念进行判断、推理和分析，形成地理逻辑思维的能力。

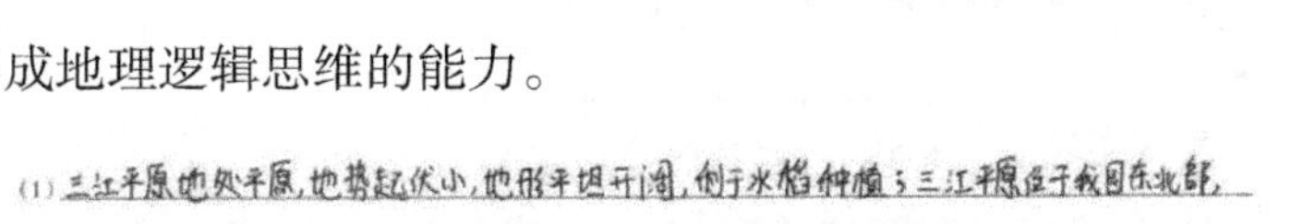

图 2　学生解答之二

3.2　典型试题2及错因分析

典型试题2展示：

1月14日，国内基因测序龙头企业深圳某公司成功研发和制作了新型冠状病毒核酸检测试剂盒，提供给疾控部门和医疗机构使用。（2020-01-14 澎湃新闻）

在华为总部的支持下，湖北运营商三天内建成并开通武汉火神山医院5G网络；成立了一支包括服务、研发、供应链等部门的特别保障组，确保湖北省卫健委视频会议系统正常运行。（2020-01-26 湖北之声）

"机器人做的煲仔饭来啦！"只要用手机扫描二维码下单，机器人就开始运转，15分钟后热腾腾的煲仔饭和鲜蔬汤就可以送到面前了。这是广东省某企业自主研发的产品，可帮助解决隔离点人员的用餐难题。（2020-02-18 广州日报）

解答问题2：广东省发挥自身优势为湖北省提供大量物资支援。依据资料，概括上述物资的突出特点，简述广东省发展该类产业的优势条件。（3分）

学生典型答题展示：

典型试题错因分析：

①如图3所示，学生在读懂资料后，总结归纳出物资大多具有科技含量高这个特点，再简述广东省发展该类产业的优势条件。学生能写出临海，距港口近，交通便利、便于运输，市场广阔等采分点。然而大量物资从不同的地域支援湖北省，学生不能结合两地的区位条件建立逻辑链接，不能运用概念进行因果分析，探究地理事物的内在联系，利用区域地理特征，缺少分析和综合的思维形式。

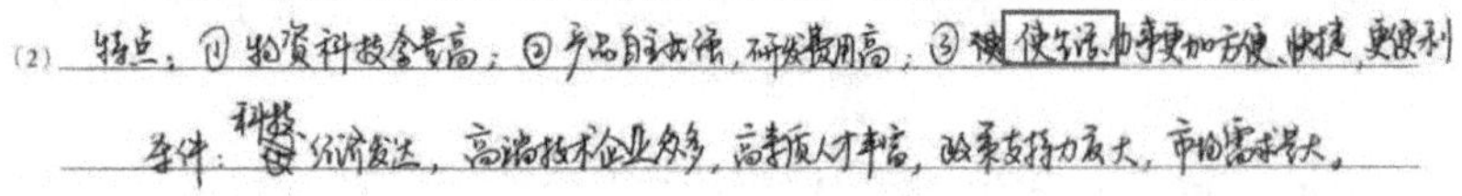

图3　学生解答之三

②如图4所示，在回答物资特点时学生使用了"使生活办事更加方便快捷"等词语，试题提问的角度为物资特点，而回答的是物资的作用，明显存在文字表达逻辑错误，主要表现为缺少层次性、条理性和逻辑性等问题。

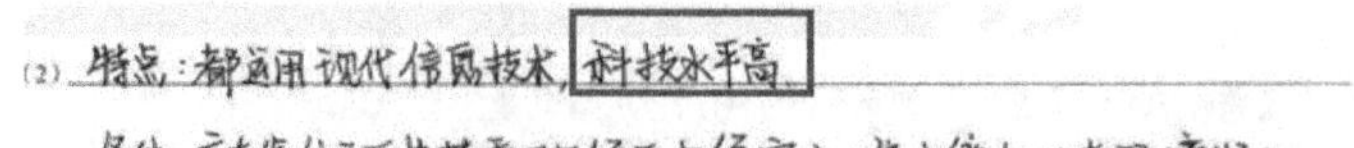

图4　学生解答之四

4　结合典型试题，从正向梳理和反向推导两方面归纳地理逻辑思维建构的过程

4.1　正向梳理——归纳地理逻辑思维建构的过程

典型试题展示及过程分析：

人们常说"黄河九曲十八弯"，在黄河流域不同河段多见曲流（图5）和曲峡（图6）。读图文资料，回答下列问题。（11分）

曲峡是古平原面形成的曲流，后经地壳垂直运动仍保留原来的曲流形态。

解答问题1：简述图6中所示地貌的形成过程。（5分）

图5　摄于甘肃省玛曲　　　　图6　摄于河南省宝泉沟

归纳地理逻辑思维建构的过程：本题的问题是简述图6中所示地貌的形成过程，而在地理学习中描述过程类的试题一直都是学生的薄弱方面，同时过程类的描述题也最能考查学生的地理逻辑思维能力。该题所提供的信息包括黄河的水系图、两张景观图片，分别显示了甘肃玛曲和河南宝泉沟的景观。景观图呈现玛曲为曲流发育，地势平坦；而宝泉沟为曲峡景观，山地沿两岸分布。在水系图中准确定位两地，通过河流基本水系特征总结，两地一个位于上游河段，一个位于下游河段。同时图例中明确显示省级行政中心标志、山脉和城市等图例，从水系图还能提取出该区域的大致经纬度范围，所有信息提取完毕。然后从试题中这句话"曲峡是古平原面上形成的曲流，后经地壳垂直运动仍保留原来的曲流形态"开始分析，通过这句话仿佛看到了千百万年前的平原上，由于地势平坦，流速变缓，河流以向两岸的侧蚀为主，形成了曲曲折折的河道，即曲流形成。接着随着时间的推移，地壳发生向上和向下两个方向的垂直运动，结合曲峡景观，分析地壳曾发生了抬升运动，而在河流流淌的过程中伴随地壳抬升，河流由原来以向两岸的侧蚀为主，变为向下部河床的下切侵蚀为主，河流原有已形成的弯曲河道得以保留，进而形成了曲峡景观。最后把主要过程按照时间顺序梳理

出来，再用标准的语言书写出来，就形成了体现地理知识内在逻辑关系的答案。

4.2 反向推导——归纳地理逻辑思维建构的过程

典型试题展示及过程分析：

刚果河是世界著名河流，回答下列问题。刚果河位于非洲赤道地区的刚果盆地，全长4640千米，是世界流量第二大的河流。由于流经赤道两侧，下游一年有两次洪峰，第一次在6月，第二次在12月，且第二次洪水量大于第一次洪水量。

解答问题2：刚果盆地中部河段，多沙洲和岛屿，河道呈辫状（图7）。说明理由。（3分）

归纳地理逻辑思维建构的过程：从问题出发，直接分析答案。首先发现问的是河道的状况，其最终的落点是泥沙沉积，要想泥沙沉积，往前推，条件就是流速的变化，流速变缓河道呈辫状，决定流速缓慢的地形条件是地势平坦，起伏小；再结合试题给出的刚果盆地中部河段，该地为刚果盆地内部，地势平坦。从该题中积累的答题经验就是看到沙洲岛屿为泥沙淤积的沉积作用，沉积与河流流速建立直接联系，流速快慢与地形状况相联系，通过读图，确定刚果河中部流经刚果盆地来检验推导。

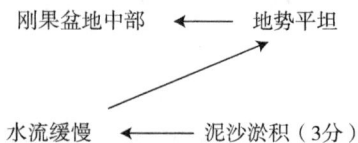

图7　刚果盆地中部河段走向

5　总结地理逻辑思维能力培养的策略方法

5.1　地理逻辑思维能力培养的策略方法之一

通过具体问题具体分析，从错因出发，总结地理逻辑思维能力培养的方法（表1）。

表1　地理逻辑思维能力培养策略方法之一

原因	解决方法
基本的地理概念、规律和原理不明确，知识点混淆	注重主干知识网络结构的重复构建，注重知识之间内在联系的探究
审题错误或不全面	加强审题训练，注重试题文字资料和图片资料信息的提取和灵活运用
文字表达缺乏层次性、条理性、完整性和内在逻辑性	作答之前先找出试题的考点，对接知识点，先构建结合试题个性化的答题思维链，然后根据思维链作答

5.2 地理逻辑思维能力培养的策略方法之二

通过布置考后反思作业，锻炼学生逻辑思维能力。作业内容如下：

找出因答题语言不规范造成的失分，并分析原因；

通过分析，尝试写出某一小问体现的地理知识的内在逻辑联系；

梳理综合题某一小问的答题思路。

学生梳理的典型范例如图 8 所示。

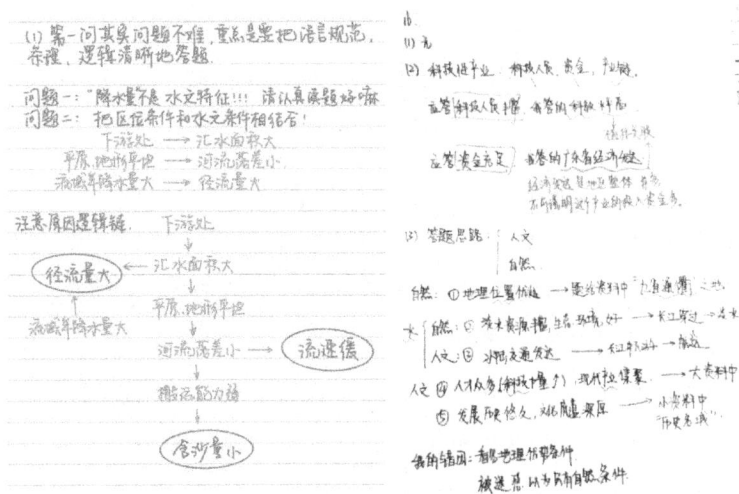

图 8　学生梳理的典型范例

6　结语

　　深度理解学情是以"学"为中心课堂的关键，本文对学生的典型问题进行了深入剖析，为课堂教学进行了很好的铺垫。作为边缘交叉学科的地理学科其知识内容具有区域性、空间性、综合性和人地相关性等特点，涉及生活生产的方方面面，需要从要素综合、时空综合、地方综合等不同维度思考和深入细致地分析解决地理问题。伴随高考改革的不断深入，地理逻辑思维能力的考查也将在各项考查中不断推陈出新，因而具有实操性的地理逻辑思维能力培养策略研究必将落地生根，在学生的地理核心素养培养方面具有更加突出的作用。

浅谈疫情特殊时期的中学地理教学

——以"地理角度看新冠疫情的扩散与控制"线上教学为例

北京市中关村中学　刘　欣

【摘要】2020 年新冠疫情席卷全球，成为备受关注的问题，它也导致教育面临线上教学的新课题，特别是对如何在线上提高学生的学习主动性，以学生为本进行教学设计体现"学"的课堂更是提出了挑战。同时在目前教育课程改革的大背景下，作为地理教师在平常的教学中依然要不断培养学生的区域认知、综合思维、人地协调、地理实践力等地理核心素养。本文以"地理角度看新冠疫情的扩散与控制"线上教学为例浅谈自己的一点思考。

【关键词】新冠疫情；线上教学；"学"的课堂；地理核心素养；人类命运共同体

1　前言

2020 年新冠疫情席卷全球，我们的教育实施"停课不停学"，导致教育面临线上教学的新课题。特别是如何在线上提高学生的学习主动性，以学生为本进行教学设计体现"学"的课堂更是提出了很大的挑战。线上教学是以班级为单位组织授课和双向互动，以录播课为主，采取"录播＋线上答疑"的形式。有条件的学校可以采用"直播＋线上答疑"的形式。课后辅导可以采用点播或线上答疑的形式。以前教学更多的是线下教育，现在随着科技的进步，互联网日益渗透到线下教育中，线上教育可以将各种教育资源通过科技网络跨越空间的限制向更广泛的领域传播利用，学生学习方式也更灵活，计算机系统可以对学生的资料、学习过程、各阶段情况和学习成果等实施详细的跟踪记录，学校和教师可以根据系统记录反馈的信息，对学生提出个性化的学习建议。线上教育教学有很多优势，特别是在疫情这样的特殊时期。但是线上教育也不会完全取代线下教育，二者会呈现互补的状态，也只有将线上教育和线下教育相结合才能真正达到教育的最高境界。

线上教育只是教育的不同形式和载体，知识才是内核，核心素养的培养才是重心。图1是区域认知、综合思维、人地协调、地理实践能力的高中地理核心素养内涵。

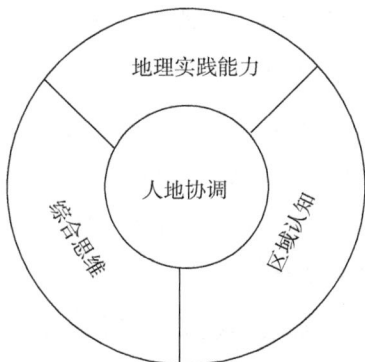

图1　高中地理核心素养内涵

面对目前教育课程改革的大背景，要继续注重培养学生的学科核心素养，让学生运用所学知识灵活解决生活中的问题，从而有利于他们的生存和终身发展，形成协调的人地关系。地理学科核心素养是地理学中最具学科本质的东西，是最能体现地理学科价值的关键素养，是学生在地理学习过程中形成的、解决生活实际问题所需要的最有用的地理知识和地理思维，满足终身发展的必备品格和关键能力。四个核心素养之间关系紧密。区域性和综合性是地理学的两大突出特点，由此形成的区域认知和综合思维是学生应具备的分析和理解地理过程、地理规律、人地关系等重要的思维品质和能力。人地协调观是地理课程内容蕴含的最核心的价值观。地理学科具有很强的实践性特点，在实践活动中运用区域认知和综合思维是学生感悟、体验和认识人地关系的重要途径。同时也让学生认识到中国作为人类命运共同体的一员对共建共享人地协调世界格局的情怀和贡献。本文以"地理角度看新冠疫情的扩散与控制"线上教学为例探析如何通过线上教学方式实现对学生地理学科核心素养的培养。

2 如何通过线上教学体现地理核心素养

2.1 地理核心素养是本课程指导思想和理论依据之一

　　本课程的指导思想和理论依据有两点：①以《普通高中地理课程标准（实验）》为依据，课程标准中倡导学习生活中的地理和学习终身有用的地理的课程基本理念；②依据地理区域认知、人地协调、综合思维、地理实践力核心素养设计教学环节和学生活动。新冠疫情是中国也是全球性出现并关注的问题，它的出现、扩散、危害、防控等和地理息息相关，比如区位、人口分布、人口流动迁移、扩散现象等等。从地理的空间、时间、人地关系等角度更加充分地认识新冠疫情，通过相关知识和原理的学习可以更好地解释和回归生活，体现了让学生学习生活中的地理和终身有用的地理的要求。通过此部分的学习，学生能更全面地了解、分析身边的地理现象，很好地体现此阶段如何培养学生区域认知、综合思维、人地协调的地理核心素养，从而也体现了地理核心素养发展的进阶。同时让学生认识到中国作为人类命运共同体的一员对共建共享人地协调世界格局的情怀和贡献。

2.2 地理线上教学过程设计充分体现地理核心素养的培养

　　线上教学的过程同样要根据学生的具体学情来进行设计，从学生情况来看学生对身边的新冠疫情极其关注，有一定的感性认识和强烈的求知欲。初步具备从图文资料中有效提取并加工信息，读图、析图能力；具有一定的探究、分析地理现象的能力。不足之处在于对新冠疫情现象从地理的角度认识较少，逻辑推理、对比归纳能力和综合思维较欠缺。所以结合课标和学情制定以下教学目标：①通过线上资料数据，让学生从地理角度来认识新冠疫情的扩散状况；②运用线上相关地图等分析新冠疫情的扩散途径和时空特点；③线上分组讨论，了解新冠疫情防控的措施和意义；④培养学生的区域认知、综合思维、地理实践力和人地协调的地理核心素养以及线上讨论、合作的能力；⑤通过线上分析总结，让学生认识到中国作为人类命运共同体的一员对共建共享人地协调世界格局的情怀和贡献。为了实现教学目标，教学过程从总体上进行了相关设计，整体设计来源于生活，最终回归生活并有所升华，让学生更加深刻地认识到地理就在身边，学习终身有用的地理，更好地培养学生的地理核心素养。

2.2.1 贴近生活，布置任务，激发学生兴趣

　　利用钉钉软件链接班群钉钉视频会议模式，让学生关注最近身边的新冠疫情如何从地理的角度认识疫情的扩散，布置任务，直奔主题，引发学生思考。这样从身边较为熟悉关

注的现象入手，激发学生学习兴趣，结合学科角度，培养学生分析生活地理现象的能力。

2.2.2 注重探究合作，对比思考问题，提升学生核心素养

利用屏幕分享模式呈现全国各地新冠疫情确诊病例分布地图，通过图表资料认识和分析新冠疫情的扩散状况，培养学生的读图、析图等能力，以及区域认知等地理核心素养。同样在此模式下，设计探究活动为呈现北京市和湖北省神农架林区确诊病例及离武汉直线距离等相关数据资料比较分析严重程度及原因。那么在此环节，学生按组在已经建立的微信小组群中进行讨论，教师可以进入进行相应指导，最后学生代表进行网上汇报。之后呈现全国地级市疫情变化动态地图，学生总结疫情扩散空间分布不均及其较为严重的地区。同时分析疫情扩散的特点是时间短、速度快，从而培养学生的地理时空观。通过了解新冠疫情扩散特点，可以培养学生读图能力以及线上小组讨论分析现象的能力，还可培养学生的综合思维能力。

2.2.3 人人防控，人地协调，提升学生认知水平

此环节依然采用屏幕分享模式呈现防控措施等资料，学生积极讨论并且思考"封城"等措施是否减少了空间联系？设计探究活动为采取"封城"等控制措施的意义是什么？同样小组微信群合作讨论进行总结汇报。师生总结出"封城"等措施体现了世界空间格局上的人地协调观。这样让学生对身边现象有更深的了解和分析，认识地理环境的整体性，培养学生合作探究能力，区域认知、地理实践力和人地协调素养，同时提升学生的认知水平。

图2为结构式板书设计。板书的设计从内容上主要是新冠疫情的扩散和控制，扩散特点部分更加体现对学生地理时空观念的培养，结合此进一步分析防控措施及意义，体现了世界空间格局上的人地协调观。此设计也是基于本课的指导思想培养学生人地协调的核心素养。结构式板书设计是学生在探究活动中生成的，清晰地体现了本节内容的知识框架、逻辑关系和重点内容，以及对学生地理核心素养的培养。

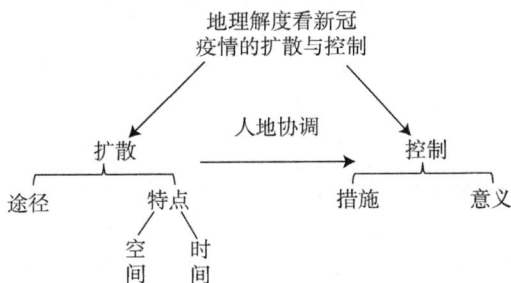

图2 结构式板书设计

2.3 学生地理核心素养的培养体现在学习评价设计中

2.3.1 制定评价方式

评价方式可以采用小组合作评价 [将自评与他评（学生他评、教师他评）相结合]、课堂测验、课后调查等方式进行持续性评价。

2.3.2 确定评价内容

（1）过程性评价（小组讨论、探究意识、素养能力、活动体验等方面）。

（2）表现性评价（即问题追问、展示评价等方面）。

2.3.3 使用评价工具

进行评价时可以采用评价量表作为评价的工具（表1）。学生对这种综合评价方式比较感兴趣，课堂上积极参与，提高了学生的学习积极性和课堂实效性。

教学设计联系生活实际，提高学生能力；注重探究合作，提升学生核心素养；结合线上教学特点，采取多种方式调动学生积极性；分小组讨论探究，利用微信、钉钉等软件开展指导和启发式教学，利用屏笔（scrpen）等软件对作业及时批改做出反馈，从而提高教与学的有效性。但是线上教学相比"面对面"的课堂教学有其一定的局限性，所以在后面的地理教学中还要不断研究更多好的线上教学手段来提升教学的实效性，提升学生的学习效果和素养。

表 1 评价量表

评价项目	评价内容及标准			评价方式		
	优秀（9—10分）	良好（7—9分）	一般（6—7分）	自评	互评	师评
活动兴趣	非常感兴趣	比较感兴趣	不感兴趣			
参与程度	积极参与讨论	偶尔参与讨论	很少参与讨论			
学习态度	积极主动参与，有进取心，出色地完成活动任务	能参与讨论交流，较好地完成活动任务	较少参与讨论，不能独立完成自己的任务			
合作意识	在小组中积极主动承担任务，团结合作积极帮助他人	小组中接受安排任务，积极配合，帮助协调出主意	小组中参与活动，在过程中只关注自己任务的完成			
探究意识	不断自主去思考发现主题相关问题，独立积极思考分析问题，直至解决问题	能自主发现主题相关问题，寻求解决问题的方式。遇到瓶颈或寻求他人帮助	能发现问题，不作进一步思考。有一定的探究，但容易放弃			

续表

| 评价项目 | 评价内容及标准 | | | 评价方式 |
	优秀（9—10分）	良好（7—9分）	一般（6—7分）	自评　互评　师评
素养能力	综合分析问题，很强的读图、析图等学科能力	尝试综合分析问题，具备一定的读图、析图等学科能力	较难综合分析问题，读图、析图等学科能力欠缺	
活动体验	关心身边地理现象，乐于探究，有很强的责任心，勤于动手，懂得人地协调并付诸行动	关心身边地理现象，有一定的责任心，了解人地协调	偶尔关心身边地理现象，有责任心	
	小计			
总计（自评25%、互评35%、师评40%）				

3　结语

　　特殊时期的地理线上教育教学可以结合多种教学APP软件（钉钉软件、腾讯、微信、屏笔、WhiteBoard白板等）进行，有利于巩固学生的能力和突破难点，提升学生在线学习的有效性。网络资源非常丰富，可以选择的平台也很多，很多平台有直播和录制的方式，可以进行课程回放，如果学生在直播期间无法参与学习，可以通过回放上课视频自主学习使得学生学习的途径增加，特别是对一些自律性强的学生来说，进行线上的自主学习效果会更好，返校后的实际情况确实也反映了这一点。老师们在线上教学过程中不断进行研究探索，不但线上教学技能突飞猛进而且教学观念也得到了很多改变，通过信息技术制作获取了很多优质的教育资源，例如"空中课堂"等教学资源，对教学水平的提升也有很好的推动作用。但是不得不说线上教学还存在很多问题，比如线上教学课堂互动氛围不足，教师无法直观看到学生的学习状态，学生讨论及互动没有像在教室里那样有比较强的学习氛围。学生面对屏幕上课，不易较长时间集中注意力，时间久了会疲倦，甚至有的学生会出现听音乐、玩游戏、用手机聊天等，甚至中途离开课堂的情况，教师也很难对学生进行实时管控，这样也就无法实现较高的课堂教学实效性。另外，虽然现在网络信息技术比较发达了，也给我们在线教学创造了沟通平台，提供了很多软件，但也时常出现很多障碍如卡顿等现象，笔者也曾经因为这个被学生笑称为"电音老师"，学生也可能遇到随时掉线的情况。还有一些地方的孩子家里没有互联网，甚至还需要蹭网上课学习。同时，线上学习对学生的视力和健康都会产生一定的影响。针对这些，一定要指导学生合理安排好作息时间，课间通过做视力保健操、强化体育锻炼等方式保护视力，保障学生的身心健康。同时教学内容要适量，教学时长要适量，学生作业等布置适量，防止给学生增加不必要的负担。所以这也对教师备课提出了一定的要求，要精心备课，合理整合好各种资源，做好教学设计和实施。在线教学的方式采用"钉钉会议＋微信"的方式，课堂教学和布置作业等更为有效，也方便教师使用。

中学地理教学中不论是线下教学还是线上教学都要注重学生的主体地位，体现"学"的课堂。同时对学生地理核心素养的培养不可能一蹴而就，它是我们地理教学的方向和指挥棒，我们应该在每一节课堂教学中甚至是生活的点滴中培养学生的地理核心素养，以满足学生终身发展所需要的关键素养，真正深化课程改革、落实立德树人的目标。在教学中要注重联系生活实际，贴近生活，注重激发和培养学生的学习兴趣。结合多样的教学手段和方式增强学生的学习热情，不断潜移默化地培养学生解决地理实际问题的能力和核心素养。学习生活中有用的地理，学习对终身发展有用的地理，是以学生的认知、生活经历为契机，以灵活的教学方法为切入点，培养学生认识生活、适应生活、创造生活，让学生体验到生活中处处都有地理，学好了地理终身受益。在教学中最终形成正确的人地协调观，才有可能真正实现人类的可持续发展。

新冠疫情是人类面临的共同挑战。国家主席习近平曾与外国领导人通话指出，新冠疫情再次证明，只有构建人类命运共同体才是人间正道。中国在这次疫情防控中所采取的果断、坚定、高效的防控措施和表现出来的团结、合作和勇气也能让学生认识到中国作为人类命运共同体的一员对共建共享人地协调世界格局的情怀和贡献。

参考文献

[1] 程菊，徐志梅.地理四大核心素养如何"落地生根""人地观念"素养的构建与培养 [J]. 中学地理教学参考，2016（17）：4-6.

单元进阶　变中求实

——"学本课堂"线上教学策略探究

北京市中关村中学　连　莉

【摘要】移动互联网在给教育带来机遇的同时，也带来挑战。在这种背景下，如何利用移动互联网提升学生学科素养就成为一线教育工作者不能回避的问题。本文以初中区域地理单元复习课为例，从学案前置、学法指导、过程评价、迁移运用等角度探究"学本课堂"线上教学策略。

【关键词】初中区域地理；复习课；线上教学；进阶培养

突如其来的疫情对"互联网＋教育"的发展有着非常深远的影响。以移动互联网为主体的时代特征，教育资源更加丰富，教育内容不断更新，教育模式持续变化，教育评价日益多元。移动互联网在给教育带来机遇的同时，也带来挑战。随着基础教育领域地理核心素养的提出，越来越多的研究者和一线教师开始关注移动互联网与地理教学的融合在地理核心素养培养当中的重要意义。本文以区域地理单元复习课为例，探究"学本课堂"线上教学培养学生区域认知素养的教学策略。

1　教学背景

当新技术与教育碰撞时，我们需要新的视角，才能够突破已有。互联网最关注的是人与人的链接，教育最关注的是人的发展！链接自然有越快越好的倾向，发展却不见得如此[4]。我们需要引导学生在一个更大的世界里学习，激发兴趣，开启好奇心。同时，也需要让学生从碎片化的学习中迈向系统化。

义务教育地理课程标准规定，义务教育地理课程分为4大部分：地球与地图、世界地理、中国地理、乡土地理。其中，世界地理、中国地理、乡土地理均属于区域地理，而地球与地图既是区域地理的基础，也是学习区域地理的认知工具。区域地理教学是初中地理教育的核心内容，区域认知是地理学科的核心素养，从世界地理到中国地理的学习过程中，区域学习的方法是不断进阶的。

复习世界区域地理，如果按照教材一个个区域重新讲一遍，学生会获得大量碎片信息，所以在世界区域地理的复习课中，笔者选择化零为整，构建"学本课堂"，进行单元教学，重视区域认知思维的进阶培养，由简单到复杂、由浅入深地复习区域地理。

2 学习目标

我们需要培养具备自学能力的人，让学生的终身学习成为一种习惯。基于以上背景分析，在单元学习目标的设计中，注重学生区域认知能力的培养。学习目标包含以下 4 个方面。

- 运用地图，描述并评价地理位置，提升区域空间认知能力；
- 基于图文资料，运用综合的方法，归纳区域地理特征，提升地理因果关系推理能力；
- 基于图文资料，运用比较的方法，把握区域地理差异，提升区域特征分析能力；
- 基于图文资料，运用辩证的方法，基于因地制宜的原则评价区域人类活动，提升人地关系评价能力。

3 单元教学思路

构建"学本课堂"，在学习的过程中，鼓励学生在反复迭代中思考实践，使得学习者也是生产者。整个单元教学思路的设计关注学生知识能力的进阶及迁移运用，包括 4 个环节，共用 4 个课时（图 1）。

第一节课，知地析因。基于大洲尺度，以亚洲为例，复习地理位置及自然要素特征的角度及方法，落实学习目标一和目标二。

第二节课，究理明法。基于地区尺度，比较中东和南亚两个地区地理位置及自然环境特征，说出自然环境特征对人类活动的影响，落实学习目标三。

第三节课，因地制宜。基于国家尺度，比较印度和巴西两个国家自然和人文环境特征，分析两国因地制宜促进区域发展的实例，落实学习目标四。

第四节课，山川异域休戚与共主题汇报。分小组自选国家或地区，描述评价地理位置，归纳自然、人文环境特征，说明该区域疫情发展情况，尝试分析地理环境对疫情发展的影响，基于时事热点迁移运用区域认知能力。

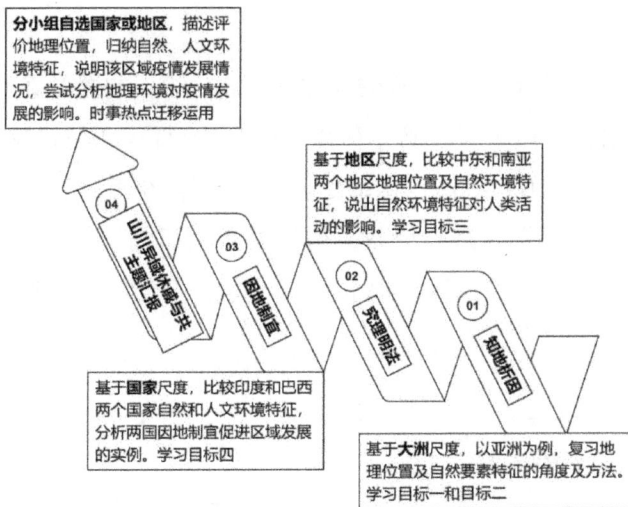

图1　单元教学思路示意图

4　在线教学策略

复习课是对知识的归纳整理和迁移训练。一般复习课的课堂教学环节包括：①忆，让学生回忆所学的主要内容；②清，对所学的知识进行梳理、总结、归纳；③析，解决重点、难点和疑点；④练，进行练习；⑤评，对复习的结果进行评价与反馈。

如果说互联网链接是一种自由的选择，发展就是一种内心的力量。"学本课堂"线上教育尤其要注重引导学生自主学习。利用移动互联方式培养学生地理核心素养的复习课应包含以下环节：①课前活动，针对复习内容利用前置学案或是自绘思维导图进行初步梳理；②课堂学习活动，借助移动互联平台，利用数据图表，调动所学知识内容，进行学法指导，分析地理事物和现象的形成原因，从而形成利用地理核心概念和核心观念综合分析地理问题的思路；③课后反思总结，评价反馈；④迁移运用，进一步提升核心素养。

在整体的单元设计中，应根据不同的学习目标，选择不同的教学策略，不断激发学生的内在成长力量，引导学生乐学、会学、善学。

4.1 学案前置

由于是复习课，相关知识学生是学过的，可以利用前置学案或是自绘思维导图等方式对复习内容进行初步梳理。老师根据学生的完成情况，聚焦问题，在课上进行点拨。

如图2所示，对两个地区地理位置的描述和比较。根据前置学案的完成情况，可以看到学生在描述的语言上还不够准确，存在一些共性问题。例如对南亚海陆位置描述时，有学生会写"西部是阿拉伯海，东部是孟加拉湾"。在上课时，将学案呈现出来，让学生自评讨论，发现问题，进行修改，引导学生认识到"西部""东部"是描述区域内部的方位词。经过课上点拨后，学生的语言将更加准确，地理思维也得到进一步提升。

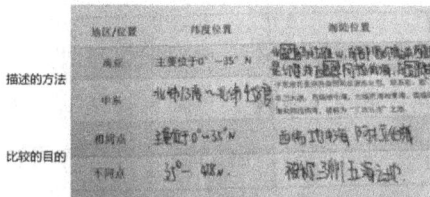

图2　学案前置用法示意图

4.2 学法指导

在整体的单元设计中，每节课学习目标明确，学习活动注重笔头的总结落实。在活动过程中，老师指导学习方法，搭建落实路径。例如，在进行两个国家差异对比时，为学生提供表格法、框图法、图文并茂法等3种各具特色的信息梳理方法，引导学生落实学习目标（图3）。

目标明确，总结落实，指点方法，搭建路径 ②

（1）表格法

国家	半球位置	纬度位置	海陆位置	相对位置
梳理方法	南/北半球 东/西半球	五带中纬度位置关系，所属五带	与地理相对的位置关系（内陆国、岛国、海陆兼备的国家）	与周边陆地海洋的位置关系
巴西	南半球 西半球	大部分位于热带	位于南美洲东部，东临大西洋，海陆兼备	南美洲最大的国家，与多数南美洲国家相邻
印度	北半球 东半球	大部分位于热带	位于亚洲南部，濒临印度洋，海陆兼备	南亚面积最大的国家，西北与巴基斯坦，东北和东面与中国、尼泊尔、不丹和缅甸为邻，东与孟加拉国、缅甸相邻，南和斯里兰卡、马尔代夫隔海相望
种差异法	季节时长正负和生活习惯相反；对外交通：海洋丰富	热带时长正负和生活习惯相反；四季节变化	降水量丰富，有利于农业生产；临海，有利于发展海洋事业；有利于对外经济文化交流	战略地点
对比评价	两个国家大部分地区地处热带，热量充足，有利于农业发展。			地区影响力大，邻国众多。

（2）框图法

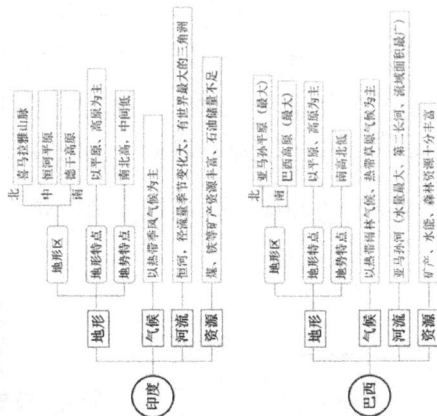

图3 信息梳理方法示意图

4.3 过程评价

线上教学师生之间以网络相连，学生更容易出现游离于课堂之外的情况。因而在学习中更要关注过程评价，量化考核，及时反馈。课堂讨论汇报要求全员参与，但尊重学生的自主选择，激发学生的学习兴趣。例如，在进行《山川异域休戚与共——关注世界疫情主题汇报》时，让学生选择自己感兴趣的区域，小组分工时选择自己感兴趣的任务等，但是老师需要准备相应评价量规，及时进行生生或师生之间的反馈点评（图4）。

评价项目	评价内容及标准			评价方式					
	优秀（5分）	良好（4分）	一般（3分）	1组	2组	3组	4组	5组	6组
地理位置	地理位置描述角度清晰，语言准确，并有评价分析。	地理位置描述角度清晰，语言准确，无评价分析。	地理位置描述角度不清晰，语言不够准确。						
自然环境特征	自然环境特征描述角度清晰，语言准确，重点突出，令人印象深刻。	自然环境特征描述角度清晰，语言准确，但重点不够突出。	自然环境特征描述角度不清晰，语言不够准确。						
人文环境特征	人文环境特征描述角度清晰，语言准确，重点突出，令人印象深刻。	人文环境特征描述角度清晰，语言准确，但重点不够突出。	人文环境特征描述角度不清晰，语言不够准确。						
疫情发展态势	利用多种统计图表，清晰呈现当地染病人数增长情况及分布情况，并预测未来发展趋势。	利用图表对疫情发展进行展示。	只通过文字概括疫情发展态势。						
经验教训总结	对经验教训进行凝练，重点突出。	转引网络语言分析经验教训。	无经验教训分析。						
团队合作分工	分工明确，在汇报中PPT有具体的分工表。	有分工，在汇报总口头说明分工情况。	分工情况不明。						
汇报效果	重点突出，语言清晰，具有条理，积极互动。	重点突出，语言清晰，缺少互动。	汇报重点不够突出，语言拖沓。						
合计									
最佳汇报小组									

图4 过程性评价量化考核

4.4 迁移运用

在单元教学设计中，关注学生的获得感，让学生能够在迁移运用中感受到自己的成长，从而进一步激发学生的学习兴趣。例如，在主题汇报中，学生利用所学的方法对新的区域进行分析，将所学内容运用在对新冠疫情的解读上，比如人口密度和老龄化问题对疫情的影响等，并且提出在选择应对疫情的措施时要因地制宜，考虑当地的文化等。学生在迁移运用中，变中求实，实现能力进阶，提升核心素养。

5 在线教学反思

知识似青山连绵不息，思想如河流奔流不止。链接可以无处不在，发展能够潜移默化。然而，教育不是包办，不是填鸭。教育者能做的是引导学习者能够在协作中创造，又可以独立思考，自主学习。

经过本单元的学习，学生系统复习了认识区域的思路和方法，能够运用地图建立空间概念，学会描述位置；运用综合的方法，归纳区域特征（"整体性"思想）；运用比较的方法，把握区域差异（"差异性"思想）；运用辩证的方法，评价区域人类活动（因地制宜、因时制宜原则）；运用时事热点，提升区域认知能力。基于不同尺度的区域，从描述到比较，再到运用，学生区域认知能力不断提升。在整个过程中，要始终以学生为主体，激发学习意愿，搭建学习路径，明确评价标准，强化进阶落实，构建"学本课堂"，引导学生自主学习，乐学、会学、善学。

在进行单元教学时，我们也在不断反思。例如，在小组汇报时，有的小组可以利用老师所教的知识梳理框图对网络信息进行再整理，用自己的语言进行表述，但有的小组可能只是把网络信息进行分类粘贴。最初，笔者有些焦虑，认为直接粘贴的学生学习目标落实效果不佳，但后来反思得出，分类粘贴同样是区域认知思维的体现，虽然呈现的结果有差异，但他们都在自己所能的基础上，作出了努力，获得了成长。

有时候，我们恰恰需要放慢脚步，等待成长。

参考文献

[1] 王佳雨，祁兆寰，韩洁.基于移动互联技术的互动式地理课堂实践探索：以"北京市地理教育移动教学"公开课为例 [J]. 中学地理教学参考，2019（12）：61-63.

[2] 姚伟国.地理综合思维及其培养的实践与思考 [J]. 地理教学，2017（9）：21-24.

[3] 王双民.MOOC 的发展与现实地理教学的需要探讨 [J]. 地理教学，2017（9）：40-41.

[4] 杨晓哲.五维突破：互联网＋教育 [M]. 北京：电子工业出版社，2016.

[5] 中华人民共和国教育部.义务教育地理课程标准（2011 年版）[S]. 北京：北京师范大学出版社，2012.

[6] 萨尔曼·可汗.翻转课堂的可汗学院 [M]. 杭州：浙江人民出版社，2014.

第六章

"学本课堂"的实践探索
——综合篇

PBL 模式下机器人教学
对初中生自我建构的影响

北京市中关村中学　　张　超

【摘要】PBL 模式的"做中学"是在实践中学习，在动手操作中学习。是提倡探究、理解、亲身实践、分享与合作为特征的新型学习方式。是以学生为中心，以生为本的教学模式。学习者在一定的情境即社会文化背景下，在获取知识的过程中借助他人（包括教师和学习伙伴）的帮助，并利用必要的学习资料，通过有意义建构的方式而获得的，其本质是学习者的自我建构。学生在知识建构的同时实现自我人格的完善。

【关键词】PBL 模式；初中生；机器人教学；做中学；自我建构

1　前言

百年大计，教育为本。根据认知心理学等研究表明：兴趣、自学能力、动手能力、创造能力、协作能力、挑战精神、信念、意志力等影响着人一生的发展。然而培养这些内在素养的最佳培养期是在小学和中学。在此期间，我们以什么内容、什么形式、什么方法、什么手段面向全体中小学生实施素质教育，以达到人才素养整体提高的目的，这是我国教育面临的一个历史性课题。随着 PBL 模式在我校信息技术课堂中的普及和广泛应用，笔者发现以项目教学模式开展的机器人教育在培养学生动手实践能力、创新思维能力、综合应用能力和团结协作能力上有着先天的优势。PBL 模式下的机器人教育有助于提高学生的科学素养和创新精神，在初中生信息素养的建构和自我人格的完善上起到了积极、有益的作用，是对传统教育模式进行改革的有效尝试。

2   PBL 模式的概述

PBL（Project-based learning）模式是一种新型教学模式，它所关注的是学科的核心概念和原理，它要求学生从事的是问题解决、基于现实世界的探究活动以及其他的一些有意义的工作。它要求学生自主学习并通过制作作品完成自己知识意义的建构。

建构主义学习理论提倡教学以学生为中心，在整个教学过程中教师起组织者、指导者、帮助者和促进者的作用，利用情境、协作、会话等学习环境要素充分发挥学生的主动性、积极性和首创精神，最终达到使学生有效实现对当前所学知识建构的目的。

基于项目的教学方法是建构主义学习理论的具体实现，它是指教学过程中围绕一个具体的实际项目展开。创设一种项目开发的情境和途径，学生在教师指导与支持下，按照项目开发流程进行组织，以科学研究的方法探索问题的学习过程。学生在教师的帮助指导下，提出项目的总体要求，并以小组形式互相协作，围绕项目开发学习知识，逐步完善、提高，最终完成整个项目。

3   PBL 模式下的机器人教学对于初中学生自我建构的影响

PBL 模式作为一种新的教学方式萌芽于高等医学教育的土壤中，茁壮成长于高等教育和职业教育领域中，国外的很多研究业已证明 PBL 模式的确在教学中发挥着独特的魅力，效果显著。

对于中学阶段的学生而言，机器人更像一种能够充分引起他们兴趣的高科技"玩具"，机器人灵动的造型、对操纵者指令的响应都能充分激起学生的好奇心和探索欲望，在学生动手搭建机器人的过程中，学生需要综合运用物理、机械、传感器等多方面的内容进行知识保障。在驱动机器人的过程中则更多需要运用各种软件知识来协同完成机器人既定的动作。在整个机器人教学实践活动中，没有固定的应用模式，需要学生能够对所学过的诸多知识点自主地按照需要进行有机组合，并灵活加以应用。因此，智能机器人科技教育的模式是建构在新课程理念下学生自主探究、合作学习和快乐教育的一种新型模式，这种教育模式的实施有助于培养学生的动手实践能力、创新思维能力、综合应用能力和团结协作能力，有助于提高学生的科学素质和创新精神，是对传统教育模式进行改革的有效尝试。

3.1 初中生在 PBL 模式下机器人教学中知识的自我建构

智能机器人科技教育自身的目标需求与 PBL 模式理念高度契合，所以，这种"先天"的不谋而合使得 PBL 模式应用于机器人教学有着不可替代的"先天"优势。在 PBL 模式中，学生以一个主动参与者的身份进行学习，学习兴趣获得极大提高，个性和各方面的素质得到提高，综合能力得到发展。PBL 模式应用于机器人教学的优势如图 1 所示。

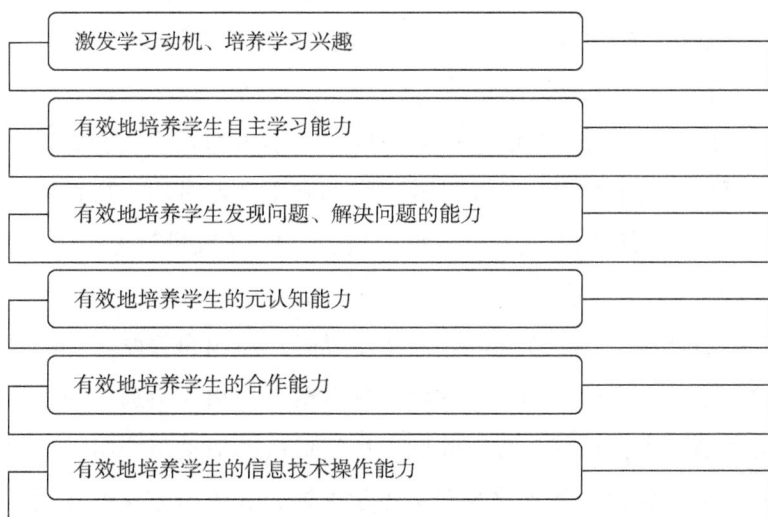

激发学习动机、培养学习兴趣

有效地培养学生自主学习能力

有效地培养学生发现问题、解决问题的能力

有效地培养学生的元认知能力

有效地培养学生的合作能力

有效地培养学生的信息技术操作能力

图 1　PBL 模式应用于机器人教学的优势

3.1.1　激发学习动机，培养学习兴趣

在 PBL 模式中，学习活动是以机器人项目启动的，问题情境中的不协调因素和未知因素与学生的原有经验相关，问题是学生跳一跳就能摘到的"桃子"，当他们解决问题后，有一种满足感和自豪感，这种满足感和自豪感又激发他们更进一步地学习。随着对问题调查的深入，他们获取的知识也就越来越多，学生的自信心就得到增强，从而培养了他们对学习的兴趣。

3.1.2　有效培养学生自主学习能力

PBL 模式在机器人教学当中的应用模式是以学生为中心的教学模式。在学习过程中，不是由教师直接告诉学生应当如何去解决面临的问题，而是由教师向学生提供解决该问题的有关线索，学生必须通过自主学习自己获取对问题的认识和理解，确定学习目标，从而解决问题。在这个过程中，学生需要自己制订学习目标、学习计划，自已解决学习中遇到的大多数问题，学生自主学习的能力得到很大发展，培养了终身学习的技能。

3.1.3 有效培养学生发现问题、解决问题的能力

以机器人项目为载体的教学过程中，教师不直接提供给学生需要解决的问题，而是将需要学习的知识隐含于一个精心设计的问题情境之中。学生需要对问题情境进行分析、鉴别，发现隐含于其中的问题，并制订问题解决计划，进而解决问题。在解决问题的过程中学生需要掌握一定的解决问题的技能和技巧，自己处理学习过程中遇到的疑难问题。教师只是提供指导和帮助，并不代替学生解决问题。

3.1.4 有效培养学生的元认知能力

元认知是对认知的认知。PBL 模式能有效培养学生的元认知能力：在问题解决的过程中学生需要自己确定学习计划、有效组织和利用学习时间、从教师和同学那里不断得到对问题解决的反馈和评价，从而进行反思，进一步改进学习。

3.1.5 有效培养学生的合作能力

PBL 模式的一个重要特征就是问题解决活动是以小组合作学习的形式来进行的。机器人项目教学也是以小组合作学习的模式展开的。小组成员通过讨论来分析问题，制订问题解决计划，实施计划，解决问题。小组成员的活动与小组的学习结果息息相关。学生间的合作互助学习能有效改善个体学习能力和学习方法的不足，不同类型、不同知识结构的学生通过合作学习可取长补短，互相帮助。

3.1.6 有效培养学生的信息技术操作能力

基于机器人的项目学习需要学生查阅大量信息，对问题进行鉴别、分析。需要学生掌握一定的信息操作技能，包括能够有效地和高效地获取信息，对信息进行分析、鉴别和评价，针对问题选择、重组和应用已有的信息，将信息进行加工、内化成自己的东西，进而解决问题。

3.2 初中生在 PBL 模式下机器人教学中的人格塑造

PBL 模式下的机器人学习是以小组合作学习方式而开展的。以解决生活中的实际问题为契机，在调查、研究、研讨的过程中，学习者都要历经分工、合作、质疑、重建、信任的过程。学习者在小组合作、探讨研究、反复试验的过程中，亲历失败、成功等多种心理体验。在与组员的合作中相互帮扶、分担忧愁、分享喜悦，最终达到自我重塑的过程。PBL 模式下的学习对于人格塑造尚未成熟的初中生来说有着积极的促

进作用。

3.2.1 自我效能的提高

学生的学习以小组的方式进行，首先对任务进行分析、讨论和分工；在任务完成的过程中，各小组成员沟通、协作，共同解决遇到的难题；任务完成后进行汇报、展示和小结。在整个过程中，学生的多种能力都得到了培养，如：分析和解决问题的能力、团队协作能力、沟通能力、表达能力等。PBL模式下的机器人课程每个学习者都在团队中参与学习活动、进行交流与提高，身处团队中的每个学习者都会思考如下问题：

（1）我是谁？

（2）性格如何？

（3）优缺点是什么？

（4）适合做什么？

通过不断的思考达到认识自我的目的，在团队中不断进行行为修正使自我效能达到最大值。

3.2.2 自我个性的塑造

PBL模式下机器人的学习能更好地帮助学生体验从零到失败，从失败到成功的心理体验。学习者在不断挑战的过程中，天赋被瞬间激发出来，达到个性的自我塑造。

3.2.3 成为社会中的人

PBL模式的学习，学习者只有学会沟通才能更好地实现学习目标；学习者在以小组为单位的学习过程中只有学会分享才能更好地推进项目的进展；学习者在学习、研究的过程中除了知识的建构还要学会关爱才能有效增强小组凝聚力。PBL模式下的个体，在学习过程中人格得到进一步的完善和升华。PBL模式下开展的学习有利于中学生增强社会责任感，为他们更好地融入社会、成为有益于社会的人起着积极的促进作用。

4 结语

基于机器人项目的学习，它的理论基础主要有建构主义学习理论、实用主义教育理论和多元智能理论。它是以学习研究学科的概念和原理为中心，以制作作品并将作品展示给他人为目的，在真实世界中借助多种资源开展探究活动，并在一定时间内解决一系列相互关联问题的一种新型的探究性学习模式。这一学习模式最能体现以生为本的教学理念。这种学习模式贴近学生的实际生活，能够激发学生的学习兴趣。在选题部分选取了生活中的实际问题，贴近学生的生活，锻炼了他们解决问题、思考问题的能力，并使学生能够在现有的条件和环境下进行一定程度的探索，能够使学生通过这个项目的学习提高分析和解决实际问题的能力。大量的动手操作和同伴之间的通力合作，在技能操作上取长补短、互相学习，有利于学生学习主动性的调动和合作交流能力的提升。在解决问题的过程中，学生遇到问题会自觉补充知识以解决实际问题，这极大提高了他们自主学习的能力。在这个学习过程中，学生在自我学习和合作学习的过程中完成了人格的自我塑造。

依托项目式学习构建以学为中心的
信息技术课堂

北京市中关村中学　　陈桂华

【摘要】信息技术新课标中倡导项目式学习，同时提出培育以学习为中心的教与学的关系。本文以初中平面设计单元中的海报设计项目为例，在项目主题选择和规划、项目实施以及评价环节，就如何构建以学生为主体、以学习为中心的信息技术课堂开展项目式学习。

【关键词】项目式学习；以学为中心；项目规划；项目评价

《普通高中信息技术课程标准（2017年版）》（简称"新课标"）明确提出：培育以学习为中心的教与学关系，在问题解决过程中提升信息素养。新课改要从根本上改变教学观念和教学方式，从过去的"以教师为中心，以教为中心"，向"以学生为中心，以学习为中心"的模式转变。项目式学习（Project-based learning，简称 PBL）是一种动态的学习方法，通过 PBL 学生主动探索现实世界的问题和挑战，在这个过程中领会更深刻的知识和技能。项目式学习先在国外被普遍采用，锻炼了中小学生的创造力、团队合作和领导力、动手能力、计划以及执行项目的能力。除此以外，对项目的选择也让中小学生更早和更深入地面对和解决现实生活中的问题。同时项目式学习是一种以学生为中心的教学方法，它提供一些关键素材构建一个环境，学生组建团队通过在此环境里解决一个开放式问题的经历来学习。项目式学习是一种以学生为中心的学习方法，两者达成一致性。

因此，新课标提出将项目式学习列入教学方法的建议，将知识建构、技能培养与思维发展融入运用数字化工具解决问题和完成任务的过程中。采用基于项目的学习方式，信息技术学科是学生运用数字化工具来解决问题完成任务，在这个过程中，提高学生的知识构建、技能养成、思维发展等综合能力。

1 信息技术项目式学习选题——关注现实，师生参与

在项目式学习中，项目主题的选择是非常重要的，项目选择要以培养目标为依据，按教学内容的需求，结合学生的生活实际情况，选取现实问题为项目；项目既要包含基本的教学内容，又要调动学生解决问题的积极性。项目的选取需要由教师和学生共同参与，教师要启发学生去主动发现身边的真实问题，选择难度适合的项目。

初中学段的平面设计单元，根据学情和学生的操作技能水平，整个单元用 4 个项目贯穿，4 个项目分别有不同的设计侧重，包含绘图基础（多彩贺卡）——图形绘制（剪纸艺术）——图像处理（中国传统节日海报）——创意设计，将技能实践融合到美术作品制作过程中，它们从技能到设计理念都是层层递进的过程。整体的设计对学生的想象力、创造力、审美文化以及情感表达能力都搭建了很好的培养路径。这些主题来源于学生生活实际需求、着眼于学生的未来，同时注重中国传统文化的渗透，不管是技能掌握还是情感表达，在未来生活中都有很好的应用性和实用性，达到了学以致用的目的。

在平面设计单元中的中国传统节日海报项目中，在遵循老师提出的大的项目主题"中国传统节日"的大背景下，学生需要在众多的传统节日中选定自己的主题，这种选定主题的方法，很好地实现了在教师指导下的项目主题选择，规避了初中学段学生在完全开放的主题下，会导致的学生毫无头绪或者学生选择的主题范围过大、过杂的情况，以及在后续的教学过程中很难组织教学等一系列问题。

2 信息技术项目规划——详细的规划书和记录表

一个项目的实施离不开完善而详细的项目规划书，它是项目学习的起点，是掌控项目进度的有力支撑材料，是整个项目中学生项目进展的记录表，是学生对自我学习过程的管理，是整个项目实施的一根准绳，整个项目中教师管理学生阶段性进展的记录表。

在海报制作项目中，项目规划是学生从选定的众多中国传统节日中某一个节日出发，然后为自己即将制作的该节日海报构思和准备素材的过程，在构思前他需要对该节日有足够的认识，知道用什么元素最能表达该节日，因此规划环节是做好本项目的

出发点，是举足轻重的环节。海报设计项目规划书（图1），可以是教师先行设计，再在学生使用中提出合理建议，或者在使用中进行调整，最终形成一份能够指引整个项目实施的规划书。从海报设计入手，学生通过对海报、传统节日文化的了解，结合平面设计的学习，可以完成设计、制作传统节日海报，使设计与培养学生信息素养和人文内涵相结合。

海报设计项目规划书				
班级			姓名	
海报主题				
版面		（方向、大小）		
项目构思（以思维导图形式表达出海报的风格没、背景与配色、文字、主要元素等）				
设计说明	背景层：			
	图形层：			
	文字层：			
项目进度（选题、设计、制作、分享）				
第一课时				
第二课时				
第三课时				
第四课时				
第五课时				
第六课时				

图1　海报设计项目规划书

3　信息技术项目式学习课堂实施——自我学习，思维构建

整个单元的学习都是依托项目完成的，在项目实施中，首先是选题阶段学生根据选定的传统节日，搜索信息，进行关键信息提取、分类、归纳、整理，通过实践技能用思维导图将整个思维过程显性呈现出来，为后续设计做好文字和图片准备。这个学习的过程，是学生自我学习、思维建构的过程，更是通过思维导图有效地将内在思维外显出来的过程。

在设计和制作环节，学生根据自我设计中的技术难点，确定突破技术难点的方法

和学习过程，这里的学习可以来源于教师、来源于身边的同伴，更可以来源于教师提供的各种学习微视频以及其他形式的数字化资源。学生在现实问题促进下进行主动的探究式学习，从"要我学"变成"我要学"，不管是学习兴趣还是学习热情都得到了极大提升，而学生在突破难点中，获得成就感，让学习变成快乐的一件事，享受学习的快乐过程。教师成为整个项目实施的组织者和指导者。

在整个学习过程中，学生是课堂的主体，教师为学生的自主学习提供充足的空间和实践时间，让学生学会选择、判断，提升他们的选择、判断能力，同时也提升了他们的自信心。在实践活动中学生遇到问题，老师提供给学生解决问题的思路，而不是直接告之答案，鼓励学生积极探究适合自己的学习方法，鼓励学生自主解决问题，从哪些维度来表述所选节气的特征，学生具有学习自主权，每一份作业都是开放的，富有个性的。一份自我满意的作品，让学生获得学习的成就感。

4 信息技术项目式学习项目评价——师生制定评价标准，多元评价

项目评价一直是项目学习的收官之作，同时也是项目实施中的难点，对学生前期经过项目规划、制作、完成的项目作品进行评价。项目评价是学生对整个项目学习过程进行整理和反思的环节，也是学习最终提升的过程。评价贯穿整个项目的实施，强调过程评价、综合评价。

师生共同开发评价标准，以师生都认可的维度、水平来制定评价量规，并在项目实施前公布给学生，以便学生在学习过程中能够对自己的学习进行鞭策。在项目实施过程中，学生也会根据项目实施具体情况，作出适当的修正。项目评价量规表是整个项目学习过程中，学生对自我学习认可的标准，同时也是教师对学生提出的要求，这个评价工具始终伴随师生的学习活动，能够起到引导、校正、诊断、激励和督促的作用。项目评价量规表的设计要突出学生的学，着重关注学生的学习方法、学习状态、学习效果。在学习方法上，强调学生的自主学习，主动探索的能力；在学习状态上，侧重关注学生是否能够积极投入，并且关注到边缘学生；在学习效果上，主要评价学生有个性化的、有创意的作品呈现，技能有层级的加强。平面设计单元的项目实施的结果体现在项目作品上，因此在评价量规表的设计上也是针对项目作品的多个维度进行评价。在整个项目的实施过程中，教师依据评价量规表，对学生的整个学习过程进行过程性评价，尤其是针对学生的学习方法和学习状态进行评价，这样的评价贯穿整

个项目的实施过程。

开放的项目式学习，学生的项目作品是他个性化的一种表达，在评价中做到尊重学生的差异性，注重学生个性化发展，让所有的学生都体验到学习的成就感。在项目作品评价实施环节，先进行学生互评。课堂中首先利用在线投票等技术手段，所有学生参照评价标准，对全班作品进行投票，选出优秀作品。这个互评的过程学生在欣赏他人作品的同时，思考别人的创意与优点，同时反思自己作品中存在的不足，对他人的创意或者制作技能上有疑惑的地方，可以准备提问。按照投票结果，请优秀作品的作者在课堂上进行陈述，就自己整个项目如何构思、制作中的得意之处、作品的创意等进行展示和表达。这是学生对自己整个项目的实施进行总结性评价的过程，是学生进一步自我反思、自我校正、提升自己的过程。教师在学生展示陈述过程中进行必要的点评，主要是点拨引导，激励启发学生的学习。这样的评价是一个互评、自评和师评的过程，实现了评价主体的多元化。学生在评价中自我反思，发展元认知，实现持续学习与终身成长。评价技术上借助在线投票，迅速生成直观数据，并将数据立即投入课堂使用。在评价过程中，学生找到自我发展的方向和方法，以评价撬动学习。最后，通过评价技术手段的应用，所有的评价过程留痕，方便教师记录学生的学习过程，充分利用表现性评价为学生做好过程性评价。

5　结语

教育的真正意义是提升解决现实问题的能力，面对真实世界解决现实问题的教育应该是未来教育发展的方向。项目式学习中教师带领学生发现生活中的真实问题，从贴近学生生活实际确定学习项目，在教师指导下，引导学生通过完成项目任务去探究解决问题的方法。以学为中心的课堂更需要老师的智慧来推进项目式学习，有效促进学生深度学习，帮助学生获得全方位的能力提升。信息技术课堂上教师作为学生学习的促进者，引导学生进行有效学习，他的作用更像一个撬动齿轮的人，有效的学习在教师的撬动下潜移默化地发生着。

项目式学习的信息技术课堂，在项目规划中学生的思维是先发散，激发学生的学习热情，再聚焦主题，聚焦思维，最后将学生的隐性思维显性表达出来。项目评价主要发挥以评促学，让学生在自评、互评中，达到最高的自我效能，找到自我发展的方向和方法。信息技术学科基于项目的学习方式下，在不同的项目实施环节，对学生的发展路径不同。以学习者为中心的课堂，学生拥有自主发展的空间，采用灵活的、多样化、个性化的学习形式；教师是学习的促进者，给予学生恰当的指导与评价，促使他们更主动学习，构建以学为中心的课堂。

后疫情时代中学生心理活动课
体验载体的设计转变研究

北京市中关村中学　蔡石泉

【摘要】笔者通过对疫情时期和后疫情时代中学生心理活动课程体验载体设计的转变研究，以及在中学生心理活动课载体设计方面做的有益尝试，试图把疫情期间积累下来的经验和做法与后疫情时代的心理课程活动体验载体设计相结合，在线上、线下心理课程活动的实践基础上，形成创新性的思维成果。研究结果表明，在后疫情时代中学生心理活动课体验载体的设计不仅需要营造安全的心理氛围，做好线上、线下心理活动模式的切换，也要注重心理活动课学生活动成果的共性共享与个性分享，积极迎接心理教师专业素养提升带来的挑战。这些设计方面的转变将会不断影响与推动我们对于提高学生心理健康核心素养的创新与实践。

【关键词】后疫情时代；中学生心理活动课；体验载体；转变

在《中小学心理健康教育指导纲要（2012 年修订）》中明确了心理健康教育的途径和方法，且在开展心理健康教育课程方面强调了应以活动为主，可采取多种形式来引导学生心理、人格积极健康发展，最大限度地预防学生发展过程中可能出现的心理行为问题。

1　中学生心理活动课体验载体的形式

传统意义的中学生心理课程实施应以学生的心理健康活动为主。这种活动一般都发生在学校情境中，大多以班级为单位，在心理教师的引导下，学生们开展各种活动。通过对心理活动的过程性参与，学生可对心理健康内容进行各种体验、讨论、感受与交流，是一种师生间、生生间真实发生的、即时的情感与行为表达，面对面生动的互动模式不仅使学生获得了丰富的情感体验，也促进了良好人际关系的建立，在热烈的心理场氛围中获得感悟与自我认识提升。

中学生心理活动课的体验载体主要呈现在课程的实施环节，设计形式可以丰富多样，可通过创设情境、团体辅导、角色扮演、心理训练、问题辨析、游戏辅导、纸笔活动、多媒体技术运用等方式激发学生的参与性，在趣味性活动的同时加强心理健康教育的体验感。好的活动载体不仅是心理健康教育课程实施的必要环节，更是有效开展课堂心理健康教学的灵魂。

2 疫情期间线上心理活动课体验载体的特点

2020 年初，新冠疫情暴发，新型冠状病毒传染性强、潜伏期久，防控难度大，在极短时间内席卷全球。寒假过后，全国中小学校在线上复课，开始进行线上教学与授课。与此同时，正处于青春期的中学生们除了要适应身心的快速发展变化，也要面对疫情这一突发重大事件，自身相对稳定的心理平衡被打破，在一定时期内心理健康水平有所降低，可以表现为学生在认知、情绪以及行为方面的失衡状态。必要的心理健康教育课程及心理教师的及时疏导可作为一种必需的干预方法，帮助学生降低因外界环境变化产生的负面影响，在调节负性情绪的同时，及时满足学生的心理需要，以实现学生在特殊时期的平稳过渡，化危机为契机，稳定、优化学生的心理品质。

疫情形势下，线上心理健康教育课程应势而生，必要的心理健康知识普及可以通过网络来为学生进行讲授。但是，不同于以往传统的线下心理课程，线上心理课程活动的设计，特别是活动载体的选择则受到诸多限制。学生间、师生间在网络平台上开展心理活动，隔着屏幕，不仅缺少了情境创设的真实性，也使个人或小组间即时性的交流与互动受限，学生的体验感与投入感降低。这是相较于传统的线下心理活动课程，线上心理活动课程面临的挑战。如何利用线上平台的优势开发出适合线上中学生心理活动课的活动载体，则是很多心理教师面临的困惑。笔者认为，线上心理健康活动课载体的实施需要充分运用网络平台特点，在了解学生的心理需求与状态下进行综合分析。

线上心理活动载体的实施可依托展现的优势为：

（1）教师与学生在线上活动中更加真实与平等，教师权威性降低，学生的状态不仅更加放松，教师也可以更自然流畅地表达。

（2）学生进行网上学习活动的时空性被打破，学生居家学习状态的连接具有自由性，知识的获取更具多样性。师生、生生通过线上互动直播交流的交互性得到增强，这提高了学生参与活动进行学习的专注程度。

（3）在线上活动中，教师需要运用各种软件进行教学活动，直播软件、调查问卷、作业回收与评价软件，在引导学生建立自觉性的同时，也能起到学习效果反馈与评估的作用，充分利用网络优势，扬长避短。

所以，疫情期间线上心理活动课的体验载体设计要充分利用线上平台教学的优势，在引导与热身、体验与分享、拓展与延伸等方面体现以学生个体为本的能动性和认识发展的无限可能性，重视学生线上的有意活动与无意活动。线上师生间、生生间的构成整体将形成不同于传统班级形式的内聚力团体，独特的团体氛围营造对人际关系及班级的建设起到积极作用。

3 疫情期间表达性艺术治疗理论下心理活动课体验载体的应用

表达性艺术治疗，是指一种非言语性的心理治疗技术，用创造性、娱乐性、象征性或隐喻性的形式，以各种艺术媒介来表达人内心的思绪、感受及经验，起到舒缓情绪紊乱、促进交往，以及激发、丰富和拓展心理体验的作用。其中，绘画则是表达性艺术治疗的主要媒介，是将潜意识的内容视觉化的过程。

对于疫情下的中学生而言，他们需要应对自身青春期的变化、疫情下对自身的担忧、居家学习模式的转变、人际关系的调整与变化、自我意识的巨大变革，在这过程中产生的心理困惑急需被发觉和理解，而表达性艺术治疗则可以润物无声地展现学生的心中世界，起到疏解情绪、整合自我的功能。表达性艺术治疗作为线上的心理活动课载体，可以让学生个体在居家放松的学习状态下，更专注于活动本身，更具投入性，参与得更深刻，从而可以收获更多的自身感悟。后期线上学生间的作业共享、链接也将活动载体更好地延伸与发展，促进学生习得表达与提升调节情绪的方法，从而提升学生的心理健康水平。

下面以疫情期间初中生的心理活动课体验载体设计为例分述。

3.1 心理活动课体验载体——心理魔法壶

心理魔法壶在初中生心理活动课里的载体设计是表达性艺术治疗下的具体应用。

这种心理技术的应用不仅在个体心理咨询中具有实用性，在线上学生的心理活动中也具有良好的支持作用；不仅激发了学生的线上参与兴趣，也能充分发展学生的想象力，促进个体更好地理解自我以及探索应对压力的模式。在疫情期间，得到表达性练习的同时，提升学生对压力的应对能力及情绪的表达能力。

3.1.1 心理魔法壶线上心理活动载体设计形式

整个活动载体形式采用线上平台操作，应用软件为腾讯会议，老师和学生通过视频和语音实时互动。整个心理活动过程分为引导与热身、体验与分享、拓展与延伸，在体验与分享阶段结合表达性艺术治疗方法引导学生释放情感、表达愿望，并在下一步拓展与延伸环节组建微信群和发起腾讯会议等形式进行学生间的相互交流感受，从而促成个性表达与倾听后的自我整合。整个心理活动结束后，综合学生个体的表达，可以发现学生的心理魔法壶作品从不同角度、不同侧面揭示了疫情期间学生居家学习的状态以及对返校复课的向往，我们可以借助心理魔法壶探讨学生压力的应对模式。心理魔法壶是对学生居家生活与学习中出现的压力反应的投射，其操作路径如图 1 所示。

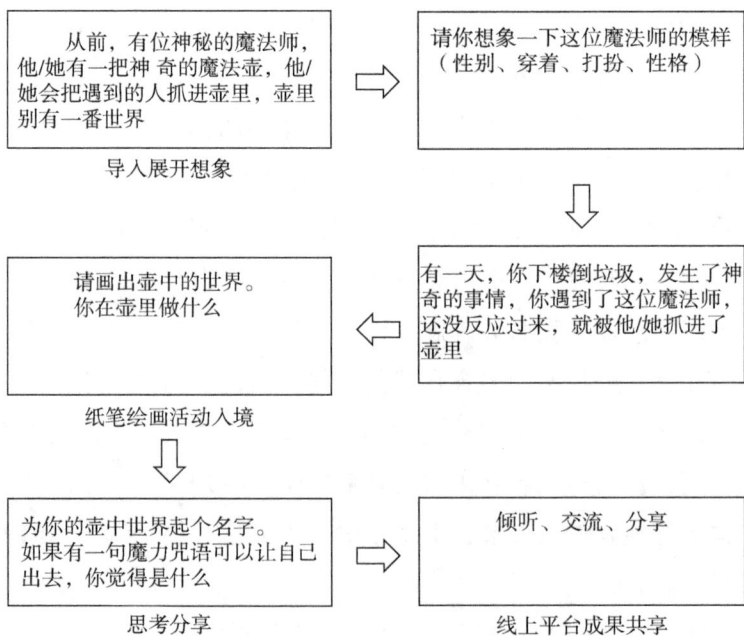

图 1　心理魔法壶操作路径

3.1.2 学生成果展示

学生作品按照主题性质可分为三类：抗击疫情、学习状态和心理向往。

（1）抗击疫情代表作品

学生通过心理魔法壶的绘画表达，把现实社会中的人类抗击疫情状态投射到壶中，不仅表明学生对社会与人类命运的关注，也对未来抗击疫情胜利的光明状态给予了肯定和期待。抗击疫情代表作品如图2所示。

图2 抗击疫情代表作品

（2）学习状态代表作品

学生通过心理魔法壶的绘画表达，展示了疫情中、后期，学生对居家学习的适应与线上学习的稳定状态。同时，也表达了对后期回归校园学习的期待。学习状态代表作品如图3所示。

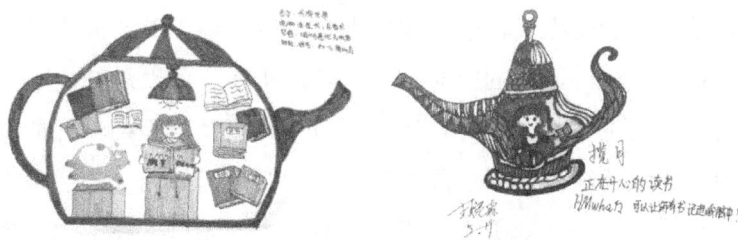

图3 学习状态代表作品

（3）心理向往代表作品

疫情当下，每一个人都会思考与人、与自然的和谐共处之道。学生居家学习期间，通过心理魔法壶的表达可以发现，针对这些稳定、和谐关系的向往也是学生投射最多的一部分。心理向往代表作品如图4所示。

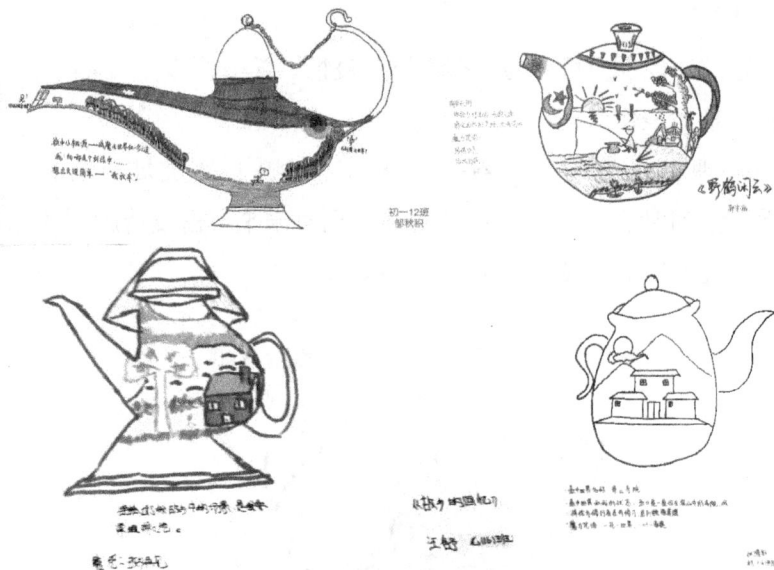

图 4 心理向往代表作品

对学生心理魔法壶成果的分析与交流可以反映学生对"人生困境"的应对,"人生困境"在本次活动中可以理解为疫情期间居家学习的特殊情境。这种情境下,学生是积极的建设还是消极的坐以待毙都是可以探讨的方向。人在壶中,建设壶中世界,尤其是当人面临困境,处在压力之中时,如何建设性地与压力共存,分析的关键不在于是否最后走出了魔法壶,而在于这个过程中自己是如何构建与行动,如果有涉及压力事件,那么是否可以察觉压力事件对自身的影响,在面对压力时,如何转化与应对。

在绘制心理魔法壶活动结束后,要利用绘画作品和老师提出的问题与学生充分交流想法和感受,进行筛选建组,相应主题特别是有压力事件的共同主题小组,要充分引导,互相交流看法,探讨压力的应对方法。经过实践,可以总结出学生在心理魔法壶活动中表现出来的最主要压力事件是居家学习压力以及对后期学习的焦虑,教师可以根据学生心理魔法壶的绘画成果引导学生从合理制定目标与计划、争取社会支持、合理宣泄、放松练习、改变认知等方面积极应对压力与焦虑。在本次心理活动中,有压力事件的学生都充分与老师交流了壶中世界,既宣泄了不良情绪,也促使自己更客观地分析问题。学生也表示要用在壶中积极建设的心态来应对疫情,做好目标与计划,以平稳心态居家学习。

心理魔法壶是一个心理活动体验载体,增加了学生的体验性与趣味性,符合学生心理特点,可以帮助师生线上此时此地的互动,共情与自我暴露,通过对纸笔绘画的运用,促成学生积极心态与主动学习的自我探索,学生反馈较好。

3.2 心理活动课体验载体——曼陀罗画

"曼陀罗"本意来自梵语,是"圆轮、坛城"的意思,一般以对称图案为主。曼陀罗绘画最早是由分析心理学学派荣格发明,他认为,曼陀罗绘画具有增强心理和谐与人格完整的功能,是一种自我治疗的表达,个体通过创作曼陀罗可以使心灵恢复宁静,是表达性艺术治疗的重要形式。

3.2.1 曼陀罗画心理活动载体的设计形式

整个活动载体形式采用线上平台操作,应用软件为腾讯会议,老师和学生通过视频和语音实时互动,老师和学生一起直播,同时绘制。学生在准备阶段可以自由选择彩笔,明确规则、自由创作。曼陀罗画心理活动操作路径如图 5 所示。

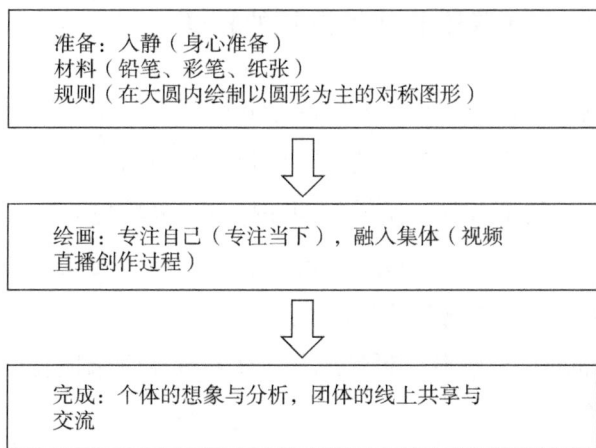

准备:入静(身心准备)
材料(铅笔、彩笔、纸张)
规则(在大圆内绘制以圆形为主的对称图形)

⬇

绘画:专注自己(专注当下),融入集体(视频直播创作过程)

⬇

完成:个体的想象与分析,团体的线上共享与交流

图 5　曼陀罗画心理活动操作路径

3.2.2 学生成果展示

曼陀罗画学生作品如图 6 所示。线上的活动实践证明,曼陀罗画可以很好地丰富线上心理活动课的体验载体,增加线上心理活动的趣味性,激发学生的学习兴趣,经过学生反馈,学生在活动后均明显感受到情绪的平和,这表明表达性艺术治疗理论下的心理活动课体验载体在疫情期间能够很好地促进学生探索自我,寻找自我的统一感与稳定感。

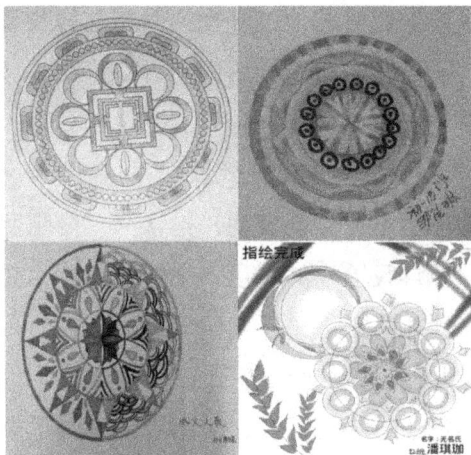

图 6 曼陀罗画学生作品

4 线上与线下心理活动课体验载体设计的转变

随着疫情的控制、稳定，北京市各中小学开始线下复课，学生们又回到了熟悉的校园，心理活动课载体的设计如疫情前一样限定在班级内，大多以班级为单位在班内开展。心理活动课载体的形式如喧闹的校园一样可以采用更多形式开展，心理活动载体的设计由线上转入线下，不仅为线下的心理课活动载体的设计带来新的思考，也带来一些转变。这些转变主要体现在以下方面：

4.1 "以生为本"的心理活动载体设计应与学生实际生活情境有机结合，提升学生的参与性

线上、线下的教学模式转变，要求教师必须做到以学生实际生活、学习状态情境为基础的活动载体设计，让学生在环境的变换中不断实现自我完善，只有这样，才能发挥学生的主体作用，在提升参与性的同时为学生带来获得感与价值感。

4.2 线下心理活动课程载体的活动环节可以创造性地结合线上形式，做到线上、线下活动的一体性

线下的心理活动课程载体设计不仅可以遵照传统的课堂模式进行，也可以适时地结合线上平台，如线下活动中与相关参与者进行线上链接，开展短时直播、互动，和心理活动的前期调查与后期反馈和问卷星线上答题结合等。这些线上与线下活动环节创造性的结合不仅可以提升学生的参与积极性，也能丰富活动形式，提升活动质量及

学习效果。

4.3 利用网络共享平台做好心理活动课载体的延伸与发展

网络共享平台可以更及时、快捷地分享学生心理活动成果，师生间建立的微信群、讨论群可以不受时间与空间限制完成资源共享，打破一节课40分钟的限制，给学生更多的展示平台，促进心理课程活动载体的延伸与发展，促进活动的心理教育意义达成。

5 结语

后疫情时代指的是新冠疫情过去后的时代，也就是疫情对人们消费习惯、经济、文化、健康、教育等影响后的时代。所谓后疫情时代，并不是我们原来想象的疫情完全消失，一切恢复如前的状况，而是疫情时起时伏，随时都可能小规模暴发，将会迁延较长时间，对各方面都会产生深远的影响。后疫情时代心理活动课的开展，尤其是心理活动课体验载体的设计模式更要结合疫情期间网上心理活动课所带来的转变，减少不利因素，优化有利因素，做到线上、线下心理活动的衔接与整合。

后疫情时代心理活动课体验载体模式转变需要注意的问题主要有：

5.1 营造安全的心理氛围有利于线上、线下心理活动模式的切换

无论是线上还是线下的心理活动课程的体验载体设计，都要在整个活动进程中关注学生的主体地位。建立班级内安全、民主、接纳、温暖、共情的团体氛围，只有学生安全的心理氛围建立了，才能有积极的心理准备状态应对变化，在线上、线下的两种心理活动模式的切换与转变中更好地适应与投入，达成心理活动课程及载体设计目标。

5.2 注重心理活动课学生活动成果的共性共享与个性分享

学生心理活动课的活动成果不仅可以促进学生联系生活实际，也能升华课程主题，提升学生解决具体问题的能力。在学生活动成果资源共享方面，需要注意的是，遵循学生自主、自愿原则，把握好共性共享和个性分享的尺度，做到尊重、积极关注每一位学生，在安全的氛围下，鼓励学生积极地自我开放和分享经验。

5.3 迎接心理教师专业素养提升带来的挑战

在后疫情时代心理活动课体验载体模式转变中，教师的引领性是不变的。这种引领不仅表现为对学生更加平等地支持与引导，也表现为在与学生共同探索自我，鼓励

学生展现自我想法的同时能感受到自我价值的实现与提升。一名老师，除了在线下，也可以充分利用线上平台用真实亲切的情感流露，让学生感受老师的真心与真情。

心理健康教育的重点不只是解决学生的心理问题，促进学生发展才是心理健康教育更加重要的目的。在后疫情时代，无论心理健康活动课体验载体的设计如何转变，都要适应环境变化，以变化中的学生真实情况为设计根本，对心理活动课体验载体进行持续性的发展、设计，科学发展学生心理健康的核心素养。

北京市中关村中学初中跆拳道学生专项耐力素质水平调查与对策研究

北京市中关村中学 孙 鹏

【摘要】在跆拳道激烈的比赛中想要取得胜利，不仅要有熟练的技术，还需要有良好的专项身体素质。本文采用文献资料法、问卷调查法和访问调查法对北京市中关村中学初中跆拳道学生专项耐力素质水平状况进行了调查分析，认为他们专项耐力素质水平普遍不高；他们在专项耐力训练方面无论是训练强度，还是训练量都有所不足。针对这一问题，提出了通过提高对跆拳道学生专项耐力素质的认识、在教学中增添专项耐力素质训练内容和相应的课时，及采用正确的跆拳道专项耐力素质训练方法等措施，来提高专项耐力素质水平等对策和建议。

【关键词】跆拳道；专项耐力；对策

1 前言

跆拳道比赛是双方运动员按照一定规则，使用拳和脚进行攻防对抗的搏击项目。跆拳道比赛的竞赛规则规定，运动员参加跆拳道比赛，一场须打三局，每局净打 2 分钟，局间休息 1 分钟。虽然比赛的时间不长，但比赛双方是在极为紧张的高强度状态下进行的，这就对运动员的专项身体素质提出了较高要求。

一个优秀的跆拳道运动员必须具备在激烈的对抗中，有效地击打和防御对手的能力。在比赛中，谁的专项力量素质好，谁的踢腿攻击力就强；谁的专项柔韧素质好，谁的击打动作幅度就大；谁的专项耐力素质好，谁最后的体力就相对充沛；谁的专项协调灵敏素质好，谁就能够在比赛中正确灵活地运用技术、战术。可见，在激烈的跆拳道比赛中想要取得胜利，不仅要有熟练的技术，还需要良好的专项身体素质。在技、战术水平相当的情况下，可以说专项身体素质往往决定着比赛的胜负。

在跆拳道技术训练已发展到相当高水平的情形下，世界许多著名的专家、教练已经开始在深入挖掘运动员的专项身体素质方面去求得进一步发挥运动员的综合潜力。

现对北京市中关村中学初中跆拳道学生的专项耐力素质水平做一粗浅研究，并希望研究结果能够对初中跆拳道运动员的专项耐力训练提供理论参考。

2 研究对象与方法

2.1 研究对象

北京市中关村中学初中跆拳道学生。

2.2 研究方法

2.2.1 文献资料法

参阅有关跆拳道专项耐力训练的方法及其他项目专项耐力训练方法的有关材料 10 余篇。

2.2.2 问卷调查法

对北京市中关村中学初中跆拳道学生发放关于跆拳道专项耐力素质水平问题的调查问卷 10 份，收回问卷 10 份，回收率 100%，有效率 100%。

2.2.3 访问调查法

对北京市中关村中学跆拳道老师进行访问，记录他们关于跆拳道专项耐力素质水平及耐力训练问题的观点。

3 结果与分析

3.1 跆拳道专项耐力素质释义

所谓耐力，就是指人体能长时间进行肌肉活动的能力。专项耐力素质是指运动员有机体各器官系统最大限度地长时间承受专项负荷，并保持有效工作的能力。专项耐力的主要特征是突出体现专项特点，满足专项运动员需求。如：短跑项目需要保持较长时间快速跑的专项耐力，举重、体操项目则需要保持较长时间发挥力量能力的专项耐力。

由于跆拳道比赛，有着"一场须打 3 局，每局净打 2 分钟，局间休息 1 分钟"的特定要求，虽然比赛的时间不长，但比赛双方是在极为紧张的高强度状态下进行的，这就使得跆拳道专项耐力素质水平主要体现在一定时间内较高强度的动作技术应用上。

跆拳道专项耐力素质可以理解为：运动员在一定时间内保持跆拳道专项动作技术正确、动作速度较快、动作力量较大的运动能力。

3.2 北京市中关村中学初中跆拳道学生的专项耐力素质水平情况调查

3.2.1 在比赛中的体力情况调查

如表1所示，北京市中关村中学初中跆拳道学生在比赛中的体力情况是：出现后劲不足的占80%，体力充足的占20%，绝大多数学生存在比赛中体力后劲不足问题，极少部分学生在比赛中的体力后劲尚可。

表1 北京市中关村中学初中跆拳道学生在比赛中体力情况调查统计

	体力充沛的	后劲不足的
人数 / 人	2	8
占比	20%	80%

3.2.2 在比赛最后一局的动作技术情况调查

如表2所示，北京市中关村中学初中跆拳道学生在比赛最后一局中的动作技术表现为：动作技术轻度变形的有7人，占70%；动作技术中度变形的有2人，占20%；动作技术严重变形无法进攻和反击的有1人，占10%。由此看出，没有人能够保证动作技术完全不变形。

表2 北京市中关村中学初中跆拳道学生在比赛最后一局动作技术情况调查统计

	动作技术轻度变形	动作技术中度变形	动作技术严重变形无法进攻和反击
人数 / 人	7	2	1
占比	70%	20%	10%

3.2.3 在比赛最后一局中的动作速度情况调查

如表3所示，北京市中关村中学初中跆拳道学生在比赛最后一局中的动作速度表现为：动作速度很快的只有1人，占10%；动作速度明显减慢的有3人，占30%；动作速度很慢的6人，占60%。由此看来，技术动作很慢的占大多数，没有人能够保证动作速度不减缓。

表3　北京市中关村中学初中跆拳道学生在比赛最后一局动作速度情况调查统计

	很快	明显减慢	很慢
人数 / 人	1	3	6
占比	10%	30%	60%

3.2.4　在比赛中最后一局的动作力量情况调查

如表4所示，北京市中关村中学初中跆拳道学生在比赛最后一局的力量表现情况为：力量很强的有4人，占20%；力量有所减弱的有4人，占20%；力量大幅度减弱的有12人，占60%。因此，力量大幅度减弱的占大多数。

表4　北京市中关村中学初中跆拳道学生在比赛最后一局动作力量情况调查统计

	很强	力量有所减弱	力量大幅度减弱
人数 / 人	2	2	6
占比	20%	20%	60%

3.2.5　在比赛中最后一局的呼吸情况调查

如表5所示，在比赛中的呼吸情况表现为：呼吸轻松的有2人，占20%；呼吸急促的3人，占30%；气短的5人，占50%。也就是说，气短的占大多数。

表5　北京市中关村中学初中跆拳道学生在比赛最后一局的呼吸情况调查统计

	呼吸轻松	呼吸急促	气短
人数 / 人	2	3	5
占比	20%	31%	50%

上述5项指标调查结果表明，北京市中关村中学初中跆拳道学生普遍存在专项耐力素质水平不高的问题。这说明北京市中关村中学初中跆拳道学生在专项耐力训练方面无论是训练强度，还是训练量都有所不足。

3.3　北京市中关村中学初中跆拳道学生提高专项耐力素质水平的对策探讨

3.3.1　提高对跆拳道专项耐力素质水平的认识

正确的行动，来源于正确的认识。本文在访谈调查中了解到，目前，无论是在理论上还是实践经验上都表明，跆拳道专项耐力素质水平对于跆拳道比赛而言起着非常重要的作用。可以认为，两名选手在技、战术水平不相上下的情况下，谁的专项耐力素质好，谁在最后取得胜利的概率就大。我们作为跆拳道专项学生，应该对这个道理有深刻的理解和正确的认识，只有深刻的理解和正确的认识，我们才能在学习和训练中自觉加强专项耐力素质训练，才能总结出行之有效的训练方法，才能有效地提高跆拳道专项耐力素质水平，从而提高跆拳道的专项成绩。

3.3.2 在教学大纲中增添专项耐力素质训练的内容和相应的课堂时间

北京市中关村中学初中跆拳道专项学生的教学课是任课教师按照课程教学需要规定的内容进行授课的，课程内容都有相应的教学与训练时数，如果在教学中规定了较多的专项耐力素质训练内容和较多的训练课时，学生们的专项耐力素质训练就会在教师的主导下加大训练强度和增加训练量，学生们的专项耐力素质训练水平就会提高到一个新的水平。在教学中增添专项耐力素质训练的内容和相应的课堂时间应该是解决北京市中关村中学初中跆拳道学生专项耐力素质训练不足的好办法之一，同时也可以根据跆拳道的专项特点，采取相应的训练方法来提高专项耐力素质水平。以初中跆拳道专项课为例，可以在技术课练习中穿插专项耐力训练。如：练习横踢技术时可以根据跆拳道的专项特点运用重复训练法，两人一组踢脚靶（50次、40次、30次、20次、10次）练习，或者左右横踢50次（中、高），左两次、右两次横踢30次（中、高），既能提高技术动作的熟练度，同时又强化了无氧耐力的训练方法。

3.3.3 采用正确的跆拳道专项耐力素质训练方法

3.3.3.1 采用持续训练法进行有氧的一般耐力训练

持续训练法是指在相对较长的时间里（不少于30分钟），以较为恒定的强度持续进行练习的方法。主要采用强度小、负荷时间长的各种练习方法。持续练习法具有持续刺激机体的作用，有利于改善大脑皮层神经过程的均衡性，提高心血管系统和呼吸系统功能，能较经济地利用体内储备的能量，有利于发展有氧的一般耐力。跆拳道训练中常采用的具体方法和手段包括以下几种：① 2000~5000米匀速跑。心率控制在150次／分左右保持匀速跑完全程。②越野跑。利用公园、山川或环境较好的地方进行30分钟以上的越野跑，心率控制在150次／分左右。利用环境调节心情，降低疲劳感。③利用跳绳进行耐力练习，在10分钟内保持跳动频率不变，但可变换跳动方式，进行单脚跳或双脚跳。④ 10分钟组合踢法动作练习。连续10分钟进行运动员已掌握的技术组合练习，既练习动作的熟练程度，又练习耐力素质。

3.3.3.2 采用重复训练法重点进行无氧耐力训练

重复训练法是指不改变动作结构和外部负荷表面数据，在相对固定的条件下，按照既定间歇要求，在机体完全恢复的情况下反复进行练习的方法。重复练习法能使能量物质的代谢活动得到加强，并产生超量补偿与积累，既有利于发展有氧耐力，又有利于发展无氧耐力。重复练习法每次练习的负荷量与强度可大可小，根据具体任务目的而定。由于每次练习前均需恢复到原来开始练习前的水平，即心率在 100—120 次 / 分钟的水平上，故每次练习可以保证强度在中等偏大或极限强度（90%—100%）范围内，从而使有机体的无氧耐力水平得到有效提高。常用的方法和手段是：① 30 米、60 米、100 米冲刺跑；② 400 米、800 米变速跑；③ 两人一组脚靶练习；④ 左右横踢 50 次（中、高）；⑤ 左两次、右两次横踢 30 次（中、高）；⑥ 单腿横踏（50 次、40 次、30 次、20 次、10 次）递减法（中、高）；⑦ 跳踢（50 次、40 次、30 次、20 次、10 次）递减法。

3.3.3.3 采用间歇训练法提高专项耐力素质的综合水平

间歇训练法是 20 世纪 50 年代德国心脏学家赖因德尔和教员倍施勒提出的理论，认为训练对于心率 170~180 次 / 分钟，间歇后到心率 100~125 次 / 分钟时再进行训练，这样有利于增强心泵功能。因此，间歇训练法又称为倍施勒—赖因德尔定律。该训练法的优点在于练习期间及间歇期间均能使心率保持在最佳范围之内，改善心泵功能。

决定跆拳道专项耐力的主要因素有，保证工作肌肉耗氧和输氧的血液循环、呼吸系统的机能能力，以及由糖酵解机制使机体产生能量。根据跆拳道运动员的特点，要提高有氧代谢水平，采取中等负荷或较大负荷的间歇训练法较好，因为它对提高耐力水平效果显著。例如，400 米中速跑—60 秒腿法空踢—100 米冲刺跑—1 分钟踢靶练习。

对于跆拳道专项耐力训练来讲，在确定较高强度负荷的前提下，通过分段持续负荷和不断缩短间歇时间的方法来提高专项耐力水平有显著效果。

例如：在前面所举例子的基础上，可逐渐缩短间歇时间；采取的方法为：400 米中速跑—40 秒腿法空踢—100 米冲刺—40 秒移动靶—30 米冲刺—40 秒步法—400 米放松跑—休息，使心率达到 120—130 次 / 分，然后在此基础上又可变为：400 米中速跑—40 秒空踢—120 米冲刺—40 秒左右提膝—400 米放松跑—休息，使心率达到 120—130 次 / 分。

4 结语

跆拳道专项耐力素质主要是指运动员在一定时间内保持跆拳道专项动作技术正确、动作速度较快、动作力量较大的运动能力，在激烈的跆拳道比赛中，专项耐力素质对比赛的胜负有着重要影响。北京市中关村中学初中跆拳道学生普遍存在专项耐力素质水平不高的问题，这说明北京市中关村中学初中跆拳道学生在专项耐力训练方面，无论是在训练强度还是训练量上都有所不足。建议北京市中关村中学初中跆拳道学生通过提高对跆拳道专项耐力素质的认识、在教学中增加专项耐力素质训练的内容和相应的课堂时间及采用正确的跆拳道专项耐力素质训练等措施，来提高专项耐力素质水平。

中小学开展传统舞龙运动的实践研究

北京市中关村中学　陈勇能

【摘要】 本文主要运用文献资料法、调查问卷法、数理统计法等研究方法，以北京市中关村中学为例，对中小学开展舞龙运动的意义进行具体分析，目的在于通过总结中关村中学舞龙课程的教学经验，概括舞龙运动所蕴含的文化内涵和锻炼价值，并结合在中小学教学中的具体应用，为提高学生身体素质，丰富中小学教学内容体系，提升学生人文素养，弘扬与传承中国舞龙文化精髓作出一定贡献。

【关键词】 舞龙运动；中小学；课程；教育

1　前言

舞龙作为一种中华传统文化艺术，其技术经过不断发展和改进，已发展成为一项具有观赏性的竞赛运动，而不再是单纯的喜庆节日文化娱乐节目。舞龙运动作为一个民族甚至国家的象征，在传播中国文化等方面起着非常重要的作用。中学作为文化传播的重要媒介，有责任也有义务使几千年的龙文化在学生群体中得以传承。

舞龙运动作为中国优秀的民族传统体育项目，在学校中通过不同的组织形式进行开展，意在能够激发学生自强不息、奋发向上的学习热情，提高力量、灵敏、协调、耐力等身体素质，使学生在掌握舞龙基本方法与技能的同时，培养学生互助协作、勇于创新的精神，继承和弘扬中华民族的宝贵文化遗产。近些年来，陆续有各种传统体育走进课堂，展现在青少年面前，舞龙运动作为其中的佼佼者，凭借其新颖的内容，较强的娱乐性和趣味性，深受青少年喜欢。目前，很多高校都成立了舞龙协会，并组织了高校舞龙比赛和舞龙运动研讨会，但是舞龙项目在中学开展却不多见，对于在中学如何开展舞龙项目、了解舞龙知识、传承龙文化等方面的研究还相当贫乏。因此，通过开展各种舞龙活动，从实践中积累一些行之有效的教育教学方法与手段，将对中小学进一步大力推广舞龙运动有着深远的意义，同时对传承中华优秀传统文化有重要作用。

2　研究方法

2.1　文献资料法

本文通过在中国知网等相关大型文献资料网站进行查阅，以"舞龙"为关键词进行检索，共搜索相关文献2159篇，以"中小学体育教育"为关键词共搜索出175篇相关文献。将所检索出的文献进行筛选分析，挑选出与本文相关的文献，了解目前舞龙运动在校园中的开展情况。

2.2　问卷调查法

为了完善文章内容，搜集较为科学的数据作为文章的理论支撑，本文设计了学生课程评价反馈问卷，涉及6个年级。共发放问卷300份，回收问卷287份，回收率为95.7%；有效问卷285份，有效率为95%。

问卷信度：请有关专家10人，就学生课程评价反馈问卷的内容效度和结构效度进行评价，采用里克特5级评分量表，经频数统计，结果如表1所示。

表1　调查问卷效度专家评价频数统计（n=10）

效度类型	很好	好	一般	差	很差
内容设计	2	7	1	0	0
结构设计	1	8	1	0	0

问卷的信度：经初次填写调查问卷后7天，对参与调查的10名学生再次进行小范围的第二次问卷填答，用以检验问卷信度。经两次问卷填答结果一致率检验，问卷的一致率为0.933。

2.3　数理统计法

运用Excel数据统计软件，对调查问卷结果进行统计分析，得出相应数据，从而得出结论。

3　结果与分析

3.1　中关村中学舞龙项目课程目标

中关村中学所设舞龙项目课程目标，主要围绕培养学生各方面身体素质、弘扬我国传统文化精神、提升学生自信心与培养学生社会适应能力等方面展开，主要分为以下几点：

（1）通过舞龙动作学练和套路排练增强学生的力量、灵敏、耐力、柔韧等身体素质，磨炼学生的意志品质。

（2）通过舞龙课程的教学让学生逐渐了解民族文化，做非遗文化传承者，提升学生的人文素养，培养爱国主义精神。

（3）在课程中通过分组探究、演示成果、相互评价等形式引导学生积极参与小组学练与探究，注重友好交流，养成善于观察的习惯，形成团队协作的氛围。培养学生的组织能力和健身实践能力，体验健身乐趣，为学生终身体育打下基础，使学生在既轻松又紧张的环境中个性得到充分发展，自信心得到增强，培养学生的社会适应能力和责任感。

3.2 中关村中学舞龙课程内容

课程内容的设置根据实践情况与学生的需求，主要分为理论学习与实践教学两方面，并根据具体情况与相关材料进行教学内容的筛选，最终得出以下具体课程内容：

（1）理论部分

①中国龙文化的起源与发展；

②舞龙运动的视频资料。

（2）实践性教学内容

①舞龙的基本方法；

②舞龙的基本技术规格；

③舞龙的 A、B 级难度动作技术；

④掌握简单的舞龙套路。

3.3 中关村中学舞龙课程学时分配

学时分配如表 2 所示，总学时数为 17 学时，并根据课程内容的设置，将理论课程与技术课程的学时进行合理分配。

表 2　学时分配

教学内容		学时数	百分比
理论	舞龙基本知识	2	11.8%

续表

	教学内容	学时数	百分比
技术	舞龙基本功和基本动作	4	23.5%
	舞龙套路	9	52.9%
	技术考试	2	11.8%

3.4 具体教学计划

舞龙教学计划如表3所示,根据循序渐进原则,使学生从简到难逐步学习舞龙技术,并遵循开发学生创新性的课程理念,采用自主编排的教学方式,使学生在学习中感受练习的乐趣,同时培养学生的协作与创造能力。

表3 舞龙教学计划

周次	内容	备注
1	龙文化介绍、分组 舞龙基本功学练	选出每条龙的队员并介绍大家互相认识
2	学生讲述龙文化、教师补充 舞龙基本功学练	学生讲述搜索龙文化结果
3	学生讲述舞龙历史、教师补充 舞龙运动中伤害事故的预防及处理	学生徒手练习舞龙手法、步法(正常位、滑把、换把) 掌握"8"字舞龙动作
4	舞龙的基本方法1,学习舞龙单一动作 耐力素质练习	学生拿塑料杆接布条练习基本手法、"8"字舞龙、跪步"8"字动作
5	舞龙的基本方法2,学习舞龙单一动作 上肢力量练习	学生拿塑料杆接布条学习游龙斜圆场、矮步圆场、原地起伏动作
6	舞龙的基本握法 下肢力量练习	学生拿布龙练习 游龙直线行进、游龙曲线行进、"8"字舞龙
7	学习舞龙单一动作、造型 柔韧素质练习	行进"8"字舞龙、五星造型
8	学习舞龙单一动作 速度素质练习	靠背舞龙、原地螺旋跳龙
9	复习舞龙单一动作 灵敏素质练习	复习上述动作
10	学习游龙动作 组图造型	走(跑)圆场 "中""国"字造型

续表

周次	内容	备注
11	学习舞龙单一动作 组图造型	复习原地螺旋跳龙 学习一蹲一躺舞龙 学习"龙"字造型
12	学习舞龙单一动作 复习游龙动作	复习原地螺旋跳龙 复习一蹲一躺舞龙 学习跳龙接一蹲一躺舞龙
13	学习游龙动作 学习教师自编套路	分组练习、学生自编动作 学习上半段套路
14	学习教师自编套路 观摩舞龙竞赛录像	学习下半段套路
15	学习教师自编套路	配合音乐节奏做套路
16	学生创编套路	学生套路创编 学生自编套路演示
17	复习舞龙单一动作	单一动作及游龙动作
18	评价	

3.5 活动形式

为了激活校园舞龙文化特色，学校开展了多种活动形式，将"舞龙"教学与竞赛活动结合起来，并充分利用大课间、课外活动以及兴趣小组活动等，采用普及与提高相结合的原则，进行舞龙项目不同年级、不同程度的推广，拓展了体育教学的内容，丰富了学生的课余生活，增加了学生的课外知识。如图 1 所示，每年将定期举行年级性的班级舞龙竞赛活动，对比赛进前 8 名班级进行张榜表扬，参加学校举行的各种节目表演，从而激发学生舞龙的兴趣，有力促进了学生素养的提高。

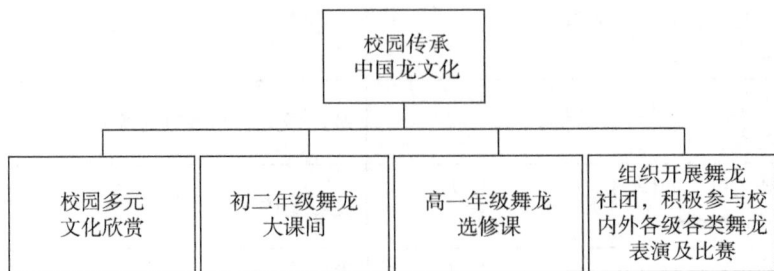

图 1　活动形式示意图

3.6 舞龙项目主要实践活动及成果

舞龙项目主要实践活动如表 4 所示。

表 4　舞龙项目主要实践活动

时间	活动内容
2007 年	中关村中学 25 周年校庆
2010 年	全国中学生篮球赛，舞龙舞狮表演
2010 年	北京教育频道春节联欢晚会（舞龙表演）
2012 年	初二年级舞龙竞赛
2012 年	校体育文化节开幕表演
2012 年	获教育部举办的全国阳光体育优秀案例评选一等奖（舞龙大课间）
2012 年	中关村中学 30 周年校庆舞龙表演

3.7 学生评价反馈

（1）为了进一步提高教学效果，我们对学生练习的兴趣、态度、身体感受、心理感受等几方面进行了问卷调查与分析。

①学生进行练习的兴趣

结果如表 5 所示，表明学生对舞龙运动有着很大的兴趣，得到了学生的喜爱。

表 5　学生练习舞龙的兴趣（n=285）

	非常有兴趣	比较有兴趣	一般	没兴趣
人数	112	146	24	3
占比	39%	51%	9%	1%

②学生进行练习的态度

结果如表 6 所示，表明学生通过一段时间的练习对此项运动有着积极主动的态度，提高了学生参考体育的热情。

表 6　学生练习舞龙的态度（n=285）

	自觉积极	无所谓	学校要求
人数	173	107	5
占比	61%	37%	2%

③学生进行练习的自我身体感受

结果如表7所示，表明舞龙运动的强度及量度都是非常适合学生进行练习的，并观察学生练习时所作动作的规范程度及面部表情，可知学生练习时对自己的要求很高，都非常认真，所以其感受较为真实可信，从而可证明进行舞龙练习能够促进学生身体素质的提高。

表7　学生练习舞龙的自我身体感受（$n=285$）

	非常累	有点累	适中	不太累	不累
人数	9	177	69	30	0
占比	3%	62%	24%	11%	0%

④学生进行练习的自我心理感受

结果如表8所示，表明大部分学生尽管进行练习时身体会感受到不同程度的累，但心理感觉是愉快的。

表8　学生练习舞龙的自我心理感受（$n=285$）

	非常开心	开心	一般	不开心
人数	96	105	73	11
占比	33%	37%	26%	4%

通过数据的统计分析表明，舞龙运动是受大部分学生欢迎的，并能够调动学生的运动积极性，同时证明了舞龙运动非常易于开展，适合学生进行练习，经常练习能够有效增强身体素质，非常有利于青少年身心健康发展。

（2）经过教育教学实践，学校统一针对参与舞龙活动的学生进行了自我人文素养提升方面的问卷调查，并对调查结果进行了统计与分析，结果显示，大多数学生认为参与实践活动可提高文化素养、思想道德与交流合作，这3个选项的选择比例位居所有选项的前三位，如表9所示。

表9　自我人文素养的提升方面（$n=285$）

选择	人数	占比
文化素养	149	52.3.%

续表

选择	人数	占比
思想道德	118	41.4%
交流合作	108	37.9%

通过对问卷整体分析，除了以上 3 个选项，学生认为开展舞龙项目，对培养审美情趣、意志品质、发展个性三方面也起到了举足轻重的作用，对于培养学生行为习惯、思维方式、心理素质、价值取向方面也分别得到了 40% 左右学生的认可。

在有关社团或选修课中获得了哪些非遗知识或技能对学生人文素养有所帮助的问题中，通过对学生所答问题的答案进行具体分析，发现开展舞龙项目可使学生在以下几个方面得到具体的人文素养提升。

（1）提升文化素养及民族自豪感。舞龙带有鲜明的民族特征，无论是运动的服装、器材，还是音乐、道具，都带有鲜明的民族特色，它出现在中学校园无疑为学校的文化增添了美的色彩，为校园节日和庆典增添了喜气。舞龙运动具有观赏性、娱乐性、审美艺术性等特点，学生无论是参与活动，还是观赏舞龙表演都能在欢快愉悦的情绪中体验运动的流畅感和传统文化的美感，多元文化的欣赏可给予学生视觉上的冲击。通过舞龙运动，将表象与内涵相结合，呈现给学生民族文化的绚烂，不但可提升学生的民族自豪感，还可增强学生自身的文化素养。

（2）规范思想道德与行为习惯。中国龙正义、威严的正面形象深入人心，其蕴含着中国优秀的传统思想文化。学生在参与活动的过程中潜移默化地接受这种思想文化的渗透，并得到不同程度的技术提升与文化素养的加强，对培养集体荣誉感和社会责任感，树立克服困难和取得成功的信心有着极大帮助，同时对于规范自己的行为和组织纪律性都具有重要作用。

（3）交流合作意识及能力的培养。舞龙作为一个集体项目，它不但对参与运动的个体有一定的身体素质要求，同时也要求在运动中每个个体协调配合，团结一致。因此，在舞龙项目练习中需学生在实践中以自觉、坚韧的态度面对练习，自觉自愿维护集体的利益，才可将技术动作完整、统一地表现出来，这对于培养学生的协作能力、互助精神又有积极的促进作用。

4 结论与建议

舞龙运动具有趣味性，能够激发学生更加热爱体育运动，从而落实学生的主体地位，践行以"学"为中心的理念。同时，舞龙运动作为优秀的民族传统体育项目，确实可使学生的人文素养在一定程度上有所增强，在增强民族自豪感、自信心，培养学生协作能力、弘扬中华优秀传统文化等方面的表现也非常突出。将舞龙课程引入中小学课程体系，不但可以丰富其课程内容，同时也使我国优秀的民族传统体育项目得以传承。但现在有关舞龙项目的参考资料较少，资源有限，因此在教学实践中需加强学习与研究，注重经验的总结与积累，并将先进的教学方法与手段进行教学实践；由于在课程建设方面的实践匮乏，导致课程体系不够完善，因此应不断完善学校课程建制，提升项目影响力，开展多种活动形式，使舞龙项目的开展能够为在北京市乃至全国"舞龙进校园"起到示范、引领作用，同时为非物质文化的保护与传承作出一定贡献。

浅谈如何构建现代民族室内乐合奏训练中"学"的课堂

——以《袅镶涧》《花鼓》音乐片段为例

北京市中关村中学　牛湘漪

【摘要】随着我国改革开放的推进，中国民族音乐也出现了突飞猛进的发展，逐渐由从前的"大齐奏"演变为如今的"现代民族室内乐"。当学生演奏者遇到形式多样的合奏形式与变幻莫测的现代作品时，无疑是一个新的巨大挑战。指导教师该通过怎样的训练方法，来引导学生直面挑战，是本文分析的关键所在。

【关键词】现代民族室内乐；合奏形式；训练方法

1　前言

现代民族室内乐作品在吸收了西方音乐理论的创作手法后，将西方音乐中的和声、对位、调式变化等元素加入现代民族室内乐作品中，逐渐形成具有重奏关系的现代民族室内乐，对于没有现代民族室内乐团经验的演奏者来说，怎样快速有效地将演奏完美结合，是一个值得深入思考的课题。

想要成就一支优秀的学生乐团，科学有效的合奏训练是必不可少的。如何在有限的时间里充分提高训练成果，势必要讲究训练的方式方法。本文力图从实际出发，分析作为指导教师，如何引导学生快速进入室内乐演奏者状态、如何自主定位练习方向、如何从"被训练"过渡到"自主训练"等方面的心得体会。

2 民族室内乐合奏训练的前期工作

2.1 训练前期的准备工作

2.1.1 乐谱的准备——标记

乐谱，是作曲家对于自己创作意图的书面表达。合奏前首先要对作曲家的创作背景进行了解，深入挖掘乐谱中所包含的各类信息，并进行集体分析，使所有演奏者对此作品形成统一的认识，将大家的思想构建成一个有机整体，如调性、速度、力度、反复记号、困难片段等。再根据各自声部乐器特点，注意演奏技法等标记，可帮助演奏者准确表现其音乐语言的描述。

例如，在作曲家李滨扬先生创作的作品《花鼓》二胡 1 声部的引子部分（图 1），首先要阅读谱面所标记的基本信息，如调式是两个降号、速度是每拍等于 60、拍号是2/4 拍。其次要注意精细标记，如强弱记号、滑音记号、重音记号、跳音记号等等。在这个阶段还要特别注意各类记号的变化，例如在第五小节中第二拍上的力度记号的变化，在这一拍当中，第一个音在正拍上的十六分音符降 E 是中弱的力度且没有重音记号，而第二个音在后半拍上的八分音符的还原 E 则是强的力度且有重音记号，像这样在同一拍中出现的力度上的迅速变化，就要求学生敏锐地观察到并且合理安排演奏技法来达到谱面上作曲家的要求。

图 1　李滨扬《花鼓》第 1–12 小节

2.1.2 隐性指挥的确立

室内乐团一般来讲是不设立指挥的，在我国民族音乐传统合奏形式中，演奏者们在演奏时基本只依靠相互默契来进行"大齐奏"。但在现代民族室内乐中，单凭默契已经不能满足日益复杂的多个声部的重奏关系了，所以设立一名隐性指挥就变得尤为重要。这位隐性指挥需要在乐曲开始处用身体语言来向乐团其他成员传递起拍，在乐曲中控制所有演奏者的速度与力度，在乐曲结尾处组织整齐收势，等等。与此同时，也对这位隐性指挥提出了更高要求，例如需要有较高的演奏水准、良好的把控能力、过硬的心理素质等，并要努力成为乐团中的灵魂人物。

3 以《裒镶涧》《花鼓》音乐片段为例浅谈现代民族室内乐团的训练方向

3.1 节奏与律动

室内乐中的节奏，既不像独奏可以由自己掌控，又不像乐队可以由指挥把握，民族室内乐中的节奏依靠的是演奏者们内心律动的统一。若想"心照不宣"地将节奏、律动完美演奏在一起，没有大量的训练显然是行不通的。同学们需要在自身节奏准确的前提下，共同磨合并选择一个速度，进行慢速练习，逐渐适应各种情况的不同节奏型的对位及拍子转换。

在作曲家谢鹏先生创作的作品《裒镶涧》第185—187小节中（图2），在每个声部自身节奏就已经很复杂的情况下，还要进行声部与声部之间更为复杂的有节奏性的对位，这就要求在排练过程中，所有同学要统一内心的律动。节奏律动的统一既能让各个声部自身节奏（如三十二分音符）的准确，又能使声部之间的节奏对位清晰明了许多。那么，如何统一每个人内心的律动呢？在训练时不妨试着统一每位同学内心速度的小拍子，且不单单要统一以四分音符为一拍的三拍子，更要将其细化为八分音符的律动甚至是十六分音符，这样才能更加确保大家自身节奏的精确，当所有同学的内心律动统一之后，整段音乐的节奏衔接便不再是磕磕绊绊的"车祸现场"，而会达到无缝衔接的至高境界。

图 2　谢鹏《袅镶涧》第 185—187 小节

3.2　音准

一首作品完成得出色与否，除了节奏，最重要的就是取决于音准的准确程度。在民族室内乐演奏中，首先要对音准的准确程度提出更加严谨的要求。这就要求在训练初期要确保每个同学的音准准确程度，只有每个人都是准的，才有可能在未来合作之时，提高排练效率。其次，在排练合作中，要注意提高学生个人对音准的敏感度，学会在演奏的同时时刻倾听他人以及整体的音高，并对有出入的音准做到第一时间调整。

在《花鼓》第70—73小节（图3）中我们可以看到，高胡、二胡1、二胡2、中胡声部各2人，作者运用柱式和弦横向发展的写作手法，给每一位演奏者都赋予了各自专属的和弦音。这里不仅仅要求每个同学演奏准确，更要求所有声部叠加在一起时的音准质量。在训练时，可以从分解和弦入手，先将底音演奏准确后，逐步向上叠加，直至达到整体音准音响的平衡。这就要求在演奏时，学生既要听到自己的音准，又要听到其他声部的音准，更要听到整体音响效果，以便及时对自己的音准偏差作出调整，保证合奏音准的准确。

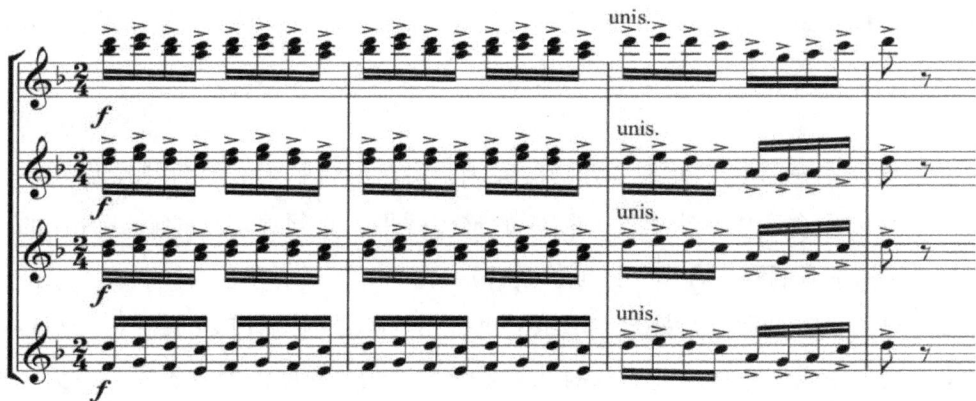

图3　李滨扬《花鼓》第70—73小节

3.3　速度

速度大体分为快速和慢速，殊不知，如果再细分下去，还有渐快、渐慢、突快、突慢、自由、延长等等。在民族室内乐合奏中演奏者在速度变化时，需要依照隐性指挥的示意进行演奏，以确保团队整体演出效果统一。

当然，对于存在技术难点的快速困难片段，依旧要秉承"慢工出细活"的练习准则，在共同练习的原则上，由慢至快、逐渐提速。只有坚实的慢速基础，才能成就快速的精彩绚烂。

3.4　力度

在民族室内乐团中，"强"和"弱"不是要求某一位演奏员的力度变化，而是对于团队整体力度变化的要求。怎样能将力度中的强弱变化做到淋漓尽致呢？毕竟，强弱是相对而言的，要想将强弱作出明显对比，弱就要足够弱，强就要足够强。也就是说，如果一个室内乐团想要做到想象中"弱"的标准，那么每个演奏者在合作时就要做到更弱甚至到几乎没有声音。有了足够的"弱"，才可以体现出"强"的鲜明对比。

在作品《袅镶涧》第159—165小节中，8位演奏者分为8个声部同时进行。经过分析，前三小节高胡1声部为旋律声部，其他声部为伴奏声部。从第162小节第二拍开始，高胡2以高胡1旋律低八度的方式出现。在163小节第三拍，二胡1与二胡2声部以副旋律的方式游走在高胡声部旋律之下。在没有详细力度记号标记的情况下，在演奏时，主旋律声部的力度相对来说应当是最强的，其次是副旋律声部。但在前三小节中，伴奏声部的基数是旋律声部的7倍，其力度分配就要特别注意，要每位伴奏声部的同学都要做到相对的弱，弱到不仅仅能听到主旋律，更要听到主旋律所表达的音乐语言。

3.5 音色

由于乐器本身与演奏者演奏方法的原因，音色好像树叶，永远不会做到一模一样。但在室内乐合奏中，为了追求团队的整体效果，必须尽可能地做到音色的一致性，这就给演奏者们的"合作"提出了更高要求。

以胡琴为例，虽然同是胡琴，理论上也是相同的音色，但其实每一把琴与每一位演奏者都在影响着音色的变化。这时，需要学生用最放松的演奏状态进行发力，感受并运用乐器本身的自然音色进行演奏。

除此之外，音色的传递也依托乐器本身的构造，在统一了松弛的演奏方法后，再针对乐器本身，例如木材、蟒皮，以及琴弦、琴码、垫布、琴弓等影响音色的硬件进行微调。经过反复磨合与调整，终可将音色得到最大限度的统一。

3.6 气口

由于没有指挥，室内乐团在乐曲的起拍开始、中间段落的换速度等，都需要在前文提到的隐性指挥的气口引领下进行。这位隐性指挥需要在气口处，通过肢体语言、面部表情、动作幅度等细节，在一瞬间将乐曲速度或起拍意图传递给所有演奏成员。

在《花鼓》的开头部分（谱例2-1），二胡1、二胡2与中胡三个同旋律的声部，需要由隐性指挥通过肢体语言来带动其他演奏者演奏。这肢体语言可以是一个简单的眼神交流，也可以用身体的呼吸模仿乐队指挥的起拍，也可以是运用抬手的幅度。其他同学也要时刻跟随隐性指挥的示意，共同呼气并随时调整演奏状态，以追求与隐性指挥的一致性。

3.7 默契

抛开演奏技术方面的问题，就室内乐团来说，"默契"是一个室内乐团走向成功的必备前提。当乐团中的演奏者达成共识，拥有默契的时候，以上提出的合作难点便都不再是难题。

在谱例 3-1 中，我们可以清楚地看出，此段旋律由高胡两个声部、二胡 4 个声部、中胡两个声部组成，其各个声部及演奏者看似各自为政，却也是殊途同归。复杂的变化音及节奏对位，使得学生眼花缭乱，但在仔细分析后不难看出，几个声部都在相互依存、相互衬托中不断前进。在这种情况下，自顾自的演奏是万万行不通的，必须要求同学们进行充分交流与沟通，理清演奏顺序及旋律主次。不仅要清楚自己声部的旋律线条分布，更要了解其他声部的旋律线条分布，以便在合奏演奏的同时，既能听得到旋律线条的变化，又能把控整体音响的变化，这便对同学之间的默契提出了极高要求。

而对于默契的培养，要从培养感情开始。在日常排练合作中，从点滴做起，营造充分的交流契机，培养共同话题、共同爱好、共同目标，为默契的形成做好铺垫，逐渐形成一个团结友爱、和谐融洽、心有灵犀的室内乐团。

4 对现代民族室内乐训练的思考

4.1 个人演奏技术的训练

针对室内乐合奏的特性，理应先规范演奏者自身演奏技术，以及演奏者视唱练耳的学习，只有完善演奏者自身技术这个基本前提，才能为良好的合奏奠定基础。

4.2 合作意识的培养

合作意识在现代民族室内乐的训练中，似乎还没有那么明确与规范。一支优秀的团队，需要每位演奏者都具有良好的团队精神与凝聚力，凡事要以大局为重、协同合作、团结一致、时刻为集体着想、具有奉献精神等。在训练初期，指导教师要明确提出团队目标，健全团队管理制度，创造良好沟通环境，增强学生参与管理的意识，尊重每一位同学，逐渐使团队成员建立深厚友谊及情感。

过硬的个人演奏技术与良好的合作意识相结合，经过每一位同学齐心协力的精诚合作，必定会造就一批优秀的现代民族室内乐的小小演奏家。

5 结语

作为一名二胡表演方向的硕士研究生，在参与组建圣风民族室内乐团并担任主要成员的 4 年多时间里，经历了与其他演奏成员之间在组建初期的磨合、排练中期的升华及取得成绩后的欣慰，让笔者深深感受到现代民族室内乐这种演奏形式的精妙之处。如今作为指导教师，在学习排练的过程中，充分引领学生自主发现、自主建立、自主磨合训练方法与技巧，真正构建以"生"为本，打造"学"的课堂。学生在实践中能够做到全情投入，相互沟通、相互学习，共同进步。这也验证了民族室内乐训练方法能在夯实个人演奏能力的同时，同样提升了学生的组织能力、沟通能力、协调能力，以及自主学习能力，达到了进一步培养学生全面发展、塑造学生优秀品格的最终目的。

参考文献

[1] 陈窈 . 中国民族"室内乐"的发展方向：民族器乐小型合奏的源流与展望 [J]. 吉林艺术学院学报，2013（1）：25.

[2] 朱楠 . 探析民族室内乐中的合作：以民乐六重奏《望月赋》为例 [D]. 福州：福建师范大学，2013.

[3] 王轶群 . 试以"圣风"室内乐团浅谈民族弓弦室内乐之实践与训练 [D]. 北京：中央音乐学院，2014.

[4] 尚祖建 . 对民族弓弦室内乐团的思考 [D]. 北京：中央音乐学院，2016.

基于"学本课堂"的美术教材逻辑体系梳理与课程设计建议

——以人美版八年级上册美术教材为例

北京市中关村中学　孟　于

【摘要】美术教材到美术课程教学的转化是进行美术教育链条中的重要环节，教材使得教学活动有据可依。美术教材将抽象的课程描述与实体课程实施联系起来，是美术教师"教"与学生"学"相互关联的中介和依凭。教材与教科书既有联系又有区别，教材包括教科书、教学参考书、教学光盘音像资料、实物等所有有关教学活动的材料，而教科书在大多数教学实践中则作为教材的主体存在并使用。从当前我国的课程框架以及教育实践来看，对于教育部审定的教材的使用仍在实际教学课堂中占有主要地位，其对于教师进行学期整体性的规划起到了辅助作用。本文从"学本课堂"的角度出发，将以人美版八年级上册的教科书及其配套教材为分析对象，结合新课标，尝试探索梳理课程线索，并构建出基于教材的学期美术课程设计体系。

【关键词】初中美术；课程体系；教材分析

1　新课标要求下的美术课程与教材

1.1　新课标对于美术课程的要求

《义务教育艺术课程标准（2022年版）》（简称"新课标"）中明确指出：艺术课程应该坚持以美育人，引导学生积极参与各类艺术活动，感受美、欣赏美、表现美、创造美，丰富审美体验，重视学生在学习过程中的艺术感知及情感体验，激发学生参与艺术活动的兴趣和热情。

在课程总目标上，强调落实艺术核心素养，通过课程学习使学生逐步形成适应个人终身发展和社会发展的正确价值观、必备品格和关键能力。基于"审美感知""艺术表现""创意实践""文化理解"的艺术核心素养，美术依据学生学习活动方式，将课程划分为"欣赏·评述""造型·表现""设计·应用""综合·探索"4个学习领域，涵盖16项具体学习内容，分学段设置不同的学习任务。该领域的划分，加强了学习活动的综合性和探索性，注重美术课程与学生生活经验紧密关联，以期发展学生在积极的情感体验中的观察能力、想象能力和创造能力，提高审美品位和审美能力，增强对自然和人类社会的热爱及责任感，形成创造美好生活的愿望与能力，体现了"学本课堂"的理念。

可见，新课标中对于学生美术素养和能力的提升要求体现出来，关注到了课程与学生生活的联系以及过程性的实践活动，使课堂教学从知识本位的灌输式课堂向学生本位的"学本课堂"教学转换。可以说新课标中所提出来的要求，是与当前美术课程架构与学生认知相适应的。这些也在依据新课标而进行组织编排课程的教材中体现出来。

1.2　新课标对于艺术教材的编写建议

新课标对艺术教材编写有以下几点建议：①坚持育人导向；②精选教材内容；③优化组织结构；④彰显艺术特色；⑤丰富教材形态。也就是说，除了体现新课标对于课程的要求外，教材在编写过程中需要注意整体性，即对于美术知识技能内容的精确选取，古今中外课程内容布局的规划，以及体现出根据时代变化的、动态性的时代特征。总体而言，教材对于不同学习领域、不同时空的美术课程进行了综合体现，对教师进行总体性的课程规划起到了辅助作用。

2　人美版八年级上册美术教材分析

2.1　教材整体内容与课程设置的结构分析

依据新课标对于美术课程4个学习领域的划分，人美版美术教材将每节课划分于其所属的学习领域之中，并且在一册教材中完整体现包含4个学习领域的内容。由人美版八年级上册为例，教材中共有12节课，包含1节先导课程和11节正式课程。根据学习领域进行整合，"欣赏·评述"领域的课程为：《故宫博物院（选修课）》《李可染的山水画》《设计改变生活》《北京中轴线建筑》《非洲美术之旅》，共5节；"造型·表现"领域的课程为：《明暗与立体》《学画山水画》，共2节；"设计·应用"领域的课程为：《风格多样的台灯设计》《钟表的畅想》，共2节；"综合·探索"领域的课程为：

《收集与创造——废旧物改造》《定格动画（选修）》，共 2 节；以及最后一节的回顾复习课程《综合练习》。

人美版八年级上册美术教材学习领域构成比例如图 1 所示：

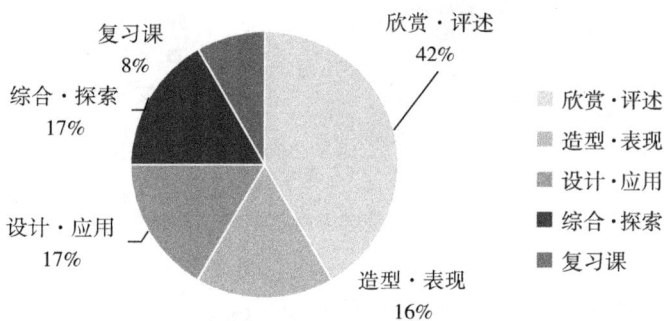

图 1　人美版八年级上册美术教材学习领域构成比例

虽然从学习领域构成比例来看，"欣赏·评述"领域课程较多，占到总课程的 42%，但在实际教学中，"造型·表现""设计·应用""综合·探索"领域的课程一节课普遍需要 2—3 课时来完成，以一学期 20 节课时进行规划，全部教材内容均有涉及的情况下课时规划大致可参照表 1。

表 1　人美版八年级上册美术教材课时设计

序号	课题	课时	领域
1	故宫博物院（选修）	1	欣赏·评述
2	明暗与立体	3	造型·表现
3	李可染的山水画	1	欣赏·评述
4	学画山水画	3	造型·表现
5	设计改变生活	1	欣赏·评述
6	风格多样的台灯设计	2	设计·应用
7	钟表的畅想	2	设计·应用
8	收集与创造——废旧物改造	2	综合·探索
9	北京中轴线建筑	1	欣赏·评述
10	定格动画（选修）	2	综合·探索
11	非洲美术之旅	1	欣赏·评述
12	综合练习	1	

人美版八年级上册美术教材不同领域的课时构成比例如图 2 所示。

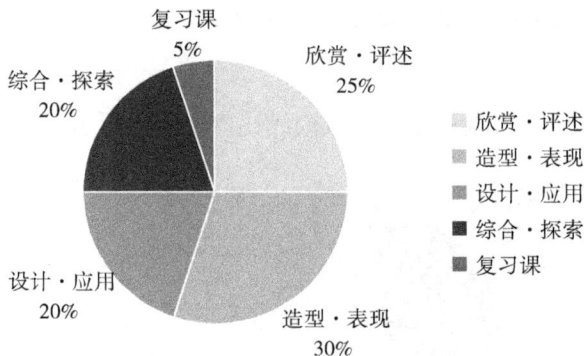

图2　人美版八年级上册美术教材不同领域的课时构成比例

上述课时安排规划相对平均，体现出美术课程的全面性，并且"造型·表现"领域的课时量较为突出，是美术学科对于过程性实践活动的强调，符合美术学科课程要求。且较为充裕的课时，符合学生的实践能力和水平，对于实践课程来说也具备可实施性。

2.2　教材中各领域课程内容设置的分析

初中阶段的美术课程，实际上仍以引发学生兴趣、感知艺术、激发创造性作为教学目的和诉求，这就要求美术课程需要体现出丰富性与时代性。教材提供的课程内容应该具备跨越时空界限的特点，具体到不同领域之中的各节课程内容，需要包含领域内不同的侧重面，多角度、全方位地对美术学科内容进行囊括。

以人美版八年级上册为例，在"欣赏·评述"领域的课程为：《故宫博物院（选修课）》《李可染的山水画》《设计改变生活》《北京中轴线建筑》《非洲美术之旅》。其中，与中国古代艺术相关的有《故宫博物院（选修课）》《北京中轴线建筑》，与中国近代艺术相关的有《李可染的山水画》，与现代生活相关的有《设计改变生活》，与外国艺术相关的有《非洲美术之旅》。赏析内容包含了绘画、设计、建筑等多种美术类型。整体而言，"欣赏·评述"领域的课程涵盖古今中外，符合丰富而全面的要求。

"造型·表现"领域的课程为：《明暗与立体》《学画山水画》，分别体现了中国绘画与西方绘画体系的基础内容，对于"造型·表现"体现得也较为到位。

"设计·应用"领域的课程为：《风格多样的台灯设计》《钟表的畅想》。笔者认为该领域的课程安排稍有不当，因为灯饰设计和钟表设计都是工业设计的类型，在课程内容的涵盖面上过窄。但如果将灯饰设计作为工艺课程安排，可弥补该领域的单一性。

"综合·探索"领域的课程为：《收集与创造——废旧物改造》《定格动画（选修）》。《收集与创造——废旧物改造》是对于学生设计与造型能力综合的体现，并且紧扣环保议题;《定格动画（选修）》则结合了电脑美术的相关内容，融合了学科学习的内容，具备时代特征。

2.3 教材课程逻辑性的梳理与建构

在目前各版本教材中，以"单课"形式编排的课程内容较为常见。例如人美版八年级上册的课程内容，课程是以独立的形式呈现的，但某些课程课与课之间有一定的关联，在小范围内形成了"单元式"的专题。例如，《故宫博物院（选修课）》和《北京中轴线建筑》都与北京传统文化相关，《李可染的山水画》《学画山水画》由赏析到实践构成中国水墨画专题，《设计改变生活》《风格多样的台灯设计》《钟表的畅想》《收集与创造——废旧物改造》主要注重启发学生的创造设计能力等。

这种"单课"形式的课程编排，有益于在有限的课时内对于美术的各个方面都能略有涉及，而在几节课程的小范围形成专题教学，也有一定的连续性，避免了知识的割裂。但从教材整体来看，有些课程仍是比较分散缺乏逻辑的，例如《明暗与立体》《非洲美术之旅》等课程的出现比较缺少前后知识体系上的依托，一些能够形成专题的课程在顺序上也被拆散独立，这都需要教师根据实际情况进行调整或替换。

基于教材内容，笔者梳理并构建出不同取向的逻辑线索，将各独立课程进行有机融合与链接，使得整体的课程结构更加清晰（图3）。

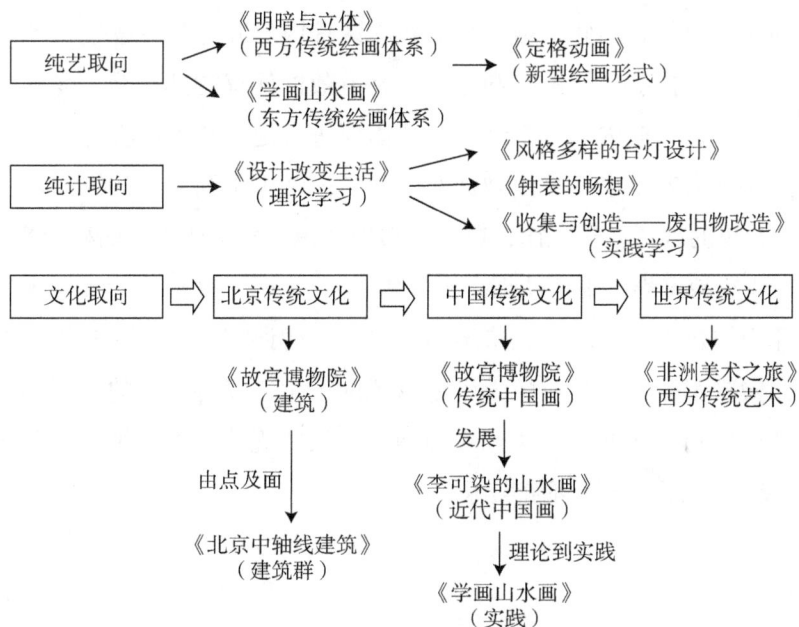

图3 不同逻辑取向的课程体系

3 基于"学本课堂"的美术课程构建

3.1 基于"学本课堂"的美术课程构建建议

3.1.1 根据实际教学情况进行教材内容的取舍与转换

教材是相对固定的,但各个学校有自身特殊的学情特点,应灵活掌握课程内容,结合校本课程,建设富有学校特色的美术课程体系。例如,人美版八年级上册"综合·探索"领域的《收集与创造——废旧物改造》《定格动画》两节课程,对学具教具的硬件要求以及师资能力要求都比较高,在常规课程的开展中有一定的难度。而校本课程易于在综合性和探索性上展现出优势,且能联系学生校园生活议题,对于学生来说具有很强的延展性和实操性,是很好的"综合·探索"领域的课程内容。

但需要注意的是,教育部审定的教材作为新课标思想的体现,能够较为全面地符合新课标的教育教学目标。如果想要用校本课程完全替代规定性的美术课程内容,需要对课标进行深刻透彻的理解,而这是一线教师难以达到的。因此,基于教材并且结合校本特色有计划地选取或转换教材内容,应是当前构建美术课程的可取方向。

3.1.2 适当增加单元课程,融合整合学科知识

当前,我国的主流教材编排以单课为主,在有限的课时中能够涉及美术中的诸多门类与知识技能,但这种课程编排方式所带来的弊端就是知识技能体系的割裂,难以形成完整的认知地图。因此,结合多节独立课程内容并寻找专题进行单元课程的整合,引导学生将知识技能进行链接和迁移,是有效的课程构建策略。另外,美术课程的构建不应仅仅考虑短期内的教学情况,还需要进行更为长远的设计。除了横向设计一本教材中的课程内容,也要关注到针对不同学段学生不同需求的纵向对比,注意由浅入深、由表及里的教育教学规律,更为完整地考虑"学本课程"的构建。

3.1.3 学习领域穿插安排,避免学生产生倦怠

在实际课程构建中,还应注意将不同学习领域的课程进行穿插安排,赏析课程与实践课程穿插安排:一方面是避免学生倦怠感的产生,保持学生的新鲜感;一方面是符合从理论到运用到实践或者从实践中归纳理论认知规律,真正做到实践与理论相结合,引导学生从多方面感知并理解美术。

3.2 学期课程整体性构建实例

基于此,笔者结合人美版八年级上册教材的课程内容,进行了课程体系的构建规划(表2)。

表2　人美版八年级上册美术课程体系构建

课次	学习领域	课题	课时(共18节)
1	欣赏·评述	故宫博物院	1
2	欣赏·评述	李可染的山水画	1
3	造型·表现	学画山水画	3
4	欣赏·评述	非洲美术之旅	1
5	造型·表现	明暗与立体	3
6	欣赏·评述	设计改变生活	1
7	设计·应用	钟表的畅想	2
8	设计·应用(校本)	好看又实用的校服	2
9	综合·探索(校本)	美化校园一角	3
10	/	复习与测验	1

4　总结

通过以上梳理可以发现,当下美术教材的体系已关注到了全面提升学生艺术核心素养的重要性,通过不同领域、不同艺术取向的相互融合,实现培养学生全面发展的目的,且教材给予教师进行单元化、项目化教学的空间,进一步满足了"学本课堂"的教学实践要求。

本文仅针对当前人美版八年级美术教材进行了课程内容逻辑体系分析,在新课标的大背景下,教材如何体现德育思想的渗透、艺术学科融合性课程未来发展趋势及其在教材中的体现,以及单元式、项目式教学由教材到实践落地等问题,使得我们有必要对教材的分析研究。相信在新课标的指引下,结合对于教材的分析与研究,"学本课堂"思想必将能更好地在我们的日常教学中体现。